Die Mirror Studienbibel

Die Mirror Studienbibel ist eine umschreibende Übersetzung des Originaltextes. Während wir der buchstäblichen Bedeutung strikt folgen, wurden die Sätze so konstruiert, dass die umfassendere Bedeutung beständig mit Hilfe eines ausgeweiteten Textes betont wird.

Einige erklärende Fußnoten sind in Kursivschrift dargestellt. Es handelt sich hier eher um ein beschreibendes Studium als um eine wörtliche Übersetzung.

Während die genauen Bedeutungsnuancen intensiv studiert werden, wird trotzdem dem gesamten Kapitel Rechnung getragen, das eingebettet in den ausgeweiteten Blickwinkel des gesamten Briefes betrachtet wird.

Dabei wird der volle Zusammenhang von Jesu vollbrachtem Werk immer im Gedächtnis behalten, welches ja die Botschaft ist, um die es in der gesamten Bibel geht.

Um den Leser bei seinem Studium zu unterstützen, habe ich dem griechischen Wort eine Zahl hinzugefügt und diese mit dem bedeutungsnahesten englischen Wort im kursivgedruckten Text, der danach folgt, verbunden. Dadurch können die zwei Sprachen am direktesten miteinander verglichen werden.

Vor 25 Jahren habe ich mehrere paulinische Briefe übersetzt, die Ruach Übersetzung genannt wird.

2007 begann ich mit der Spiegelübersetzung.

Dies ist ein andauernder Prozess - und wird vielleicht das gesamte Neue Testament und auch einen ausgewählten Teil des Alten Testaments beinhalten.

Ruth Ann Kielman hat große Teile der Mirror Bibel ins Deutsche übersetzt.

Abgeschlossene Bücher und Kapitel in englischer Sprache ab Januar 2019 sind:
Johannesevangelium, Römer, 1. Korinther, 2. Korinther,
Galater, Epheser, Philipper, Kolosser,
1 Thessalonicher, 2 Timotheus, Titus, Hebräer, Jakobus, 1 Petrus 1,2, 2 Petrus 1
1. Johannes 1-5, Offenbarung

Verlag - Mirror Word Publishing - www.mirrorword.net
© Copyright Francois du Toit 2012

Inhaltsverzeichnis

Was Andere Sagen	4
Meine Philosophie	6
Weshalb Die Mirror Übersetzung	8
Die Bibel Verstehen	16
Der Römerbrief Enthüllt	23
Kapitel 1	34
Kapitel 2	36
Kapitel 3	40
Kapitel 4	46
Kapitel 5	51
Kapitel 6	55
Kapitel 7	58
Kapitel 8	61
Kapitel 9	68
Kapitel 10	73
Kapitel 11	77
Kapitel 12	82
Kapitel 13	85
Kapitel 14	87
Kapitel 15	90
Kapitel 16	94
Der Galaterbrief	98
Kapitel 1	100
Kapitel 2	105
Kapitel 3	109
Kapitel 4	114
Kapitel 5	118
Kapitel 6	122
Epheserbrief	124
Kapitel 1	126
Kapitel 2	131
Kapitel 3	135
Kapitel 4	139
Kapitel 5	145
Kapitel 6	149
Einführung zu Philipper	155
Kapitel 1	157
Kapitel 2	161

Inhaltsverzeichnis

Kapitel 3	166
Kapitel 4	172
Einführung in den Kolosserbrief	177
Kapitel 1	178
Kapitel 2	183
Kapitel 3	189
Kapitel 4	193
Einführung zum 1. Thessalonianer	195
Kapitel 1	197
Kapitel 2	199
Kapitel 3	203
Kapitel 4	205
Kapitel 5	208
Einführung 2. Timotheus	212
Kapitel 1	214
Kapitel 2	218
Kapitel 3	222
Kapitel 4	227
Einführung zu Titus	231
Kapitel 1	232
Kapitel 2	237
Kapitel 3	240
Einleitung Hebräerbrief	243
Kapitel 1	248
Kapitel 2	252
Kapitel 3	255
Kapitel 4	258
Kapitel 5	262
Kapitel 6	264
Kapitel 7	268
Kapitel 8	271
Kapitel 9	275
Kapitel 10	282
Kapitel 11	289
Kapitel 12	294
Kapitel 13	298
Biographie	301
Literaturverzeichnis	303

Was Andere Sagen

Egal, über welche Bibelübersetzung wir nachdenken, jede von ihnen gibt uns die Möglichkeit, die Stimme und die Gedanken unseres Schöpfers zu hören, gefiltert durch die Interpretation und Sprache des/der Übersetzer(s). In dieser neuen Paraphrase hat Francois du Toit den Vorhang für Leser jeden Alters, jeder Kultur oder Sprache geöffnet, um erstaunliche Einblicke in den Herzschlag von Agape zu genießen – bei der sich jeder in den Augen des Vaters gleichermaßen geliebt, einbezogen und geschätzt fühlt - und in der Vereinigung, aus der wir kommen, vollständig freigesetzt ist! Die Mirror unterstreicht die Tatsache, dass wir nicht nur im Schoß unserer Mutter begonnen haben, sondern die Erfindung und Idee Gottes sind!

Erzbischof **DESMOND TUTU** *- Legacy-Stiftung*

Die Mirror-Bibel ist eine transformierende, umschreibende Übersetzung, die einfach, genau, detailliert und umfassend, fesselnd und zugleich faszinierend ist; sie ist göttlich aufschlussreich und zeitgemäß.
Sie ist ein Muss, ein angemessener Leitfaden und ein Handbuch für alle Altersgruppen: für Bibelstudium, Meditation, Hingabe, Anbetung, Lehre, Unterweisung und Wissenschaft. Jesus Christus ist das Epizentrum des gesamten Textes. Die Gläubigen werden den zentralen Fokus der Übersetzung erkennen, einen zarten roten Faden, der auf die Offenbarung und Erlösung von Christus ausgerichtet ist.
Ungläubige werden unvergleichlichen Trost aus dem Text schöpfen, wenn sie von der Realität und der unmittelbaren Nähe von Christus gefangen genommen werden. Dies ist definitiv eine lebensspendende und transformierende Übersetzung. Ich bin in aller Demut davon überzeugt, dass Francois von Gott auserwählt ist, dieser und der nächsten Generation mit unverdünnter Wahrheit zu dienen, inmitten unverständlicher Kompromisse, weltlicher, ketzerischer und traditioneller lehrmäßiger Interpretationen und religiöser Praktiken, die uns von der Wahrheit abgelenkt haben. Die Mirror Bibel ist eine willkommene, offenbarende und revolutionäre Entwicklung, die von Gott sanktioniert, inspiriert und geleitet wird. Diese Übersetzung ist zweifellos eine überzeugende, fundamentale Auslegung für unser Jahrhundert. Gott sei die Ehre!

Rev. **ANDREW MUCHECHETERE***, MBA, MA, Ehemaliger Generalsekretär der Evangelischen Gemeinschaft Simbabwe (EFZ)*

Was Andere Sagen

Die Bibel ist Gottes erstaunliches Gespräch mit uns. Hier befassen wir uns mit Gottes Worten, diesem Höhepunkt in der Offenbarung seines Sohnes Jesus Christus. Die Erkenntnis, dass du als Individuum in dieses Gespräch mit einbezogen bist, bewirkt größte Freude.

Jesus hatte die Mission, den Vater zu offenbaren. Wenn die Schrift außerhalb des Zusammenhangs des vollendeten Werkes von Christus um des Menschen willen studiert wird, führt dies zu Unverständnis und mangelnder Wertschätzung der liebevollen Absicht des Vaters gegenüber der menschlichen Rasse.

Die Mirror fügt eine Dimension hinzu, bei der diese Offenbarung nicht nur in Form eines leichteren Verständnisses vereinfacht wird, sondern auch das Leben durch seine kraftvolle Wirkung verändert, wenn die Offenbarung im Herzen beginnt.

Diese Übersetzung ist mit hoher Wahrscheinlichkeit eine der großartigsten Beiträge der letzten Jahre für die umfassendere Kirche. Es ist unerlässlich, dass jeder Christusnachfolger seine wahre Identität entdeckt, die sich in Jesus widerspiegelt. Nicht nur mit ihm gemeinsam gestorben, sondern auch mit ihm gemeinsam durch sein Auferstehungsleben auferweckt worden zu sein, ist die am meisten befreiende Offenbarung. Zudem auch noch zu begreifen, dass wir mit Ihm an himmlischen Orten sitzen, von denen aus wir jetzt unser tägliches Leben aus einer Position der Bedeutung und des Einflusses in dieser Welt leben können. Die Frohe Botschaft des Evangeliums setzt nicht voraus, dass wir durch persönliche Leistung etwas erreichen müssen. Wir dürfen vielmehr entdecken, wer wir schon sind und was wir in Christus bereits haben, wie es in den herrlichen Schriften offenbart wird.

Möge die Mirror Übersetzung dein Leben so sehr beeinflussen wie meines, und möge sie deine geistliche Reise vereinfachen, so dass deine gedankliche Einstellung sich verändert und du vom einem neuen Aussichtspunkt aus dieses herrlichen Lebens in Christus führst.

ALAN PLATT - *Visionärer Leiter von Doxa Deo International*

Meine Philosophie

Meine Philosophie, die mich dazu bewog, die Mirror Bibel zu übersetzen, zeigt sich im folgenden Beispiel:

Ich kann keine Noten lesen, habe aber oft die Herangehensweisen unseres Sohnes Stefan an ein Klavierstück erlebt. Seine Augen sehen so viel mehr als nur Zeichen, die auf einer Seite gekritzelt sind; er hört die Musik.

Sein geschulter Verstand beschäftigt sich sogar mit den Feinheiten und Nuancen der Originalkomposition und ist in der Lage, den ursprünglichen Klang zu wiederholen. Ihm ist bewusst, dass das Wesen des Musikstücks nie auf irgendwelche Seiten begrenzt werden kann. Sie lebt immer nur in dem Moment, an dem die gleiche beabsichtigte Schönheit gehört und wiederholt wird!

Die beste Übertragung läge immer in der Menschwerdung. Die Musik findet ihre endgültige Bestimmung nicht im Notenblatt, sondern im nächsten Moment, in dem die geschriebene Musik gelesen, gehört und wiederholt wird! Noch Hunderte von Jahren später war – genau wie die Bestimmung des Wortes – das Logos – nicht das Buch, sondern die Menschwerdung, die im Einzelnen verkörpert wird.

Ich schätze so sehr die Ungeheuerlichkeit der Offenbarung der Menschwerdung.

Doch vor dem Menschsein, war das Wort πρoς von Angesicht zu Angesicht mit Gott!

Und Wörter, die durch die Jahrhunderte gekritzelt, in Stein, Pergament und Papyrusblättern dokumentiert wurden. Diese Wörter tragen Ewigkeit in Gedanken und vermitteln weiterhin Glauben zu Glauben.

Wir haben jetzt den gleichen Geist des Glaubens, dem er begegnete, als er schrieb: „Ich glaube, darum rede ich." Und so wird eine Unterhaltung angezündet!

"Haben unsere Herzen nicht in unserem Innersten gebrannt, als Er über vertraute Texte aus alten Zeiten sprach, durch Stimmen wie Mose, die Propheten, David und Abraham, der Seinen Tag sah.

Und kündigte er durch diese Texte nicht die Morgendämmerung (der Hoffnung) in unseren Herzen an - das Geheimnis, das seit Ewigkeiten und Generationen verborgen war und jetzt enthüllt ist?!

Meine Philosophie

Wenn ich mich mit alten Texten beschäftige und dabei Gedanken wiederentdecke, die in der Zeit vergraben sind, bin ich oft überwältigt und beeindruckt von der Pracht der Ewigkeit, die in kleinen Zeitkapseln eingefangen ist und uns Aussichten auf Schönheit jenseits unserer Vorstellungskraft eröffnet - von Angesicht zu Angesicht mit dem gleichen Gesicht, das das Logos im Angesicht von Gott hat und uns, während sie sich anschauen, schon in ihrem Traum ersonnen und erdacht haben!

Und so sind wir unwiderstehlich fasziniert von der Einladung, zur Quelle zu kommen und zu trinken - um zu schmecken und zu sehen - und einen Heiligen zu hören, der sich an die Äußerungen eines anderen Erdenbewohners, David, erinnert, der vor 3000 Jahren ein Lied schrieb: "Kehr zu deiner Ruhe zurück, oh meine Seele! Denn der Herr ist großzügig mit dir umgegangen! Ich glaube und so spreche ich!"

Und trotz frischer Wunden, die wegen vieler wütender Schläge, mit denen er konfrontiert wurde, bluten, klingt es in Paulus nach: "Wir haben den gleichen Geist des Glaubens wie er, der geschrieben hat: "Ich glaube und so spreche ich! Wir glauben auch und so sprechen wir!"

Jesus ist derselbe gestern, heute und für immer. Was Gott in Christus zu uns gesprochen hat, ist jetzt genauso wichtig wie in der prophetischen Vergangenheit und wird es auch in der ewigen Zukunft immer sein!

Lasst uns feiern, dass Jesu schon immer derselbe gewesen ist. Gestern - ja, soweit die Geschichte über die Zeit hinaus zurückgehen kann - und heute - dieser sehr begrenzte, zerbrechliche Moment - plus die unendliche Zukunft!

Sie ist unerschöpflich und erstreckt sich über Schranken hinweg und über die Grenzen von Raum und Zeit hinaus!

WESHALB DIE MIRROR ÜBERSETZUNG

WESHALB DIE MIRROR ÜBERSETZUNG

Eines Tages hatte ich das Vergnügen, einen sehr berühmten Fotografen auf eine Bootsreise in der Bucht unserer Heimatstadt, Hermanus Südafrika, mitzunehmen. An der Größe seiner Kameralinsen und Ausrüstung konnte ich erkennen, dass es sich keineswegs um einen gewöhnlichen Touristen handelte. Er erklärte mir, dass er nur zwei Fotos im Jahr zu verkaufen brauchte um sein Budget zu decken! Ich war beeindruckt, um es milde auszudrücken und fühlte mich privilegiert und erfreut, dem Künstler bei der Arbeit zuzuschauen. Mit geschicktem Talent wechselte er sowohl Linsen als auch Film und machte sich an die Arbeit.

Nach etwa zwei Stunden mit den wundervollen "Southern Right" Walen, befanden wir uns auf dem Rückweg zum Hafen, und konnten dabei ein paar hundert Kapscharben beobachten. Im nächsten Moment hoben sie alle zum Flug ab; der Rhythmus und Einklang ihrer Flügel waren wie ein Ballett, das sich auf dem Wasser spiegelte. Unser Freund, der Fotograf klickte fröhlich ein Bild ums andere, als er plötzlich ausrief: "Ich hab´s! Ich hab´s!" Es war sehr beeindruckend, die Freude auf dem Gesicht des Mannes zu sehen. Er wusste, dass er einen Moment eingefangen hatte, der mehr Wert war, als die gesamte Ausrüstung auf dem Boot. Unverzüglich packte er sein kostbares Arbeitsmaterial ein und zog sorgfältig den Reißverschluss der wasserdichten Taschen zu.

Danach beobachtete ich, wie er sich zufrieden zurücklehnte und den Rest der Bootsfahrt genoss. Ich konnte nicht anders als darüber nachzudenken, wie es wohl gewesen sein mag musste, als der unsichtbare Schöpfer zum ersten Mal in der Geschichte des Universums, im größten Moment, sein Ebenbild in (der Schau) einer zerbrechlichen menschlichen Form erblickt hat. Und Gott sah alles was Er gemacht hatte und sagte: "Und siehe, es ist sehr gut!" Und Gott trat in Seine Ruhe ein.

Der Sabbat war eine Feier der Perfektion, nicht eine Pause nach einem arbeitsreichen (emsig) Programm, um ein religiöses Ritual einzuhalten. (1.Mo.1,31)

Der Gedanke von Photographie, magischen Lichtmomenten, Formen, Farben und Bewegungen, die im Film eingefangen wurden, um danach in glänzenden Magazinen millionenfach vervielfältigt oder in Kunstgalerien ausgestellt zu werden, begann mich zu beschäftigen. Diese Ausstellungen würden in verschiedensten Kulturen und Sprachen über zahllose Jahre hinweg geschätzt werden. Ich stellte mir vor, wie der Künstler diese Edelsteine, auf solch eine Weise dokumentieren würde, dass kein Virus das ursprüngliche Original verändern konnte, egal was auch mit dem Druck passieren würde, ob dieser gerahmt, vergessen oder zerstört würde, wie auch Worte, die Bilder einer seltenen Schönheit enthalten, zu jeder Zeit in

WESHALB DIE MIRROR ÜBERSETZUNG

jeder Sprache oder auch in Gedanken wiederholt werden können. In einer ihrer klassischen Novellen, Gentian Hill, malt Elisabeth Goudge das Bild der kleinen Stella, die ihrem Stiefvater zuhört, wie er aus der Bibel vorliest: "Durch das ganze Buch, sogar während schrecklicher Abschnitte, geschieht es immer wieder, dass die Sprache in ihr Begeisterung auslöst. Die Eigenheiten von Vater Spriggs Lesart kümmerten sie ganz und gar nicht. Es war, als würde diese schroffe Stimme, die Worte grob in die Luft schleuderte, Teile, die nicht wesentlich waren, trennen, und auf einmal wieder umwandeln, wie die Musik eines Glockengeläuts oder Regentropfen, die durch den Sonnenschein durchschossen wurden und Sicht um Sicht unvergleichbarer Schönheit öffnen. Für Stella war es ein Geheimnis, dass bloße Worte dies bewirken konnten. Sie vermutete, dass die Schöpfer dieser Sätze diese so gestaltet hatten, dass sie ihre Visionen horteten wie einer eine Schachtel macht um seinen Schatz darin aufzubewahren, und die Stimme von Vater Sprigg war der Schlüssel, der ins Loch passte, so dass die Box geöffnet und die Schätze freigesetzt werden konnten. Diese Umwandlung in der Luft blieb so unerklärlich wie dieser plötzliche Wandel in ihr, in einem Moment dieses magischen Falles, worin ihr stumpfer Sinn auf einmal mit Begeisterung leuchtend wurde und ihr Geist in ihr wie ein Vogel aufzuschwingen begann.....

Ich bin von Worten fasziniert; Sprache interessiert mich. Der Mensch ist seinem Wesen nach ein Kommunikator und Ausleger von Gedanken und Bedeutung. Wir leben in dem erstaunlichen Zeitalter einer globalen Kommunikationsexplosion. Uralte Traditionen, Interpretationen und Philosophien werden "gegoogelt" und genau hinterfragt und geprüft. Man fragt sich, warum Gott das spektakulärste Ereignis, die Menschwerdung, nicht um zweitausend Jahre verschoben hat. Stellt euch vor, wie unsere Technologie mit Mega Pixel Kameras, das Leben, sein Wirken, die Wunder, Parabeln und die Liebe des Messias sowie schlussendlich seine Kreuzigung und dramatische Auferstehung aufgenommen hätte?! Keine Technologie, die in der weiten Zukunft erfunden werden würde, könnte jedoch der Enormität des menschlichen Lebens gerecht werden. Schon allein die Kapazität und das Wunder eines einzelnen DNS Strangs, mit seinen drei Billionen individuellen Merkmalen, die fünfundsiebzigtrillionen Mal in den Zellen einer Person vorkommen, beweist dies. Es würde alleine schon 96 Jahre benötigen, um die einzelnen Merkmale in einem einzelnen DNS Strang (mit der Geschwindigkeit von einem Merkmal pro Sekunde) zu zählen. Dies lässt jedes Terabyte dagegen bedeutungslos erscheinen. Ihre unhörbare Stimme gibt dem Licht des Lebens Resonanz.

Das hörende Ohr und das sehende Auge, hat beide der Herr gemacht. (Spr. 20,12) Die menschliche Rasse wurde von Gott dazu geschaffen, durch das vollkommene Wort, das aus dem Munde Gottes

WESHALB DIE MIRROR ÜBERSETZUNG

geht, zu leben. Die Himmel verkünden die Herrlichkeit Gottes und das Firmament proklamiert das Werk seiner Hände. Ein Tag erzählt es dem anderen und eine Nacht verkündet der anderen Nacht Wissen. Ohne Sprache, ohne Worte, ihre Stimme wird nicht gehört, doch ihr Schall erklingt durch die ganze Welt und ihre Worte bis zu den Enden der Erde. In ihnen hat Er ein Zelt gemacht für die Sonne, die hervorkommt wie ein Bräutigam, der seine Kammer verlässt und wie ein starker Mann, der seine Bahn mit Freunde läuft. Sie geht am Ende der Himmel auf und läuft ihre Bahn bis zu deren Ende und nichts bleibt vor ihrer Hitze verborgen. (Ps. 19,1-6 RSV) Alles Fleisch soll es sehen. Fleisch wurde dafür geschaffen, die Herrlichkeit Gottes zur Schau zu stellen. Eine Stimme ruft: "In der Wüste bahnt den Weg des Herrn! Ebnet in der Steppe eine Straße für unseren Gott. (Jes. 40,3 ELB) Jedes Tal soll erhöht und jeder Berg und Hügel erniedrigt und das Hügelige zur Talebene werden! (Jes.40,4 ELB) Und die Herrlichkeit des Herrn wird sich offenbaren und alles Fleisch miteinander wird es sehen. Denn der Mund des Herrn hat geredet. (Jes.40,5 ELB) In der Menschwerdung hat Gott jede Definition von Entfernung ausgelöscht; jede mögliche Ausrede der Menschen, sich von Gott abgelehnt oder getrennt zu fühlen, wurde in einem Tag ausgelöscht, durch ein Opfer, ein für alle Mal. Leben, dokumentiert in dem Fels der Zeiten, ist nun in unsere fleischernen Herzen eingraviert. Höre das Echo, spüre die Resonanz. Christus ist alles in allen. Ihr seid lebendige Briefe, die durch alle gelesen und erkannt werden. Mehr als zweitausend Jahre ist es her, als die Konversation, die vor der Zeit begonnen hatte, Mensch wurde, ausgedrückt durch Gedankenfragmente, über die Zeitalter hinweg in prophetischer Sprache geflüstert, in Stein gemeißelt und in Bewusstsein und Erinnerung der Menschen geschrieben. Über Steintafel, Papyrus, oder Schriftrolle hinaus, wurde das menschliche Leben zu der gesprochenen Stimme Gottes.

Jesus ist das Crescendo (höchste Lautstärke) von Gottes Unterhaltung mit der Menschheit; er gibt dem ursprünglichen, authentischen Gedanken Inhalt und Zusammenhang. Alles, was Gott für den Menschen im Sinn hatte, ist in Ihm gesprochen. Jesus ist Gottes Sprache. Sein Name beschreibt Seinen Auftrag.

Als Retter der Welt erlöste Er wahrhaftig die Ebenbildlichkeit des unsichtbaren Gottes und machte Ihn in der Menschheit wieder sichtbar. (Hebr.1,1-3) Das Ziel des Logos war nicht das geschriebene Buch, sondern du! Ein Spiegel kann nur das Objekt widerspiegeln, so ist auch der Zweck des Buches nur, die Botschaft zu reflektieren, die heißt: "Christus in dir." Er erfüllt das tiefste Verlangen jedes menschlichen Herzens. Die Menschwerdung ist die endgültige Übersetzung. In den Worten von Moses Lied: "Verschafft Gehör, o Himmel, so werde Ich sprechen; und die Erde die Worte Meines Mundes hören lassen. Möge meine Lehre rinnen wie der Regen und

WESHALB DIE MIRROR ÜBERSETZUNG

meine Rede rieseln wie der Tau, so wie der sanfte Regen auf dem zarten Gras und wie die Tropfen auf den Kräutern. denn ich will den Namen des Herrn proklamieren, und meinem Gott Größe zuschreiben! Der Fels, Sein Werk ist perfekt...." (5.Mose 32,1-4 RSV) Die Menschheit hat ihren Schöpfer vergessen und in dem Prozess auch ihre Identität. Ihr habt den Felsen, der euch geschaffen und den Gott, der euch geboren hat, vergessen. (5.Mose: 32,18 RSV)
Jesus hatte nicht den Auftrag, die Christliche Religion zu starten, sondern die Ebenbildlichkeit Gottes in menschlicher Form freizusetzen und zu offenbaren. Währendem keiner der leiblichen Brüder Jesu von Jesus während Seines dreijährigen Dienstes Ihn erkannt hatte, entdeckte Sein Bruder, Jakobus die wahre Identität von Jesus, als dieser ihm nach der Auferstehung begegnete. (Joh.7,5,1; 1.Kor.15,4-7) Jakobus gibt von seiner lebensveränderndem Entdeckung Zeugnis: Wir haben nicht in unserem Mutterleib begonnen! "Es war Gottes erfreuliche Entscheidung, uns zu gebären, durch das Wort der Wahrheit wurden wir empfangen." Die Menschwerdung offenbart die Logik des menschlichen Ursprungs. (Jak.1,18) Jakobus fährt fort in 1,23-25: "Indem du nur ein Zuschauer bist, unterschätzt du sich selbst. (Du kommst zu einem minderwertigen Schluss darüber, wer du wirklich bist.) Du bist Gottes Gedicht. Der Unterschied zwischen einem Zuschauer und einem Teilnehmer ist, dass beide dieselbe Stimme hören und die gleiche Botschaft empfangen - das Gesicht ihres eigenen Ursprungs - das in einem Spiegel reflektiert wird. Sie stellen fest, dass beide sich selbst betrachten, aber für den einen erscheint es zu gut um wahr zu sein, er geht weg, (zurück zu seiner alten Betrachtungsweise seiner selbst) und erinnert sich nicht mehr an den Menschen, den er im Spiegel gesehen hatte. "Der andere ist ergriffen von dem was er sieht; er ist von der Auswirkung eines Gesetzes fasziniert, das ihn von dem alten geschriebenen Code, der ihn an seine eigenen Bemühungen und seine Willenskraft gebunden hatte, freimacht.
Weder Ablenkung noch Widerspruch können die Wirkung dessen vermindern, was er im Spiegel bezüglich des Gesetzes der vollkommenen Freiheit (das Gesetz des Glaubens) gesehen hat, welches ihn nun freimacht, das Leben (in seinem ursprünglichen Mach-und Wesensart [Design] zu führen.) Er entdeckt einen neuen spontanen Lebensstil, die Poesie des praktischen Lebens. "Das Gesetz der vollkommenen Freiheit ist die Ebenbildlichkeit Gottes, geoffenbart in Christus und nun im Menschen, wie in einem Spiegel, freigesetzt. Schaue tief in dieses Gesetz des Glaubens, so dass du darin ein Porträt in seiner Perfektion erkennst, das dem Original so ähnlich sieht, dass es in deiner Vorstellung deutlich sichtbar wird und du es in jedem Menschen erkennst, den du antriffst." Lasst uns kurz die zwei Worte betrachten, die Jakobus hier gebraucht: parakupto und parameno. Ich habe das Wort parakupto mit "fasziniert sein" übersetzt

WESHALB DIE MIRROR ÜBERSETZUNG

von para, einer Vorsilbe, die auf unmittelbare Nähe hinweist, einer Sache, die von einer Einflusssphäre ausgeht, mit einem Hinweis auf Einheit, ein Ort des Wohnens, entsprungen von seinem Autor und Geber, entspringen aus, den Punkt betonend, aus dem eine Handlung hervorgeht, intime Verbindung; und kupto, sich bücken um es näher zu betrachten, es untersuchen; parameno, unter dem Einfluss bleiben. Das Wort wird oft mit Freiheit übersetzt, eleutheria bedeutet ohne Verpflichtung. Ein Wort in irgendeiner Sprache kann sehr faszinierend sein. Ein Same beinhaltet die Lebensenergie und die genetischen Einzelheiten einer Pflanzenart etwa genauso, wie Gedanken und Konzepte in Worten und Sprache verborgen sind. Einzelne Worte können die Interpretation und Bedeutung jeder Unterhaltung sehr stark beeinflussten.

Während vieler Jahre wurden bewusst und unbewusst Fehler in Bibelübersetzungen widerholt und gaben so den religiösen Institutionen unsere Zeit die Macht, massenhaft Menschen zu beeinflussen, zu manipulieren und sogar zu missbrauchen.

Denken wir an das Wort metanoia, welches zusammengesetzt ist aus, meta, zusammen mit, und nous, Sinn, und so auf einen radikalen Sinneswandel hindeutet. Dieses Wort wurde regelmäßig mit "Buße" (repentance engl.) übersetzt, welches ein altes Englisches Wort ist, das aus dem Lateinischen übernommen wurde und penance heißt. Dann hat man das "re" angehängt um mit dem Sündenbewusstsein noch mehr Gewinn zu erzielen. Diese massive Täuschung führte zu der pervertierten Lehre des Ablasses. Unwissende Menschen wurden zu dem Glauben verführt, sich von einem zürnenden Gott freikaufen zu müssen. Die meisten der Kathedralen wie auch viele Dienste entstanden mit diesem "Schuldgeld". Englische Übersetzungen helfen zum Verständnis, was Buße wirklich bedeutet, wenig mit. Bis zu Jerome`s Lateinischer Vulgate Übersetzung, wurde das Wort metanoia mehrfach verwendet. Beispielsweise schrieb Tertullian 198 n.Chr.:"Im Griechischen bedeutet metanoia nicht das Bekennen von Sünden, sondern eine Veränderung der Gesinnung." Trotz all dem begannen die Lateinischen Väter das Wort "do penance mit (Busse tun)" zu übersetzen, auf welchem die Lehre der Römisch Katholischen Kirche aufbaut, Busse zu tun um Gottes Gunst zu gewinnen. 1430 begann Lorenzo Valla, ein katholischer Theologe, eine kritische Studie über Jerome`s Lateinsche Vulgate. Valla wies auf viele Fehler hin, die Jerome gemacht hatte. Unglücklicherweise zwang die "pro Vulgate" Leute in der Zeit von Valla ihn dazu, viele Veränderungen, auf die er hinwies, zu widerrufen, auch de armselige Übersetzung von metanoia. Das Geschäft der Religion ist dringend auf zahlende und wiederkehrende Kunden angewiesen. Jesus wurde aus diesem Grunde gekreuzigt; Er verurteilte und stellte das gesamte System bloß, das Menschen unter die Abhängigkeit einer Hierarchie knechtete. Jesaia 55,8-11 lässt uns sehen, was metanoia

WESHALB DIE MIRROR ÜBERSETZUNG

wirklich bedeutet: "Deine Gedanken waren entfernt von Gottes Gedanken, wie die Himmel höher sind als die Erde, doch so wie der Regen und der Schnee diese Entfernung aufheben und den Boden tränken, so dass die Samen darin erwachen, so wird mein Wort sein, das aus meinem Munde ausgeht." Die griechische Vorsilbe meta, zusammen mit, weist auf einen anderen Einfluss hin.
Dies macht das Evangelium so kraftvoll, weil es sich an unseren inneren Menschen richtet, damit dieser wieder aus unserem ursprünglichen Design (Mach-und Wesensart) heraus handelt - dem ursprünglichen authentischen Gedanken, der Vorstellung Gottes, die wieder erkannt wird.
Die Distanz, die aus dem Sündenfall Adams hervorgegangen ist und mit der Entfernung zwischen Himmel und Erde verglichen wurde, ist durch die Menschwerdung aufgehoben worden. Metanoia deutet ein "mit-kennen" mit Gott hin! Das heißt, ein verwoben sein in den Gedanken; mit Gott übereinzustimmen bezüglich meiner Person. Nicht dein Glaube an Gott definiert Ihn; Sein Glaube, die Wahrheit, die Er in Bezug auf dich sieht, definiert dich.
In Markus 11,22 sagt Jesus: "Habt den Glauben Gottes." Unglücklicherweise schreiben die meisten Übersetzungen: "Habt Glauben an Gott." Unser Glauben an Gott und unsere Philosophien unterscheiden sich massiv von Gott und Gottes Überzeugung über uns! Gottes Glaube an dich gibt deinem Glauben den Inhalt. Jesus ist das, was Gott über dich glaubt. Falls unser Ausgangspunkt nicht Gottes Glaube an das vollbrachte Werk von Christus ist, so haben wir kein gültiges Evangelium, um es zu predigen. Ist unser Glaube nicht in Ihm, dem gespiegelten Bild Gottes, das in uns geoffenbart und freigesetzt wurde, gewurzelt und genährt, so lassen wir uns wieder mit einer neuen religiösen Maske, genannt Christentum, täuschen.
Unzählige "Fehler" wurden in Leder gebunden, über Jahre verkauft und mit der Aufschrift "das authentische Wort Gottes" versehen.
Das Buch ist nicht das Wort Gottes, aber die Botschaft, die es enthält schon. Trotz all der Fehler in Text und Übersetzung wurden Millionen von Menschen durch die Bibel berührt, transformiert und gesegnet. Ich respektiere die Mühen und den Beitrag all derer, die unter Schmerzen und Ausharren Fragmente des Textes untersucht, zusammengetragen, kopiert und übersetzt haben und die ihre Leben ließen, um den Text in eine Sprache einzuführen, damit normale Leute ihn lesen konnten.
Die Mirror Übersetzung ersetzt keine Übersetzung. Sie ist ganz einfach eine Studienhilfe, für beide, den gewöhnlichen Leser und auch den Bibelstudenten, um Einsicht in die Verheißung und die Person zu gewinnen, die in der Bibel beschrieben und geoffenbart wird als das im Menschen freigesetzte Spiegelbild des unsichtbaren Gottes. Jesus wirbelt mit der einen Aussage all unsere Definitionen und Lehren durcheinander: "Niemand kennt den Vater außer dem

WESHALB DIE MIRROR ÜBERSETZUNG

Sohn." Kannst du dir vorstellen wie dies die Juden geschockt hat? Sie dachten, sie hätten das Copyright an Gott! Dann sagt Er: "Wenn ihr mich gesehen habt, habt ihr den Vater gesehen." Was auch immer wir meinten über Gott zu wissen, das jedoch nicht mit Jesus übereinstimmt, ist nicht Gott! (Matt.11,27; Joh.14,9,;Lk. 15) "Wenn ihr mich gesehen habt, habt ihr den Vater gesehen." Dies war seine Absicht, das Abba Echo in jedem Herzen erschallen zu lassen und freizusetzen. "Nednif uz nirad tknd rhi liew nlebiB nerue ni dnerhäwtrof efpöK erue tbah rhI" ewiges Leben. Dabei seht ihr den Wald vor lauter Bäumen nicht mehr. Messageübersetzung: "Alles worum es in der Schrift geht, ist um Mich!" (Joh. 5,39 Vgl. auch Lk. 24,27, 44, 45)

Um Jesus geht es in der Bibel und um dich geht es Jesus. (Joh. 5,39) Jede Erfindung beginnt mit einem ursprünglichen Gedanken. Du bist Gottes originaler Gedanke. Du bist seine Initiative, die Frucht seiner kreativen Inspiration, sein intimes Design und sein persönlicher Liebestraum. Das erste hebräische Wort in der Bibel, bereshet, von berosh, heißt wörtlich "im Kopf." Gott hatte dich von Anfang an im Kopf.

Du bist Sein Kunstwerk; Seine Poesie, sagt Paulus in dem griechischen Text in Epheser 2,10. Jedes menschliche Leben ist gleichermaßen in Christus repräsentiert und wertgeschätzt. Er gibt unserem Sein Zusammnenhang und Bezugspunkt, wie in einem Spiegel; nicht als ein Beispiel für uns sondern von uns. Das hässliche Entchen sah in dem Wasser die Wahrheit widerspiegelt, die den Schwan befreite. Psalm 23 sagt: "Er führt mich entlang der stillen Wasser und stellt meine Seele wieder her" oder "An den sich widerspiegelnden Gewässern erinnert sich meine Seele wer ich bin."

Psalm 22,27 sagt:"Die Enden der Erde sollen sich erinnern und zum Herrn zurückkehren." "Er ist dafür gekommen, uns wieder uns selber vorzustellen, so dass wir erkennen, wie wir immer schon erkannt worden sind." (Jer. 1,5; 1. Kor. 13,12)

Sogar als Petrus, der Analphabet, schreiben lernt, verkündet er: "wir wurden durch die Auferstehung von Jesus aus den Toten von neuem geboren." (1 Petr. 1,3) Ich liebe seine Motivation. In 2. Petr. 1,13, sagt er: "Ich mache es zu meiner Aufgabe, euch vollständig aufzurütteln, bis diese Wahrheiten durch und durch in euer Gedächtnis eingraviert worden sind." Er fährt fort (V. 16-19): "Wir sind keine Hochstapler, die etwas vorschwindeln um unseren Aussagen über seine majestätische Erscheinung zusätzlich Gewicht zu verschaffen; mit unseren eigenen Augen bezeugten wir die kraftvolle Demonstration der erleuchteten Gegenwart von Jesus, dem Meister des Christuslebens." (Sein Gesicht strahlte wie die Sonne, sogar seine Kleider waren leuchtend weiß. [Mt.17,2]) Er wurde auf spektakulärste Weise von Gott dem Vater in der höchsten Ehre und Herrlichkeit bestätigt. Gottes majestätische Stimme kündete an:

WESHALB DIE MIRROR ÜBERSETZUNG

"Dies ist mein geliebter Sohn; er hat meine volle Anerkennung."
"Für Johannes, Jakobus und mich ist völlig klar, dass das prophetische Wort erfüllt worden ist; wir hörten diese Stimme laut und klar aus dem himmlischen Raum, während wir mit Jesus auf dem Berg in diesem heiligen Moment zusammen waren. "Das Erscheinen des Messias ist für uns nicht mehr länger eine Verheißung der Zukunft, sondern eine erfüllte Realität. Nun ist es an euch, mehr als nur ein Zeugnis aus zweiter Hand zu haben; nehmt mein Wort als eine Lampe in der Nacht; der Tag ist schon dabei, in eurem eigenen Verständnis anzubrechen. Geht der Morgenstern auf, braucht ihr die Lampe nicht mehr; dies wird bald am Horizont eurer eigenen Herzen geschehen." (2. Petr. 1:16-19) Nun sehen wir uns alle mit einem neuen Verständnis in Ihm wie in einem Spiegel; so werden wir von einem niedrigen Gedankengut zu der geoffenbarten Erkenntnis unseres wahren Ursprungs verändert.
(2. Kor. 3,18) Indem du die Herrlichkeit des Herrn wie in einem Spiegel betrachtest, kannst du nicht anders als zu entdecken, dass du Seine Herrlichkeit bist! Möge diese Übersetzung viele Herzen mit dem Licht des Lebens entfachen.

Francois du Toit ~ August 2019

Die Bibel Verstehen

Der Inkarnations - Code

Die Bibel ist ein gefährliches Buch. Es hat mehr Menschen verwirrt und getrennt als irgendein anderes Dokument. Und doch überwältigt, verändert und zieht diese einfache Botschaft ununterbrochen die Leben von Massen von Männern und Frauen jeden Alters und jeder Kultur in seinen Bann. Es ist immer noch der Bestseller weltweit.

Die Schriften wurden dazu missbraucht, einige der größten Greueltaten der Menschheitsgeschichte zu rechtfertigen. Menschen wurden auf Grundlage dessen, was jemand von den Schriften verstanden hat, gefoltert, am Marterpfahl verbrannt und massenweise umgebracht! Jesus, Paulus und Gläubige aller Jahrhunderte erhielten den größten Widerstand von denen, die diese Schriften kannten.

Wenn es solch ein gefährliches Dokument ist, wie sollte man dann an dieses Buch herangehen? Welcher Schlüssel schließt seine geheimnisvolle Botschaft auf?

Die Jahrhundert-Romanze wird hier offenbart. Das Herz des Liebenden, unseres Schöpfers ist in den Schriften verborgen und wird in den Seiten dieses Buches enthüllt.

Er sagt in Jesaja 65,1: „ Ich war bereit, von denen gefunden zu werden, die mich nicht gesucht haben. Ich sagte, hier bin ich, hier bin ich." (RSV)

Was könnte es sein, was Gott so anzieht, dass er sich mit dem Menschen einlässt?

Der Mensch begann in Gott.

Du bist die größte Idee, die Gott jemals hatte!

Es ist nicht unsere kurze Geschichte auf dem irdischen Planeten, die uns Gott vor Augen stellte. Er kannte uns schon immer.

Wir sind nicht die Erfindung unserer Eltern! Vielleicht war deine Ankunft eine große Überraschung für sie, aber gemäß Jeremia 1,5 hat Gott dich schon gekannt, bevor er dich im Leib deiner Mutter formte

Die Bibel dokumentiert, dass der unsichtbare Ingenieur des Universums den Ausdruck seines Ebenbildes in sichtbarer Form im menschlichen Leben fand!

Wenn Gott über dich nachdachte, dann sah er ein Wesen, dessen intime Freundschaft ihn eine ganze Ewigkeit lang faszinieren würde. Der Mensch wäre Partner in Gottes Drei Einigkeit! Seine Ebenbildlichkeit und Wesensgleichheit würde sich unmaskiert im menschlichen Leben zeigen.

Die Bibel Verstehen

Jesus sagt in Johannes 10,30: „ Ich und der Vater sind eins." Keiner der anderen Jünger konnte das Fazit der Mission Christi besser erfassen als Johannes in Johannes 14,20: „ An jenem Tag werdet ihr erkennen, dass ich im Vater bin und ihr in mir und ich in euch." (RSV)

Gott hat uns in Christus gefunden, bevor er uns in Adam verloren hat. Er hat uns mit Christus schon vor der Grundlegung der Welt verbunden (Eph. 1,4). Er hat uns immer gekannt; und jetzt in Christus lädt er uns ein uns selber kennen zu lernen, wie wir schon immer erkannt worden sind. (1. Kor. 13,12)

Jesus Christus ist der Zusammenhang und die Bedeutung der Schrift. Sein Werk der Erlösung, das Bild und die Wesensgleichheit Gottes im Menschen, nur darum geht es in der Bibel. (Kol. 1,13-15)

Christus offenbart, dass es im Universum keinen Ort gibt, an dem Gott lieber wäre, als in uns, denn die Fülle der Gottheit wohnt körperlich in Ihm. Jesus hat bewiesen, dass das menschliche Leben für Gott maßgeschneidert ist.

Er spiegelt unsere Vollkommenheit wider. *(Obwohl Raum und Zeit Gott nicht messen oder definieren können, ist doch seine Ebenbildlichkeit in menschlicher Form sichtbar gemacht worden.)* Der menschliche Körper bildet den vollkommensten Raum für die Gottheit, um darin zu wohnen. In der ganzen Bibel geht es um Jesus und Jesus geht es nur um dich. Das macht die Bibel zum wichtigsten Buch. Jesus ist die Entscheidung Gottes für den Menschen. Die Bedeutung seines Namens verkündigt unsere Errettung. In ihm erlöste Gott sein Bild und seine Wesensgleichheit in uns.

Von Anfang an stellt der prophetische Schatten des Alten Testamentes uns die Verheißung vor. Die Verheißung deutet auf die Person hin. Er ist der Messias-Christus, das menschgewordene Wort.

ER vertritt die gesamte menschliche Rasse. In der Ökonomie Gottes spiegelt Jesus die Menschheit wieder. Der Herzenstraum Gottes verwirklicht in der Erlösung des Menschen in einem Menschen, durch eine Handlung der Gerechtigkeit, in einem einzigen Opfer, wodurch Er die menschliche Rasse rettete!

Die Schlussfolgerung ist klar: Es brauchte nur ein Vergehen, um die Menschheit zu verdammen und eine Handlung der Gerechtigkeit, die gesamte Menschheit für unschuldig erklärt. Der Ungehorsam des einen Menschen offenbart die Menschheit als Sünder, der Gehorsam eines anderen Menschen offenbart die Menschheit als gerecht. (Röm. 5,18,19 Mirror Bibel)

Wir sehen also, dass genauso, wie eine Handlung der Sünde die gesamte menschliche Rasse dem Gericht und der Verdammnis aus-

Die Bibel Verstehen

lieferte, in gleicher Weise eine Tat der perfekten Gerechtigkeit alle Menschen in Gottes Sicht freigesprochen hat. Röm. 3,19 J:B: Phillips) Gott hat mir gezeigt, dass ich keinen Menschen gemein oder unrein nennen soll. (Apostelgeschichte 18,28 RSV)

Als Jesus sich den zwei verwirrten Jüngern anschließt, auf ihrem Weg zurück von Jerusalem, stellt er sich ihnen durch die Augen der Schriften vor. „Und beginnend mit Moses und all den Propheten, deutete er ihnen durch die ganzen Schriften hindurch die Dinge, die ihn betrafen". Lukas 24,27 RSV)

Dann in Lukas 24,44 macht er das gleiche, als er den Jüngern erschien. „Er sagte zu ihnen: Dies sind die Worte, die ich zu euch gesprochen habe, als ich noch bei euch war, dass alles, was über mich geschrieben worden ist im Gesetz des Mose und in den Propheten und in den Psalmen erfüllt werden muss." (RSV) Lukas 24,25 sagt: „Dann öffnete er ihnen den Verstand, so dass sie die Schriften verstehen konnten." (RSV)

Philippus nähert sich dem Wagen des Ober-Schatzmeisters und fragt ihn: „Sir, verstehen Sie auch, was sie lesen?" (Es ist möglich, das richtige Buch zu lesen und doch die falsche Botschaft zu empfangen). „Dann öffnete Philippus seinen Mund und fing mit der Schritt an und predigte ihm die gute Nachricht von Jesus. (Apostelgeschichte 8,35 RSV)

Die Ursprung des Logos war nicht, in das Käfig eines Buches oder einer Lehre eingesperrt zu werden, sondern im menschlichen Leben dokumentiert und enthüllt zu werden!

Das menschliche Leben ist die genaueste und am besten verständliche Stimme der Schriften. (Hebr. 1,1-3). Sorgfältiges Studieren und Erforschen der Schriften ist nicht der Schlüssel für das Verständnis der Schriften; Jesus sagt; „Ihr studiert und forscht in den Schriften und denkt, dass ihr in ihnen das ewige Leben findet, aber wenn ihr mich verpasst, dass habt ihr das Ziel verfehlt." Die Message Übersetzung drückt dies so aus: „Ihr steckt die ganze Zeit über eure Köpfe in die Bibel, weil ihr denkt, ihr findet das ewige Leben darin. Aber ihr sehr vor lauter Bäumen den Wald nicht mehr." Joh. 5,39) Die Mission Jesu war nicht dazu bestimmt, eine christliche Religion zu gründen oder Proteststimmen gegen Mose, Mohammed oder Buddha zu gewinnen. Sein Auftrag war zweifach; erstens zu offenbaren und dann das Blaupause Bild und die Wesensgleichheit des unsichtbaren Gottes in menschlicher Form freizusetzen. Anstatt einer Bedienungsanleitung ist die Bibel ein Spiegel, der unsere erlöste Identität offenbart.

Die Bibel Verstehen

Wir machen in Bezug auf die Verheißungen nicht Schaufenster-shopping (sie nur anschauen, aber sie nicht kaufen können), sondern wir schauen in den Spiegel unserer wahren Identität und entdecken die Vollständigkeit unserer erlösten Unschuld.

Jeder Form der Bemühung, durch persönliche Hingabe und Fleiß immer mehr wie Jesus zu werden, wie ernsthaft das auch gemeint sein mag, bringt die gleiche Frucht von Versagen und Schuld hervor.

Jesus kam nicht, um die Welt zu verdammen, sondern die Welt zu befreien. Religion hat schuld-und-willenskraft-getriebene Geisteshaltung betont. Dies beschäftigte den Menschen mit unnützen Anstrengungen sich selbst zu retten oder zu verbessern.

Die Bibel war nie als Anleitung gedacht; in ihrer Botschaft geht es nur um Immanuel! Gott mit uns! Jede Definition der Entfernung ist in Christus aufgehoben. (Jes. 40, 4-5) Wenn die Schrift nur als eine Anleitung für moralisches Verhalten angesehen wird, ist ihre Botschaft verschleiert.

2. Kor. 3,15 sagt: „Immer, wenn sie Moses lesen, bleibt der Schleier bestehen.

Johannes 1,17 „Mose repräsentiert das Gesetz; Jesus offenbart Gnade und Wahrheit." Es ist nur in einem Spiegel, in dem die Wunder-Verwandlung stattfindet und das Blaupausebild unseres Schöpfers wieder in uns erkannt wird. (2.Kor. 3,18)!

Jesus kam nicht als ein Beispiel für uns sondern von uns. Wenn wir Jesus in irgendeiner anderen Weise sehen, sentimental oder religiös, wird dies zu keiner bleibenden Veränderung führen. Nun können wir uns in Christus selbst erkennen, so wie wir schon immer erkannt worden sind. (1. Kor. 13,12)

Das ist die Wahrheit, die uns freisetzt um das Leben unserer Ursprung zu leben. (Joh. 8,32)

Johannes schreibt: „dies ist keine neue Botschaft; es ist das Wort, das von Anfang an war. Und dennoch ist es neu, denn das, was wahr ist in Ihm ist gleichermaßen auch wahr in euch." (1. Joh. 2,7-8).

Wir wissen, dass der Sohn Gottes gekommen ist und uns Verständnis gegeben hat damit wir Ihn, der die Wahrheit ist, verstehen. (1. Joh. 5,20).

Paulus kennzeichnet sein Evangelium mit den Worten Gnade und Frieden um einen Unterschied herzustellen zwischen der Botschaft der Offenbarung über das vollbrachten Werk Jesu und dem Gesetz Moses.

Die Bibel Verstehen

Es geht um Gnade und Frieden, die der Anstrengung, Schuld und Verdammnis gegenübergestellt werden. Gnade und Frieden stellen die Endsumme jeder segensreichen Absicht Gottes uns gegenüber, die wir in Christus erkannt haben, dar.

Dich selber im Spiegel zu entdecken ist der Schlüssel, der die Türe zu göttlicher Begegnung öffnet.

Erfahrbar und über die Erfahrung hinaus wird der Ursprung unseres Seins enthüllt. Unsere intimste und dringendste Suche wird hier zufriedengestellt.

Die Tage des Schaufenster-shoppings sind vorbei. „ Und wir alle, mit neuem Verständnis, sehen uns in Ihm wie in einem Spiegel, und so werden wir von einer minderwertigen Denkart in die offenbarte Sicht über unseren wahren Ursprung verändert." 2. Kor. 3,18.

So sehr wie die Welt der Wissenschaft von den Sinnen abhängig ist um die Fakten zu begreifen, zu messen und zu kalkulieren und dann daraus verlässliche Schlussfolgerungen zu ziehen, so sehr nimmt der Glaube die Realität Gottes wahr und erweitert diesen Beweis in den irdischen Verstandesbereich hinein.

Glaube ist für den Geist, was deine Sinne für deinen Körper sind. Während die Sinne sich mit dem Zerbrechlichen und Vergänglichen beschäftigen, feiert der Glaube die ‚Vollkommenheit. Glaube ist nicht Wunschdenken; Jesus Christus ist die Substanz des Glaubens. Er ist beides: der Urheber - Anfänger und der Abschluss unseres Glaubens. Er ist das genaue Maß der Blaupause unserer Ursprung - unseres Designs. Die Gabe Christi gibt der Gnade Dimension und definiert unseren persönlichen Wert. Gnade wurde jedem von uns gemäß dem Maß der Gabe Christi gegeben. Eph.4,7. Dies ist das Geheimnis, das für Jahrhunderte und Generationen verborgen war; es ist Christus in dir. Kol 1,27.

Er verbirgt sich nicht in der Geschichte oder im Weltall, oder in der Zukunft. Er ist der Ich bin in dir! Erwarte die Offenbarung Jesu in dir. Es gibt keine größere Motivation für das Studium der Schrift!

Jesus hat nicht zum Himmel hin gedeutet, als er die Adresse vom göttlichen Königreich gab, er sagte: „Das Königreich Gottes ist in dir". Luk. 17, 21.

In Matth.13,44 sagt er: „Das Königreich der Himmel ist wie ein Schatz, der in einem Feld verborgen ist, den ein Mann fand und ihn wieder zudeckte. Dann ging er in seiner Freude und verkaufte alles, was er hatte und kauft das Feld." „Er sah die Freude seines Bildes und seiner Wesensgleichheit im Menschen erlöst, als er das Kreuz tapfer ertrug und die Schande dessen einfach ignorierte." Hebr. 12,2.

Die Bibel Verstehen

Da ist unendlich mehr in dem Feld als was man mutmaßt. Jesus ist gekommen, um den realen Wert des Feldes zu enthüllen. Das menschliche Leben kann nie mehr unterschätzt werden. Der Schatz übertrifft jeden landwirtschaftlichen Wert, den irgendeine Ernte möglicherweise hervorbringen könnte. Der Schatz definiert das Feld.

Paulus sagt: „Wir haben diesen Schatz in irdenen Gefäßen: 2.Kor. 4,7 RSV. Doch unser Unglaube verschleiert unsere Gedanken, so dass wir das Bild Gottes, das in Christus offenbart wurde, nicht als die authentische Reflexion - Spiegelung unserer ursprünglichen Identität erkennen können. 2.Kor.4,4.

Wir sind nicht dafür bestimmt, nur vom Brot allein zu leben. Brot repräsentiert die Ernte unserer eigenen Arbeit. Jesus lädt uns ein, von unserer eigenen Arbeit wegzusehen und unsere Augen aufzuheben und die Ernte zu sehen, die immer reif ist. Eine Ernte, ist nur dann reif, wenn der Same in der Frucht der Saat, die ausgesät wurde, entspricht. das einzelne Samenkorn ist nicht alleine geblieben. (Joh. 12,24; Joh. 4,35; Joh. 2,19-21; Hos 6,2; Eph. 2,5.) Die Ursprung des Wortes war nicht das Buch sondern der lebendige Brief. Das menschliche Leben, offenbart und erlöst in Christus ist Gottes Stimme und die Menschheit ist seine Zuhörerschaft.

„Ihr selbst seid die ganze Bestätigung, die wir brauchen. Eure Leben sind der Brief, den jedermann lesen kann, wenn er euch einfach nur anschaut.

Christus selber hat ihn geschrieben - nicht mit Tinte, aber mit dem lebendigen Geist Gottes; nicht in Stein eingraviert, aber eingemeißelt in die menschlichen Leben - und wir machen dies öffentlich sichtbar. (2. Kor. 3,2-3 - The Message)

Die Mirror Übersetzung von 2. Kor. 3,3: „Die Tatsache, dass ihr ein Christus-Brief seid, scheint so hell wie der Tag. Darum geht es in unserem Dienst. Der Geist Gottes ist die lebendige Tinte. Jede Spur vom Einfluss des Heiligen Geistes in unserem Herzen gibt Beständigkeit in diese Unterhaltung. Wir sprechen hier nicht von der Gesetzes-Sprache; dies hier ist mehr dynamisch und dauerhafter als Briefe, die in Stein gemeißelt sind; diese Unterhaltung ist in unser inneres Bewusstsein kunstvoll hineingestickt. (Es ist das Leben deiner Ursprung - deines Designs, das die Gnade in dir wiederhallt).

Jeder ernsthafte Student, der klassische Musik studiert, würde versuchen, das Stück so zu interpretieren, dass es nicht vom ursprünglichen Klang der Komposition ablenkt. Um im Studium über unseren Ursprung zu einer genauen Schlussfolgerung zu gelangen, würde es mit einschließen, dass wir über die Schulter des Schöpfers äugen, und beobachten, wie es war, würden durch seine Augen sehen und uns über seine gespannte Erwartung wundern. Sein unsichtbares Bild und seine Wesensgleichheit ist dabei, in menschlicher Form enthüllt zu werden.

Persönliche Meinung oder traditioneller Glaube hat keine Chance gegen die Quelle der Frische in seinen Gedanken. Das Wort der Wahrheit bewahrt sehr genau seine ursprüngliche Idee in dem Echo unserer Herzen.

Der Römerbrief Enthüllt

Die Adlergeschichte

Während unserer Flitterwochen im Januar 1979 waren wir in den Blyderiver Canyons in Mpumalanga Südafrika. Dort trafen Lydia und ich eine Naturschutzbeauftragte, die uns von einem faszinierenden Vorfall erzählte. In der vergangenen Woche erst hatten sie einen schwarzen Adler freigelassen. Er hatte eine Spannweite von mehr als zwei Meter und war zehn Jahre lang im Zoo von Pretoria gewesen! Sie erzählte uns, wie aufgeregt sie gewesen waren, als der Adler schließlich in seiner Holzkiste ankam. Dies war der Tag seiner Freilassung! Aber ihre Aufregung verwandelte sich bald in Frustration, als sich der Vogel nach dem Öffnen des Käfigs weigerte zu fliegen. Zehn Jahren Käfigleben schlossen seinen Verstand scheinbar, wie in einem unsichtbaren Gefängnis, ein. Wie konnten sie den Adler dazu bringen, zu erkennen, dass er tatsächlich frei war? Kein Schupsen und Schieben schien zu helfen. Dann, nach einigen Stunden, blickte der Vogel plötzlich auf. In der Ferne hörten sie den Ruf eines anderen Adlers; sofort flog der Zooadler davon!

Diese dramatische Geschichte hinterließ einen tiefen Eindruck bei mir. Mir wurde klar, dass es im Lichte der Offenbarung der Frohen Botschaft durch Paulus nur eine dringende Priorität gibt, nämlich den Nationen mit mutigem Vertrauen die Wahrheit über ihre ursprüngliche Identität mitzuteilen und die Vollständigkeit ihrer freigesetzten Unschuld widerzuspiegeln. Es ist kein Flugunterricht erforderlich, wenn die Wahrheit erkannt wird!

Jesus zeigt klar und deutlich, dass er nicht auf die Erde gekommen ist, um den Käfig des Judentums oder einer anderen Religion zu verbessern, indem er eine neue Gruppe namens Christentum gründete. Er wurde die fleischgewordene [menschgewordene] [menschgewordene] Stimme, die Ähnlichkeit und das Bild Gottes in menschlicher Gestalt darstellte. Er kam, um das Bild Gottes in uns zu offenbaren und freizusetzen! Seine Mission war, die Blaupause unserer Mach-und-Wesensart zu spiegeln; nicht als ein Beispiel für uns, sondern von uns! *(Kol.1,15; 2,9-10)*

Gott glaubt, dass die Menschheit mit Christus, schon vor der Gründung der Welt, verbunden war. Jesus starb den Tod der Menschheit, und als der Stein weggerollt wurde, wurden wir zusammen mit ihm auferweckt. Jedes menschliche Leben ist in ihm vollständig repräsentiert. *(Hos. 6,2)*

Wenn das Evangelium nicht die Stimme des freien Adlers ist, ist es nicht das Evangelium.

Das Evangelium des Paulus

In diesem zentralen Buch stellt Paulus sich selbst und seine Absicht sofort vor, „Mein Auftrag und meine Botschaft ist es, der Menschheit

Der Römerbrief Enthüllt

die Güte Gottes zu verkünden. Genau um diese Botschaft geht es in der Heiligen Schrift. Sie bleibt das zentrale prophetische Thema und der Inhalt des inspirierten Schreibens." (Röm.1,1-2)

Die Schrift kann nie wieder anders interpretiert werden! Das Evangelium vom Erfolg des Kreuzes gibt der Schrift Inhalt und Zusammenhang.

Es gibt nichts, wofür man sich schämen müsste; diese Botschaft enthüllt, wie Gott es richtig gemacht hat und den Menschen vor der Auswirkung dessen rettete, was Adam falsch gemacht hat! (Röm. 1,16-17)

Die Dynamik des Evangeliums zeigt sich durch die Offenbarung von Gottes Glauben als der einzigen gültigen Grundlage unseres Glaubens (vom Glauben zum Glauben). Paulus zitiert Habakkuk, der prophetisch eine neue Ära einleitete, als er erkannte, dass die Gerechtigkeit in dem begründet sein würde, was Gott glaubt, und nicht in der unzureichenden Fähigkeit der Menschheit, dem Gesetz zu gehorchen.

Von nun an bestimmt die Gerechtigkeit, die im Glauben Gottes gegründet ist, das Leben! (Hab. 2,4; Röm. 1,17; 3,27)

Anstatt bei Katastrophen das Kapitel über den Fluch zu lesen, erkennt Habakkuk, dass die Verheißung, als Grundlage für den Freispruch der Menschheit, die Leistung überholt! 5. Mose 28 wäre nicht mehr die Motivation oder das Maß für richtiges oder falsches Verhalten! „Obwohl die Feigenbäume nicht blühen und auch keine Früchte an den Reben hängen, die Olivenbäume keine Frucht tragen und die Felder keinen Ertrag bringen, die Herde von den Hürden abgeschnitten und kein Vieh in den Ställen ist, so werde ich mich doch an dem Herrn freuen, ich werde mich über den Gott meiner Erlösung freuen. Gott, der Herr, ist meine Stärke; er macht meine Füße wie die Füße der Hirsche, er lässt mich auf meine Höhen treten." (Hab. 3,17-19 RSV)

Von Röm. Kap. 1,18 bis 3,20 fährt Paulus fort, eine grafische Darstellung des verdrehten menschlichen Verhaltens zu geben. Ein Jude zu sein und daher das Gesetz zu kennen, ist kein wirklicher Vorteil, da es uns nicht vor der Sünde beschützen und diese auch nicht verbergen könnte. Dieses Verhalten ist immer wieder und gleichbleibend hässlich und hat Verurteilung verdient. Seine triumphale Aussage in den Versen 16-17 von Kap. 1 wird nochmals in Kap. 3,21-24 verstärkt und vor diesen Hintergrund gesetzt. Die gute Nachricht verkündet, wie die gleiche verurteilte Menschheit in Adam jetzt von der Gnade Gottes radikal freigesprochen wird, durch die Erlösung, die in Christus Jesus enthüllt wurde.

Er bringt das Argument, dass das Gesetz unfähig ist, das Verhalten einer Person zu verändern in Kap. 7 zu einem letzten Crescendo. Er stellt in 7,1 fest, dass er an diejenigen schreibt, die das Gesetz kennen.

Der Römerbrief Enthüllt

Sie erfuhren daher aus erster Hand, wie Regeln kaum das Verhalten einer Person konsequent lenken können.

Das Beste, was das Gesetz bieten konnte, war, gute Absicht zu bewirken und zu bestätigen. Aber das stärkere Gesetz, das Gesetz der Sünde, das der Menschheit durch die Übertretung eines Menschen vorgestellt wurde, muss von einer größeren Kraft als der menschlichen Willenskraft herausgefordert werden.

Weil die Sünde die Menschheit ihrer wahren Identität beraubte und in ihnen alle möglichen Verhaltensweisen erweckte, das schlimmer als das der Tiere war, reichten ein paar Regeln dafür nicht aus. Die Offenbarung der Gerechtigkeit Gottes muss viel effektiver und mächtiger sein, als die Sklaverei der Menschheit unter der Sünde.

Es ist offensichtlich, dass wir aufgrund des verdorbenen Verhaltens der Menschheit nichts weniger als Verurteilung verdient haben. Doch in diesem Zusammenhang offenbart sich die Gnade und Barmherzigkeit Gottes; nicht als bloße Toleranz von Gottes Seite, indem er die Augen verschließt und die Sünde einfach erträgt, sondern als triumphaler Akt Gottes in Christus, der unsere Schuld beseitigte und damit den Fluch und die Herrschaft der Sünde über uns brach.

Damit das Heil Bedeutung hat, muss es der Menschheit Grundlage und Bezugspunkt bieten, von wo aus ihr Glaube seinen Ausgangspunkt finden kann. Es muss zu einem Ergebnis führen, das eine größere Auswirkung hat als die festgefahrene Situation, in der sie sich unter dem Zeitalter des Gesetzes befunden hatten.

„Mein innerer Mensch stimmt zu, dass das Gesetz gut ist und will seinen Anforderungen gehorchen, aber trotz meiner besten Absichten bin ich gegenüber den Ansprüchen der Sünde meinem Körper gegenüber machtlos! Oh, ich erbärmliches Wesen!"

Was wäre aus uns geworden, wenn die Offenbarung über Gottes gerechtes Eingreifen nicht gewesen wäre! Der Mensch Christus Jesus ist der Mittler der Menschheit. Das Gericht, das die Menschheit zu Recht verdient hätte, traf ihn; er, der keine Sünde kannte, wurde zur Sünde gemacht. „Er wurde wegen unserer Übertretungen ausgeliefert und triumphierend wegen unseres Freispruchs erhöht." *(Röm. 4,25)*

Paulus ist überzeugt, dass die Offenbarung über die Einbeziehung der Menschheit in das Leben, den Tod und die Auferstehung von Jesus Christus, alles, was der menschlichen Rasse durch den Sündenfall Adams widerfahren ist, in jedem Bereich weit übertrifft. Er stellt den Sündenfall Adams und jede Handlung der Ungerechtigkeit, die jemals begangen wurde, dem einen Akt der Gerechtigkeit, den Gott in Christus vollbracht hat, gegenüber und erbrachte so den Beweis für den Freispruch der Menschheit.

Der Römerbrief Enthüllt

Die Offenbarung der Gerechtigkeit durch den Glauben Gottes zeigt, wie Jesus Christus die Menschheit repräsentiert und erlöst hat. Der sprachgeschichtliche Hintergrund des Wortes „Rechtschaffenheit" kommt von dem Wortstamm dike, das die Vorstellung beinhaltet, dass zwei Parteien ihre Ähnlichkeit miteinander entdecken; ohne jegliche Form von Anschuldigung, Schuldgefühlen oder Minderwertigkeit. Das hebräische Wort für Rechtschaffenheit ist das Wort tzedek, das sich auf den Holzbalken in einer Waage bezieht. Als Adam die Herrlichkeit Gottes verlor *(Hebräisch,* כבד *kabod, Gewicht; das Bewusstsein von Gottes Ebenbild und Ähnlichkeit),* bewies das Gesetz, dass keine noch so große Menge an guten Werke die Waage wieder ausgleichen konnte. Die Gnade offenbart, wie Gott sein Bild und seine Ähnlichkeit wieder in menschlicher Gestalt freigesetzt hat; jetzt sind beide Seiten der Waage vollkommen im Gleichgewicht! Kein Wunder, dass Jesus am Kreuz schrie, „Es ist vollbracht!" *(Vgl. Kommentar zu 2. Kor. 6,14)*

Paulus sagt, dass er diese Botschaft der ganzen Welt schuldet!

„Ich verkünde Jesus Christus gemäß der Offenbarung des Geheimnisses, das schon von ewigen Zeiten her verborgen war, aber jetzt öffentlich bekannt gemacht wird und sich in der prophetischen Schrift wiederspiegelt." *(„Er wurde auf jeden Fall durch unsere Übertretungen verwundet; er wurde durch unsere Übertretungen zerschlagen. Die Strafe, die uns den Frieden brachte, war auf ihm, und durch seine Striemen wurden wir geheilt." [Jes. 53,4-5])* Und jetzt hat der Gott der Zeitalter seinen Auftrag erteilt, das Geheimnis so bekannt zu machen, dass alle Nationen der Erde den Lebensstil entdecken, den das Hören des Glaubens aktiviert *(Röm.16,25-26)* Paulus definiert den Gehorsam neu, wenn er ihn „den Gehorsam des Glaubens" nennt. *(Röm. 1,5)*

„Die Schlussfolgerung ist klar, Es bedurfte nur eines Vergehens, um die Menschheit zu verurteilen; und nur ein Akt der Gerechtigkeit erklärt dieselbe Menschheit für unschuldig. Der Ungehorsam des einen stellt die Menschheit als Sünder dar, der Gehorsam eines anderen als gerecht." *(Röm. 5,18-19)*

So wie die ganze Menschheit durch den Ungehorsam eines Menschen außerordentlich sündhaft wurde, es aber nicht wusste, bis das Gesetz es offenbarte, so wurde die ganze Menschheit durch einen Akt der Gerechtigkeit außerordentlich gerecht, aber sie weiß es nicht, bis das Evangelium es offenbart. Das Prinzip des Glaubens ist, zu sehen, was Gott sieht. Gott nennt Dinge, die nicht da zu sein scheinen, als wären sie es. *(Röm. 4,17)*

Wir schauen die Dinge nicht so an, wie sie unsere Sinne äußerlich wahrnehmen, sondern betrachten die Offenbarung der Dinge, die man nicht sieht, so wie sie uns durch die Spiegel-Offenbarung des Evangeliums von Christus offenbart werden. *(Vgl. 2.Kor. 3,18; 2.Kor. 4,8)*

Der Römerbrief Enthüllt

Röm. 4,17 findet seinen Zusammenhang in Röm. 1,17 und 10,17, „Es ist also klar, dass die Quelle des Glaubens im Inhalt der gehörten Botschaft liegt; die Botschaft ist Christus. *(Wir sind Gottes Publikum; Jesus ist Gottes Sprache!)*"

Die Menschwerdung ist die Stimme des freien Adlers.

(Die wunderschön illustrierte Eagle Story ist auf Amazon.com verfügbar - Auch in Niederländisch - Het Verhaal Van de Adelaar.

Auch in Deutsch, Die Geschichte des Adlers.)

RÖMER Kapitel 1

1,1 Paulus, ⁵leidenschaftlicher ²Angestellter von Jesus Christus angestellt, hat sich im ihm ¹identifiziert, um ihn zu vertreten. Mein ³Auftrag und meine ⁴Botschaft sind, der Menschheit die Güte Gottes zu verkünden. *(Mandat, der Umfang oder Horizont meiner Botschaft, von ³horitso, d.h. markiert. Das Wort ²apostelo bedeutet eine Erweiterung von ihm, ein Repräsentant; ⁵doulos bedeutet Sklave von deo, wie ein Ehemann und eine Ehefrau zusammengebunden oder zusammengestrickt werden; ¹kletos kommt von kaleo, was gerufen werden bedeutet, sich beim Namen nennen, sich mit dem Nachnamen identifizieren; und ⁴eu + angellion, bedeutet gut gemachte Ankündigung, gute Nachricht, die offizielle Ankündigung der Güte Gottes.)*

1,2 Um diese Botschaft geht es in den Schriften. Es bleibt das zentrale prophetische Thema und der Inhalt des inspirierten Schreibens.

1,3 Der Sohn Gottes stammt im Natürlichen vom Samen Davids ab; *(In Mat. 22,41-45 fragte Jesus die Pharisäer, „Was haltet ihr von dem Christus? Wessen Sohn ist er?" Sie sprachen zu ihm, „Der Sohn Davids." Er sprach zu ihnen, „Wie kommt es dann, dass David, inspiriert vom Geist, ihn Herrn nennt und sagt, „der Herr sprach zu meinem Herrn, setze dich zu meiner Rechten, bis ich deine Feinde unter deine Füße lege"? Wenn David ihn so Herr nennt, wie kann er dann sein Sohn sein?" [Mat. 22,41-45] „Ihr dürft niemanden hier auf Erden Vater nennen, weil ihr nur den einen Vater im Himmel habt." [Mat. 23,9] „Doch es gibt für uns nur einen Gott, den Vater, der der Schöpfer aller Dinge ist und für den wir leben; und es gibt nur einen Herrn, Jesus Christus, durch den alle Dinge geschaffen wurden und durch den wir leben." [1. Kor. 8,6] „Deshalb beuge ich meine Knie vor dem Vater, von dem jede Familie im Himmel und auf Erden ihren wahren Namen erhält." [Eph. 3,14-15] „...es gibt einen Gott und Vater aller Menschen, der der Herr aller ist, durch alle wirkt und in allen ist." [Eph. 4,6-7])*

1,4 doch seine kraftvolle Auferstehung von den Toten durch den Heiligen Geist ¹definiert und bestätigt sein Wesen und seine Sohnschaft in Gott. *(Das Wort, das mit lokalisieren übersetzt wird, kommt von ¹apo + horizo, was vorher markieren bedeutet, definieren oder lokalisieren; wörtlich, Horizont. Das gleiche Wort wird in Vers 1 als Auftrag übersetzt. In Apg. 13,32-33 predigt Paulus über die Auferstehung und zitiert Ps. 2, „Heute habe ich euch gezeugt." Jesus definiert uns und bestätigt, dass wir unseren Ursprung in Gott haben! Petrus versteht, dass wir in der Auferstehung von Christus neu geboren wurden. Die Bedeutung der Auferstehung ist die Offenbarung der Einbeziehung der Menschheit in Christus [vgl. 1. Petr. 1,3]. Hos. 6,2 ist die einzige Schriftstelle, die Auferstehung am dritten Tag prophezeit, und hier in dieser einzigen dramatischen Prophezeiung sind wir in seine Auferstehung mit einbezogen! „Nach zwei Tagen wird er uns wiederbeleben, am dritten Tag wird er uns aufrichten!" Das ist der Kern des Geheimnisses des Evangeliums! „Wird die Erde an einem Tag hervorgebracht werden? Kann eine Nation in einem Moment geboren werden?" [Jes. 66,8-9])*

RÖMER **Kapitel 1**

1,5 Die Gnade und der Auftrag, die wir von ihm erhalten haben, bestehen darin, einen vom [1]Glauben inspirierten Lebensstil in allen Nationen zu verwirklichen. [2]Sein Name ist sein Anspruch an die menschliche Rasse. *(Paulus macht sich sofort daran, den Begriff „Gehorsam" nicht mehr per Gesetz, sondern aus dem Glauben neu zu definieren.* [1]*Gehorsam, von* **upo** + **akoo***, bedeutet unter dem Einfluss des Gehörten zu stehen, genaues Hören; Hören von oben.* [2]*Jede Familie im Himmel und auf Erden wird in ihm identifiziert.* [Eph. 3,15])

1,6 In Jesus Christus entdeckt ihr ganz persönlich, [1]wer ihr seid. *(Das Wort* [1]***kaleo*** *bedeutet beim Namen rufen, beim Nachnamen.)*

1,7 Wenn ich mich an euch wende, wende ich mich an alle in Rom. Ich bin von der Liebe Gottes zu euch überzeugt; er hat euch zur Harmonie eurer ursprünglichen Mach-und-Wesensart wiederhergestellt; kein Wunder also, dass ihr mit eurem [1]Nachname [2]Heilige genannt werdet. Seine Gnadengabe in Christus stellt euer totales Wohlbefinden sicher. Der Vater des Herrn Jesus Christus gehört auch uns, er ist unser Gott. *(Das Wort,* [1]***kaleo***, *bedeutet genannt, identifiziert durch den Vornamen, Nachname;* [2]***hagios***, *bedeutet Heilige, wiederhergestellt in der Harmonie eurer ursprünglichen Mach-und-Wesensart; „Er trennte mich vom Schoß meiner Mutter, als er seinen Sohn in mir offenbarte, damit ich ihn in den Nationen verkündigen kann; sofort beriet ich mich nicht mit Fleisch und Blut."* [Gal. 1,15-16] *„Wir betrachten also von nun an niemanden mehr aus menschlicher Sicht, auch wenn wir Christus einst als Mensch kannten, betrachten wir ihn so nicht mehr."* [2. Kor. 5,16 RSV].)

1,8 Meine größte Freude ist, dass euer Glaube in der ganzen Welt verkündet wird. Das gesamte [1]Weltall ist unser Publikum. *(Das Wort* [1]***kosmos*** *im NT bezieht sich auf die gesamte Menschheitsfamilie.)*

1,9 Ich bin mit meinem Geist voll und ganz mit dem Evangelium von Gottes Sohn beschäftigt; ich schließe euch ständig in meine Gebete mit ein; Gott ist mein Zeuge.

1,10 Da ich mich schon so mit euch verbunden fühle, sehne ich mich danach, euch auch von Angesicht zu Angesicht zu sehen. *(*[1]*bitten,* ***deomai***, *von* ***deo*** *zusammenbinden, zusammengestrickt werden.)*

1,11 Ich freue mich wirklich darauf, euch endlich persönlich zu treffen, weil ich weiß, dass meine geistliche [1]Gabe euch sehr großen Nutzen bringen wird. Sie wird euch in eurem Glauben gründen und festigen. *(Das Wort* [1]***metadidomi*** *bedeutet die Art des Gebens, bei der der Geber nicht von der Gabe getrennt, sondern in sie eingewickelt ist! Die Apostel, Propheten, Prediger, Pastoren und Lehrer sind Geschenke an die Ekklesia, um sie in ihrem Glauben zu gründen und jeden in der vollen und reifen Gestalt von Christus zu präsentieren.* [Eph. 4,11-16] *Ein Geschenk unterscheidet sich sehr stark von einer Belohnung! Wir sind Gottes Gaben an einander. Was Gott jetzt an uns hat, ist ein Geschenk, das für die Welt einge-*

RÖMER Kapitel 1

packt ist. Was wir in unserer ganz eigenen Persönlichkeit darstellen, ist ein Geschenk und keine Belohnung für persönlichen Fleiß oder Leistung. Diese Gaben waren nie dazu gedacht, den einen über den anderen zu stellen oder nur formale Titel zu werden. Sie sind spezifische und kraftvolle Funktionen mit einem klar umrissenen Ziel, jeden zur Erkenntnis der Fülle des Maßes von Christus in ihnen zu bringen!)

1,12 So werden wir gegenseitig erfrischt, während wir an unserem gemeinsamen Glauben [1]teilnehmen und ihn reflektieren. *(Das Wort [1]sumparakaleo kommt von sum, zusammen; para, ist eine Vorsilbe, die auf die unmittelbare Nähe hinweist, eine Sache, die aus einem Einflussbereich stammt, mit einem Hinweis auf die Vereinigung des Wohnortes, von ihrem Autor und Geber entsprungen zu sein, der von dem Punkt ausgeht, von dem aus eine Handlung ausgeht, eine intime Verbindung, und kaleo bedeutet, dass man sich durch den Vornamen, Nachnamen identifiziert.)*

1,13 Bis jetzt wurde ich daran gehindert, zu euch zu kommen, obwohl ich oft gewünscht habe, einiges in euch zu ernten, so wie ich die volle Frucht dieses Evangeliums in allen Nationen erwarte.

1,14 Ich bin so überzeugt von der Einbeziehung aller; ich bin sowohl den Griechen als auch den vielen [1]Ausländern [2]verpflichtet, deren Sprachen wir nicht einmal verstehen. Ich schulde diese Botschaft allen, egal, wie gebildet die Menschen auch sein mögen; die Analphabeten haben gleichermaßen Anteil an dem Genuss der Guten Nachricht. *(Das Wort [1]barbaros bedeutet jemand, der eine fremde und ausländische Sprache spricht; [2]opheiletes, bedeutet verschuldet zu sein, verpflichtet sein, jemandem etwas zurückzugeben, das ihm oder ihr ursprünglich schon gehört.)*

1,15 Wegen dieser starken Dringlichkeit bin ich so sehr daran interessiert, auch euch in Rom zu predigen.

1,16 Ich schäme mich nicht, die Frohe Botschaft von Christus mit jedem zu teilen; diese mächtige Rettungstat Gottes überzeugt Juden und Heiden gleichermaßen.

1,17 Hierin liegt das Geheimnis der Kraft des Evangeliums; es ist solange keine gute Nachricht, bis die Gerechtigkeit Gottes offenbart ist! Die Kraft des Evangeliums ist die Offenbarung des Glaubens Gottes als der einzigen gültigen Grundlage für unseren Glauben. Die Propheten schrieben im Voraus über die Tatsache, dass Gott glaubt, dass die Gerechtigkeit das Leben unserer Mach-und-Wesensart offenbart. „Gerechtigkeit durch seinen *(Gottes)* **Glauben bestimmt das Leben." ([Hab. 2,4]** *(Das Evangelium ist die Offenbarung der Gerechtigkeit Gottes; es enthüllt, wie es dem Vater, dem Sohn und dem Geist gelungen ist, die Menschheit wieder mit ihnen in Ordnung zu bringen. Es geht darum, was Gott richtig gemacht hat, nicht darum, was Adam falsch gemacht hat. Die Gute Nachricht zeigt, wie Gottes Gerechtigkeit das Leben*

RÖMER **Kapitel** 1

unserer Mach-und-Wesensart gerettet und unsere Unschuld freigesetzt hat. Die vergeblichen Bemühungen der Menschheit, den moralischen Gesetzen zu gehorchen, sind kläglich gescheitert - die Gute Nachricht verlagert den Schwerpunkt weg vom Versagen und der Verurteilung der Menschheit, hin zu dem, was Gott in Jesus Christus für die Menschheit erreicht hat! „Wendet euch ab, [vom Gesetz der Werke] hin zu Jesus. Er ist der Anfänger und Vollender des Glaubens." [Hebr. 12,1] Die Sprache des alten, geschriebenen Gesetzbuches war, „Handle, um zu werden! Die Sprache des Neuen ist, „Sei, wegen dem, was getan wurde!" Anstatt zu tun und zu tun und zu tun, heißt es getan, getan, getan! Es fängt mit dem Glauben an. Es geht von Glaube zu Glaube, und hat nichts mit unserem guten oder schlechten Verhalten zu tun; wir werden nicht durch unsere Leistung oder Umstände definiert. Paulus bezieht sich hier auf Hab. 2,4, „Der Gerechte wird nach seinem [Gottes] Glauben leben." Habakkuk sieht eine völlig neue Grundlage dafür, wie die Menschheit vor Gott dasteht! Anstatt bei Katastrophen das Kapitel mit dem Fluch zu lesen, erkennt er, dass die Verheissung, als Grundlage für den Freispruch der Menschheit, die Leistung überholt. 5. Mose 28 wäre dann nicht mehr die Motivation oder das Maß für richtiges oder falsches Verhalten!

Anstatt einer Gerechtigkeit, die eine Belohnung für die Bemühungen der Menschheit ist, dem Gesetz zu gehorchen, feiert Habakkuk die Gerechtigkeit Gottes auf der Grundlage des Glaubens Gottes - auch angesichts von offensichtlicher Katastrophe, die der Beweis aller Flüche zu sein scheint, die in 5. Mo. 28 erwähnt werden! Er singt, „Obwohl die Feigenbäume nicht blühen und auch keine Früchte an den Reben hängen, die Olivenbäume keine Frucht tragen und die Felder keinen Ertrag bringen, die Herde von den Hürden abgeschnitten sind und kein Vieh in den Ställen ist, werde ich mich doch über den Herrn freuen, ich werde mich über den Gott meiner Erlösung freuen. Gott, der Herr, ist meine Stärke; er macht meine Füße wie die Füße der Hirsche, er lässt mich auf meine Höhen treten." [Hab. 3,17-19 RSV] Es ist interessant festzustellen, dass Habakkuk - חבקוק *chăbaqqûq, vielleicht der Sohn der schunammitischen Frau und ihres Mannes war, die den Propheten Elisa beherbergten. Sie konnten keine Kinder bekommen, bis Elisha erklärte, dass sie in einem Jahr ein Kind bekommen würden -* חבק *chabaq - ein Kind! Als das Kind zu einem jungen Mann wurde, starb es an einem Sonnenstich und Elisha streckte sich über den Jungen aus und umarmte das tote Kind von Angesicht zu Angesicht und der Junge erwachte wieder zum Leben;* חבקוק *Chabaqquq ist eine doppelte Umarmung - es ist das prophetische Bild unserer spiegelbildlichen Auferstehung zusammen mit Christus! Wenn jemand wusste, dass Gerechtigkeit nicht durch Werke, sondern durch Gottes Glauben geschieht, dann Habakkuk!*

Das Wort Gerechtigkeit kommt aus dem angelsächsischen Wort "rightwiseness;" weise in dem, was richtig ist. Im Griechischen ist das Wort für Gerechtigkeit **dikaiosune**, *vom* **dikay**, *das, was richtig ist; es ist ein Beziehungswort und bezieht sich auf zwei Parteien, die ineinander Ähnlichkeit finden. Gerechtigkeit deutet auf Harmonie in der Beziehung hin. [Vgl. 2. Kor. 6,14]*

RÖMER Kapitel 1

*Die Glaubens-Gerechtigkeit hat nichts mit den heidnischen Philosophien des Karma und der leistungsorientierten Anerkennung zu tun; beide zusammen [jedes von ihnen auf einer Seiten der Waage verteilt] könnten niemals die Waage im Gleichgewicht halten oder in irgendeinem Zusammenhang gleichmäßig unter einem Joch zusammengefügt werden. [Das Wort **heterozugeō**, ein ungleiches oder anderes Joch; von dem Wort **zugos**, ein Joch oder eine Lehre; das Joch eines Rabbiners oder Philosophen stellte ihre Lehre dar; vom hebräischen Wort צדיק **tzedek**, der Holzbalken der die beiden Seiten einer Waage verbindet, ist das Wort für Gerechtigkeit. Es ist auch interessant festzustellen, dass die griechische Göttin der Gerechtigkeit Dike [ausgesprochen, Dikay] ist und sie immer mit einer Waage in der Hand abgebildet ist.] [Vgl. auch 2. Kor. 6,15; Kol. 2,9-10] „In Christus findet Gott einen genauen und vollständigen Ausdruck von sich selbst in einem menschlichen Körper! Er spiegelt unsere Vollkommenheit wider und ist die höchste Autorität unserer wahren Identität.")*

1,18 Die ¹leidenschaftliche Überzeugung Gottes offenbart sich als himmlische Perspektive im scharfen ²Gegensatz zu der Dummheit der ³Menschen, die Wahrheit über ihre freigesetzte Unschuld ⁴unterdrücken und verbergen, während sie weiterhin eine ⁵minderwertige Meinung über sich selbst akzeptieren. *(Die Gerechtigkeit Gottes, die im Himmel bestätigt wird, unterscheidet sich so sehr von der Fälschung, der menschlichen Meinung über die Gerechtigkeit, die Menschen blind macht und so an ihre eigene Ungerechtigkeit bindet. Das Wort, das oft mit Zorn, ¹**orge**, übersetzt wird, bedeutet Begehren - ein sich Ausstrecken oder eine Begeisterung des Herzens, Leidenschaft. Die Vorsilbe ²**epi** bedeutet über, darüber hinaus, hinüber, quer, entgegen, beständige Beeinflussung; ich habe es hier mit Gegensatz übersetzt. Das Wort für die ³menschliche Spezies, männlich oder weiblich, ist **anthropos**, von **ana**, aufwärts und **tropos**, Lebensweise; Charakter; in gleicher Weise. Das Wort ⁴**katecho**, nach unten echoen, ist das Gegenteil von **anoche**, die von oben [Glaube Gottes] und nicht von unten [Gesetz der Werke] sind. Nach oben echoen. [Vgl. Röm. 2,4 und 3,26] In Kol. 3,2 ermutigt uns Paulus, unsere Gedanken mit Dingen zu beschäftigen, die von oben [Glauben Gottes] und nicht von unten [Gesetz der Werke] sind Das Wort ⁵**adikia**, Ungerechtigkeit, ohne Harmonie sein, ist das Gegenteil von **dikay**, zwei Parteien finden Ähnlichkeit ineinander. Das Gesetz offenbart, wie schuldig und sündhaft die Menschheit ist, während das Evangelium offenbart, wie vergeben uns ist und wie wiederhergestellt wir sind. [Vgl. 2. Kor. 4,4])*

1,19 Aus diesem Grund ist Gott niemandem fremd; was von Gott bekannt ist, ist in menschlicher Gestalt ¹sichtbar. Gott hat es im Kern ihrer Mach-und-Wesensart offenbart, das in ihrem eigenen Gewissen Zeugnis ablegt! *([Anm. Röm. 2,14-15] Denn selbst der natürliche Instinkt der Heiden bestätigt, dass das Gesetz in ihrem Gewissen vorhanden ist, obwohl sie noch nie von jüdischen Gesetzen gehört haben. So erweisen sie sich als ein Gesetz für sich selbst. Das Gesetz ist so viel mehr als*

RÖMER Kapitel 1

nur ein geschriebener Kodex; es ist im menschlichen Gewissen offensichtlich vorhanden, auch wenn die schriftliche Anweisung dazu fehlt. [Vgl. auch 2. Kor. 4,4-7 und Kol. 1,27] Die Vogel-Strauß Politik lässt den Schatz nicht von dem Ort verschwinden, an dem er die ganze Zeit versteckt war! [So nach dem Motto, „was ich nicht sehe, ist nicht da".] Jedes Mal, wenn wir lieben, Freude oder Schönheit erleben, spiegelt sich ein Hauch der Natur unseres Schöpfers in uns wider; sogar in der Erfahrung des Nichtglaubenden. In der Menschwerdung enthüllt Jesus Gottes Ebenbild, nicht seine „Andersartigkeit", in menschlicher Gestalt wie in einem Spiegel! Das Wort ^{1}phaneros aus phaino bedeutet, wie Licht leuchten. [Kol. 2,9-10] „In Christus findet Gott einen genauen und vollständigen Ausdruck von sich selbst, in einem menschlichen Körper! Jesus spiegelt unsere Vollkommenheit wider." Während man Gott mit Raum und Zeit nicht messen oder definieren kann, wird sein genaues Abbild trotzdem in menschlicher Form dargestellt. Jesus beweist, dass das menschliche Leben für Gott maßgeschneidert ist! [Vgl. auch Eph. 4,8 und Jak. 3,9] Wir können schöne Dinge über Gott den Vater sagen, aber mit dem gleichen Mund verfluchen wir einen Mitmenschen, der in seinem Spiegelbild erschaffen wurde. Es geht nicht darum, was die Person getan hat, um die Beleidigung zu verdienen! Es geht darum, dass Menschen Träger des Bildes und der Ähnlichkeit Gottes sind, weil sie so geschaffen wurden!)

1,20 Gott zeigt sich in der Schöpfung wie auf einer Anzeigetafel; die Materie, aus der das sichtbare Weltall gemacht wurde, spricht die Vernunft an. Es zeugt sehr klar von der immerwährenden, tragenden Kraft und Intelligenz des unsichtbaren Gottes und gibt der Menschheit keinen triftigen Grund mehr, ihn zu ignorieren. (*[Ps. 19,1-4] „Die Herrlichkeit Gottes ist auf Achse am Himmel, das Gotteshandwerk ist am Horizont sichtbar. Madam Tag gibt jeden Morgen Unterricht, Professor Nacht hält jeden Abend Vorträge. Ihre Worte werden nicht gehört, ihre Stimmen nicht aufgezeichnet, aber ihr Schweigen erfüllt die Erde, unausgesprochene Wahrheit wird überall gesprochen." – [Die Message]*)

1,21 Doch die Menschheit kannte ihn nur auf philosophisch-religiöse Weise und aus der Ferne und versäumten es, ihm als Gott all das zuzuschreiben. Sie nahmen ihn als selbstverständlich hin und der Mangel an Dankbarkeit verschleierte ihn vor ihnen; sie vertieften sich in nutzlose Debatten und Diskussionen, die ihr Verständnis über sich selbst weiter verdunkelten.

1,22 Ihre weisen Schlussfolgerungen bestätigten nur ihre Torheit.

1,23 Weil sie den Blick auf Gott verloren hatten, verloren sie auch den Blick dafür, wer sie wirklich waren. In ihrer Beurteilung wurden das Bild und die Ähnlichkeit Gottes auf eine verdorbene und verdrehte Schablone von sich selbst reduziert. Plötzlich hat ein Mensch mehr mit „gruseligen Krabbeltieren" gemein als mit seiner ursprünglichen Blaupause.

RÖMER Kapitel 1

1,24 Es schien, als hätte Gott die Menschheit verlassen, um von den Begierden ihres eigenen Herzens mitgerissen zu werden, und sich selbst zu missbrauchen und zu verunreinigen. Ihr persönlichster Besitz, ihr eigener Körper, wurde zu wertlosem öffentlichem Eigentum.

1,25 Die unterdrückte Wahrheit *(V.18)* wurde zur verdrehten Wahrheit. Anstatt ihren Schöpfer als ihre echte Identität anzunehmen, bevorzugten sie die Täuschung eines selbst geschaffenen, verzerrten Bildes und geben ihm (diesem Bild) ihre religiös Zuneigung und Verehrung. Der wahre Gott ist der gesegnete Gott aller Zeiten. Hey! Er ist nicht durch unsere Hingabe oder Gleichgültigkeit definiert! *(Und da alles, weil sie den wahren Gott gegen einen falschen Gott eingetauscht und den Gott anbeteten, den sie selbst gemacht haben, anstatt den Gott, der sie geschaffen hat. - [Die Message])*

1,26 Weil in ihren Gedanken Verwirrung über ihren Schöpfer herrschte, waren sie auch über sich selbst verwirrt, was zu allen möglichen Arten von Zwängen und Süchten führte.

1,27 Männer und Frauen gleichermaßen wurden von perversen Fantasien erregt. Dies führte zu einem intensiven [1]Streben und [2]rastloses Jagen nach der Illusion eines [3]verzerrten Bildes - das sind klare Symptome einer [4]geringen Selbsteinschätzung. *(Das Wort [1]orexei beschreibt ein Ausstrecken nach etwas. Das Wort [2]katergazomai von kata, nach unten; auch um die Intensität zu betonen; und ergatsomai, sich zu plagen. Dann benutzt er das Wort [3]aschēmosunē von aschēmōn, verformt, von a, negativ oder ohne und schema, Form oder Muster. Das Wort [4]antimisthia von anti, gegen oder gegenteilig und misthois, der Lohn eines Mietling; hier übersetzt eine minderwertige Schätzung; oder ein Lohn, der einen enttäuscht. Dieses Wort wird erst in 2. Kor. 6,13 wieder verwendet.)*

1,28 Ihre Gleichgültigkeit gegenüber ihrer Gott-Identität verschleierte Gott vor ihnen.

1,29 Sünde ist wie ein Schneeballsystem Sie breitet sich wie eine Krankheit aus und zeigt ihre hässlichen Symptome in allen möglichen Formen, von der pervertierten sexuellen Besessenheit bis hin zu jeder Art von Gräueltat. Das Problem mit der Sünde ist, dass sie nie zufrieden stellt und das Opfer jämmerlich unerfüllt lässt, so dass es sich ständig nach mehr von der gleichen Täuschung sehnt, Widerwärtigkeit, Eifersucht, Wut und eine unnatürliche Ichzentriertheit. Das Leben ist wertlos, Mord spielt keine Rolle; sie sind in ständige Streitigkeiten verwickelt und voller Bosheit, ihre Unterhaltung beschränkt sich nur noch auf verleumderisches Gerede.

1,30 Niemand ist in ihrer Gesellschaft sicher; sie denken, dass wenn sie Menschen beleidigen, sie ihrem Hass auf Gott freien Lauf lassen können; stolz prahlen sie mit ihren neuesten schmutzigen Erfindungen. Jeder Art von [2]Elternschaft gegenüber bleiben sie [1]gleichgültig

RÖMER Kapitel 1

ohne Rücksicht darauf, dass (ein höherer Gedanke hinter dem Menschsein steckt) wir uns nicht selbst erfunden haben. *(Das Wort ¹apeithēs, von dem das Wort Apathie herkommt, was traditionell mit Ungehorsam übersetzt wird, bedeutet meiner Meinung nach eher gleichgültig; von a, negativ und peithō, glauben; Freundschaften schließen, die Gunst von jemandem gewinnen, den guten Willen von jemandem gewinnen oder zu versuchen, einem zu gefallen. Das Wort ²goneus, Elternteil; von ginomai, geboren werden.)*

1,31 Sie leben ein ¹dysfunktionales, ²bindungsloses Leben, in dem keine ³Sympathie oder Barmherzigkeit gezeigt werden kann. *(Die Worte, ¹asynetous, a, negativ und sunetos; von suniemi; ein Zusammenfügen wie das von zwei Strömen; eine Fusion von Gedanken, ein gemeinsames Sehen. Wegen ihres Mangels an Anschlussfähigkeit und Harmonie scheinen sie sich nicht sinnvoll mit anderen verbinden zu können. Das Wort ²asunthetos wieder, a, negativ und suntithemai – mit jemandem übereinstimmen und in einer sich gegenseitig unterstützenden Beziehung sein. Sie sind völlig unfähig, mit anderen in Einklang zu kommen. Dann benutzt Paulus die Worte ³astorgos, ohne natürliche Zuneigung und eleēmōn, ohne Gnade.)*

1,32 Es macht einfach keinen Sinn, sie haben angefangen, die ¹Gerechtigkeit Gottes zu kennen, aber wegen ihres Lebensstils flirten sie mit dem Tod; es ist fast so, als ob die Sünde zu einem modernen Wettstreit geworden wäre. *(¹dikaioma, Gerechtigkeit - nicht Urteil, wie einige Übersetzungen vorschlagen!*

Von Vers 18 bis 32 malt Paulus das Bild des Dilemmas und der Dunkelheit der gefallenen Denkweise – bei der das verzerrte Bild zur Norm wird. Dies ist die Sprache eines Rechtssystems, das Menschen durch ihr Verhalten anstatt durch ihre Mach-und-Wesensart definiert. Er schließt dann in 2,4 mit dieser erstaunlichen Aussage, um seine Überzeugung zu unterstreichen. Sie wird in 1,16-17 festgehalten, wo es um die mächtige Rettungstat Gottes geht, die im Evangelium angekündigt wurde. „Unterschätzt nicht die Freundlichkeit Gottes. Der Reichtum seiner Güte und seine entschiedene Weigerung uns loszulassen, liegt darin, dass er weiterhin das Echo unseres Gleichseins mit ihm in uns hört. Deshalb will er jeden, wie ein Hirte, durch seine geduldige Leidenschaft zu einem radikalen Sinneswandel führen.")

RÖMER Kapitel 2

2,1 Eure vermeintliche Kenntnis darüber, was richtig oder falsch ist, berechtigt euch nicht, jemanden zu verurteilen; besonders dann nicht, wenn ihr genau dasselbe tut, von dem ihr feststellt, dass andere Menschen das auch falsch machen. Dadurch verurteilt ihr euch selbst sehr wirksam. Niemand ist Richter über eine andere Person.

2,2 Gott wird alle Übertretungen richten, aber wenn ihr andere richtet, macht sie das nicht noch schuldiger.

2,3 Gott ist völlig unparteiisch in seinem Urteil; ihr sammelt keine Punkte und könnt auch eure eigenen Sünden nicht vertuschen, indem ihr über andere negativ redet.

2,4 [1]Unterschätzt nicht die [2]Freundlichkeit Gottes. Der Reichtum seiner [2]Güte und seine [3]entschiedene Weigerung uns loszulassen, liegt darin, dass er weiterhin das Echo unseres Gleichseins mit ihm in uns hört! Deshalb will er jeden, wie ein Hirte, durch seine Geduldige Leidenschaft zu einem radikalen Sinneswandel führen. *(Das Wort, das mit unterschätzen übersetzt wird, ist das Wort, [1]kataphroneō, von kata, unten, und phroneo, sich eine Meinung zu bilden; also ein niedergeschlagener Geist, verachten oder als selbstverständlich betrachten. Es ist die Offenbarung der Güte Gottes, die uns zur [6]Buße führt und nicht unsere „Buße", die Gott zur Güte führt! Das Wort „Buße" (repentance) ist ein gefälschtes Wort, das von dem lateinischen Wort penance kommt. Um der Religion mehr Gewicht zu verleihen, machte man aus diesem Wort im Englischen re-pentance. Diese Bedeutung hat das griechische Wort überhaupt nicht. Das Wort [6]metanoia kommt von meta, was zusammen mit und nous, Verstand bedeutet; also zusammen mit Gottes Verstand. Dieses Wort deutet auf einen [6]radikalen Sinneswandel hin; es geht darum, Gottes Gedanken über uns zu erkennen. [Vgl. Jes. 55,8-10] Das Wort [2]chrestos, freundlich, wohlwollend, von xeir, Hand, die auch mit dem Wort xristos verbunden ist, mit der Hand darüber streichen, salben, messen; vgl. auch das hebräische Wort für Messias, mashach, die Hand darüber ziehen, messen! [Analytical Hebrew und Chaldäisches Lexikon, B. Davidson.] In Jesus Christus hat Gott die Menschheit gemessen und für unschuldig befunden. Er ist die Vorlage für unsere Mach-und-Wesensart. Das Wort [3]anoches kommt von ana, was aufwärts bedeutet; ana beinhaltet auch Intensität und das Wort echo bedeutet halten oder umarmen, wie bei einem Echo. Er hört weiterhin das Echo seines Ebenbildes in uns! [Vgl. Röm. 3,26] Das Wort [4]makrothumias bedeutet, geduldig darin zu sein, die Beleidigungen und Verletzungen anderer zu ertragen. Wörtlich, Leidenschaft, die einen langen Weg geht; vom Wortstamm thuo, ein Opfer zu schlachten. Das Wort [5]ago bedeutet zu führen, wie ein Hirte seine Schafe führt.)*

2,5 Ein verhärtetes Herz, das sich der Veränderung widersetzt, erlebt in sich eine Zunahme an Kräften, die zur Selbstzerstörung führen, während das gerechte Gericht Gottes am helllichten Tag offenbart wird. *(Das Evangelium erklärt offen, dass Gott die Menschheit für unschuldig erklärt hat.)*

RÖMER Kapitel 2

2,6 Wenn ihr euch ihm widersetzt, seid ihr auf euch allein gestellt; eure eigenen Taten werden euch dann richten. *(Die Ablehnung seiner Güte [V. 4] hält euch in einem Lebensstil gefangen, der von Sündenbewusstsein und Verurteilung beherrscht wird.)*

2,7 Die Menschheit strebt ständig nach dem, was gut, herrlich, ehrenhaft und von unvergänglichem Wert ist. Wir sind eifrig darum bemüht, das ursprüngliche Abbild des Lebens der ¹Zeitalter fortzusetzen. *(Das Leben der Zeitalter, von ¹aionios, das das attraktivste Leben ist, das wir uns wünschen können; es ist das Leben unserer Mach-und-Wesensart, aber, außerhalb der Erlösung, die Christus für uns vollbracht hat, bleibt es schwer erreichbar. Nicht einmal die ehrlichste Entscheidung, ein makelloses Leben nach dem Gesetz oder gemäß einer aufrichtigen Philosophie zu führen, könnte den Hunger im Herzen der Menschheit stillen.)*

2,8 Doch dann sind da noch diejenigen, die Wahrheit durch ²Unglauben ignorieren. *(Die Wahrheit über ihre ursprüngliche Identität als Söhne)* **Sie setzen ihr Leben als bloße ¹Tagelöhner fort, motiviert durch einen Monatslohn** *(und nicht durch Sohnschaft).* **Sie glauben an ihr Versagen und ihre Ungerechtigkeit und werden von Wutausbrüchen und Missmut verzehrt.** *(Das Wort, ¹eithea, kommt von erithios und bedeutet, als Tagelöhner zu arbeiten; es wird oft auch mit eigenwillig oder umstritten übersetzt. Das Wort, ²apeitheo, bedeutet, nicht überzeugt zu werden, ohne Glauben, oft falsch übersetzt mit ungehorsam.)*

2,9 Die Seele eines jeden, der nutzlose Dinge tut, wird, wie in einem ¹überfüllten Raum, *(oder wie bei einem verkrampften Fuß in einem zu kleinen Schuh),* **von allen Seiten Druck erfahren. Die Tatsache, dass die Juden Juden sind, macht ihre Erfahrung des Bösen nicht anders als die der Griechen.** *(Die Krankheitssymptome sind bei jedem gleich; sie haben keinen Respekt vor Menschen. Das Wort, ¹stenochoria, bedeutet Enge des Raumes.)*

2,10 Im scharfen Gegensatz dazu erlebt jeder Glückseligkeit, Selbstwertgefühl und völlige Ruhe, ob Jude oder Grieche, der sich im Guten entfaltet. Wir sind maßgeschneidert für das Gute.

2,11 Gott beurteilt Menschen nicht nach ihrem äußerlichen Wert.

2,12 Ruin und Selbstzerstörung sind die unvermeidlichen Folgen der Sünde, ob jemand das Gesetz kennt oder nicht.

2,13 Gerechtigkeit ist kein Gerücht, sondern ein vom Glauben inspiriertes praktisches Leben, das dem Gesetz eine neue Definition gibt.

2,14 Denn selbst das natürliche intuitive Gefühl eines Heiden bestätigt, dass das Gesetz in seinem Gewissen existiert, obwohl er noch nie von jüdischen Gesetzen gehört hat. Sie lassen damit erkennen, dass sie sich selbst gegenüber ein Gesetz sind.

RÖMER Kapitel 2

2,15 Das Gesetz ist viel mehr als ein bloßes schriftliches Regelwerk; es ist im menschlichen Gewissen, auch ohne geschrieben zu sein, offensichtlich und verurteilt oder bestätigt das persönliche Verhalten.

2,16 Jeder verborgene, zwiespältige Gedanke wird am Tag der Prüfung von Gott aufgedeckt, auf Grundlage der Guten Nachricht von Jesus Christus, die ich verkünde. *(Gute Absichten und Selbstdisziplin sind wirkungslos, wenn es darum geht, dauerhafte Veränderungen herbeizuführen. Im Gegensatz dazu hat die Botschaft der Auferstehung von Christus und von seinem Tod Wirkungskraft. Diese Botschaft, die den Tod der Menschheit und die neue Geburt repräsentiert, ist unser endgültiger Bezugspunkt zu unserer freigesetzten Identität und Unschuld.)*

2,17 Eure jüdische Identität macht Gott nicht zu eurem ausschließlichen Eigentum,

2,18 obwohl ihr euch damit rühmt, dass ihr den [1]dokumentierten Willen Gottes wie eine Gebrauchsanweisung im Gesetz [2]veröffentlicht habt. *(Das Wort, [1]dokimatso, kommt von Dokument, Dekret, Genehmigung; [2]diaphero, von durchführen, veröffentlichen [Apg. 13,49, das Wort wurde überall öffentlich gemacht].)*

2,19 Ihr werbt selbstbewusst für euch als Blindenführer und als Lichtträger für diejenigen, die in der Dunkelheit herumtasten.

2,20 Ihr fühlt euch dem Rest der Welt so überlegen, dass ihr euch als „Kindergarten"-Erzieher für die Gedankenlosen und als Lehrer für die Kinder selber empfehlt, weil ihr glaubt, dass ihr im Gesetz Wissen und Wahrheit in einem Wort zusammengefasst habt.

2,21 Die eigentliche Frage ist jedoch nicht, ob ihr gute Lehrer seid, sondern wie gute Schüler. Was nützt es, gegen das Stehlen zu lehren, wenn man selber stiehlt?

2,22 Ihr prangert Ehebruch an, könnt aber eure eigenen Gedanken nicht von sexuellen Sünden lassen. Es macht einfach keinen Sinn, oder? Ihr sagt, Götzendienst stinkt, aber ihr stehlt Sachen aus heidnischen Schreinen.

2,23 Eure Verbindung mit dem Gesetz, auf die ihr so stolz seid, wird jedes Mal ruiniert, wenn ihr Gott entehrt, indem ihr euch mit eurem Treiben seinen Vorschriften entzieht.

2,24 Das geschieht nun schon seit Jahrhunderten; alles ist in der Schrift festgehalten. Kein Wunder, dass die Heiden denken, euer Gott sei nicht besser als all ihre Philosophien, wenn es darum geht, das Leben zu leben, das das Gesetz betont.

RÖMER Kapitel 2

2,25 Der wahre Wert der Beschneidung wird durch eure Fähigkeit, das Gesetz einzuhalten, geprüft. Wenn ihr gegen das Gesetz verstößt, könnt ihr euch genauso gut nicht beschneiden lassen.

2,26 Die Tatsache, dass ihr beschnitten seid, unterscheidet euch nicht vom Rest der Welt; sie gibt euch keine übermenschliche Kraft, die Gebote zu halten.

2,27 Wenn es nicht darum geht, wer beschnitten ist oder nicht, sondern wer das Gesetz einhält oder nicht, dann können in diesem Fall auch unbeschnittene Menschen diejenigen beurteilen, die behaupten, alles zu wissen und alles zu haben! Auf der einen Seite sind diejenigen, die von Natur aus dazu tendieren, das Richtige zu tun, die aber nicht beschnitten sind und dann gibt es die Beschnittenen, die den Buchstaben des Gesetzes kennen, ihn aber nicht halten.

2,28 Was ihr, äußerlich betrachtet, zu sein scheint, macht euch also nicht zu einem echten Juden, sondern wer ihr innerlich in Wirklichkeit seid.

2,29 Denn zu wissen, wer ihr in eurem Herzen seid, ist das Geheimnis eurer geistlichen Identität; das ist eure wahre Beschneidung, nicht eure äußere Erscheinung. Im Grunde genommen ist es die Zustimmung Gottes, die zählt und nicht die Meinung anderer. Die Menschen sehen nur oberflächlich; Gott kennt das Herz.

RÖMER Kapitel 3

3,1 Nachdem ihr das alles gehört habt, stellt ihr euch vielleicht die Frage, ob Jude zu sein irgendwelche Vorteile mit sich bringt? Hat die Beschneidung irgendeine Bedeutung?

3,2 Alles findet seine Bedeutung und seinen Wert nur in der ursprünglichen Absicht Gottes, die durch den Glauben verwirklicht wird.

3,3 Die Frage ist, wie beeinflusst jemandes Versagen, Gott zu glauben das, was Gott glaubt? Kann dessen Unglaube den Glauben Gottes aufheben? *(Was wir über Gott glauben, definiert ihn nicht; Gottes Glaube definiert uns. [Vgl. die RSV-Übersetzung] „Was wäre, wenn einige untreu wären? Macht ihre Untreue die Treue Gottes zunichte? Auf keinen Fall!")*

3,4 Das Wort Gottes ist nicht in Gefahr! Tatsache ist: wenn auch die ganze Menschheit versagen würde, bliebe die Wahrheit trotzdem intakt. Die Wahrheit ist in Gott definiert; sie wird durch menschliche Erfahrung weder in Frage gestellt noch bestätigt. Widerrede setzt den Glauben Gottes nicht unter Druck oder schmälert ihn. Die Schrift dokumentiert, dass Gott in seinem eigenen Wort gerechtfertigt ist; sie bestätigt, dass Gottes Verheißung und Ursprung nicht durch das Versagen der Menschheit gefährdet werden; ebenso wenig wird der Ruf Gottes durch unser Verhalten geschädigt. *(Die Wahrheit wird nicht durch Volksabstimmung wahr. Sie ist schon so wahr, wie sie nur sein kann, weil Gott es glaubt; es geht vom Glauben zum Glauben, sagt Paulus [Röm. 1,17]; die Botschaft ist solange keine Frohe Botschaft, bis die Gerechtigkeit Gottes offenbart worden ist; „wir können nichts gegen die Wahrheit tun!" [Vgl. 2. Kor. 13,5 u. 8] Davids Sünde hat Gottes Verheißung nicht aufgehoben. „Aber meine Barmherzigkeit will ich nicht von ihm nehmen" und „sein Haus wird gefestigt, und sein Königreich für immer vor mir sein, und sein Thron wird für immer gegründet werden." [2. Sam. 7,15-16])*

3,5 Wir könnten ja nun argumentieren, dass Gott kein Recht hat, uns zu richten, wenn unsere Ungerechtigkeit doch nur seine Gerechtigkeit betont.

3,6 Das würde Gott zu einem ungerechten Richter der Welt machen.

3,7 Das klingt ja fast so, als ob ich sage, dass es nicht wirklich falsch ist, zu sündigen, wenn unser falsches Spiel doch nur dazu dient, dass der Kontrast zur Wahrheit Gottes noch größer wird.

3,8 Weil ich die Gnade Gottes betone, verleumden mich einige Leute und werfen mir vor, dass meine Lehre, so vermuten sie wohl, den Menschen eine Lizenz zur Sünde geben würde. „Lasst uns Böses tun, damit Gutes daraus entsteht!" Ich verurteile dieses dumme Gerede aufs Schärfste! *(„Aber wenn unsere Bosheit die Güte Gottes deutlicher macht, meinen wir dann, Gott sei ungerecht, wenn er uns dafür bestraft? [Ich benutze ein menschliches wie-du-mir-so-ich-dir-Argument.]*

RÖMER **Kapitel 3**

Kein Funken davon ist wahr! Was für eine Person wäre Gott denn, wenn er die Welt richten würde? Es ist so, als wollte jemand sagen, dass, wenn meine Lügen die Wahrheit Gottes so deutlich hervorheben und sozusagen seinen Ruf verbessern, warum sollte er es mir dann zurückzahlen, indem er mich als Sünder verurteilt? Und warum nicht einfach Böses tun, damit daraus Gutes entsteht und es im Gegenteil sogar noch offensichtlicher und wertvoller wird? [Tatsächlich erzählen die Leute über mich, ich würde genau diese Sache vorantreiben. Einige behaupten dies nur, um mich zu verleumden, andere scheinen dies ganz ernsthaft zu meinen. Aber natürlich muss solch eine Argumentation zu Recht verurteilt werden." – [Phillips Übersetzung]])

3,9 Es ist allgemein bekannt, dass die Sünde über Juden und Griechen gleichermaßen herrscht. *(Genauso wie Krankheiten unabhängig von jemandes Nationalität überall die gleichen Symptome zeigen.)*

3,10 Die Schrift berichtet, dass es niemandem im Rahmen des Gesetzes gelingt, ein tadelloses Leben zu führen. *([Ps. 14,1-3] „An den Chorleiter Davids. Der Narr sagt in seinem Herzen: ‚Es gibt keinen Gott.' Sie sind verdorben und tun abscheuliche Dinge. Niemand tut Gutes. Der Herr schaut vom Himmel auf die Kinder der Menschen herab, um zu sehen, ob es welche gibt, die weise handeln und nach Gott suchen. Sie sind alle auf Abwege geraten, sie sind alle miteinander verdorben. Es gibt keinen, der Gutes tut, nein, nicht einen [RSV]." In 1. Mo. 18 tritt Abraham für Sodom und Gomorra ein: „Wenn es vielleicht 50 rechtschaffene Menschen gibt, wirst du dann die Stadt um ihretwillen retten?" Er verhandelt weiter mit Gott, bis er auf „vielleicht zehn?" kommt... „Es gab keinen Gerechten, nein, nicht einen einzigen..." Diese Argumentation steigert sich bis zum triumphalen Schluss, dass es tatsächlich keinen Unterschied gibt; dieselben Menschen, die Mangel an der Herrlichkeit Gottes haben, werden jetzt durch Gottes Gnadenwerk in Christus gerechtfertigt. Wenn die Menschheit zu 100% in Adam vertreten war, dann ist sie auch zu 100% in Christus vertreten! [Röm. 3,21-24])*

3,11 Wo kein aufrichtiges Verlangen und kein Wunsch ist, Gott zu erkennen, gibt es keine geistliche [1]Einsicht. *(Wenn ein Mensch sich lässig und gleichgültig gegenüber Gott verhält, bleibt sein Herz verhärtet, das Wort [1]suinemi bedeutet eine gemeinsame Sichtweise.)*

3,12 Weil sie sich ablenken ließen, wurde ihr Leben [1]ruiniert; das gilt für die gesamte Menschheit, ohne Ausnahme. *(Das Wort, נאלח [1]neelachu, ‚unrentabel' auf Hebräisch, bedeutet ‚verfault' und ‚beleidigend' zu werden, wie Früchte, die verdorben sind. Im Arabischen wird es auf „Milch" angewendet, die sauer wird.)*

3,13 „Wenn sie ihren Mund öffnen, um zu sprechen, begraben sie sich gegenseitig mit zerstörerischen Worten. Sie verschlingen sich gegenseitig mit Lügen und Korruption. *(Albert Barnes kommentiert: „Ihre Kehle ist ein offenes Grab." - Diese und alle folgenden Verse finden sich bis zum Ende des 18. Jahrhunderts in der Septuaginta wieder, aber nicht im hebräischen Text; und es ist sehr offensichtlich, dass der Apostel aus dieser*

RÖMER Kapitel 3

Version zitiert hat, da die Verse sich an keiner anderen Stelle so eng an die Bedeutung und die Worte des Apostels halten. Die fraglichen Verse finden sich jedoch nicht im alexandrinischen Manuskript. Aber sie existieren in der Vulgata, im Äthiopischen und im Arabischen. Da die ältesten Kopien der Septuaginta diese Verse nicht enthalten, behaupten einige, dass der Apostel sie aus verschiedenen Teilen der Schrift zitiert hat; und spätere Transkribenten der Septuaginta, die feststellten, dass der zehnte, elfte und zwölfte Vers aus dem 14. Psalm zitiert wurde, sich dachten, dass der Rest ursprünglich auch von dort herstammte, und nahmen so diese in ihre Abschriften des Textes des Apostels auf.

Ihre Kehle ist ein offenes Grab - durch ihre niederträchtigen und bösartigen Worte begraben sie sozusagen den Ruf aller Menschen. Der ganze Vers scheint sich über ihre Gewohnheit auszulassen, dass sie lügen, diffamieren, verleumden usw., wodurch sie den Ruf anderer verwundet, verleumdet und vergiftet haben.)

3,14 Mit scharfer Zunge ¹schneiden sie sich gegenseitig in Stücke, fluchen und betrügen. Jedes ihrer Worte ist beeinflusst von der ²ermüdenden Anstrengung, in einer von Hund-frisst-Hund-Welt zu überleben. *(Direkt aus dem hebräischen Text in Psalm 10,7 entnommen, auf Hebräisch, ¹tok tok aus tavek, in Stücke zu schneiden. In Hebräisch ²amal und aven, mühevolle Anstrengung.)*

3,15 Mord ist zu einem regelmäßigen Ritual geworden, ohne Rücksicht auf das Leben anderer.

3,16 Ihr Weg ist übersät von zerbrochenen Menschenleben.

3,17 Sie haben die Kunst der Freundschaft verloren.

3,18 Sie haben Gott völlig aus den Augen verloren." *(Röm. 3,13-18 sind Zitate aus Ps. 10 und Ps. 14.)*

3,19 Die Tatsache, dass alle diese Zitate aus jüdischen Schriften stammen, bestätigt, dass ihr moralisches Gesetz sie nicht von den Sünden befreite, in denen auch der Rest der Welt gefangen war. Die gesamte menschliche Rasse wird nun mit der ¹Gerechtigkeit Gottes konfrontiert. *(Das Wort ¹upodikos, von upo unter und dikay, zwei Parteien, die ineinander Ähnlichkeit finden, der Stamm des Wortes dikaiosunay, Gerechtigkeit. [Vgl. Röm. 1,17; auch 3,21 und Apg. 17,31; Röm. 4,25])*

3,20 Das Gesetz beweist, dass die ganze Menschheit gleichermaßen schuldig ist. Es bestätigt, dass ihre von ernsthaftesten und pflichtgetriebensten Entscheidungen und ihre Selbsthilfeprogramme, ihnen, im Rahmen des Fleisches, nicht das Gefühl geben konnten, eine vertrauensvollere Stellung vor Gott zu haben.

RÖMER Kapitel 3

3,21 Wir sprechen jetzt aber eine ganz andere Sprache: Das Evangelium enthüllt, was Gott richtig gemacht hat, nicht, was wir falsch gemacht haben! Sowohl das Gesetz als auch alle prophetischen Schriften deuten auf diesen Moment hin! (*Das bringt mich zurück zum Thema meines Dienstes. [Kap. 1,1-2,5,16] Es macht keinen Sinn, den Menschen zu sagen, wie verdammt sie sind! Sagen wir ihnen lieber, wie sehr sie geliebt sind! Gottes Umgang mit der Menschheit basiert auf der Tatsache, dass ihr Gewissen weiterhin Zeugnis von ihrer ursprünglichen Mach-und-Wesensart ablegt. [Röm. 7,22]*)

3,22 Jesus als Person zeigt, was Gott über euch glaubt! In ihm wird die Gerechtigkeit Gottes so dargestellt, ¹dass jeder gleichermaßen davon überzeugt werden kann, was Gott von ihm glaubt, unabhängig davon, wer er ist; es gilt für alle, ²ohne Ausnahme. (*Die Vorsilbe ¹eis zeigt einen Punkt an, der letztendlich erreicht wurde. Der griechische Satz ou gar estin diastoley bedeutet, es gibt ²keine Ausnahme - dazu gehört jeder einzelne Mensch, Jude und Heide gleichermaßen!*)

3,23 Die gesamte Menschheit befindet sich im selben Boot; ihr ¹gestörtes Verhalten ist der Beweis für eine ²verlorene ³Blaupause. (*Das Wort Sünde ist das Wort ¹hamartia, von ha, negativ oder ohne und meros, Abschnitt oder Form, also ohne Ihren zugewiesenen Abschnitt oder ohne Form, was auf eine desorientierte, gestörte, bankrotte Identität hinweist; das Wort meros ist der Stamm von morphe, wie in 2. Kor. 3,18 das Wort metamorphe, mit Form, das das Gegenteil von hamartia ist - ohne Form. Sünde ist, nicht mehr nach der Blaupause unserer eigenen Mach-und-Wesensart zu leben; sich nicht mehr im Einklang mit der ursprünglichen Harmonie Gottes zu verhalten. [Vgl. 5. Mo. 32,18] „Du hast den Felsen vergessen, der dich geboren hat, und bist mit dem Gott, der mit dir getanzt hat, aus dem Takt geraten!" Hebräisch, חול khul oder kheel, tanzen. [Vgl. Röm. 9,33 in der Mirror!] Das Wort ²hustereo, zu kurz kommen, minderwertig sein, ³doxa, Ruhm, Blaupause, von dokeo, Meinung oder Absicht.*)

3,24 Während das Gesetz das Dilemma der Menschheit bewiesen hat, verkündet die Gnade Gottes die Erlösung derselben Menschheit in Jesus Christus! Ihre makellose Unschuld ist ein kostenloses Geschenk! Das Geschenk-Prinzip macht die Idee der Belohnung zunichte. Es gibt keine Ausnahme - das gehört jedem einzelnen Menschen, Juden und Heiden gleichermaßen! (*V. 22*) **Die Gerechtigkeit der Menschheit ist jetzt freigesetzt. Jesus Christus ist der Beweis für Gottes Gnadengabe; er hat die Herrlichkeit Gottes im menschlichen Leben freigesetzt; die Menschheit, die durch die Sprache der Religion verdammt war, ist jetzt eine Menschheit, die durch die Sprache des Evangeliums gerechtfertigt ist!** (*Der Mensch Jesus Christus bewies, dass die Gottheit keinen Fehler gemacht hat, als sie die Menschheit nach ihrem Ebenbild und Gleichnis machte! Leider hat die evangelische Welt den Vers 23 völlig aus dem Zusammenhang gerissen! Es gibt keine gute Nachricht in Vers 23, das Evangelium ist in Vers 24! Alle sind wegen Adam zu*

RÖMER Kapitel 3

kurz gekommen; die gleichen „alle" werden wegen Christus gleichermaßen für unschuldig erklärt! Das Gesetz offenbart, was mit der Menschheit in Adam geschah; die Gnade offenbart, was mit der gleichen Menschheit in Christus geschah. Es gibt keinen Unterschied - alle haben gesündigt und die Herrlichkeit Gottes verfehlt - jetzt sind sie alle als Geschenk freiwillig gerechtfertigt und zu einem Geschenk geworden Handlung] von Jesus Christus gerechtfertigt!)

3,25 Jesus zeigt die Barmherzigkeit Gottes. In seiner Versöhnung durch das Blut überzeugt der Glaube Gottes die Menschheit von seiner Gerechtigkeit und der Tatsache, dass er die historische Aufzeichnung über ihre Sünden abgeschlossen hat. *(Nicht indem er ein Opfer verlangt, sondern indem er sich selbst als Opfer darbringt.)* **Jesus ist die Enthüllung des Vaterherzens für uns.** *(Vgl. Hinweis zu Hebr. 8,12; auch 1. Joh. 2,2)*

3,26 Während der ganzen Zeit ¹weigerte sich Gott, die Menschheit loszulassen. Gottes Handeln der ²Gerechtigkeit ³weist sie in diesem Moment auf den Beweis ihrer Unschuld hin und das ist Jesus. Er ist die ⁴Quelle des Glaubens. *(Gottes Toleranz, ¹anoche, nach oben echoen; Gott hört weiterhin das Echo seines Ebenbildes in uns. [Vgl. Röm. 2,4] In diesen beiden Versen [25+26] verwendet Paulus das Wort ³endeixis, von wo das Wort ‚anzeigen' herkommt. Es ist auch Teil des Stammes des übersetzten Wortes, Gerechtigkeit, ²dikaiosune, aufzeigen, zeigen, mit Beweisen überzeugen. Dann folgt, ⁴ek pisteos iesou; ek, Quelle oder Ursprung und iesou ist im Genitiv, der Besitzer des Glaubens ist Jesus! Er ist sowohl die Quelle als auch die Substanz (der Inhalt) des Glaubens! [Hebr. 11,1; 12,2] „Die Menschwerdung bedeutet, dass Gott selbst sich dazu herabließ, in unsere entfremdete menschliche Existenz einzutreten, sie zu ergreifen und sie fest mit sich selber zu vereinigen. Die Vollendung der Menschwerdung im Tod und in der Auferstehung bedeutet, dass der Sohn Gottes für alle Menschen gestorben ist und so ein für allemal den Menschen als Menschen einen Platz gegeben hat, über die Gott sein Leben und seine Liebe ausgegossen hat, so dass die Menschen für immer von Gott ergriffen und in ihrem Wesen als seine Geschöpfe bestätigt sind. Genauso, wie sie seiner Liebe nicht entkommen und im „Nicht-Sein" versinken können, so können sie sich selbst als Menschen auch nicht mehr so darstellen, als wäre Christus nicht für sie gestorben. Wie könnte Gott nach dem Tod seines geliebten Sohnes seine Entscheidung wieder zurücknehmen? Wie könnte er die Menschwerdung wieder rückgängig machen? Wie könnte Gott, der die Liebe ist, das Ausgießen Seiner Liebe ein für allemal rückgängig machen und so aufhören, Er selbst zu sein? Das letztendlich Entscheidende, an der ganzen Menschwerdung einschließlich des Todes von Christus ist, dass sie alle Menschen, ja die ganze Schöpfung betrifft, denn die ganze Schöpfung wird nun mit Gott auf eine neue Grundlage gestellt, auf das Fundament einer Liebe, die sich nicht zurückhält, sondern für uns in unendlicher Liebe überläuft. Deshalb besteht die Schöpfung immer noch und deshalb existiert die Menschheit immer noch. Gott hat sie nicht*

RÖMER Kapitel 3

aufgegeben, sondern im Gegenteil seine Liebe ein für alle Mal vorbehaltlos über ihr ausgegossen und entschieden und endgültig den Menschen als Sein Kind bejaht und in Ewigkeit die Schöpfung als Sein eigenes Werk bestätigt. Gott sagt nicht Ja und Nein zugleich, denn alles, was er getan hat, ist Ja und Amen in Christus. Das gilt für jeden Menschen, ob er will oder nicht. Er verdankt sein gesamtes Sein Christus und gehört Christus, und indem er zu Christus gehört, hat er sein Wesen nur von ihm und im Zusammenhang mit ihm." Thomas F. Torrance mit freundlicher Genehmigung von Baxter Kruger's Study Notes.)

3,27 Das Gesetz des Glaubens hebt das Gesetz der Werke auf, was bedeutet, dass sich plötzlich niemand mehr etwas einbilden kann. Niemand ist dem anderen überlegen. *(Prahlen macht nur dann Sinn, wenn man mit jemandem wetteifern oder ihn beeindrucken kann. „Wenn wir miteinander konkurrieren und uns miteinander vergleichen, sind wir ohne Verstand. [2. Kor. 10,12] „Durch die Gerechtigkeit Gottes haben wir einen gleichberechtigten Glauben erhalten." [Vgl. 2. Petr. 1,1 RSV] Das OS (Betriebssystem) des Gesetzes der Werke ist Willenskraft; das OS des Gesetzes des Glaubens ist Liebe. [Gal. 5,6] Die Liebe setzt den Glauben in Bewegung. Das Gesetz stellt einen vor die Wahl; die Gnade weckt den Glauben! Willenskraft erschöpft, Liebe zündet an! Wenn Entscheidungen uns retten könnten, wären wir unsere eigenen Retter! Willenskraft ist die Sprache des Gesetzes, Liebe ist die Sprache der Gnade und sie entzündet den Glauben, der zur Romantik führt; Verliebtheit übertrifft bei weitem die Entscheidung, an Liebe zu glauben"! [Vgl. Röm. 7,19] Die Willenskraft hat mich enttäuscht. Es ist so beschämend- sogar die gewissenhafteste Entscheidung, Gutes zu tun, führt zur Enttäuschung.)*

3,28 Dies lässt nur eine logische Schlussfolgerung zu: die Menschheit wird durch den Glauben Gottes gerechtfertigt und nicht durch ihre Fähigkeit, das Gesetz einzuhalten.

3,29 Das bedeutet, dass Gott nicht das Privateigentum der Juden ist, sondern allen Nationen gleichermaßen gehört. *(Während das Gesetz die nicht-jüdischen Nationen ausschließt, schließt der Glaube uns alle auf gleicher Augenhöhe ein.)*

3,30 Es gibt nur einen Gott - er handelt mit jedem, beschnitten oder unbeschnitten, ausschließlich auf der Grundlage des Glaubens.

3,31 Nein, der Glaube schreibt die Regeln nicht um, sondern bestätigt stattdessen, dass die ursprüngliche, für die Menschheit bestimmte Lebensqualität, wie sie im Gesetz dokumentiert ist, wieder verwirklicht wird.

RÖMER Kapitel 4

4,1 Wenn wir unseren Vater Abraham als Beispiel betrachten und sein Leben unter die Lupe nehmen, würdet ihr dann sagen, dass er einen Grund dafür hatte, durch seinen persönlichen Beitrag Vertrauen in das Fleisch zu setzen? *(Was hat Abraham qualifiziert, der Vater einer Vielzahl von Nationen zu sein? Das einzige was er dazu beitrug, war sein unerschütterlicher Glaube an Gottes Glauben an ihn.)*

4,2 Wenn er der Meinung gewesen wäre, dass seine Freundschaft mit Gott eine Belohnung für gutes Benehmen ist, dann wäre das sicherlich ein Grund gewesen, das Rezept zu empfehlen; aber es ist offensichtlich, dass alles von Anfang bis Ende die Initiative Gottes war!

4,3 Die Schrift ist eindeutig, „Abraham glaubte, was Gott über ihn glaub Belohnung unterscheidet sich stark von einer Gabe, Wenn du etwas durch harte Arbeit verdient hast, erhältst du dafür deinen Lohn und ganz gewiss kein Geschenk.

4,5 Es ist klar, dass jemand, der glaubt, dass Gott die Gottlosen für unschuldig erklärt, versteht, dass der Glaube und nicht unsere Mühe für die Gerechtigkeit verantwortlich ist.

4,6 David bestätigt dieses Prinzip, wenn er von dem Segen für denjenigen spricht, der die Zustimmung Gottes entdeckt, ohne auf das hinweisen zu müssen, was er getan hat, um sich zu qualifizieren.

4,7 Oh, was für ein [1]glücklicher Fortschritt jemand macht, wenn das Gewicht der Sünde und der Schuld beseitigt und seine Schieferplatte wieder sauber gewischt ist! *(Das hebräische Wort [1]ashar, gesegnet, bedeutet vorwärts, vorankommen. [Vgl. Ps. 32,1])*

4,8 „Wie gesegnet ist derjenige, der anstelle einer Rechnung für seine Sünden eine [1]Quittung erhält." *([1]logitzomai, eine Berechnung erstellen, das nur zu einem logischen Ergebnis führen kann, um eine Inventur durchzuführen.)*

4,9 Beschränkt sich dieser Segen ausschließlich auf die Beschnittenen oder erstreckt er sich auch auf die Unbeschnittenen? Denkt daran, dass wir Abraham als Beispiel betrachten, dessen Gerechtigkeit sich auf den Glauben gründete.

4,10 Spielte die Beschneidung in Abrahams Stellung vor Gott eine Rolle? Ganz bestimmt nicht; es ist klar, dass Gott ihm seinen Glauben bereits vor der Beschneidung als Gerechtigkeit zurechnet hat. *(Gerechtigkeit ist keine Belohnung für gutes Benehmen.)*

4,11 Die Beschneidung wurde als *(prophetisches)* äußeres Siegel eingeführt, um zu bestätigen, dass der Glaube Abrahams bereits zur Gerechtigkeit geführt hat. Dies qualifiziert ihn als Vater aller unbeschnittenen Menschen, die, so wie er, an die Vermittlung des

RÖMER **Kapitel** 4

Freispruchs glaubten. *(Das Siegel sollte keine Ablenkung sein, sondern eine prophetische Bestätigung der Gerechtigkeit durch den Glauben. Genauso wie eine Quittung nur ein Hinweis auf und nicht die eigentliche Transaktion ist.)*

4,12 Gleichzeitig vertritt er als Vater all jene, für die Beschneidung nicht nur ein hautnahes religiöses Ritual ist, sondern die auch in den Fußstapfen seines Glaubens gehen.

4,13 Die Gerechtigkeit aus dem Glauben und nicht die

Gerechtigkeit aus dem Gesetz hat die Verheißung ausgelöst, als Gott Abraham verkündete, dass er diejenigen, die Welt erben werden, zeugen werde. Es geht wieder darum, ein Geschenk anzunehmen, anstatt eine Belohnung für die Einhaltung des Gesetzes zu erhalten.

4,14 Der Glaube würde seines Inhalts beraubt werden und das Prinzip der Verheißung wäre bedeutungslos, wenn das Gesetz der persönlichen Leistung noch im Spiel wäre, um die Erben zu qualifizieren. *(Der Glaube steht nicht in Konkurrenz zum Gesetz. Die Lebensqualität, die der Glaube offenbart, steht im Einklang mit der ursprünglichen Mach-und-Wesensart der Menschheit und spiegelt genau das Leben wider, das das Gesetz anpreist.)*

4,15 Die Rechtsordnung kann nicht anders als Enttäuschung, Bedauern und Wut hervorzurufen. Wenn es kein Gesetz gibt, dann gibt es auch nichts zu brechen; kein Vertrag, kein Vertragsbuch.

4,16 Da der Glaube das Geschenk der Gnade fördert, ist die Verheißung für alle Kinder gleichermaßen gesichert. Das Gesetz hat auf niemanden einen ausschließlichen Anspruch, *(das Belohnungssystem kann es nicht mit dem Geschenkprinzip aufnehmen.)* Der Glaube ist unsere Quelle, und das macht Abraham zu unserem Vater.

4,17 Als Gott den Namen Abrams in Abraham änderte, erklärte er öffentlich, dass er der Vater aller Völker sein werde. *(1. Mo. 17,5)* Hier sehen wir Abraham vor den Glauben Gottes gestellt, die Art von Glauben, der die Toten auferstehen lässt und Dinge ruft, die noch nicht *(sichtbar)* sind, als wären sie es. *(Denkt daran, dass die meisten Vorfahren Abrams bereits Väter waren, als sie 30 oder 35 Jahre alt geworden waren, nur Terach war 70 Jahre alt, als er Abram bekam; sein Name deutet darauf hin, dass Terach anerkannte, dass er die Elternschaft für diesen Sohn nicht in Anspruch nehmen konnte, er war „von oben gezeugt"! [1. Mo. 11,12-26] Könnt ihr euch vorstellen, wie entnervend es für Abram war, als er schließlich 75 Jahre alt war und noch kein Kind hatte! Damals begegnete Gott ihm und fügte seinem Namen das „ha" seines eigenen Namens Jaweh (Jehova) hinzu! Im Arabischen bedeutet das Wort raham anhaltender Nieselregen. Die unzähligen Wassertropfen bei einem Nieselregen sind wie die in 1. Mo. 15,5 genannten Sterne („Schau den Himmel an und zähle die*

RÖMER Kapitel 4

Sterne, wenn du sie zählen kannst... so wird dein Samen sein"), stelle dir mal diese unzähligen Sterne vor, die auf die Erde herabregnen und jeder einzelne wird zu einem Sandkorn! So wird auch dein Samen sein! [1. Mo. 22,17 „Ich will dich auf jeden Fall segnen und deine Nachkommen vermehren wie die Sterne des Himmels und wie der Sand am Meeresufer."] Abrahams Identität, sein Name, war das Echo auf Gottes Glauben und sein mutiges Bekenntnis, obwohl Isaak noch nicht da war. Ähnlich wie bei Simon, als sein Name in Felsen umgeändert wurde, erinnert die Namensänderung die Menschheit daran, ihre ursprüngliche Identität als Söhne Gottes zu erkennen, die aus dem Felsen gehauen wurde. [5. Mo. 32,18; Jes. 51,1-2])

4,18 Der Glaube gab der Hoffnung den Inhalt, auch als alles hoffnungslos schien. Die Worte, „So wird dein Nachkomme sein", bewirkten in ihm den Glauben an die Vaterschaft. *(Abrahams Beispiel versinnbildlicht die Hoffnungslosigkeit der gefallenen Menschheit, die ihre Identität verloren hat und mit der Unmöglichkeit konfrontiert ist, sich selbst zu erlösen.)*

4,19 Abrahams Glaube wäre zunichte gemacht worden, wenn er sein eigenes Alter und den abgestorbenen Mutterleib Sarahs in Betracht gezogen hätte. Sein hundertjähriger Körper und Sarahs unfruchtbare Gebärmutter beeindruckten ihn nicht im Geringsten! Er wusste letztendlich, dass kein Beitrag von ihrer Seite Gott bei der Erfüllung seiner Verheißung helfen konnte!

4,20 Obwohl er allen Grund dazu hatte, an der Verheißung zu zweifeln, zögerte er nicht einen Moment lang, sondern durch Glaubensgewissheit bestärkt, hörte er nicht auf, Gottes Meinung zu kommunizieren. *(Sein Name war sein Bekenntnis, In der hebräischen Sprache war „Abraham" nicht nur bloß ein geläufiger Name, sondern ein sinnvoller Satz, ein Bekenntnis der Glaubensvollmacht, gegen alle Widerstände. Er schämte sich nicht für seinen Namen; er änderte seinen Namen auch nicht in die Abkürzung „Abe", als es keine Änderung seiner Umstände zu geben schien. Jedes Mal, wenn er sich vorstellte oder jemand, oder er bei seinem Namen gerufen wurde, war es eine mutige Erklärung und Wiederholung der Verheißung Gottes, indem er Dinge nannte, die noch nicht da waren, als ob sie es schön wären. Ich kann mir vorstellen, dass Sarah seinen Namen am meisten ausgesprochen hat Jedes Mal, wenn sie miteinander redeten, sprachen sie die Verheißung, „Mutter der Nationen, Könige von Völkern werden aus dir hervorkommen!" [1. Mo. 17,5&16] Abraham, „der Vater der vielen Völker".)*

4,21 Abrahams Vertrauen war seine [1]Kleiderordnung; er zweifelte niemals daran, dass die Macht Gottes, etwas zu tun, seiner Verheißung entsprach. *([1]plerophoreo, von plero, in jedem Teil vollständig bedeckt zu sein, + phoreo, Kleidung oder Rüstung tragen; traditionell übersetzt, vollständig überzeugt zu werden. Sein Glaube war seine sichtbare Identität und Rüstung; er trug seine Überzeugungskraft wie seine täglichen Kleider.)*

RÖMER Kapitel 4

4,22 Die Überzeugung Gottes färbte auf Abraham ab und wurde zu seiner persönlichen Überzeugung. Das war die ¹Grundlage seiner Gerechtigkeit. (*„Die Gerechtigkeit wurde ihm angerechnet", das bedeutet, dass der Glaube Gottes Abraham auf eine unsichtbare Zukunft hinwies, in der die Unschuld und Identität der Menschheit wieder freigesetzt werden würde. Griechisch, ¹logitsomai, logische Schlussfolgerung.*)

4,23 Hier ist die Frohe Botschaft, Die aufgezeichneten Worte, „Es wurde ihm angerechnet" wurden nicht nur um seinetwillen aufgeschrieben.

4,24 Die Schrift wurde im Hinblick auf uns geschrieben! Die gleiche ¹Schlussfolgerung ist nun für uns ebenso wichtig, wenn es darum geht, die Bedeutung der Auferstehung Jesu von den Toten zu erkennen. (*Indem Gott Jesus von den Toten auferweckt, verkündet er seinen Glauben an unsere freigesetzte Unschuld. Isaaks Geburt aus Sarahs unfruchtbarer Gebärmutter erklärte prophetisch die Auferstehung Jesu aus dem Grab! Abrahams größte Bemühungen konnten Isaak nicht hervorbringen. Sarahs toter Mutterleib ist ein Bild der Unmöglichkeit des Fleisches, ein Kind zu zeugen. Dies unterstreicht die Unfähigkeit der Menschheit, sich unter dem Gesetz der Willenskraft selber zu erlösen. Jesus sagte, „Abraham sah meinen Tag!" Die* **äußerste** *Selbstaufopferung der Menschheit, die in dem Versuch gebracht wird, die wohlwollende Aufmerksamkeit ihrer Gottheit zu gewinnen, könnte es niemals mit dem Opfer des Lammes Gottes aufnehmen, das dargebracht wurde, um die Aufmerksamkeit der Menschheit zu gewinnen! Als Isaak seinen Vater nach dem Opfer fragte, kündigte Abraham an, „Jaweh jireh!" Jaweh sieht! Und er hob seine Augen hoch und siehe,* **hinter ihm** *war ein Widder, der im Dornbusch an seinen Hörnern gefangen war! Beachtet, „Hinter ihm!" Der Glaube sieht die Zukunft in der Zeitform der Vergangenheit ! Die Auferstehung ist der äußerste Beweis und die Trophäe der Gerechtigkeit durch den Glauben Gottes. [Vgl. Röm. 6,11]* ¹logitsomai *- logische Schlussfolgerung. „Haltet euch selbst als wirklich tot", vergleiche mit 4,19, „Abraham hielt seinen eigenen Körper für tot." Wir können die Schrift nur im Zusammenhang mit Christus als dem Vertreter der menschlichen Rasse studieren; Gott hatte uns die ganze Zeit vor Augen. [Joh. 5,39]*)

4,25 Hier ist die Gleichung, Er wurde ¹wegen unseres ² zu kurz Kommens überantwortet; er wurde auferweckt, ¹weil wir für rechtschaffen erklärt worden sind! Seine Auferstehung ist die offizielle Quittung für unseren Freispruch. (*Sein Kreuz = unsere Sünden, seine Auferstehung = unsere Unschuld! Sein Tod brachte unser zu kurzkommen zu einem Ende; seine Auferstehung ist der Beweis für unsere freigesetze Gerechtigkeit. Warum wurde Jesus dem Tod ausgesetzt? Wegen,* ¹dia, *unseren Übertretungen. Warum wurde er von den Toten auferweckt? Wegen,* ¹dia, *unserer Gerechtigkeit! Seine Auferstehung offenbart unsere Gerechtigkeit! Wenn die Menschheit auch nach dem Tod von Jesus immer noch schuldig wäre, wäre seine Auferstehung bedeutungslos! Dies erklärt Apg. 10,28 und 2. Kor. 5,14 und 16.*)

RÖMER Kapitel 4

*Vergleiche Youngs Wörtliche Übersetzung von Röm. 4,25 „der wegen unserer Übertretungen ausgeliefert und wegen der Erklärung unserer Gerechtigkeit auferweckt wurde." Das Wort ²**parapiptō** besteht aus zwei Komponenten, **para**, größtmögliche Nähe der Vereinigung, und **piptō**, von einem höheren Ort zu einem niedrigeren heruntersteigen, fallen, heruntergestossen werden, von **petomai**, fliegen. Also, um mit dem Fliegen und an Höhe verlieren aufzuhören! Dies spricht vom Zu-Kurz-Kommen der Menschheit oder von ihrer gefallenen Einstellungen. [Vgl. Kol. 3,1-3]*

*In Apg. 17,31 erklärt Paulus den griechischen Philosophen, dass nach dem jüdischen prophetischen Wort „Gott einen Tag festgelegt hat, an dem er die Welt in Gerechtigkeit durch einen Menschen richten wird, den er bestimmt hat, und dies hat er der ganzen Menschheit bewiesen, indem er ihn von den Toten auferweckt hat". Gottes Erklärung **über eure freigesetzte** Unschuld ist seine dringendste Einladung an euch (Menschheit), intime Einheit zu erfahren!*

*Vgl. auch 1. Petr. 1,10-12 „Diese Erlösung, die ihr jetzt euer eigen nennt, ist das Thema des prophetischen Denkens. Es hat die Aufmerksamkeit der Propheten **über** Generationen hinweg gefangen genommen und wurde zum Gegenstand ihrer sorgfältigsten Untersuchung und Überprüfung. Sie wussten schon die ganze Zeit, dass die Erlösung der Menschheit eine Gnadenoffenbarung war, die in ihren prophetischen Aussagen bestätigt wurde! [Erlösung wäre niemals durch persönliche Leistung oder durch Belohnung für eine willensgetriebene Initiative, erreicht worden! Das Gesetz der Werke würde niemals die Gnade ersetzen!]*

Petr. 1,11 In all ihren Gesprächen ging es ständig um die Frage, wer der Messias wohl sein und wann genau dies geschehen würde. Sie wussten ganz genau, dass es der Geist Christi in ihnen war, der prophetisch darauf hindeutete und Zeugnis von den Leiden des Christus und der nachfolgenden Herrlichkeit ablegte. [Welche Herrlichkeit auch immer in Adam verloren gegangen war, würde in Jesus Christus wieder freigesetzt werden!]

Petr. 1,12 Es wurde ihnen offenbart, dass diese herrliche Gnadenbotschaft, die sie kommunizierten, auf einen bestimmten Tag und eine bestimmte Person über ihren eigenen Horizont und ihre eigene Generation hinaus zeigte; sie sahen euch in ihrer prophetischen Sicht! Diese himmlische Ankündigung hatte euch die ganze Zeit im Sinn! Sie verkündeten euch im Voraus eine frohe Botschaft im Heiligen Geist, die vom Himmel in Auftrag gegeben wurde; die Hirten-Botschafter selber sehnten sich danach, tief in ihre vollständige Erfüllung hinein zu blicken.")

RÖMER Kapitel 5

5,1 Die ¹Schlussfolgerung ist klar, Unsere Gerechtigkeit hat absolut nichts mit unserer Fähigkeit zu tun, die moralischen Gesetze einzuhalten; sie ist das unmittelbare Ergebnis dessen, was Jesus um der Menschheit willen erreicht hat. Dies gibt dem ²Glauben einen Rahmen und findet seinen Ausdruck in der ungehinderten, von ³Angesicht-zu-Angesicht-⁴Freundschaft mit Gott! Jesus Christus ist das Haupt dieser Vereinigung! *(In einem Satz fasst Paulus die letzten vier Kapitel zusammen. „Da wir nun gerecht geworden sind durch den Glauben, haben wir Frieden mit Gott durch unseren Herrn Jesus Christus." [KJV] Das Wort ¹dikaiothentes ist ein Partizip der Zeitform Aorist, was übersetzt bedeutet, wir wurden „durch den Glauben gerechtfertigt". [Diese Rechtfertigung hat damals angefangen und hält bis heute an.] Vergleiche vorhergehenden Vers, Röm. 4,25 in Youngs Buchstäblichen Übersetzung. ²Die Bezugnahme von Paulus auf unsere Rechtfertigung ist der Glaube Gottes und nicht unsere eigenen Bemühungen, uns zu rechtfertigen – [vgl. Röm. 1,16-17 und Hab. 2,4]. Die Vorsilbe ³pros bedeutet von Angesicht zu Angesicht; [vgl. Joh. 1,1]. Das Wort ⁴eirene bedeutet Frieden, von eiro, sich verbinden, wieder zusammengesetzt werden, in der Schreinerei wird es als das Schwalbenschwanzgelenk bezeichnet, das das stärkste Gelenk **überhaupt** ist. Frieden ist ein Ort der ungehinderten Freude an der Freundschaft jenseits von Schuld, Verdächtigung, Schuldzuweisung oder Minderwertigkeit.)*

5,2 Jesus ist Gottes von Angesicht zu Angesicht Gnaden ¹Umarmung der gesamten menschlichen Rasse. Hier sind wir also, ²und stehen aufrecht in der freudigen Glückseligkeit unserer erlösten Unschuld! Wir sind Gottes wahrgewordener ³Traum! Das war die ganze Zeit über schon Gottes Idee! *(Mit weit offenen Armen willkommen zu sein, ¹prosagoge, von pros, von Angesicht zu Angesicht und ago, führen, wie ein Hirte seine Schafe führt. Die Worte „aus dem Glauben" stehen im griechischen Text in Klammern und werden von den besten griechischen Manuskripten nicht verwendet. Freude ist kein gelegentliches Glücksgefühl; wir leben beständig in diesem Zustand, ²histemi, in einer unerschütterlichen, nicht bedrohten Vereinigung! Hoffnung, ²elpis von elpo, erwarten, normalerweise mit Freude. Das Wort ⁴doxa, oft mit Herrlichkeit **übersetzt**, kommt vom dokeo, eine Idee, eine Meinung haben.)*

5,3 Unsere glückseliges Rühmen hält auch in schwierigen Zeiten an; wir wissen, dass Druck Geduld offenbart. Trübsal hat nicht das Zeug dazu, die Hoffnung zunichte zu machen, die wir haben!

5,4 Geduld ist ein ¹Beweis für jede positive Erwartung. *(¹dokimos, Beweis. Thayer Definition, So wie man vor allem Münzen und Geld auf ihren Wert hin untersucht und dann einen Beweis ihres Wertes vorlegen kann.*

5,5 Diese Art von Hoffnung enttäuscht nicht; die Gabe des Heiligen Geistes erfüllt unsere Erwartungen und entzündet die Liebe Gottes in uns wie ein artesischer Brunnen. *(ekxeo, ausgießen. Der Heilige Geist ist eine Ausgießung, und kein Hineingießen. [Vgl. Joh. 7,37-39; auch Titus 3,6)*

RÖMER Kapitel 5

5,6 Der Zeitpunkt Gottes war absolut perfekt; die Menschheit war am schwächsten, als Christus ihren Tod starb. *(Unsere Bemühungen, uns selber zu retten, waren gescheitert.)*

5,7 Es ist höchst unwahrscheinlich, dass jemand für einen anderen Menschen stirbt, auch wenn er gerecht ist; vielleicht gäbe es aber eine ganz geringe Chance, dass jemand es wagen würde, sein eigenes Leben für einen außergewöhnlich guten Menschen hinzugeben.

5,8 Darin zeigt sich die bis ins Extreme gehende Liebesgabe Gottes, Die Menschheit war bis ins Mark verrottet, als Christus ihren Tod starb.

5,9 Wenn Gott uns so sehr lieben konnte, als wir gottlos und schuldig waren, wie viel mehr können wir dann jetzt seine Liebe erkennen, jetzt, da wir durch sein Blut für unschuldig erklärt worden sind? *(Gott liebt uns jetzt, da wir mit ihm versöhnt sind, nicht mehr, aber wir sind nun frei zu erkennen, wie sehr er uns die ganze Zeit über schon geliebt hat! [Kol. 2,14; Röm. 4,25])*

5,10 Unsere Feindseligkeit und Gleichgültigkeit Gott gegenüber verringerte seine Liebe zu uns nicht; er sah in uns den gleichen Wert, als er das Leben seines Sohnes gegen unser Leben eintauschte. Nun, da der Akt der ¹Versöhnung abgeschlossen ist, rettet uns sein Leben, das in uns ist, aus der Gosse – und bringt uns bis ganz nach oben. *(Versöhnung, von ¹katalasso, bedeutet ein gegenseitiger Austausch von Dingen mit gleichem Wert. Thayer Definition, Der Umtausch einer Münze für eine andere mit gleichem Wert. „Denn wenn wir, während wir Feinde waren, durch den Tod seines Sohnes mit Gott versöhnt wurden, wie viel mehr werden wir dann jetzt, da wir versöhnt sind, durch sein Leben gerettet werden." - RSV)*

5,11 So wollen wir Gott noch weiter freudig rühmen. Jesus Christus hat die Versöhnung zur Realität gemacht.

5,12 Eine Person öffnete die Tür zur ¹Sünde. Die Sünde führte den *(geistlichen)* Tod ein. Sowohl Sünde als auch Tod hatten globale Auswirkungen. Niemand entkam seiner Tyrannei. *(Das Wort, das mit Sünde übersetzt wird, ist das Wort ¹hamartia, von ha, negativ und meros, Abschnitt oder Form, also ohne Ihren zugewiesenen Abschnitt oder ohne Form, was auf eine desorientierte, verschobene Identität hinweist; das Wort meros, ist der Stamm von morphe, wie in 2. Kor. 3,18 das Wort metamorphe, mit Form, das Gegenteil von hamartia - ohne Form ist. Sünde ist, nicht mehr im Zusammenhang mit der Blaupause der eigenen Mach- und Wesensart zu leben, sich nicht mehr im Einklang mit der ursprünglichen Harmonie Gottes zu verhalten.)*

5,13 Das Gesetz führte die Sünde nicht ein; es hatte bis jetzt nur noch niemand auf sie hingewiesen.

RÖMER **Kapitel 5**

5,14 In der Zwischenzeit beherrschte der Tod den Lebensstil aller Menschen, von Adam bis Mose, *(2500 Jahre bevor das Gesetz gegeben wurde)* niemand ist davon ausgeschlossen; auch diejenigen nicht, deren Sünden sich von denen Adams unterschieden. Tatsache ist, dass Adams [1]**Abweichung** die Sünde in Gang setzte - was mit der Menschheit wegen eines Menschen, Adam, geschah, ist das Prinzip, das typisch ist für das, was mit derselben Menschheit wegen des einen Menschen, Jesus, geschehen sollte! *(Paulus verwendet nun ein Wort, das nur er in seinen Briefen [7 mal] gebrauchte,* [1]***parabasis*** *anstelle des üblichen Wortes für Sünde,* **hamartia - parabasis** *hat zwei Komponenten,* **para***, was enge Nähe/Vereinigung bedeutet und* **bainos***, Schritt, Fußabdruck - in diesem Sinne eine Abweichung; nicht mehr im Gleichschritt laufen oder- außerhalb der Übereinstimmung sein. In Adam wurde die Menschheit mit ihrer wahren Identität unvereinbar, wusste es aber erst, als das Gesetz es offenbarte - in Christus wurde die gleiche Menschheit überaus gerecht, erkennt es aber erst, wenn das Evangelium es offenbart.)*

5,15 [1]**Absturz** und Gabe sind sich nur in einer Sache ähnlich, sowohl Adam als auch Christus stellen die Menschenmassen dar. Die Gnadengabe, die der Menschheit in dem einen Menschen Jesus Christus gewährt wird, übertrifft jedoch bei weitem die Wirkung des Scheiterns Adams. Diese Gnadengabe ist in ihrer Bedeutung unvergleichlich größer, wenn es um [2]**Tod und Trennung** geht. *(Jetzt führt Paulus das Wort* [1]***paraptoma*** *ein, von* **para** *nächstmögliche Nähe und* **pipto***, von einem höheren Ort zu einem niedrigeren herunterzusteigen – aufhören zu fliegen. Kein Wunder, dass er uns in Kol 3,1-3 drängt, unsere Gedanken mit den Dingen zu beschäftigen, die oben sind, wo wir zusammen mit Christus erhöht und gemeinsam in den Himmeln thronen! Das Wort* [2]***apothnesko***, *Tod, deutet auf eine Trennung hin; von* **apo***, zwei Dinge werden voneinander getrennt, so dass die Vereinigung oder Gemeinschaft der beiden zerstört wird; ein Zustand der Trennung und Entfernung. Das Wort,* **thnesko** *bedeutet Tod.*

Aber Gottes kostenlose Gabe übersteigt die Übertretung unermesslich weit. Denn wenn durch die Übertretung des einen Menschen die Masse der Menschheit gestorben ist, dann ist die Großzügigkeit unendlich größer, mit der die Gnade Gottes und die in seiner Gnade gegebene Gabe, die sich in dem einen Menschen Jesus Christus ausdrückten, der Masse der Menschheit verliehen worden ist, – [Weymouth, 1912])

5,16 Das Prinzip der Gabe spricht eine andere Sprache und stellt eine völlig andere Gleichung dar. Während eine einzige Sünde zu einem Gerichtsurteil führte, das in der Verurteilung endete, verwandelt die Gnade unzählige Abweichungen in Freispruch und Unschuld.

5,17 Der Tod hat nicht mehr das letzte Wort. Das Leben regiert! Wenn die Wirkung der Bruchlandung eines Menschen die Men-

RÖMER Kapitel 5

schheit in einen vom Tod dominierten Lebensstil verwickelte, wie viel mehr Gunst hat die gleiche Menschheit jetzt, da sie Empfänger der grenzenlosen Reservoirs der Gnade ist. Diese befähigen sie, wegen dieses einen Menschen, Jesus Christus, durch die Gabe der Gerechtigkeit, die Herrschaft des Lebens zu genießen. Gnade ist der Übertretung ungleich viel weiter überlegen. *(Nein, für Gnade müsst ihr euch nicht qualifizieren, wenn ihr sie empfangt! Die Gnade gehört bereits der Menschheit ohne ihre Erlaubnis! Die Worte* οἱ λαμβάνοντες - ¹*oi lambanontes bedeuten nicht, dass man zuerst glauben muss, um akzeptieren zu können, es geht einfach nur um die Empfänger! [das Partizip der Gegenwart Aktiv im 1. Fall - Nominativ] Das Wort* ²*perisseia* περισσεία *bedeutet* **übermäßig viel**; *alle Grenzen überschreiten. Natürlich nimmt dies den Glauben nicht aus der Gleichung! Es gibt dem Glauben einen Zusammenhang. [Vgl. Vers 1-2] Glaube bedeutet nicht, etwas zu tun, damit du etwas bekommst; sondern dass wegen einer Sache etwas mit dir passiert.)*

5,18 Die Schlussfolgerung ist klar, Wenn ein Vergehen die gesamte menschliche Rasse verurteilt, dann rechtfertigt durch das gleiche Prinzip die Gerechtigkeit eines Menschen die gesamte menschliche Rasse.

5,19 Der Ungehorsam des einen ¹veranlasste, dass die ganze Menschheit sündig wurde; der Gehorsam eines anderen, dass die ganze Menschheit rechtschaffen ist. *(Das Wort,* ¹*kathistemi, bedeutet, veranlassen, zu sein, sich aufstellen, ausstellen. Wir wurden nicht durch unseren eigenen Ungehorsam zu Sündern gemacht, noch wurden wir durch unseren eigenen Gehorsam zu Gerechten gemacht.)*

5,20 Die Gegenwart des Gesetzes veränderte diese Tatsache nicht, sondern betonte sogar noch die Straftat; aber wo die Sünde zunahm, wurde sie durch die Gnade übertroffen.

5,21 Der Tod stellte der Sünde ihre Plattform und Macht zur Verfügung, um zu regieren; jetzt hat die Gnade durch Gerechtigkeit die Herrschaft übernommen, um ein Leben, frei von Bedrohung unter der Herrschaft von Jesus Christus für uns zu ermöglichen.

RÖMER Kapitel 6

6,1 Es ist unmöglich, Gnade so zu deuten als ob man weiterhin sündigen könnte, das wäre nur eine billige Ausrede. Es hört sich für einige so an, als ob wir sagen würden: „Lasst uns weiter sündigen, damit die Gnade überfließen möge." *(Im vorherigen Kapitel zeigt Paulus das Herz des Evangeliums, indem er uns einen Einblick in den weitreichenden Glauben Gottes gibt. Selbst auf die Gefahr hin, von den gesetzlich denkenden Menschen missverstanden zu werden, geht er mit seiner Botschaft keine Kompromisse ein.)*

6,2 Wie lächerlich ist denn das! Wie können wir der Sünde gegenüber gleichzeitig tot und lebendig sein?

6,3 Was erklären wir denn sonst bei der Taufe, wenn nicht unser Verständnis darüber, dass wir mit Christus in seinem Tod vereint sind?

6,4 Die Taufe stellt bildlich dar, wie wir in seinem Tod gemeinsam mit Christus begraben wurden; und zeigt dann sehr eindrucksvoll, wie wir in Gottes Geist mit Christus zu einem neuen Lebensstil erweckt wurden. *(Hos. 6,2)*

6,5 Wir waren wie Samen, die zusammen auf demselben Boden gepflanzt wurden, um dann gemeinsam zum Leben erweckt zu werden. Wenn wir in seinen Tod mit einbezogen wurden, sind wir auch in seine Auferstehung mit einbezogen. *(2. Kor. 5,14 - 17)*

6,6 Wir erkennen, dass unser alter Lebensstil zusammen mit ihm gekreuzt wurde; daraus schließen wir, dass das Instrument, durch das wir der Sünde in uns Raum gaben, weggeworfen und völlig unbrauchbar gemacht wurde. Unsere Sklaverei unter der Sünde ist beendet.

6,7 Wenn nichts anderes euch daran hindern kann, etwas Falsches zu tun, dann ganz gewiss der Tod.

6,8 Der Glaube sieht uns vereint in seinem Tod und lebendig mit ihm, in seiner Auferstehung.

6,9 Es ist für alle offensichtlich, dass der Tod seine Herrschaft über Christus bei seiner Auferstehung verloren hat; er muss nie wieder sterben, um irgendetwas zu beweisen.

6,10 Sein Treffen mit dem Tod war [1]einmalig. Was die Sünde betrifft, so ist er tot. Der Grund für seinen Tod war, die Sünde der Welt wegzunehmen; sein Leben zeigt nun unsere Vereinigung mit dem Leben Gottes. *(Das Lamm Gottes hat die Sünde der Welt weggenommen; [1]efapax, ein für allemal, ein letztes Zeugnis, das dazu gebraucht wurde, um zu zeigen, dass seine Tat von ewigem Wert war und niemals mehr wiederholt werden musste. Dies ist das letzte Zeugnis dafür, dass die Macht der Sünde über uns zerstört wurde. [Hebr. 9,26] „Aber Jesus musste seit dem*

RÖMER Kapitel 6

Sündenfall [oder seit der Gründung] der Welt nicht immer wieder leiden; das einmalige Opfer seiner selbst, das die Geschichte erfüllte, offenbart jetzt, wie er die Sünde zerstört hat." „Christus ist einmal gestorben und hat sich unserem Gericht gestellt! Seine zweite Erscheinung (bei seiner Auferstehung) hat nichts mehr mit Sünde zu tun, sondern soll allen, die ihn erwartungsvoll umarmen, das Heil offenbaren." [Hebr. 9,28])

6,11 Diese Argumentation ist für euch genauso wichtig. ¹Denkt über das Kreuz nach; es kann nur eine logische Schlussfolgerung geben: Er ist euren Tod gestorben; das bedeutet, dass ihr für die Sünde gestorben und jetzt für Gott lebendig seid. Das Sündenbewusstsein kann in Zukunft nie wieder eine Rolle spielen! Ihr seid in Christus Jesus, seine Herrschaft ist die Autorität dieser Vereinigung. *(Wir sind nicht überheblich, wenn wir behaupten, dass wir in Christus sind! „¹Haltet euch also tot für die Sünde." Das Wort, ¹logitsomai, bedeutet, eine Berechnung durchzuführen, zu der es nur eine logische Schlussfolgerung geben kann. [Vgl. Eph. 1,4 und 1. Kor. 1,30]*

„Von nun an solltet ihr es so sehen: die Sünde spricht eine tote Sprache, die euch nichts bedeutet; Gott spricht eure Muttersprache, und ihr klammert euch an jedes Wort. Ihr seid tot für die Sünde und lebendig für Gott. Das hat Jesus getan." – [Die Message])

6,12 Ihr seid der Sünde zu Nichts verpflichtet; sie hat keine weiteren Rechte daran, euren für tot erklärten Körper zu beherrschen. Deshalb lasst euch nicht dazu verleiten, seinen Begierden zu gehorchen. *(Eure Vereinigung mit seinem Tod brach die Verbindung zur Sünde. [Kol. 3,3])*

6,13 Lasst die Glieder eures Leibes nicht lose und unbewacht in der Nähe der Ungerechtigkeit liegen, wo die Sünde sie ergreifen und als zerstörerische Waffe gegen euch einsetzen kann; sondern ¹haltet euch Gott gegenüber bereit, wie jemand, der von den Toten auferstanden ist, und stellt euren ganzen Menschen als Waffe der Gerechtigkeit zur Verfügung. *(So bekräftigt ihr den Gnadenanspruch Gottes auf die Menschheit in Christus; ¹paristemi, in der Nähe von.)*

6,14 Die Sünde war euer Herr, während das Gesetz euer Maßstab war; jetzt herrscht die Gnade. *(Das Gesetz offenbarte eure Sklaverei unter die Sünde, jetzt offenbart die Gnade eure Freiheit von ihr.)*

6,15 Da ihr nun unter der Gnade und nicht mehr unter dem Gesetz seid, bedeutet das jedoch ganz sicher nicht, dass ihr jetzt eine Erlaubnis zum Sündigen habt.

6,16 So wie ihr einst der Sünde erlaubt habt, euch in die Falle ihrer geistlichen Todesspirale zu locken und euch unter ihre Herrschaft zu versklaven, so führt der Gehorsam, den der Glaube jetzt entfacht, eine neue Regel ein, gerecht zu sein vor Gott; dazu geben wir uns

RÖMER Kapitel 6

gerne hin. *(Die Gerechtigkeit steht für alles, was Gott für uns in Christus wiederhergestellt hat.)*

6,17 Der Inhalt der Lehre, den euer Herz angenommen hat, hat einen neuen ¹Standard gesetzt und wurde so zum ¹Muster eures Lebens; die Gnade Gottes beendete die Herrschaft der Sünde. *(Das Wort ¹tupos bedeutet Form. Die Doddrich-Übersetzung beschreibt es so: „Das Modell der Lehre unterweist dich so, als ob du in einer Gussform* **wärst**.*")*

6,18 Einst bestimmte die Sünde, wo's lang ging; jetzt herrscht die Gerechtigkeit.

6,19 Ich möchte es so klar wie möglich sagen: Ihr habt eure Gliedmaßen freiwillig dazu hergegeben, der Sünde zu gehorchen, ihr habt euren Körper mit unreinen Taten befleckt und der Gesetzlosigkeit erlaubt, in eurem ganzen Verhalten die vorherrschende Stellung zu erlangen. Ich ermutige euch nun, eure Gliedmaßen und eure Person der Vormachtstellung der Gerechtigkeit zu unterwerfen, damit sie in eurem Lebensstil uneingeschränkt zum Ausdruck kommt.

6,20 Ihr wart Sklaven der Sünde, ohne jegliche Verpflichtung in Bezug auf Gerechtigkeit.

6,21 Ich weiß, dass es euch jetzt peinlich ist, was ihr früher mit eurem Körper gemacht habt; ich meine, war es das wert? Welche Belohnung oder welchen Ertrag habt ihr dafür bekommen, außer den geistlichen Tod? Die Sünde ist eine Sackgasse. *(Sünde ist das Schlimmste, was ihr eurem Leben jemals antun könnt!)*

6,22 Denkt an euer Leben; es gibt keine offenen Forderungen; ihr schuldet der Sünde nichts! Ein mit Gott verbundenes Leben gibt den heiligen Ausdruck seines Charakters wieder und vervollständigt eure Erfahrung darüber, ¹wie das Leben schon immer hätte sein sollen. *(Buchstäblich: das Leben der Zeitalter, ¹aionios; das üblicherweise* übersetzt *wird: „und am Ende das ewige Leben".)*

6,23 Der Lohn des Gesetzes ist der Tod, die Gabe der Gnade das Leben. Das Fazit daraus ist folgendes: Die Sünde stellt euch wie ein Soldat für ihre Sache an und belohnt euch mit dem Tod. Gott beschenkt euch mit der höchsten Lebensqualität, die in Christus Jesus, unserem Leiter eingepackt ist. *(Ein Soldat setzt sein Leben aufs Spiel und alles, was er in der Zwischenzeit bekommt, ist eine magere Ration getrockneten Fisches für seine Bemühungen!* **Opsonion**, *ein Soldatenlohn, von* **opsarion**, *ein Stück getrockneter Fisch.)*

RÖMER Kapitel 7

7,1 Ich schreibe euch im Rahmen eurer Bekanntschaft mit dem Gesetz; ihr werdet mir zustimmen, dass Gesetze nur in diesem Leben bedeutsam sind.

7,2 Eine Ehefrau ist nur an ihren Mann während seines Lebens gesetzlich gebunden; alle weiteren Rechtsansprüche, die er an sie haben könnte, enden mit seinem Tod.

7,3 Das Gesetz würde sie als Ehebrecherin bezeichnen, wenn sie sich einem anderen Mann hingeben würde, solange der erste Mann noch am Leben ist. Doch sobald er tot ist, steht es ihr frei, die Frau eines anderen zu sein.

7,4 Für euch, meine Brüder und Schwestern, gilt im Prinzip genau die gleiche Endgültigkeit. Im Leib Christi seid ihr für das System des Gesetzes gestorben; euer Einbezug in seine Auferstehung hat eine neue Vereinigung bewirkt. Aus dieser Ehe bringt der *(Glaube)* nun Kinder für Gott hervor. *(Die erste Ehe brachte Sünde hervor; die Gerechtigkeit ist das Kind der neuen Vereinigung. Im vorigen Kapitel beschäftigt sich Paulus mit der Tatsache, dass unser Einbezug mit Christus in seinen Tod die Verbindung zur Sünde durchtrennt hat; jetzt offenbart er, dass er auch die Verbindung zum System des Gesetzes der Werke, das ein Hinweis auf die Gerechtigkeit sein sollte, durchtrennt hat.)*

7,5 Zu der Zeit, als das Fleisch unser Leben beherrschte, brachten die unterschwelligen Einflüsse der Sünden, die durch das Gesetz entzündet wurden, Handlungen in uns hervor, die im Einklang mit dem Charakter ihrer Eltern standen und zum geistlichen Tod führten.

7,6 Aber jetzt sind wir von jeder weiteren Verbindung mit einem vom Gesetz gelenkten Leben völlig befreit, wir sind tot für das, was uns einst gefangen hielt und frei, Sklaven der Neuheit der spontanen Geistwirkungen zu sein und nicht mehr Sklaven uralter religiöser Rituale, die den bloßen Wert des geschriebenen Gesetzes nachahmen. *(In dem Moment, in dem ihr Spontaneität mit Regeln austauscht, habt ihr die Romantik verloren.)*

7,7 Das Gesetz an sich ist nicht sündhaft; das meine ich überhaupt nicht. Doch wenn es darum geht, die Sünde sichtbar zu machen, war das Gesetz in gewisser Weise der Katalysator für die Manifestation sündiger Handlungen. Hätte das Gesetz nicht gesagt: „Du sollst nicht begehren", hätte ich kein Problem mit der Lust gehabt.

7,8 Aber das Gebot löste die Sünde aus, plötzlich wurde in mir eine Reihe von sündigen Begierden geweckt. Das Gesetz weckte die Sünde aus ihrem Schlaf.

7,9 Ohne das Gesetz war ich lebendig; das Gesetz wurde eingeführt, die Sünde wiederbelebt und ich starb.

RÖMER Kapitel 7

7,10 Anstatt mich zum Leben zu führen, erwies sich das Gebot als Todesurteil.

7,11 Die Sünde nutzte das Gesetz und stellte die Gebote als Gehilfe ein, um mich zu verführen und zu ermorden.

7,12 Ich betone noch einmal, dass das Gesetz als Prinzip heilig ist, ebenso wie jedes einzelne Gebot, das es enthält; es fördert konsequent das Gerechte und Gute.

7,13 Wie könnte ich dann etwas so Gutes beschuldigen, mich getötet zu haben? Ich sage noch einmal, es war nicht das Gesetz, sondern die Sünde, die meinen geistlichen Tod verursachte. Der Zweck des Gesetzes war nur, die Sünde als Täter zu entlarven. Das einzelne Gebot dient letztlich dazu, das immense Ausmaß der Wirkung der Sünde auf die Menschheit aufzuzeigen.

7,14 Wir sind uns einig, dass das Gesetz geistlich ist, aber weil ich wie ein Sklave an die Sünde [1]verkauft wurde, bin ich auf ein bloßes fleischliches Leben begrenzt. *(Geistlicher Tod. Das Wort [1]piprasko kommt aus perao, was bedeutet, dass man in ein fernes Land transportiert wird, um als Sklave verkauft zu werden. Die Sünde ist ein fremdes Land.)*

7,15 So wirkt sich der Ausverkauf an die Sünde auf mein Leben aus; ich tue Dinge, die mein Gewissen nicht zulässt. Mein Dilemma ist, dass ich, obwohl ich aufrichtig das Gute tun möchte, es nicht tue, und die Dinge, die ich verachte, tue.

7,16 Es ist offensichtlich, dass mein Gewissen dem Gesetz folgt;

7,17 das bestätigt dann, dass ich es nicht wirklich bin, der diese Dinge tut, sondern die Sünde, die ihre Symptome in mir offenbart. *(Die Sünde ist vergleichbar mit einem schlafenden Virus, der plötzlich in sehr sichtbaren Symptomen ausbricht.)* Es hat meinen Körper als Geisel genommen.

7,18 Das totale Ausmaß und die Hässlichkeit der Sünde, die mich bewohnt, begrenzten mein Leben auf gute Absichten, die nicht zu verwirklichen waren.

7,19 Die Willenskraft hat mich im Stich gelassen. Das ist alles so beschämend; trotz meiner gewissenhaftesten Entscheidung, das Gute tun zu wollen, versage ich; das Böse, das ich zu vermeiden suche, tue ich stattdessen.

. *(Wenn bloße Qualitätsentscheidungen die Menschheit retten könnten, hätte das Gesetz ausgereicht. Gute Absichten können niemanden retten. Die Offenbarung darüber, was uns im Tod Christi widerfahren ist, setzt den Glauben in Bewegung, der uns von innen heraus befreit. Der Glaube ist keine Entscheidung, die wir treffen, um Gott eine Chance zu geben, der Glaube anerkennt unseren Einbezug in das, was am Kreuz und in der Auferstehung von Christus geschehen ist! [Vgl. Röm. 3,27])*

RÖMER Kapitel 7

7,20 Wenn ich das tue, was ich nicht tun will, dann ist klar, dass ich nicht böse bin, sondern die Sünde in meinem Körper gegen meinen Willen beherberge.

7,21 Es ist zu einem vorhersehbaren Prinzip geworden; ich möchte Gutes tun, aber mein bloßer Wunsch kann nicht der bösen Gegenwart entkommen, die mein Handeln bestimmt.

7,22 Die wirkliche Person, die ich im Inneren bin, freut sich über das Gesetz Gottes. *(Das Gesetz erweist sich als mit meinem inneren Wesen vereinbar.)*

7,23 Es gibt jedoch ein anderes Gesetz, *[das meinem Ursprung und inneren Selbst fremd ist]* das Gesetz der Sünde, das die Gliedmaßen meines Körpers als Kriegswaffen gegen das Gesetz meines Geistes aktiviert und einstellt. Ich werde wie ein Kriegsgefangener in meinem eigenen Körper gefangen gehalten.

7,24 Es spielt keine Rolle, wie immer ich es auch drehe und wende, wenn ich mich [1]auf die Waage stelle, ich werde den Erwartungen nicht gerecht! Die Situation ist für die Menschheit absolut verzweifelt; gibt es jemanden, der sie aus dieser Todesfalle befreien kann? *(Das Wort [1]talaipōros kommt im Neuen Testament nur zweimal vor – Röm. 7,24, Offb. 3,17 - und beide Male wird es mit elend übersetzt!? Es hat zwei Komponenten, **talanton**, das das Wort für Waage ist, das, was gewogen wird, ein Talent; und **poros** aus **peira**, testen, das Gewicht einer Sache prüfen.)*

7,25 Gott sei Dank, genau das hat er durch Jesus Christus, unseren Leiter getan; er ist zu unserer Rettung gekommen! Ich bin endlich von diesem Konflikt zwischen dem Gesetz meines Geistes und dem Gesetz der Sünde in meinem Körper befreit. *(Bei der Menschwerdung, in einem menschlichen Körper, der genau wie unserer ist, hat Jesus die Waage ausbalanciert! Er ist das wahre Maß für das Leben Gemäß unserem Ursprung und wahrem inneren Selbst - er hat das Bild und die Ähnlichkeit Gottes wie in einem Spiegel in uns offenbart und befreit! [Vgl. Röm. 1,16-17 und 3,24 & 27])*

RÖMER Kapitel 8

8,1 Die entscheidende Schlussfolgerung ist nun folgende: in Christus wird jedes Beweismaterial, das gegen uns verwendet werden könnte vernichtet. *(„Die nicht nach dem Fleisch, sondern nach dem Geist wandeln." Dieser Satz war nicht im Originaltext, sondern wurde später aus Vers 4 kopiert. Die Person, die dies hinzufügte, fühlte höchstwahrscheinlich, dass die Tatsache der Unschuldserklärung von Paulus an die Menschheit wieder dem Verhalten einer Person unterworfen werden musste. Die Religion nach dem Gesetz fühlte sich wohler bei der Vorstellung, selber einen Beitrag leisten zu können, als mit dem Ergebnis dessen, was der Glaube offenbart. Die Offenbarung „in Christus" ist der Schlüssel zum Umgang Gottes mit der Menschheit. Es ist der PIN-Code der Bibel. [Vgl. 1. Kor. 1,30 und Eph. 1,4])*

8,2 Das Gesetz des Geistes ist die befreiende Kraft des Lebens in Christus. Deshalb habe ich nun keine weitere Verpflichtung mehr gegenüber dem Gesetz der Sünde und des Todes. Der Geist hat die von der Sünde versklavten Sinne, die das Hauptgesetz unseres Lebens waren, ersetzt. *(Das Gesetz des Geistes ist Gerechtigkeit durch den Glauben im Vergleich zum Gesetz des persönlichen Einsatzes und der Selbstgerechtigkeit, das Verurteilung und geistlichen Tod hervorruft, der die Frucht des MES Baumes ist.)*

8,3 Das Gesetz war nicht mehr als eine Gebrauchsanweisung; es hatte keine Macht, uns von dem starken Einfluss der Sünde zu befreien, die uns in unserem eigenen Körper als Geisel hält. Gott verkleidete sich in seinem Sohn genau in dem Bereich, in dem die Sünde ihr Herrschaftsgebiet hatte, in Fleisch und Blut. Der Körper, in dem er lebte und überwand war nicht anders als unserer. So wurde die Autorität der Sünde im menschlichen Körper verurteilt. *([Hebr. 4,15] Als Hohepriester identifiziert er sich voll und ganz mit uns im Zusammenhang mit unserem schwachen menschlichen Leben. Nachdem er es einer genauen Prüfung unterzogen hatte, bewies er, dass der menschliche Körper Herr über die Sünde war. Seine Sympathie für uns ist nicht als Entschuldigung für Schwächen zu verstehen, die das Ergebnis eines fehlerhaften Designs wäre, sondern als Trophäe für die Menschheit. Er ist kein Vorbild für uns, sondern von uns.)*

8,4 Die Gerechtigkeit, die durch das Gesetz gefördert wird, wird nun in uns verwirklicht. Unser praktisches Alltagsleben ist von geistlicher Inspiration und nicht von der Herrschaft des Fleisches geprägt.

8,5 Die Symptome der Sünde werden von den Sinnen gefördert, ein Verstand, der von den Sinnesorganen dominiert wird. Gedanken hinterfragen die Quelle; geistliches Leben zieht geistliche Gedanken an. ???

8,6 Denkmuster entstehen durch ihren Bezugspunkt, entweder durch den sinnlichen Appetit des Fleisches und durch den geistlichen Tod, oder durch das Zoe-Leben und die totale Ruhe, die aus

RÖMER Kapitel 8

einem Geist herausfließen, der von den geistlichen *(Glaubens-)* Realitäten abhängig ist.

8,7 Ein auf das Fleisch konzentrierter Verstand *(der sinnliche Bereich, in dem die Sünde mich gefangen hielt)* wird von Gott und seinen Lebensgesetzen weg gelenkt. Fleisch *(Selbstgerechtigkeit)* und Geist *(Glaubensgerechtigkeit)* sind gegensätzliche Kräfte. *(Das Fleisch definiert euch nicht mehr, der Glaube schon!)*

8,8 Wer in Fleisch und Blut eingetaucht ist, kann sich unmöglich gleichzeitig der Meinung, dem Wunsch und dem Interesse Gottes unterwerfen.

8,9 Aber ihr werdet nicht von einem Fleisch-Bewusstsein *(Gesetz der Werke)* regiert, sondern von einem Geist-Bewusstsein *(Glauben)*; Gottes Geist ist [1]zu Hause in euch. Jeder, der [2]sich selbst nicht vollständig [1]bekleidet und seine Identität im Geist von Christus sieht, kann nicht [2]sich selbst sein. *(Wenn jemand den Geist von Christus nicht annimmt, ist er nicht er selbst. Das Wort [1]echo bedeutet, in der Hand haben, halten, tragen wie ein Kleidungsstück, im Verstand besitzen, eng mit einer Person verbunden zu sein, und [2]hauto von heauto, eine auf sich selbst reflektierende Beziehung, sich selbst, ihr selbst, ihnen selbst. In Jak. 1,24, „denn sie entfernen sich von dem, was der Spiegel offenbart, und vergessen sofort wieder, was für eine Art von Person sie sind". Auch in Röm. 1,23, „Gott aus den Augen zu verlieren bedeutete, dass sie aus den Augen verlieren, wer sie wirklich waren. In ihrer Beurteilung wurde das Bild und die Ähnlichkeit Gottes auf ein verdorbenes und verzerrtes Muster von ihnen selbst beschränkt." [Vgl. auch Luk. 15,17] „Der verlorene Sohn kam zu sich selbst..." [das gleiche Wort, das hier verwendet wird, [2]heauto.])*

8,10 Die Offenbarung von [1]Christus in euch erklärt, dass euer Leib den Forderungen der Sünde gegenüber tot ist; die Sünde kann sich in einem Leichnam nicht ausdrücken. Ihr seid zusammen mit ihm gestorben. Doch euer Geist ist lebendig, wegen der offenbarten Gerechtigkeit. *(Das Wort, das üblicherweise mit „wenn" übersetzt wird, [1]de ei, wie in „wenn Christus in dir ist..." kann entweder eine Bedingung oder eine Schlussfolgerung sein, wund dies unterscheidet sich sehr voneinander. [1]"Wenn Gott für uns ist" (V 31) ist das mit Sicherheit eine Schlussfolgerung der Offenbarung des Evangeliums; alles Handeln Gottes in Christus bestätigt die Tatsache, dass er für uns und nicht gegen uns ist. Deshalb, [1]"weil Gott für uns ist..." „ offenbart dieser Vers im gleichen Zusammenhang, dass Christus in uns ist. [Vgl. Gal. 1,16] „Es hat dem Vater gefallen, seinen Sohn in mir zu offenbaren, damit ich ihn in den Nationen verkünden kann". [Vgl. auch Röm. 10,6-8] „Die Gerechtigkeit aus dem Glauben sagt..."*)

8,11 Unsere Vereinigung mit Christus offenbart auch noch, dass wir gleichermaßen an seiner Auferstehung teilhaben, weil derselbe Geist, der den Leib von Jesus von den Toten auferweckt hat, auch

RÖMER Kapitel 8

in uns wohnt. Im gleichen Akt der Autorität, bei dem Gott Jesus von den Toten auferweckt hat, stellt er euren Körper durch seinen innewohnenden Geist wieder zum Leben her. *(Euer Körper braucht nie wieder eine Begründung für einen minderwertigen Ausdruck des Christuslebens, zu sein, so wie er im Tod von Christus als tot angesehen wurde, so wird er jetzt in seiner Auferstehung für lebendig gehalten. [Vgl. Eph. 2,5])*

8,12 Wir sind dem Fleisch gegenüber zu nichts mehr verpflichtet.

8,13 Im Lichte all dessen gilt: unter den sündhaften Einflüssen der Sinne weiterzuleben wäre so, als ob man die Herrschaft des geistlichen Todes wiederstellen würde. Stattdessen sind wir dazu verpflichtet, den höchsten Ausdruck des vom Geist inspirierten Lebens zu zeigen. Dieses Leben zeigt null Toleranz gegenüber den Gewohnheiten und sündigen Verhaltensweisen des Fleisches.

8,14 Das ursprüngliche Leben des Vaters, das in seinem Sohn offenbart wird, ist das Leben, das der Geist jetzt in uns [1]führt. *(Das Wort [1]agoo bedeutet leiten oder führen, wie ein Hirte seine Schafe führt.)*

8,15 Sklaverei ist ein schlechter Ersatz für die Sohnschaft! Beides sind Gegensätze; der eine führt kraftvoll durch die Angst, während die Sohnschaft liebevoll auf Abba Vater reagiert.

8,16 Sein Geist bezeugt gemeinsam in unserem Geist, dass unser Anfang in Gott war. *(Unser gemeinsamer Ursprung in Gott führt uns zu der Schlussfolgerung, dass wir in sein Leiden und seine Auferstehung mit einbezogen sind. Wir sind Miterben in allem, was Jesus im Namen der Menschheit vollbracht hat!)*

8,17 Weil wir seine Nachkommen sind, sind wir [1]ganz gewiss auch seine Erben; Gott selbst ist unser und wir sind sein Anteil! Wir sind Miterben in Christus. [2]Da wir in seinem Leiden vertreten und mit einbezogen waren, nehmen wir gleichermaßen an der Herrlichkeit seiner Auferstehung teil. *([Vgl. Eph. 1,18] „Ich bete, dass eure Gedanken mit Licht und inspirierter Einsicht durchflutet werden; dass ihr euch seine Absicht, euch in ihm zu identifizieren, klar vorstellen könnt. Ihr sollt wissen, wie wertvoll wir für ihn sind. Was Gott in eurer befreiten Unschuld besitzt, ist sein Schatz und die glorreiche Trophäe seines Erbes! Ihr seid Gottes Erbteil. Ihr seid die Summe seines Vermögens und das Maß seines Wohlstandes!"*

Paulus verwendet das Primärpartizip, μέv [1]men, wirklich, sicherlich, sicher, tatsächlich. Das bedingte Partizip [2]eiper in der Indikativ Form nimmt diese Tatsache an. Paulus liebt, setzt sich zusammen aus sun zusammen mit/ verbunden mit – und kommt drei Mal in diesem Vers vor- sunklēronomoi, Miterben; sunpaschōmen, in sein Leiden einbezogen; sundoxasthōmen; Teilhabe an seiner Herrlichkeit; Fortsetzung des vorherigen Verses summartureō, der ein gemeinsames Zeugnis ablegt. Das Verb sundoxasthōmen ist der erste passive Konjunktiv in der Zeitform Aorist, von sundoxazō mit

RÖMER Kapitel 8

hina[Zweck], spät und selten, hier nur in N.T. Das passive Subjunktiv [Möglichkeitsform] im Aorist deutet auf eine unvermeidliche Erfüllung hin. Deshalb ist unsere gleichberechtigte Teilnahme an seiner Herrlichkeit selbstverständlich!)

8,18 Er hat den Stachel aus unserem Leiden herausgezogen; was einst schwer erschien, wird im Vergleich zu der Herrlichkeit, die er in uns offenbart, unbedeutend. *(Vgl. 2. Kor. 4,8, 16-18.)*

8,19 Unser Leben repräsentiert heute das einzige Ereignis, das alle Geschöpfe mit angehaltenem Atem erwarten. Sie stehen auf ihren Zehenspitzen, um die Enthüllung der Söhne Gottes ja nicht zu verpassen. Kannst du den Trommelwirbel hören?

8,20 Alle Geschöpfe wurde durch den Sündenfall Adams missbraucht; sie wurden wie eine ausgepresste Orange achtlos weggeworfen. Die Schöpfung meldete sich nicht freiwillig dazu, Opfer der Auswirkung des Sündenfalls zu werden Doch innerhalb dieser rauen Umgebung überwiegt trotzdem die Hoffnung.

8,21 Die ganze Schöpfung weiß, dass die herrliche Freiheit der Gottessöhne die Voraussetzungen für ihre eigene Befreiung vom ¹Verfall schafft. *([2. Kor. 11,3] Ich mache mir Sorgen um euch, dass ihr durch die Illusion der Trennung von Christus ¹ziniert und dass ihr, genau wie Eva, verschwommene Augen bekommt und getäuscht werdet, um eine Lüge über euch selbst zu glauben. Die Versuchung war, die Wahrheit über unsere Vollständigkeit [Ich bin] mit der Idee der Unvollständigkeit [Ich bin nicht] und der Scham auszutauschen; zu denken, dass Perfektion deine Mühe und alle Arten von mühsamer Arbeit erfordert! [Das Wort ¹phteiro bedeutet, zu schmachten oder zu verkümmern, wohin auch immer. Jede Vorstellung von Trennung führt dazu, dass man in Einsamkeit vergeht!])*

8,22 Wir spüren die globalen Qualen und Schmerzen, die in der Geschichte bis zu diesem Moment aufgezeichnet wurden.

8,23 Wir selbst spüren das traurige Echo ihres Stöhnens in uns, während wir bereit sind, den ursprünglichen Plan, der auch von unserer körperlichen Statur ist, bis zur vollen Tragweite der Sohnschaft anzunehmen. Was wir bereits jetzt als Erstlingsfrucht des Geistes mitgestalten, wird zu einer vollen Ernte der Ernte führen. *(Der verherrlichte physische Körper [Mt. 17]. Auch die volle Verwirklichung von allem, was in Christus versöhnt ist. [In Jak. 1,18] „Es war seine wunderbare Entschlossenheit, uns zur Welt zu bringen; wir wurden durch die offenbarte Logik Gottes, das Wort der Wahrheit, empfangen". Wir leiten die Ausstellung seiner Handarbeit, wie erste Früchte, die den Rest der Ernte, die er erwartet, vorstellen.)*

8,24 Denn das, was wir bereits erleben, bestätigt unsere Hoffnung und nährt weiterhin unsere Erwartungen an das, was wir noch nicht

RÖMER Kapitel 8

sehen. In der endgültigen sichtbaren Vollständigkeit der Ernte hat die Hoffnung ihre Funktion erfüllt.

8,25 In der Zwischenzeit führt uns unsere Erwartung über die visuelle Bestätigung hinaus zu einem Ort der Patientenzufriedenheit.

8,26 Der Geist seufzt auch in uns mit Worten, die zu tief sind, um sie zu formulieren, und unterstützt uns in unseren Gebeten, wenn wir darum kämpfen, zu wissen, wie man richtig betet. Wenn wir uns in unserem Fleisch eingeschränkt fühlen, ersetzt er unsere ungeschickten Bemühungen und trifft jedes Mal ins Schwarze. *(Er nennt weiterhin Dinge, die nicht existieren, als wären sie es! [Röm. 4,17] Er ist nie abgelenkt, er sieht und feiert nur Perfektion.)*

8,27 Wer das Herz untersucht, versteht die Absicht des Geistes. Seine [1]Fürbitte für die Heiligen steht im Einklang mit dem Plan der Absicht Gottes. *(„Ich kannte dich schon, bevor ich dich im Schoß deiner Mutter geformt habe" [Jer. 1,5]. „Dann wirst du es wissen, so wie du es schon immer getan hast." [1. Kor. 13,12] Er kennt uns so viel besser als das, was wir selbst kennen. Er tritt für uns ein, [1]entungchano, bedeutet, das Ziel mit einem Pfeil oder Speer zu treffen. Er versucht nicht, Gott von uns zu überzeugen, er überzeugt uns vom Vater! Er bringt unser Gespräch wieder auf den Punkt, den Erfolg des Kreuzes.)*

8,28 In der Zwischenzeit wissen wir, dass die Liebe zu Gott alles dazu veranlasst, gemeinsam zu unserem Vorteil beizutragen. Sein Masterplan wird in unserer ursprünglichen Identität angekündigt. *(Berufen nach seinem Zweck, **kaleo**, was so viel wie Nachname bedeutet, um mit Namen zu identifizieren.)*

8,29 Er hat uns von Anfang an vorgeplant und konstruiert, um gemeinsam in der gleichen Form und dem gleichen Bild seines Sohnes nach dem genauen Plan seines Gedankens gestaltet zu werden. Wir sehen das ursprüngliche und beabsichtigte Muster unseres Lebens, das in seinem Sohn erhalten ist. Er ist der Erstgeborene aus der gleichen Gebärmutter, die unsere Entstehung offenbart. Er bestätigt, dass wir die Erfindung Gottes sind. *(Wir kommen von oben [vgl. Joh. 1,13; auch Joh. 3,3-13] Wir wurden auch neu geboren, als er von den Toten auferweckt wurde! [1. Petr. 1,3] Seine Auferstehung offenbart gemeinsam unsere gemeinsame Schöpfung und unsere erlöste Unschuld. [Röm. 4,25; Apg. 17,31] Kein Wunder also, dass er sich nicht schämt, uns seine Geschwister zu nennen! Das Wort, **adelphous**, mit einem als verbindendes Teilchen und **delphus**, der Gebärmutter. Wir teilen den gleichen Ursprung [Hebr. 2,11]. eks [Ursprung; Quelle] henos [eins] pantes [alle], und „In ihm leben und bewegen wir uns und haben unser Wesen, wir sind in der Tat seine Nachkommen!" [Apg. 17,28].)*

8,30 Jesus offenbart, dass wir in Gott [1]vor-existiert haben; er hat uns [2]definiert. Er hat uns unschuldig [3]gemacht und uns auch mit

RÖMER Kapitel 8

Pracht und Wertschätzung ⁴geschmückt. *(Das Wort ¹prohorisen von prohoritso, vordefiniert, wie wenn ein Architekt einen detaillierten Plan erstellt. Dann ²ekalesen von kaleo, um Nachname, identifizieren mit dem Namen. Das Verb, ³edikaiosen, ist in der Form Aorist Active von dikaioo, um Gerechte und Unschuldige zu erklären. Alle Verben in diesem Vers stehen in der aoristischen Zeitform. Der Aorist stellt ein Ereignis zusammenfassend dar, das als Ganzes von außen betrachtet wird, fast wie eine Momentaufnahme der Aktion. Auch ⁴edoxasen von doxazō; wir sind mit Pracht und Herrlichkeit geschmückt. Er erlöste unsere Unschuld und stellte die Herrlichkeit wieder her, die wir in Adam verloren hatten. [Vgl. Röm. 3,23-24])*

8,31 All dies deutet auf eine Schlussfolgerung hin, Gott ist für uns! Wer kann sich gegen uns durchsetzen?

8,32 Das ¹Geschenk seines Sohnes ist der unwiderlegbare Beweis für das Herz Gottes zu uns. Er ²hielt nichts in Reserve; aber er ³gab uns freiwillig und unverdient alles, was wir uns jemals wünschen konnten; darum geht es in unserer ⁴gemeinsamen Sohnschaft. *(Das Wort ¹paradidomi, spiegelt die Quelle des Geschenks wider, den Busen des Vaters. Ohne Vorbehalt, ouk [stark negativ] epheisato von ²pheidomai, bedeutet, milde oder sparsame Behandlung. Sich gnädig, freundlich, gütig und wohlwollend zu zeigen, ist das Wort ³charizomai. Das Wort ⁴sun (bald ausgesprochen) deutet auf eine vollständige Vereinigung hin.*

Alles, was wir in Adam verloren haben, wird uns in Christus wiedergegeben. Die Sünde hat der Menschheit ein enormes Defizit hinterlassen; die Gnade stellt die Menschheit wieder auf die Probe! [Röm. 3,21-24; 1. Kor. 2,7])

8,33 Gott hat uns ¹identifiziert, wer kann uns disqualifizieren? Sein ²Wort ist unser Ursprung. Niemand kann mit dem Finger zeigen; er erklärte uns für unschuldig. *(Das Wort ¹kaleo, bedeutet mit Namen, Nachname identifizieren. Das Wort ²eklektos deutet darauf hin, dass wir unseren Ursprung im Denken Gottes haben; von ek, Quelle und lego, zu kommunizieren. Er hat uns der Reichweite von Schuld und Scham, Schuld und Klatsch entzogen!)*

8,34 Welchen weiteren Grund kann es geben, die Menschheit zu verurteilen? In seinem Tod stand er unserem Urteil gegenüber; in seiner Auferstehung offenbart er unsere Gerechtigkeit; die Folgen können nicht rückgängig gemacht werden! Er besetzt nun den höchsten Autoritätssitz als Vollzieher unserer Erlösung im Thronsaal Gottes. *(Vgl. V. 1, auch Röm. 4,25)*

8,35 Was braucht es, um uns von der Liebe Christi zu trennen? Nennt jede mögliche Katastrophe, extremer Druck der schlimmsten Art, Clusterphobie, Verfolgung, Not, Einsamkeit, extreme Belastung, lebensbedrohliche Gefahr oder Krieg?

8,36 Ich zitiere die Schrift, um euch daran zu erinnern, „Wegen unserer Verbundenheit mit euch wurden wir wie Schafe, die geschlachtet

RÖMER Kapitel 8

werden sollten, ¹eingeschätzt; wir wurden an diesem Tag ²gemeinsam getötet." *(Das Wort ¹logitsomai, um eine Inventur durchzuführen; zum Schluss. Das Wort ²thanatoumetha wird in dieser Form nur einmal verwendet - Paulus zitiert die LXX in Ps. 43,23 [44,22 im hebräischen Text], die Präposition **meta** wird zusammen mit **thanatos** kombiniert, um zu töten, die Idee unserer gemeinsamen Kreuzigung zu betonen. [Ps. 44,22; Vgl. auch Eph. 2,5; 4,8-9; Hos. 6,2] „Nach zwei Tagen wird er uns wiederbeleben, am dritten Tag wird er uns aufrichten! Wir wurden mitgekreuzt, mitauferstanden und sitzen jetzt zusammen mit Christus!")*

8,37 Im Gegenteil, inmitten dieser Dinge bleibt unser Triumph unbestritten. Seine Liebe hat uns über die Reichweite eines Angriffs hinausgeführt.

8,38 Das ist meine Überzeugung; keine Bedrohung, ob im Tod oder im Leben; ob engelhafte Boten, dämonische Mächte oder politische Fürstentümer, nichts, was uns zu diesem Zeitpunkt oder in der unbekannten Zukunft bekannt ist;

8,39 keine Dimension einer zeitlichen oder räumlichen Berechnung, kein noch zu erfindendes Gerät hat das Zeug dazu, uns von der in Christus gezeigten Liebe Gottes zu trennen. Die Herrschaft Jesu Christi ist unsere höchste Autorität.

RÖMER Kapitel 9

9,1 Was ich jetzt sage, ist meine ehrliche Überzeugung; ich bin zweifellos von unserer untrennbaren Einheit in Christus überzeugt; mein eigenes Gewissen bezeugt dies im Heiligen Geist.

9,2 Im Licht der Einbeziehung der Menschheit und der erlösten Unschuld empfinde ich eine solche Trauer und schmerzhafte Sehnsucht nach meinen Mitjuden. *(Sie sind alle gleichermaßen mit eingeschlossen, aber sie sehen es einfach nicht!)*

9,3 Wenn es ihnen in irgendeiner Weise nützen könnte, würde ich es vorziehen, lieber vom Segen von Christus ausgeschlossen zu sein. Wenn mein Ausschluss ihnen möglicherweise helfen könnte, ihre Einbeziehung zu verstehen, würde ich meinen Körper gerne als Opfer anbieten.

9,4 Sohnschaft ist das natürliche Erbe Israels; sie haben die Herrlichkeit und die Bündnisse sowie die dramatische Bestätigung des Gesetzes mit eigenen Augen in der Geschichte gesehen; ihnen gehören die prophetischen Rituale der Anbetung und die messianischen Verheißungen.

9,5 Sie sind die leibliche Familie des Messias. Doch er übertrifft alle unsere Definitionen; er ist Gott, die [1]Quelle des Segens und die endgültige Verkündigung von allem Guten, für alle Zeiten. Amen! *(Das Wort, [1]eulogetos, bedeutet gesegnet, von eulogeo, gutes Wort, gute Nachricht oder die „gut gemachte" Ankündigung; normalerweise übersetzt mit Segen. Das Wort Gottes reicht weit über die Grenzen Israels hinaus, es schließt jede Nation ein.)*

9,6 Ihr Unglaube hätte das Wort Gottes in seiner Wirkung nicht neutralisieren können, Israel ist nicht mehr auf eine leibliche Familie und einen geographischen Ort beschränkt.

9,7 Nicht der natürliche Same Abrahams gibt ihnen ihre [1]Identität, sondern Isaak, das Kind des Glaubens. Gott sagte: „Die [1]Identität deiner Kinder wird in Isaak offenbart." *([1. Mo. 21,12]; [1]kaleo, durch den Nachnamen oder durch den Namen identifizieren. Die ursprüngliche Identität der Menschheit wurde nicht im Fleisch lebendig, sondern in der Verheißung.)*

9,8 Daran zeigt Gott deutlich, dass die wahre geistliche Identität der Menschheit im Glauben und nicht im Fleisch offenbart wird. Die Verheißung ist der Treibstoff des Glaubens. *(Die Verheißung entzündet den Glauben. Der Glaube gibt dem, was die Hoffnung sieht, Substanz.)*

9,9 Denke an Gottes Versprechen: „In neun Monaten wird Sarah einen Sohn bekommen." *([1. Mo. 18,10] „nach der Zeit des Lebens", also neun Monate; [Gal. 4,4] Jesus ist die Fülle der Zeit; die Verheißung ist eine Person!)*

RÖMER Kapitel 9

9,10 Rebecca und Isaak empfingen auch, in Übereinstimmung mit der Verheißung, und stellten den Standpunkt des Glaubens im Gegensatz zur Leistung noch mehr unter Beweis.

9,11 Gott sprach zu Rebecca, als die Zwillinge noch im Mutterleib waren. Nichts unterschied sie in Bezug auf gutes Aussehen oder Leistung *(außer der Tatsache, dass der eine einige Minuten vor dem anderen geboren wurde, was ihm nach menschlicher Tradition den Vorrang geben würde.* **Dies wurde aufgezeichnet, um das Prinzip zu betonen, das der ¹Glaubensidentität den endgültigen Wert zuschreibt und nicht dem Fleisch den Vorrang gibt.** *(Das Wort, das oft als „Wahl" übersetzt wird, ist das Wort* ¹*ekloge, von ek, Herkunft, Quelle und lego von logos, das Wort [vgl. Joh. 1,1&14]. Der Glaube macht alles zunichte, auf was sich das Fleisch etwas einbilden könnte. [Röm. 3,27])*

9,12 Ihr wurde gesagt: „Der Älteste wird dem Jüngeren dienen."

9,13 Wir würden sagen, dass Esau ungerecht behandelt wurde; er wurde abgelehnt, während Jakob bevorzugt wurde. *(Und der Herr sprach zu ihr: „Zwei Nationen sind in deinem Schoß, und zwei Völker, die aus dir geboren werden, werden getrennt sein; das eine wird stärker sein als das andere; der Ältere wird dem Jüngeren dienen." [1. Mo. 25,23]*

Die beiden haben den gleichen Ursprung, doch repräsentieren sie zwei Arten von Menschen: einen, der seine wahre Identität durch den Glauben versteht und einen, der sich nach dem Fleisch zu identifizieren sucht. Wiederum wird das Gesetz der Leistung im Gegensatz zum Gesetz des Glaubens betont, um den Boden für das Verheißungs-Prinzip vor zu- bereiten. Die Erlösung der Menschheit würde durch Verheißung und nicht durch Leistung erfolgen, d.h. es wäre keine Belohnung für gutes Verhalten. Niemand wird durch den Baum der Erkenntnis von Gut und Böse gerechtfertigt werden; **poneros**, *„böse", voll von Härte, Ärger und Arbeit!)*

9,14 Wer sagt, Gott sei ungerecht, hat den Sachverhalt missverstanden.

9,15 Mose sah die Herrlichkeit der Güte Gottes und die Freundlichkeit seiner Barmherzigkeit. *(Selbst als Israel seine Abwesenheit verdiente, versprach er ihnen seine Anwesenheit. Mose sah die Herrlichkeit und Güte Gottes, während er sich in der Felsspalte versteckte. [1. Mo. 33,18-19] In der ganzen Schrift stellt der Fels die Blaupause der ursprünglichen Identität der Menschheit dar. [Jes. 51,1; 5. Mo. 32,18; Mt. 16,15-18])*

9,16 Die Barmherzigkeit Gottes ist kein Lohn für gutes Benehmen; sie ist kein Kranz, der dem schnellsten Athleten gegeben wird.

9,17 Gott benützte Pharao als prophetische Gestalt, um das Drama der Erlösung der Menschheit aus ihrer Sklaverei unter einer minderwertigen Identität zu zeigen. Die Schrift zeichnet Gottes Gespräch mit Pharao auf *(2. Mo. 9,16)*: **„Aber um dir meine Kraft zu zeigen,**

RÖMER Kapitel 9

die in dir wirkt, habe ich dich erhöht, damit mein Name *(der die authentische und ursprüngliche Identität der Menschheit offenbart)* auf der ganzen Erde verkündet werden kann." *(Die Identität der Menschheit liegt nicht im Anspruch des Pharaos oder im Einfluss eines politischen Führers, sondern in ihrem Schöpfer.)*

9,18 Dasselbe Handeln der Barmherzigkeit, das er allen bereitwillig gewährt, kann den einen segnen und das Herz des anderen verhärten.

9,19 Das klingt einfach nicht vernünftig! Was gibt Gott das Recht, dann noch jemandem die Schuld zu geben? Wer kann seinem Willen widerstehen?

9,20 Wer kann mit Gott streiten? Die Form bestimmt das Aussehen. *(Es gibt nur eine wahre Form, wie das Design der Menschheit aussieht: das Bild und die Ähnlichkeit Gottes.)*

9,21 Der Töpfer bestimmt das Tempo; derselbe Töpfer, derselbe Ton; das eine Gefäß versteht seinen Wert und das andere nicht; das eine erkennt, dass es unbezahlbar ist, das andere scheint in seinen eigenen Augen wertlos zu sein.

9,22 Ihr Gefühl der Wertlosigkeit hat sie für die Vernichtung markiert, doch Gottes Kraft und Leidenschaft überwiegen in geduldiger Ausdauer. *(Gott ist nicht schizophren und muss einen scheinbar instabilen Charakter ausgleichen, indem er einen netten Kerl und einen bösen Kerl erschafft: einen für Segen und einen für Zorn! Er kann nicht gleichzeitig der Autor von Licht und Dunkelheit sein; es gibt in ihm keinen Schatten in Form von Kompromissen oder Veränderungen; keine Unstimmigkeit oder Verzerrung, wie immer sie auch aussehen könnten! [Jak. 1,17-18] Die Menschheit täuscht sich selbst, wenn ihre Sicht über ihre wahre Identität durch das Fleisch verschwommen wird. „Sie gehen weg und vergessen sofort, was für eine Art von Person sie sind."*

Die noble Herkunft des Paulus hatte keine weitere Bedeutung, als er entdeckte, dass seine geistliche Identität in Christus offenbart wurde. Die aufgezeichnete Geschichte Israels bereitet die prophetische Bühne für Gottes Handeln mit der Menschheit weltweit vor. Der Glaube und nicht das Fleisch wäre das Mittel, mit dem Gott mit dem Menschen handeln würde. Fleisch reduziert den Menschen auf die Sinne und den Seelenbereich, während die Substanz des Glaubens die wahre geistliche Identität der Menschheit offenbart. Wahrheit entzündet den Glauben. Seine Geduld zeigt sich beim Pharao: „Also bringt euer Vieh in die Ställe, alles, was auf den offenen Feldern bleibt, Menschen und Tiere, wird sterben, wenn der Hagel kommt." Alle Diener des Pharaos, die Respekt vor Gottes Wort hatten, brachten ihre Arbeiter und Tiere so schnell wie möglich in Sicherheit, aber diejenigen, die Gottes Wort nicht ernst nahmen, ließen ihre Arbeiter und Tiere auf dem Feld zurück [2. Mo. 9,19-21]. „Denn die gute Nachricht kam zu uns, genauso wie zu ihnen;

RÖMER **Kapitel** 9

aber die Botschaft, die sie hörten, brachte ihnen keinen Nutzen, weil sie nicht mit dem Glauben der Zuhörer in Berührung kam." [Hebr. 4,2 RSV])

9,23 Er hat die Voraussetzungen geschaffen, um den Reichtum seiner Barmherzigkeit den wertvollen Gefäßen zu zeigen. Er möchte in ihnen seine ursprüngliche Absicht bestätigen. *(Seine Herrlichkeit, doxa, Meinung, Absicht.)*

9,24 Jüdisch oder heidnisch zu sein, definiert uns nicht mehr; der Glaube Gottes bestimmt uns. *(Er hat uns „gerufen"; kaleo, sich mit Namen zu identifizieren, beim Nachnamen nennen.)*

9,25 Hosea äußerte das Herz Gottes, als er sagte: „Ich werde ein Volk ohne Identität rufen, mein Volk nennen und die Ungeliebte, mein Liebling." *(Sogar Esau, von dem du sagtest, dass ich ihn hasse. [vgl. V. 13]. Es war unter den Hebräern üblich, die Begriffe „Liebe" und „Hass" in diesem vergleichenden Sinne zu verwenden, wo erstere eine starke positive Bindung andeuteten und letztere kein positiver Hass, sondern lediglich eine kleinere Liebe, oder die Zurückhaltung der Ausdrucksformen der Zuneigung. [vgl. 1. Mo. 29,30-31; Lk. 14,26])*

9,26 Er prophezeit, dass genau das Volk, dem gesagt wurde, dass es nicht das Volk Gottes ist, erfahren wird, dass es tatsächlich die Söhne des lebendigen Gottes sind.

9,27 Jesaja weint um Israel: „Du magst dich in der Menge verloren fühlen, weil deine Zahl den Körnern des Sandes am Meer entspricht, aber Gott lässt den Einzelnen nicht im Stich." Zahlen lenken Gottes Aufmerksamkeit nicht vom Wert des Einen ab. *(„Jesaja betonte das gleiche: Wenn jedes Sandkorn am Meeresufer nummeriert und die Summe als „von Gott erwählt" bezeichnet würde, wären es immer noch Zahlen, keine Namen; die Erlösung kommt durch individuelle Erkenntnis. Gott zählt uns nicht nur, er nennt uns beim Namen. Die Arithmetik steht nicht im Mittelpunkt." – [Die Message])*

9,28 Denn sein Wort wird seine Gerechtigkeit unverzüglich vervollkommnen; sein Wort ist Poesie auf der Erde. *(Joh. 1,1&14; Röm. 1,16-17)*

9,29 Der Herr der [1]Menschenmassen bewahrte für uns einen Samen, um uns vor der Zerstörung von Sodom und Gomorra zu retten. *(Aus dem Hebräischen, [1]tzaba, (tsabaoth), eine Masse von Menschen. [vgl. Notizen von Röm. 3,10] In 1. Mo. 18 tritt Abraham für Sodom und Gomorra ein: „Wenn es vielleicht 50 Gerechte gibt, wirst du die Stadt um ihretwillen retten?" Er verhandelt weiterhin mit Gott, bis er auf „vielleicht zehn" heruntergezählt hat. „...es gab keinen Gerechten, keinen Einzigen..." Der Überrest repräsentiert den einen Samen, der die Masse der Menschheit retten würde! In Röm. 5,17 übersteigt „der Gehorsam und der Akt der Gerechtigkeit eines Menschen die Auswirkung einer Vielzahl von Sünden". Wenn der [geistli-*

RÖMER Kapitel 9

che] Tod die Lücke sah, die durch eine Sünde entstand und die Gelegenheit ergriff, die Menschheit in Adam zu dominieren, wie viel mehr können wir jetzt den Vorteil nutzen, in Gerechtigkeit in diesem Leben zu herrschen durch diesen einen Akt von Christus, der uns durch seine Gnade für unschuldig erklärt hat. Die Autorität der Gnade ist der Übertretung überlegen! Das einzelne Weizenkorn blieb nicht allein! [Vgl. Joh. 12,24] Röm. 5,18-19 sagt: „Die Schlussfolgerung ist klar: Es bedurfte nur eines Vergehens, um die Menschheit zu verurteilen und nur ein Akt der Gerechtigkeit erklärt die gleiche Menschheit für unschuldig! Der Ungehorsam des einen offenbart die Menschheit als Sünder; der Gehorsam eines anderen offenbart die Gerechtigkeit der Menschheit!")

9,30 Das bedeutet, dass die Völker, die draußen standen und ausgeschlossen waren, also genau die Heiden, die nicht durch irgendwelche Art von religiöser Disziplin nach Gerechtigkeit gestrebt haben, über diesen Schatz des Glaubens gestolpert sind.

9,31 Doch Israel, das nach Gerechtigkeit strebte, indem es das Gesetz auf der Grundlage seiner eigenen Disziplin und Willenskraft einhielt, hat es verpasst.

9,32 Weshalb sind sie gescheitert? Glaube allein schien einfach zu gut, um wahr zu sein. Sie fühlten sich mit ihren eigenen vergeblichen Bemühungen wohler und vertrauter als mit Glauben. Ihre Glaubensidentität *(die sich in Christus widerspiegelt)* war ein Stein des Anstoßes.

9,33 Alles, auf was das Prophetische sich letztendlich bezog, zeigte auf den Felsen als der geistlichen Identität des menschlichen Lebens. Im Messias hat Gott sein Zeugnis über die Identität des Menschen ihnen vor Augen geführt. Sie waren in Zion, dem Zentrum ihrer religiösen Ausrichtung und stolperten dennoch über ihn, geblendet von ihren eigenen Bemühungen, sich zu rechtfertigen. Aber diejenigen, die ihn im Glauben als den Felsen erkannten, aus dem sie gehauen wurden, sind von der Scham ihrer Gefühle von Versagen und Minderwertigkeit befreit. *(Vgl. 5. Mo. 32,18: „Du hast den Felsen vergessen, der dich geboren hat...", und in Jes. 51,1: „Schau auf den Felsen, aus dem du gehauen wurdest." Nur in ihm wird die Menschheit entdecken, was sie sucht. „Wer ist der Menschensohn?" Die natürliche Identität der Menschheit wird durch ihren geistlichen Ursprung definiert - das Bild und Ähnlichkeit Gottes: „Ich sage, du bist Petros; du bist Herr Fels, ein kleiner Brocken aus dem alten Felsmassiv! [Vgl. Mat. 16,13-19] Die Herkunft und wahre Identität des Menschen bleibt erhalten und wird im Fels aller Zeiten wieder offenbart. Der Begriff „Stein" stand damals für das, was wir in der Computersprache „Festplatte" nennen; der Ort, an dem Daten lange Zeit sicher aufbewahrt werden. Gesteinsfossilien enthalten die ältesten Daten und Lebenszeugnisse. [Vgl. 1. Petr. 2,6])*

RÖMER Kapitel 10

10,1 Gott weiß, wie mein Herz mit tiefer und betender Sehnsucht schmerzt, dass Israel seine Erlösung erkennt.

10,2 Ich war selbst dort. Ich kenne ihren Eifer und ihre Hingabe; ihr Problem ist nicht ihre Leidenschaft, sondern ihre Unwissenheit.

10,3 Sie sind unermüdlich mit ihren eigenen Anstrengungen beschäftigt, sich zu rechtfertigen, und ignorieren dabei offensichtlich die Tatsache, dass Gott sie bereits in Christus gerechtfertigt hat.

10,4 Christus ist die Erfüllung des Gesetzes, alles, was das Gesetz von der Menschheit forderte, wurde in ihm erfüllt; er repräsentiert damit die Gerechtigkeit des menschlichen Geschlechts, die auf dem Glauben *(und nicht auf der persönlichen Leistung)* beruht.

10,5 Mose ist die Stimme des Gesetzes; er sagt, dass das Leben eines Menschen nur dann gerechtfertigt ist, wenn er das tut, was das Gesetz verlangt.

10,6 Aber der Glaube findet seine Stimme in etwas, das dem Menschen viel näher ist als sein diszipliniertester Versuch, dem Gesetz zu gehorchen. Der Glaube versteht, dass Christus nicht mehr länger eine entfernte Verheißung ist; er ist auch nicht mehr auf einen bloßen historischen Helden reduziert. Er ist jetzt die Gerechtigkeit der Menschheit! Christus ist nicht mehr irgendwo im himmlischen Bereich als zukünftige Hoffnung verborgen. Dass die Juden Gott weiterhin bitten, den Messias zu senden, ist Zeitverschwendung! Das ist nicht die Sprache des Glaubens.

10,7 Der Glaube weiß, dass der Messias nicht irgendwo im Bereich der Toten unterwegs ist. „Wer wird in den Abgrund hinabsteigen, um Christus von den Toten zurückzubringen", ist nicht die Sprache des Glaubens. *(Diejenigen, die Auferstehung von Christus leugnen, würden gerne jemanden schicken, der dorthin geht und ihre Zweifel bestätigt und den letzten Beweis erbringt, dass Jesus nicht der Messias war. Der Glaube verkündet eine Gerechtigkeit, die offenbart, dass die Menschheit tatsächlich gemeinsam mit Christus auferweckt worden ist. Das Zeugnis des auferstandenen Christus wird im Herzen und Leben eines jeden Gläubigen bestätigt.)*

10,8 Die Glaubens-Gerechtigkeit kündigt an, dass jede Definition von Entfernung in Zeit, Raum oder durch Feindseligkeit aufgehoben wurde. Der Glaube sagt: „Das Wort ist dir nahe. Es ist dir so nahe wie deine Stimme und die Überzeugung deines Herzens." Wir verkünden öffentlich diese Botschaft *(weil wir überzeugt sind, dass sie jedem gehört)*.

10,9 Jetzt ist eure Erlösung verwirklicht! Eure eigenen [1]Worte widerspiegeln Gottes Stimme. Die Enthüllung des meisterhaften Handelns von Jesus bildet die Worte in eurem Mund, inspiriert durch

RÖMER Kapitel 10

die Überzeugung in eurem Herzen, dass Gott ihn tatsächlich von den Toten auferweckt hat. *(In seiner Auferstehung hat Gott uns mitauferweckt [Hos. 6,2]. Seine Auferstehung verkündet unsere Unschuld [Röm. 4,25]. Die Erlösung beschränkt sich nicht auf ein Rezept oder eine Formel für das „Sündergebet"; sie ist das spontane, unvermeidliche Gespräch eines überzeugten Herzens! Bekennen, [1]homologeo, homo, die gleiche Sache + logeo, zu sagen.)*

10,10 Herzensglaube bestätigt die Tatsache der Gerechtigkeit der Menschheit und aktiviert die Art von Gespräch, die mit der Erlösung vereinbar ist. *(Er hat uns zu tadelloser Unschuld wieder –hergestellt! Es ist unmöglich, die Nachricht mit solcher globalen Konsequenz nicht kühn zu verkünden. [Jes. 40,9])*

10,11 Die Schrift erklärt, dass jeder, der an Christus glaubt *(dass er die Erfüllung der Verheißung Gottes zur Erlösung der Menschheit ist)*, **sich [1]nicht schämen wird** *([2]zögerlich)* **sie zu verkünden.** *([Vgl. Jes. 28,16] Diese beiden hebräischen Worte, חוש [2]chush, sich beeilen, und [Jes. 49,23] בוש [1]bush, sich schämen, sehen sich sehr ähnlich, und wurden offensichtlich in einigen Übersetzungen durcheinander gebracht - die Griechische ‚aus der hebräischen Übersetzung, die Septuaginta, war die Schrift, die Paulus bekannt war, und dort wurde das Wort aus dem Wort בוש [1]bush übersetzt.)*

10,12 Nichts unterscheidet den Juden von den Griechen, wenn es um die Großzügigkeit Gottes geht. Er reagiert mit gleicher Güte auf alle, die sich in ihm identifiziert sehen. *(Sie erkennen, dass Gott sie definiert und nicht ihre kulturelle Identität.)*

10,13 Die Erlösung besteht darin, zu verstehen, dass die [1]wahre Identität eines jeden Menschen in Christus offenbart wird. *(Wer nach dem Namen des Herrn [1]ruft, wird gerettet werden; [1]epikaleomai, berechtigt; mit dem Namen identifizieren, beim Nachnamen nennen.)*

10,14 Wie kann man die Menschen von [1]ihrer Identität in ihm überzeugen, wenn sie nicht glauben, dass er sie vertritt? Wie werden sie glauben, wenn sie nicht wissen, wer sie wirklich sind? Wie werden sie verstehen, wenn die Frohe Botschaft von ihrem mit eingeschlossen sein, nicht verkündet wird? *(Das Wort, [1]epikaleomai, wird traditionell mit „anrufen" übersetzt, von kaleo, was buchstäblich Nachname oder Identifikation mit Namen bedeutet. Dies ist auch der Stamm in Ekklesia, wobei ek eine Vorsilbe ist, die den Ursprung bezeichnet, und kaleo. Im Zusammenhang mit Matthäus 16, wo Jesus dieses Wort einführt, offenbart er, dass der Menschensohn in der Tat der Sohn Gottes ist: „Ich sage dir Simon, Sohn Jona, du bist **Petros** [Stein], und auf diesem **Petra** werde ich meine Ekklesia bauen! [Vgl. Hinweis zu Röm. 9,33])*

10,15 Was bewirkt bei jemandem die Dringlichkeit, diese Dinge zu verkündigen? Es ist in der prophetischen Schrift festgehalten, „Wie schön sind auf den Bergen *(wo die Wächter stationiert waren, um den*

RÖMER Kapitel 10

Ausgang eines Krieges zu bezeugen) die Füße von denen, die mit der aufregenden Nachricht vom Sieg Bocksprünge machen. Weil sie selbst Augenzeugen sind, sind sie qualifiziert, mit dem Evangelium des Friedens zu laufen und die daraus resultierende frohe Botschaft von den guten Dingen zu verkünden, die allen zu Gute kommen werden."

10,16 Es ist schwer vorstellbar, dass es noch ein Volk geben könnte, das Mühe damit hat, die Frohe Botschaft zu hören und zu verstehen. Jesaja sagt: «Herr, wer hat unserem Bericht geglaubt?»

10,17 Es ist also klar, dass die [1]Quelle des Glaubens im Inhalt der gehörten Botschaft liegt; Die Botschaft ist Christus. *(Wir sind Gottes Publikum; Jesus ist Gottes Sprache! Das Griechische, [1]ek, ist eine Vorsilbe, die Quelle oder Ursprung bezeichnet; so kommt der Glaube aus dem Wort, das Christus offenbart. Das Wort „Christus" kommt in den besten Manuskripten vor. Darin liegt das Geheimnis der Kraft des Evangeliums; es ist so lange keine gute Nachricht, bis die Gerechtigkeit Gottes offenbart ist! {Vgl. Röm. 1,17.) Die gute Nachricht besteht in der Tatsache, dass das Kreuz von Christus ein Erfolg war. Gott hat das Leben unserer Mach-und-Wesensart freigesetzt; er hat unsere Unschuld erlöst. Die Menschheit würde nie wieder nach ihrer eigenen Fähigkeit, den moralischen Gesetzen zu gehorchen, als gerecht oder ungerecht beurteilt werden! Es geht nicht darum, was jemand tun oder nicht tun muss, sondern was Jesus getan hat! Gott überredet jetzt jeden, an das zu glauben, was er weiß, dass es die Wahrheit über sie ist. Die Propheten schrieben im Voraus über die Tatsache, dass Gott glaubt, dass die Gerechtigkeit das Leben enthüllt, das er immer für uns im Sinn hatte. „Gerechtigkeit durch seinen [Gottes] Glauben bestimmt das Leben." [Hab. 2,4])*

10,18 Hat Gott der Menschheit nicht eine faire Chance gegeben, zu hören? Psalm 19 sagt: „Seine Worte berühren die ganze Welt wie die Strahlen der Sonne; nichts ist vor ihrer Hitze verborgen; ja, wahrhaftig, ihre Resonanz erklang auf der ganzen Erde, und ihre Stimme bis an die Enden der Erde."

10,19 Ich kann nicht verstehen, wie Israel so blind sein konnte, dass es den Messias in ihrer Mitte verpasste. Zuerst war es Mose, der voraussagte, dass Gott sie zur Eifersucht reizen würde, mit einer Masse von Menschen, die ihrer Meinung nach Nullen sind. Zur Abscheu Israels wird ein scheinbar unsinniger Haufen von Menschen ihnen die Show stehlen. *(„Sie reizten mich mit dem, was kein Gott ist, zur Eifersucht. Sie forderten mich mit ihren Götzen heraus. So will ich sie mit denen zur Eifersucht reizen, die kein Volk sind; ich will sie mit einer törichten Nation provozieren." [5. Mo. 32,21 RSV])*

10,20 Dann hört Jesaja Gott ganz klar sagen: „Diejenigen, die sich nicht einmal die Mühe gemacht hatten, mich zu suchen, sind mir

RÖMER Kapitel 10

zufällig begegnet. ich wurde für ein Volk sichtbar, das sich nicht um mich bemühte."

10,21 „Doch meine Hände waren ständig über Israel ausgebreitet, am helllichten Tag lockte ich sie, aber ihr ¹Unglaube und ihr negatives und ²widersprüchliches Gerede brachten sie dazu, mich unverhohlen zu ignorieren." *(Das Wort, ¹apetheo, [Apathie] bedeutet Weigerung zu glauben; und ²antilego bedeutet widersprüchliche Unterhaltung. [Vgl. Jes. 65,1-2.])*

RÖMER Kapitel 11

11,1 Ich möchte klarstellen, dass ich nicht sage, dass Gott Israel verworfen hat, mein eigenes Leben bezeugt das, und ich bin so jüdisch wie man nur sein kann; meine Vorfahren können bis auf Benjamin und Abraham zurückverfolgt werden.

11,2 Gott hat sein Volk nicht auf die Seite geschoben; sein Bezugspunkt ist sein Wissen über sie, bevor sie ihn abgelehnt haben. Die Schrift berichtet von Anlässen, bei denen Gott reichlich Grund hatte, Israel im Stich zu lassen. Elia stellt sich gegen sie und listet ihre Sünden auf, um Gott zu überreden, sie endgültig loszuwerden. *(proginosko - im Voraus zu wissen.)*

11,3 „Herr, sie haben deine Propheten abgeschlachtet und deine Versorgung durch den Opferaltar untergraben; ich bin der Einzige, der übrig geblieben ist und fürchte mich zu Tode." *(1. Kön. 19,14)*

11,4 Doch Gott antwortet ihm in einem ganz anderen Ton, „du hast dich geirrt, du bist nicht allein; ich habe mir siebenmal tausend übriggelassen, die ihre Knie nicht vor Baal gebeugt haben. Sie haben mich nicht gegen einen fremden Besitzer eingetauscht." *(Siebenmal tausend bezieht sich auf eine unzählige Menge und nicht auf genau 7000 Menschen. Das hebräische Wort „Baal" bedeutet Besitzer, Ehemann oder Meister. [1. Kön. 19,18])*

11,5 So hat das ursprüngliche Gnadenwort Gottes auch heute noch einen viel größeren Überrest bewahrt, als wir zählen können. *(Das Wort, ekloge, von ek, eine Vorsilbe, die Quelle oder Ursprung bezeichnet, + Logos, Wort oder Logik, wird übersetzt als das „Originalwort". Traditionell wird dies mit „Wahl" übersetzt.)*

11,6 Gnade kann nicht auch noch Schuld oder Verpflichtungen vorschlagen. (Schuld oder Verpflichtungen könne nicht auch noch Teil der Gnade sein.) Das Wort Gnade kann nur genau das bedeuten, was damit gemeint ist. Das gleiche gilt für die guten Werke der Menschheit; wenn man Erlösung oder sonst einen Vorteil durch vorgeschriebene Verhaltensregeln erlangen soll, dann war's das. Kein noch so großes Maß an Gnade kann die Regeln ändern! Gnade bedeutet Gnade und Arbeit bedeutet Arbeit.

11,7 Genau das, was Israel durch ihre fleißige Arbeit zu erlangen versuchte, konnten sie nicht bekommen; doch diejenigen, die Gnade als Gottes ursprüngliche Absicht annahmen, trafen jedes Mal ins Schwarze und ließen den Rest wie Bogenschützen mit verbundenen Augen im Dunkeln tappen. *(eklego: die ursprüngliche Argumentation, Logik, Wort.)*

11,8 Jesaja sagte, Gott hätte ihnen einen Geist des Schlummers gegeben, weshalb ihre Augen und Ohren nicht mehr funktionierten. Diese Schläfrigkeit scheint bis heute anzuhalten. *(Unglaube und re-*

RÖMER Kapitel 11

ligiöses Ritual sind wie eine Augenbinde. „Und der Herr sprach: Dieses Volk nähert sich mir mit dem Mund und ehrt mich mit den Lippen, aber entfernt sich mit Herz und Verstand weit weg von mir, und ihre Angst und Ehrfurcht vor mir ist ein Gebot der Menschen, das durch Wiederholung gelernt wird..." [Jes. 29,10&13])

11,9 David sieht, dass der Segnungstisch durch ihre Unwissenheit zu einem Stolperstein für sie geworden ist. Der Tisch des Herrn ist die prophetische Feier des geopferten Lammes, wo Gott selbst die Erlösung gemäß der Verheißung anbietet; doch darin wurden sie in die Falle gelockt und gefangen und stolperten durch ihren eigenen Unglauben. Jetzt ist ihre einzige Belohnung der Tisch, den sie für sich selbst decken. *([Vgl. Ps. 69] Kommentar von John Gill: „... der Tisch kann als Altar bezeichnet werden." Du hast unreines Brot auf meinen Altar gelegt. Und du sagst: „Wie haben wir ihn unrein gemacht?" Durch deine Worte ist der Tisch des Herrn wertlos. [Mal. 1,7])*

Die Opfer, die auf dem „Tisch" dargebracht wurden, ihre Fleisch- und Trankopfer und alle anderen, ebenso die Gesetze über die Unterschiede des Fleisches und das ganze zeremonielle Gesetz, das von Fleisch und Getränken und dergleichen handelte, darauf verlassen sich die Juden, wenn es um ihre rechtfertigende Gerechtigkeit vor Gott geht. Weil sie diese Riten und Zeremonien einhalten und sich vorstellen, dass durch diese Opfer für ihre Sünden gebüßt und sie wirklich gesühnt werden; vernachlässigten sie die Gerechtigkeit von Christus und unterwarfen sich ihr nicht, sondern begannen, ihre eigene zu errichten, so dass das, was sie zu Christus hätte führen sollen, zu handgeschriebenen Verordnungen wurde, die sich gegen sie richteten und Christus deshalb für sie wirkungslos wurde. Darüber hinaus werden die heiligen Schriften, die voll geistlicher Nahrung und göttlicher Erfrischung sind, die Prophezeiungen des Alten Testaments, die klar auf Christus hinweisen von ihnen nicht verstanden, sondern falsch angewendet und erwiesen sich so als Falle, und Stolperstein...)

11,10 Das ist die Strafe für ihren Unglauben; sie haben Augen, die sich ständig nicht auf die Tatsache konzentrieren, dass Christus ihre Lasten getragen hat, und jetzt beugen sich ihre Rücken immer noch so weit, dass sie unter der Anstrengung ihrer eigenen Lasten fast zusammenbrechen.

11,11 Bedeutet das, dass die Juden nicht mehr zu retten sind? Ist ihr Stolpern dauerhaft? Nein! Möge es für sie nie zu spät sein. Ihr Scheitern betonte die Einbeziehung der heidnischen Nationen. Möge es sich nur als ihr Weckruf erweisen.

11,12 Wenn ihr Stolpern den Rest der Welt bereichert hat und ihr Mangel die Heiden befähigt hat, wie viel wichtiger wird es dann sein, dass sie ihre Vollkommenheit erkennen?

RÖMER Kapitel 11

11,13 In meiner Eigenschaft als Vertreter der Frohen Botschaft für die Heiden werde ich so sprechen, dass die Klarheit meiner Schlussfolgerung

11,14 meine eigene Familie aus Fleisch und Blut zur Eifersucht angeregt wird. Ich weiß, dass meine Worte viele von ihnen retten werden.

11,15 Die heidnischen Nationen erkannten ihre Zugehörigkeit zu Christus in gewisser Weise auf Kosten der Juden; wenn sie jetzt auch die Juden in Gott willkommen heißen und sie aufnehmen, bedeutet das ihre Auferstehung aus den Toten.

11,16 Der Samen bestimmt das Tempo, er heiligt, was aus ihm heraus sprießt. Saatgut produziert nach seiner Art. Wenn die unsichtbare Wurzel heilig ist, dann sind es auch die sichtbaren Zweige.

11,17 Wenn einige der ursprünglichen Zweige abgebrochen wurden und ihr Heiden wie ein wilder Olivenzweig eingepfropft wurdet, um an der gleichen nahrhaften Fettheit der Wurzeln teilzuhaben,

11,18 dann gibt es keinen Grund, sich wegen der Unwissenheit der Juden etwas einzubilden, weil ihr jetzt plötzlich besser dran seid als sie. Denkt daran, dass die Wurzeln die Zweige tragen und nicht umgekehrt!

11,19 Es macht keinen zu denken, dass Gott, um euch entgegenzukommen, zuerst die jüdischen Zweige abbrechen musste.

11,20 Ihr Unglaube war ihr Verlust, euer Glaube ist euer Gewinn.

11,21 Gott konnte ihnen keinen Gefallen tun, nur weil sie die natürlichen Zweige waren, und Gott schuldet euch jetzt auch keine besonderen Vorrechte.

11,22 Sowohl die Güte Gottes als auch seine Entschlossenheit gründen sich auf seiner Integrität; Unglaube wird nicht geduldet, weder in ihnen noch in euch. Seine Gunst darf nicht selbstverständlich genommen werden. Nehmt stattdessen seine Güte an und schätzt sie mit Dankbarkeit.

11,23 Sobald Israel sich von ihrem Unglauben abwendet, ist Gott bereit, sie sofort wieder in den Baum einzupfropfen.

11,24 Ihr wurdet aus dem unfruchtbaren Ölbaum herausgeschnitten und in den Wurzelstock des ursprünglichen Baumes verpflanzt. Wie viel mehr werden diese natürlichen Zweige wieder in ihre ursprüngliche Identität eingepfropft.

11,25 Seid nicht unwissend in Bezug auf das Geheimnis ihrer zeitlichen Ausgrenzung; ihre Blindheit öffnete eure Augen für die Fülle von Gottes Plan für die ganze Welt.

RÖMER Kapitel 11

11,26 Sobald die Nationen den vollen Umfang ihrer Einbeziehung erkannt haben, wird auch ganz Israel gerettet werden. So wie es prophetisch geschrieben steht: „Es wird ein Erlöser aus Zion kommen; er wird die Gottlosigkeit von Jakob abwenden.

11,27 Denn das ist mein Bund mit ihnen, dass ich ihre Sünden wegnehmen werde." *(„Und als Retter wird er nach Zion kommen und die Sünde von Jakob abwenden", spricht der Herr. [Jes. 59,20] „Und das ist meine Übereinkunft mit ihnen", spricht der Herr. „Mein Geist, der auf euch ist, und meine Worte, die ich in euren Mund gelegt habe, werden nicht von eurem Mund oder vom Mund eurer Kinder oder vom Mund der Kinder eurer Kinder weichen", spricht der Herr, „von jetzt an und für die kommenden Zeitalter." [Jes. 59,21])*

11,28 Nach eurer Einschätzung scheinen sie Feinde des Evangeliums zu sein, aber die Liebe ihres Vaters zu ihnen hat sich nicht geändert. Er kennt ihren ursprünglichen Wert.

11,29 Denn Gottes Gnadengaben und seine Überzeugung von der ursprünglichen Identität der Menschheit sind unwiderruflich. *(kaleo - beim Nachnamen nennen, mit dem Namen identifizieren.)*

11,30 In früheren Zeiten habt ihr Gott nicht geglaubt; doch in gewissem Sinne öffnete Israels Unglaube euch die Tür, um die Barmherzigkeit Gottes zu erkennen.

11,31 Jetzt erwidert ihr gleichsam die Gnade; euer Zeugnis seiner Barmherzigkeit bietet ihnen die Möglichkeit, sich von ihrem Unglauben abzuwenden und Barmherzigkeit anzunehmen.

11,32 Nach Gottes Einschätzung ist die Masse der Menschheit im Unglauben gefangen. Dies qualifiziert die gesamte Menschheit für seine Barmherzigkeit.

11,33 Oh, wie erstaunlich ist die Tiefe des Reichtums der Weisheit und Erkenntnis Gottes. Das Verständnis seiner Urteile kann nur in einem Gespräch gewonnen werden, das von oben kommt; seine Wege sind nur in den Fußspuren seiner Gedanken zugänglich. *(Das Wort ἀνεξερεύνητος anexereunētos von ana, aufwärts und exereunaō, ausfindig machen [1. Pet. 1,10] von ek, Quelle und ereo sich äußern,, sprechen - [nur hier und in Eph. 3,8] Wiederum beginnt das nächste Wort mit der Vorsilbe ana - ἀνεξιχνίαστος anexichniastos von ana, aufwärts und ek, Quelle und ichnos, ein Fußabdruck. Leider wurden diese beiden Worte falsch übersetzt, und so entstand der Eindruck, dass es unmöglich ist, Gottes Entscheidungen zu erklären oder seine Wege zu verstehen! Das klingt wie in Jes. 55,8-9, bis Vers 10 zur Rettung kommt! „ABER! Genau so, wie der Regen und der Schnee vom Himmel herabkommen [von oben] und den Boden sättigen, so wird auch mein Wort sein! Die Menschwerdung ist der Schlüssel, um Gottes Gedanken und seine Wege zu verstehen!)*

RÖMER Kapitel 11

11,34 Wer hat seinen Gedanken inspiriert? Wer hat sich mit ihm beraten?

11,35 Ist Gott jemandem etwas schuldig?

11,36 Alles entsteht in ihm und findet in ihm sowohl seinen authentischen Ausdruck als auch den endgültige Abschluss. Seine Meinung bestimmt die Zeitalter. Wir können nur mit unserem Ja und unserer Ehrfurcht zustimmen. Amen.

RÖMER Kapitel 12

12,1 Lebt in Übereinstimmung mit ¹wer ihr wirklich seid,, inspiriert von der liebenden Güte Gottes. Meine ²Brüder, der praktischste Ausdruck der Anbetung ist, eure Körper als lebendiges Opfer ihm zur Verfügung zu stellen; das gefällt ihm mehr als jede religiöse Routine. Er möchte sich sichtbar und ganz persönlich in eurer Person ausdrücken. *(Das Wort, ¹parakaleo, kommt von para, einer Vorsilbe, die auf unmittelbare Nähe hinweist; eine Sache, die aus einer Sphäre der Vereinigung hervorgeht; von ihrem Autor und Geber entsprungen zu sein; von einem Ort enger Verbindung herrührend; und das Wort kaleo bedeutet, durch Namen zu identifizieren, beim Nachnamen nennen. Jesus stellt den Heiligen Geist in der gleichen Eigenschaft vor, parakletos, d.h. enger Begleiter, Verwandter [Joh. 14,16]. Das Wort ²adelphos kommt von a, als verbindendes Teilchen, und delphos, was Gebärmutter bedeutet. Allgemein übersetzt als Bruder. Das Wort ³paristemi bedeutet, ausstellen, präsentieren. Im Zusammenhang mit dem Neuen Testament umfasst das Opfersystem keine toten Tiere mehr, sondern lebende Menschen. „Ihr sei in seinem Tod gestorben und lebt jetzt für Gott" [Röm. 6,11].)*

12,2 Lasst nicht zu, dass die ¹gegenwärtige religiöse Tradition euch in ihr Muster der Argumentation umformt. Achtet wie ein inspirierter Künstler auf den Teil von Gottes Wunsch, der in euch Ausdruck finden möchte. Lernt Perfektion kennen. Euch an Gottes Genuss und Freude zu ²gewöhnen, wird eure Gedanken von innen heraus ganz neu verwandeln. *(Das Wort ¹aion wird traditionell übersetzt mit, „Seid nicht an diese Welt angepasst". Tatsächlich weist aion auf eine Zeitspanne mit spezifischem Einfluss hin. Im Zusammenhang mit diesem Schriftstück verweist Paulus auf den religiösen traditionellen Einfluss seiner Zeit. Das Wort ²euarestos, kommt aus eu, lobenswert, gut gemacht + arestos, was bedeutet, sich den Meinungen, Wünschen und Interessen anderer anzupassen.)*

12,3 Seine Gnadengabe inspiriert mich, euch zu sagen, dass euer Denken mit allem übereinstimmen muss, was in euch ist, nach dem Maß des Glaubens, das Gott jedem Einzelnen zugeteilt hat. ¹Lasst die Offenbarung der Erlösung eure Gedanken formen. *(Das Wort ¹sophroneo bedeutet einen geretteten Verstand.)*

12,4 Die Parallele ist klar. Es gibt viele verschiedene Glieder an einem Körper und doch konkurriert keines mit dem anderen in seiner Funktion. Stattdessen ergänzt jedes einzelne Mitglied das andere.

12,5 In Christus sind die vielen Menschen alle Teil desselben Leibes und Glieder voneinander.

12,6 Unsere Gaben mögen sich in ihrer Funktion unterscheiden, aber seine Gnade ist die gleiche. Wenn du an der Reihe bist, um zu prophezeien, dann lass Glauben und nicht ein Titel deine Inspiration sein.

RÖMER Kapitel 12

12,7 Gleiches gilt für jeden Aspekt des Dienstes, sei es im Dienen oder in der Unterweisung,

12,8 oder einfach nur [1]für jemandem da zu sein, um ihn an seine wahre Identität zu erinnern; lasst den Glauben immer das Tempo bestimmen. Du und deine [2]Gabe seid [3]ineinander verschlungen, eingewickelt in das gleiche Paket. Führe mit Leidenschaft; gib Gnade fröhlich weiter. ([1]*parakaleo, längsseits, größtmögliche Nähe;* [2]*metadidomi [vgl. Anmerkung zu Röm. 1,11], und* [3]*haplous von ha, einem Partikel aus Vereinigung und pleko, flechten oder weben. Ihr könnet euch nicht von eurem Geben distanzieren! Was Gott jetzt in uns hat, ist ein Geschenk für die Welt [Eph. 4,11].*)

12,9 Liebt ohne Hintergedanken. Verabscheut das Böse zutiefst; verbindet euch mit dem Guten.

12,10 Kümmert euch liebevoll und mit Zuneigung umeinander schätzt den einzigartigen Wert des anderen.

12,11 Seid in keiner Weise zögerlich und lasst dadurch in eurem Eifer nach. Lebt im jetzt; lasst das Feuer der geistlichen Hingabe an den Herrn brennen.

12,12 Seid fröhlich in freudiger Erwartung das Gebet überwindet, auch unter Druck, siegreich. ([1]*elpis, zu erwarten, meist mit Freude.*)

12,13 Seid fest dazu entschlossen, Fremde wie Heilige zu behandeln; kümmert euch um sie und umarmt sie mit Zuneigung als Freunde, die der Gemeinschaft gleichgestellt sind. Macht euch so praktisch wie möglich nützlich.

12,14 Redet weiterhin Gutes, auch wenn jemand euch ausnutzen will; segnet und beschuldigt nicht, wenn ihr euch ausgebeutet fühlt.

12,15 Wenn es um die Freude oder Trauer eines anderen geht, dann spielt nicht nur einfach etwas vor sondern fühlt mit ihm in echter Freude und Mitgefühl.

12,16 Schätzt jeden mit dem gleichen Respekt; niemand ist wichtiger als der andere. Verbindet euch lieber mit den Niedrigen als mit den Hohen. Distanziert euch in euren Gedanken nicht von anderen. (*„Habt echtes Interesse an den gewöhnlichen Menschen." - JB Phillips*)

12,17 Zwei Fehler machen eine Sache nicht richtig. Rächt euch niemals, sondern kultiviert die Einstellung, die nur Schönheit und Wert in jeder Person [1]erwartet, der ihr begegnet. ([1]*pronoew, im Voraus zu wissen.*)

12,18 Ihr habt das Zeug dazu, der Freund aller zu sein, unabhängig davon, wie sie euch behandeln. (*Vgl. Röm. 1,16-17; auch Mat. 5,44-45*)

RÖMER Kapitel 12

12,19 Kümmert euch nicht darum, meine Lieben, dass alles ausgeglichen werden muss. Lasst euch nicht von Wut oder Ärger ablenken; Unsere Gemeinsamkeit *(Gerechtigkeit)*, **soll das Tempo bestimmen.** *(¹das, was wir gemeinsam haben)* **Die Schrift bestätigt, dass der Herr selbst der ¹Offenbarer der Gerechtigkeit ist.** *(¹ekdikeo, von ek, eine Vorsilbe, die den Ursprung bezeichnet, und dikeo, zwei Parteien, die ineinander Ähnlichkeit finden. Das, was in der Gerechtigkeit seinen Ursprung hat, bestimmt das Tempo in jeder Beziehung.)*

12,20 „Wenn dein Feind Hunger hat, gib ihm zu essen; wenn er Durst hat, gib ihm etwas zu trinken." Diese Taten der Freundlichkeit sind wie Kohlen von Feuer, die auf seinem Kopf aufgehäuft werden und ihn sicherlich von der Schlacke in seinen Gedanken befreien und ihn als Freund gewinnen. *(Ein Silberbrenner schmolz normalerweise Metall in einem Tiegel und häufte Feuerkohlen darauf, um den Prozess zu verstärken. [Spr. 25,21-22]. Dies ist eine gute Strategie; seid sensibel für die Bedürfnisse eurer Feinde. Gott sieht Gold in jedem Menschen. Feindseligkeit kann unseren wahren Wert nicht verbergen. Er gewann uns, während wir ihm gegenüber eine feindliche Haltung hatten [vgl. auch Röm. 5,8&10). Seine Freundlichkeit führte uns zu einem radikalen Erwachen unseres Verständnisses! [Röm. 2,4])*

12,21 Lasst das Böse keine Entschuldigung dafür sein, dass ihr euch besiegt fühlt, sondern nutzt die Gelegenheit, die Situation in einen Sieg für das Gute zu verwandeln.

RÖMER Kapitel 13

13,1 Unterwerft euch von ganzem Herzen den Behörden. Jede Autorität hat nur in Gott ihre Bedeutung. Gott ist ein Gott der Ordnung.

13,2 Gegen eine von Gott bestimmte Autoritätsstruktur zu rebellieren, ist eine Straftat.

13,3 Die Herrscher sind dafür da, um gutes Benehmen zu fördern und jede böse Absicht abzuschrecken,.

13,4 Sie repräsentieren den Wunsch Gottes, euch zu beschützen und euch Gutes zu tun. Das Schwert, das sie tragen, dient nicht der Dekoration; sie wissen, wie man es gegen das Böse einsetzt.

13,5 Lasst die Angst vor Strafen nicht eure Motivation sein, sondern behaltet ein gutes Gewissen.

13,6 Die Steuern, die ihr zahlt, sollen der Regierung zeigen, dass ihr das, was sie im Namen Gottes vertreten, unterstützt.

13,7 Erfüllt alle eure Verpflichtungen gegenüber der Regierung, unabhängig von der Steuer, die sie von euch verlangt. Gib ihnen die gebührende Ehre und den nötigen Respekt.

13,8 Bleibt schuldenfrei; das Einzige, was wir der Welt schulden, ist unsere Liebe. Das ist der Kern des Gesetzes.

13,9 Die Liebe macht es euch unmöglich, Ehebruch zu begehen, jemanden zu töten, jemanden zu bestehlen, über jemandem negativ zu reden oder etwas zu begehren, das jemand anderem gehört. E gibt nur eine Möglichkeit: schätze einen Mitmenschen genauso wertvoll ein wie dich selbst.

13,10 Alles, was die Liebe tut, kommt dem anderen zugute; deshalb ist die Liebe der vollständigste Ausdruck dessen, was das Gesetz verlangt.

13,11 Ihr müsst die Dringlichkeit der Zeit verstehen; es ist ganz sicher an der Zeit, jetzt sofort aus dem hypnotischen Zustand des Schlummers und Unglaubens aufzuwachen. Die Erlösung ist gekommen.

13,12 Es war lange genug [1]Nacht; der Tag ist gekommen. Hört sofort mit allen Handlungen auf, die mit der Dunkelheit der Unwissenheit zu tun haben. Kleidet euch mit dem Glanz des Lichts, so wie ein Soldat seine vollen Waffen tragen würde. (*Die Nacht ist weit vorgerückt,* [1]*prokopto, wie ein Schmied ein Stück Metall schmiedet, bis er es in seine maximale Länge geschlagen hat.*)

13,13 Wir verhalten uns so, wie wenn es Tag ist, im Gegensatz zu der [1]Parade der Nacht mit ihrer Zügellosigkeit und Lust von Betrunk-

RÖMER Kapitel 13

enen, mit all den Streitigkeiten und Eifersucht, die sie entfacht. *(Das Wort, [1]komos, bezieht sich auf eine nächtliche, randalierende Prozession von halb betrunkenen und ausgelassenen Menschen, die nach dem Abendessen mit Fackeln und Musik zu Ehren von Bacchus oder einer anderen Gottheit durch die Straßen ziehen und vor Häusern von männlichen und weiblichen Freunden singen und spielen; daher wird es allgemein verwendet, um Feste und Trinkgelage zu beschreiben, die bis spät in die Nacht hinein dauern, in der sie Orgien feiern.)*

13,14 Wenn man in Christus vollständig [1]bekleidet ist, ist es für das Fleisch unmöglich, sich überhaupt vorzustellen, man könnte in der Lust Ausdruck oder Erfüllung finden. Jesus ist der Herr eures Lebens. *([1]enduo, vollständig in das Bewusstsein des Christus-Lebens eingetaucht sein, das euch definiert.)*

RÖMER Kapitel 14

14,1 ¹Heisst diejenigen, die jung in ihrem Glauben sind, mit herzlicher Gastfreundschaft willkommen. Vermeidet Streitgespräche. (¹*proslambano, jemanden als Begleiter nehmen.*)

14,2 Einer mag die Freiheit haben, alles zu essen, während ein anderer glaubt, man solle nur Gemüse essen.

14,3 Wenn jemand den Glauben hat, alles essen zu können, berechtigt ihn das nicht, denjenigen zu richten, der sich enthält; Gott behandelt den Vegetarier nicht anders.

14,4 Ihr seid nicht in der Position, die Gastfreundschaft Gottes kritisieren zu können; er hat beide an dem selben Tisch eingeladen, und er ist durchaus in der Lage, jemanden zu erhalten und zu gründen, der noch stolpert und im Glauben schwach erscheint.

14,5 Jemand schätzt vielleicht manche als religiöse Tage ein und hält sie deshalb als bedeutungsvoller, während jemand anders alle Tage für gleich hält. Jeder soll seine eigene, endgültige Meinung darüber bilden, was der Tag ihrem Verständnis nach bedeutet.

14,6 Wer die besondere Bedeutung eines bestimmten Tages beachtet, tut dies dem Herrn gegenüber, ebenso wie derjenige, der jeden Tag gleich bewertet. Einer isst, während sich der andere enthält; beide ehren Gott in Dankbarkeit.

14,7 Niemand kann in Isolation leben oder sterben; unser Leben und unser Tod berühren andere.

14,8 So können auch unser Leben noch unser Tod uns von ihm trennen; wir bleiben sein Eigentum.

14,9 Der Tod, den Jesu starb und seine Auferstehung sind das Ergebnis seines Lebens, die jetzt Teil von uns sind. Sie sind die einzige Bezugsquelle von Leben und Tod.

14,10 Was qualifiziert dich, Richter über deinen Bruder zu sein? Aus welchen Gründen verurteilst du deinen Bruder? Wir alle laufen in den Fußstapfen von Christus *(Wir sind in ihm gleichermaßen vertreten.)*

14,11 Der Prophet schrieb auf, was er Gott sagen hörte: „Mein eigenes Leben ist die Garantie für meine Überzeugung, spricht der Herr, jedes Knie wird sich freiwillig vor mir in Anbetung beugen, und jede Zunge wird spontan mit der gleichen Sicherheit ¹sprechen, die sich in mir widerspiegelt". *(Das Wort ¹exomologeo, von ek, Quelle, Herkunft, homo, das Gleiche und logeo, sprechen, also von der gleichen Quelle, der gleichen inspirierten Überzeugung sprechen, völlig zustimmen! Paulus zitiert hier Jes. 45,23 [vgl. Vers 20,22-23] „Seht mich an und werdet gerettet alle Enden der Erde! Ich bin Gott, eure Götzen sind Erfindungen, die ihr euch in eurer Fantasie! zusammengereimt habt" [Jes. 45,23] „Ich habe*

RÖMER Kapitel 14

*bei mir selbst geschworen; das Wort meines Mundes hat die Gerechtigkeit hervorgebracht; dies kann nicht mehr umgekehrt werden!" [Vgl. Röm. 1,17 Das hebräische Wort **Yatsa** kann mit gezeugt übersetzt werden, wie in Richter 8,30] „Jedes Knie wird sich vor mir beugen und jede Zunge wird meinen Eid wie ein Echo wiedergeben." [Also, sprecht mit der gleichen Sicherheit, die in mir ihren Ursprung hat. Das hebräische Wort **Shaba** bedeutet für sich selbst sieben, d.h. fluchen - also im hebräischen Gedankengut, indem man eine Erklärung siebenmal wiederholt, beendet man jeden Streit! Vgl. Hebr. 6,13&16-17; Vgl. auch Phil. 2,10-11]*

Dies gibt wieder, was Johannes in Offenbarung 5,13 gehört hat: „Dann hörte ich die Stimme von allem, was im Himmel, auf der Erde, unter der Erde und im Meer geschaffen wurde, alle Lebewesen im Universum, und sie sangen: „Dem, der auf dem Thron sitzt und dem Lamm, sei Lob und Ehre, Herrlichkeit und Macht, von Ewigkeit zu Ewigkeit!" Und in Kolosser 1,15-17: „Jetzt ist Christus der sichtbare Ausdruck des unsichtbaren Gottes. Er existierte, bevor die Schöpfung begann, denn durch ihn wurde alles geschaffen, ob geistlich oder materiell, sichtbar oder unsichtbar. Durch ihn und auch für ihn, wurden Macht und Herrschaft, Eigentumsrecht und Autorität geschaffen. Tatsächlich wurde jede einzelne Sache durch und für ihn geschaffen. Er ist sowohl das Anfangsprinzip als auch das Aufrechterhaltungsprinzip des gesamten Schöpfungsplans..." [Phillips Übersetzung] Kolosser 1,20: „Und Gott beabsichtigte durch ihn, das Universum mit sich selbst zu versöhnen und Frieden zu schließen durch sein Blut, das auf das Kreuz gegossen wurde, um durch ihn alle Dinge auf Erden und im Himmel mit sich selbst zu versöhnen." [Weymouth Übersetzung] Epheser 1,9-10: „Denn Gott erlaubte uns, das Geheimnis seines Plans zu kennen, und so sieht er aus: Nach seinem souveränen Willen beabsichtigte er, die ganze Menschheitsgeschichte in Christus zu vollenden und dass alles, was im Himmel oder auf der Erde existiert, seine Vollkommenheit und Erfüllung in ihm finden wird." [Phillips Übersetzung])

14,12 So wird die Logik Gottes ihren persönlichen Ausdruck in jedem Menschen finden.

14,13 Es gibt keinen Grund mehr, irgendjemanden zu verurteilen. Lasst es nicht zu, dass Verdächtigungen oder Vorurteile euren Bruder in eine Falle locken.

14,14 Ich bin völlig überzeugt, dass im Herrn Jesus nichts an sich unrein ist, sondern nur in den eigenen religiösen Überlegungen.

14,15 Aber in Liebe zu wandeln, ist wichtiger, als euren Appetit mit eurer Lieblingsspeise zu stillen. Verpasst lieber mal ein Essen, als einen Bruder zu verlieren, für den Christus gestorben ist. Ich meine, Jesus hat sein Leben geopfert; dann ist es doch nicht mehr so schlimm, eine Mahlzeit zu opfern.

14,16 Euer Recht zu essen soll keine Schande über Christus bringen.

RÖMER Kapitel 14

14,17 Die Königsherrschaft Gottes ist nicht auf Speise- Getränkevorschriften, gegründet, sondern auf Gerechtigkeit, *(Gleichheit)* Freundschaft *(Frieden)* und Freude im Heiligen Geist.

14,18 Das ist definitiv eine Win-Win-Situation; Gott gefällt es und die Menschen respektieren euch.

14,19 Kümmert euch um das, was den Frieden und die gegenseitige Ermutigung fördert.

14,20 Erlaubt nicht, dass eine Ernährungsfrage die Arbeit, die Gott im Leben eines Menschen getan hat, zunichtemacht. Alle Lebensmittel sind im Wesentlichen gut; es entsteht nur dann Böses daraus, wenn jemand Anstoss verursacht oder Anstoss nimmt.

14,21 Um eures Bruders willen, um ihn in seiner Schwäche nicht zu verletzen oder in Versuchung zu bringen, ist es besser, in seiner Gegenwart weder Fleisch zu essen noch Wein zu trinken.

14,22 Letztendlich ist euer eigener Glaube vor Gott am wichtigsten; tut, was euer Herz gutheißt und lasst nicht zu, dass Schuld eure Freude stört.

14,23 Lasst euch von Prinzipien und Vorurteilen das Essen nicht verderben! Was auch immer vom Gesetz inspiriert ist - und nicht vom Glaube -, ist [1]nicht synchron mit der Feier des Lebens! (*„Was nicht aus dem Glauben stammt, ist Sünde"* [1]*hamartia, eine verzerrte Form; nicht synchron.*)

RÖMER Kapitel 15

15,1 Wir, die wir im Glauben stark sind, sind verpflichtet, diejenigen, die schwach sind zu tragen, ihren Vorteil zu suchen und nicht unseren eigenen.

15,2 Wir sollen anderen gefallen und uns über ihr Wohl und ihren Nutzen Gedanken machen.

15,3 Denn Christus ging es nicht um sich selbst, sondern um uns. Es steht über ihn geschrieben, dass er den Volltreffer der gegen uns gerichteten Vorwürfe und Beleidigungen abbekommen hat.

15,4 Was über ihn geschrieben wurde, bezieht uns mit ein und repräsentiert uns. Von seiner Geduld können wir lernen und uns von ihr ermutigen lassen, während die Schrift unser enger Begleiter ist, die uns an unsere wahre geistliche Identität erinnert. Wir sehen der Zukunft mit Freude entgegen.

15,5 Gottes Geduld und was er über unser wirkliches Sein widerspiegelt, vermittelt uns, dass wir Gleichgesinnte sind, nach dem Vorbild von Christus Jesus.

15,6 Die Meinung Gottes, des Vaters unseres Herrn Jesus Christus, spricht eine weltweite Sprache in uns, die von derselben Leidenschaft inspiriert ist.

15,7 Das gibt uns umso mehr Grund, einander in Freundschaft mit der gleichen Wärme anzunehmen, mit der uns Christus in Gott willkommen geheißen hat.

15,8 Ich bin überzeugt, dass der Dienst von Jesus Christus für die beschnittenen Juden die Bestätigung der Wahrheit der Verheißungen Gottes an ihre Väter war.

15,9 So werden auch die heidnischen Völker Gott für seine Barmherzigkeit ihnen gegenüber verherrlichen. David prophezeite die Resonanz und das Echo des Lobpreises in den heidnischen Nationen, die ihre wahre Identität in seinem Namen entdecken würden. *(Vgl. auch Ps. 22,27)*

15,10 Die Schrift offenbart in 5. Mose 32,43 wieder, dass die Heiden mitfeiern werden, da auch sie als sein Volk gemeinsam mit offenbart werden. *(Vgl. Kontext von 5. Mo. 32)*

15,11 Wieder einmal werden die Heiden in Psalm 117,1 aufgefordert, Gott zu loben und sich am weltweiten Applaus aller Völker der Erde zu beteiligen.

15,12 Der Prophet Jesaja sieht die Wurzel Isais, die dort aus dem Boden hervorsprossen ist, wo sie abgeschnitten wurde, um über die Heiden zu herrschen; er wird ihr Vertrauen gewinnen. *(Jes. 11,1&10)*

RÖMER Kapitel 15

15,13 Gott, der der Ursprung der Erwartung ist, erfüllt euch bis zum Rand mit stiller Freude. Die Dynamik des Heiligen Geistes bewirkt, dass der Glaube jedes mögliche Zögern durch die Hoffnung übertrifft.

15,14 Ich bin völlig davon überzeugt meine Freunde, dass ihr euch gegenseitig im vollen Umfang mitteilen könnt, was gut in euch ist.

15,15 Die Gnadengabe Gottes ist die Motivation, die mich dazu veranlasst, an euch zu schreiben; ich fordere euch auf, euch an euren [1]zugewiesenen Anteil im Leben zu erinnern. *(Das Wort [1]meros bedeutet Form oder zugeteilte Portion; beachtet, dass das Wort, das mit „Sünde" übersetzt wird, hameros ist, was bedeutet, ohne Form zu sein, ohne Ihre zugeteilte Portion. Jede Sünde entspringt also dem Gefühl des unerfüllt seins und des Mangels von jemandem, der nicht weiß, welche Dinge ihm rechtmäßig gehören, nämlich ihre wahre geistlichen Identität, ihre freigesetzte Unschuld und ihr Anteil an der göttlichen Natur, die ihr Erbe in Christus ist.)*

15,16 Wegen Jesus Christus bin ich im Geschäft mit Menschen. Ich habe dieses priesterliche Amt inne, das die Güte Gottes für [1]die Massen der Menschheit darstellt und sie davon überzeugt, wie repräsentativ und anerkannt sie in den Augen Gottes im Heiligen Geist sind. *(Das Wort [1]ethnos bedeutet die Massen von nichtjüdischen Menschen, Nichtjuden.)*

15,17 Weil ich in Christus Jesus bin, habe ich einen mutigen Standpunkt vor Gott eingenommen.

15,18 Ich könnte euch mit allen Einzelheiten meiner persönlichen Abenteuer unterhalten, aber alles, was ich mitteilen möchte, ist, wie aktiv Christus durch meine Worte gearbeitet hat, um die Aufmerksamkeit der Nationen zu gewinnen.

15,19 Die Botschaft wurde durch Zeichen und Wunder in der Kraft des Heiligen Geistes bestätigt. So ging ich von Jerusalem nach Illyrien und verkündete die frohe Botschaft von Christus in ihrem vollständigsten Zusammenhang. *(Paulus nahm Jerusalem als Zentrum und predigte nicht nur in Damaskus und Arabien, sondern in Syrien, in Kleinasien, in ganz Griechenland, auf den griechischen Inseln, in Thessalonich und Mazedonien. Illyrien war ein Land Europas, das sich vom Adriatischen Golf bis Pannonien erstreckte und dann vom Fluss Arsia bis zum Fluss Drinius und umfasste damit Liburnia im Westen und Dalmatien im Osten. Es gehört nun zu Kroatien, Bosnien, Istrien und Slawonien.)*

15,20 Ich habe so viel Wert darauf gelegt, dass ich die frohe Botschaft in vielen dieser Bereiche vorantreiben konnte, ohne auf der Lehre von Christus durch einen anderen aufzubauen.

15,21 Jesaja prophezeite: „Diejenigen, denen nie etwas von ihm erzählt wurde, werden sich erschrecken, wenn sie ihn klar sehen; und

RÖMER Kapitel 15

obwohl sie noch nie etwas von ihm gehört haben, werden sie seine Botschaft verstehen". *(Die Botschaft der Wahrheit spricht eine weltweite Sprache. Paulus sagt, dass die offene Erklärung der Wahrheit, die das Wort ist, in uns in der Spiegelreflexion von Christus Fleisch geworden ist. Sie appelliert an das Gewissen aller. [2. Kor. 4,2]. „Unsere Leben sind Briefe, die jeder kennt und liest." [2. Kor. 3,2])*

15,22 Jetzt wisst ihr, warum es so lange gedauert hat, bis ich endlich zu euch gekommen bin.

15,23 Es scheint in diesen Regionen keinen Raum für Pionierarbeit mehr zu geben, nach all den Jahren kann ich meinen Traum endlich erfüllen.

15,24 Ich beabsichtige, den ganzen Weg durch Italien nach Spanien zu reisen, aber es ist mir eine große Freude, mich zuerst mit euch zu treffen und ein reiches Maß an Gemeinschaft zu genießen, das mich wieder vorantreiben wird.

15,25 Ich bin auf dem Weg nach Jerusalem, um die Heiligen zu ermutigen.

15,26 Die Gläubigen in Griechenland, sowohl aus Mazedonien als auch aus Achaia, haben mit großer Freude eine Gabe vorbereitet, um ihren jüdischen Freunden in Jerusalem, die finanziell kämpfen, zu helfen.

15,27 Sie fühlen sich ihnen verpflichtet, da sie frei an ihrem geistlichen Reichtum teilhaben.

15,28 Sobald ich ihre Ernte offiziell übergeben habe, werde ich über euch nach Spanien aufbrechen.

15,29 Ich weiß, dass mein Kommen zu euch wie ein Frachtschiff sein wird, das bis zum Rand [1]gefüllt ist mit dem Segen von allem, was das Evangelium von Christus vermittelt. *([1]pleroma bezeichnet die Dinge, mit denen ein Schiff befüllt wird, Fracht, Ware, etc.)*

15,30 Wir identifizieren uns mit euch als Mitglieder einer gottgefälligen Familie durch unseren Herrn Jesus Christus und empfinden die gleiche geistliche Liebe, durch die wir miteinander verbunden sind. Deshalb sind wir Gebetspartner vor Gott in dringender gemeinsamer Leidenschaft.

15,31 Arbeitet eifrig im Gebet mit mir, damit ich vor den Ungläubigen in Judäa errettet werde und dass mein Dienst an den Heiligen in Jerusalem gut angenommen wird.

15,32 Weil ich so viel Gefallen an Gottes Vorhaben habe, werde ich mit Freude in Rom ankommen, damit wir uns gegenseitig in der Gesellschaft des anderen erfrischen können.

RÖMER **Kapitel** 15

15,33 Gott, der uns in Einheit und ¹Frieden erhält ist mit jedem von euch. Amen. *(Das Wort, ¹eirene, bedeutet Frieden, von eiro, sich verbinden, wieder eins werden, in der Zimmerei ist es das stärkste Gelenk, das als Schwalbenschwanzgelenk bezeichnet wird.)*

Die Namen von 37 einzelnen Gläubigen werden in diesem Kapitel der Grüße persönlich geehrt. Sieben Hauskirchen werden ebenfalls ausdrücklich erwähnt, fünf in Rom und zwei in Korinth. Da Paulus Rom noch nie zuvor besucht hatte, waren diese Menschen alle Bekannte, Bekehrte, Mitgefangene oder Reisegefährten von ihm, bevor sie nach Rom zogen.

Da Prisca und Aquila ursprünglich aus Rom kamen (Apg. 18,25-26 und 1. Kor. 16,19), kehrten sie möglicherweise absichtlich dorthin zurück, um die Ekklesia zusammen mit einem starken Team von Gläubigen zu beginnen oder zu stärken. Ihre Strategie war es, mehrere Hauskirchen in der ganzen Stadt zu verteilen. Dies spiegelt sich in Paulus' Brief an die Korinther wider, als er sagt: „Wir erwarten, dass mit zunehmendem Glauben unser Feld unter euch stark erweitert wird, damit wir das Evangelium auch in Ländern außerhalb von euch predigen können." (2. Kor. 10,15-16)

RÖMER Kapitel 16

16,1 Ich möchte euch Phoebe vorstellen, sie ist unsere Schwester und dient der Ekklesia in Korinth im Hafen von Kenchreä.

16,2 Heißt sie mit einer angemessenen heiligen Gastfreundschaft im Herrn willkommen. Unterstützt sie und ihr Unterfangen auf jede erdenkliche Weise. Ich bin einer von vielen, die von ihrer Fürsorge und praktischen Hilfe sehr profitiert haben.

16,3 Umarmt Priska und Aquila herzlich, meine Geschäftspartner im Herrn.

16,4 Sie werden in allen Heiden-Gemeinden für ihr selbstloses Leben respektiert. Sie haben ihren eigenen Hals für mich riskiert.

16,5 Grüßt die Ekklesia in ihrem Haus. Umarmt meinen lieben Freund Epänetus ganz herzlich von mir. Er vertritt ganz Asien für mich, seit er dort mein erster Bekehrter war.

16,6 Auch Maria muss noch erwähnt werden. Ich erinnere mich daran, wie unermüdlich sie sich für andere verausgabt hat.

16,7 Umarmt meine Cousins Andronikus und Junia,, die mit mir im Gefängnis waren. Ich schätze sie als Botschafter für Christus sehr; sie sind meine Ältesten in ihm.

16,8 Umarmt Ampliatus meinen lieben Freund im Herrn.

16,9 Dann sind da noch Urbanus, mein Mitarbeiter in Christus, und mein lieber Freund Stachys.

16,10 Erkennt Apelles an, einen wahren Veteranen in Christus; ehrt den Haushalt der Gläubigen im Haus von Aristobul.

16,11 Grüßt Cousin Herodion, / grüßt die Gläubigen im Haus der Narzissus.

16,12 Grüßt Tryphäna und Tryphosa, deren Wirken im Herrn Zeugnis von ihrem Fleiß ablegt, sowie meine liebe Persis, die so unermüdlich arbeitet.

16,13 Ich erinnere mich auch an Rufus als einen hervorragenden Arbeiter im Herrn und grüßt auch seine Mutter, die für mich zur Mutter geworden ist.

16,14 Ich umarme Asynkritus, Phlegon, Hermes, Patrobas, Hermas und die ganze Familie in Gemeinschaft mit ihnen.

16,15 Grüßt Philologus und Julia, Nereus und seine Schwester, sowie Olympas und alle Heiligen in ihrer Gemeinschaft.

16,16 Unsere Freundschaft ist heilig. Die Ekklesia von Christus hier in Korinth grüßt euch.

RÖMER Kapitel 16

16,17 Meine Freunde, in Übereinstimmung mit dem, wer ihr wirklich seid, solltet ihr darauf achten, alles zu vermeiden, was zu Meinungsverschiedenheiten führt oder Anstoß erregt und im Gegensatz zu der Lehre ist, die ihr kennengelernt habt.

16,18 Denn einige sind nicht von unserem Herrn Jesus Christus abhängig, sondern werden eher von der verborgenen Absicht ihres eigenen fleischlichen Appetits angeregt. Sie schaffen es, mit kluger Manipulation und durch ihre Redegewandtheit die emotional labilen Menschen zu täuschen.

16,19 Euer [1]Gehorsam *(Glaubensfokus)* ist überall bekannt geworden. Ich freue mich so sehr für euch; dennoch wünsche ich mir, dass ihr weise und ausschließlich mit dem Guten vertraut seid und mit dem, was dem Bösen gegenüber [2]unschuldig*(unvermischt)* ist. *(Paulus' Mission ist es, den Gehorsam zu verwirklichen, der durch den Glauben aktiviert wird [Röm. 1,5; 16,26.] Das Wort [1]upoakouo wird mit Gehorsam oder genaues Hören übersetzt; und [2]akeraios als unvermischt, unschuldig.)*

16,20 Gott der Urheber unseres Friedens, wird [1]Satan schnell und vollständig mit euren Füßen zertrampeln. Euer Sieg wird in der Offenbarung der Gnade unseres Herrn Jesus Christus verwirklicht und hallt in eurem Amen wider. *(personalisiert). (Wir sind der Leib von Christius. Gott möchte seine Herrschaft des Friedens in uns demonstrieren, indem er die Niederlage Satans in unserer praktischen Alltagserfahrung bestätigt. Die Niederlage der [1]Anklage wird in dem gefeiert, was die Gnade mitteilt. Das Wort [1]satanos bedeutet Ankläger. Das Gesetz des Glaubens hat das Gesetz der Werke besiegt!)*

16,21 Timotheus, mein Mitarbeiter, grüßt euch liebevoll; auch Lukas, Jason und Sosipater, die Mitjuden sind, grüßen euch herzlich.

16,22 Ich, Tertius, der diesen Brief geschrieben hat, erkenne euch im Herrn an.

16,23 Mein Gastgeber Gaius, in dessen Haus sich die Gemeinde trifft, sendet euch seine Grüße. Erastus, das Stadtoberhaupt, grüßt euch, ebenso Bruder Quartos. *([Vgl. Apg. 19,29] Gaius war ein Reisebegleiter des Paulus und er erwähnt ihn auch in 1. Kor. 1,14.)*

16,24 Die Gnade unseres Herrn Jesus Christus gehört euch.

16,25 Ich spreche nicht von der „Hörensagen-Theorie"; mir gehört das Evangelium, das ich verkünde! Das ist meine Botschaft! Ich salutiere (ehre) Gott, der euch effektiv befähigt und euch dazu bringt, stark und unbeweglich im Angesicht von Widerständen zu sein. Jesus Christus ist die Offenbarung des Geheimnisses, das in der Stille verborgen war, bevor [1]Zeit oder menschliche [2]Geschichte aufgezeichnet wurde. *([Tit. 1,2] Dies ist das Leben der [1]Zeitalter, das über Generationen hinweg erwartet wurde; das Leben unserer ursprüngli-*

RÖMER Kapitel 16

*chen Mach-und-Wesensart, das durch den unfehlbaren Entschluss Gottes angekündigt wurde, bevor ²Zeit oder Raum existierte. [Die Verbindung der Menschheit mit Gott ist der ursprüngliche Gedanke, der die Schöpfung inspiriert hat. Das Wort ¹**aionios** spricht von Zeitalter.] Paulus spricht von Gottes Meinung, die er sich schon vor den Zeitaltern über uns gebildet hat. Es ist eine Denkweise, in der die Ewigkeit in verschiedene Perioden unterteilt ist, wobei die kürzeren in den Längeren enthalten sind. Das Wort ²**xronos** bedeutet eine gemessene Dauer oder Länge der Zeit; **kairos** ist ein passender oder bestimmter Zeitpunkt. Dies war, bevor die Zeitalter oder die Kalenderzeit existierten, bevor die Galaxien und Sternekonstellationen entstanden. Es gibt eine größere Dimension der Ewigkeit als das, was wir innerhalb der Grenzen von Raum und Zeit definieren können! Gottes Glaube erwartete den genauen Zeitpunkt unserer Vereinigung, die, für alle Ewigkeit, mit ihm wiederhergestellt wurde! „Dieses Leben wurde von Ewigkeit her schon gesichert." [BBE 1949, Bibel in Basis Englisch]] Das Evangelium des Paulus verkündet nicht nur Christus in der Geschichte, sondern verkündet auch Christus, der im menschlichen Leben enthüllt wird; Christus in euch! [Kol. 1,27])*

16,26 Das Geheimnis, das sich in der ¹prophetischen Schrift widerspiegelt, wird nun enthüllt. Der Gott der Zeitalter beschloss, dieses Geheimnis so bekannt zu machen, dass alle Nationen der Erde den ²Lebensstil hören und erkennen werden, den der Glaube entzündet. *(Dieses Evangelium bricht das Schweigen der Zeitalter und offenbart, wie es Gott gelungen ist, sein Bild und seine Ähnlichkeit in der Menschheit freizusetzen. [¹Jes. 53,4-5] Vgl. Anmerkung von Vers 16,19. Glaube inspiriert einen ²Gehorsam der Spontaneität jenseits von Schuld und Verpflichtung.)*

16,27 Jesus Christus ²drückt auf ¹einzigartige Weise die ³Weisheit Gottes aus; er ist der ⁴Abschluss der Zeitalter. *(Einzigartig, ¹**monos**, allein, Jesus hat keine Konkurrenz, dieser eine Mensch repräsentiert die gesamte Menschheit; das ist das Geheimnis der Zeitalter [1. Kor. 2,7] Wir sprechen Worte der Weisheit, die seit unendlichen Zeitaltern in der Stille verborgen waren; ein Geheimnis, das den Meisterplan Gottes entfaltet, mit dem er seine Herrlichkeit im Menschen freisetzen will. Unsere Verherrlichung war schon immer auf Gottes Programm, noch bevor die Zeit existierte. [1. Kor. 2,8] Weder die Politiker noch die damaligen Theologen hatten eine Ahnung von diesem Geheimnis [der Verbindung der Menschheit in Christus]; wenn sie es gewusst hätten, hätten sie den Herrn niemals gekreuzigt, dessen Tod unsere Herrlichkeit freigesetzt hat! Das Wort ³**sophos** bedeutet Klarheit, Weisheit. Er brach für immer die Stille der Zeitalter! Die Worte, ⁴**eis aion, eis** bezeichnen einen Punkt, der zum Schluss erreicht wurde, also der Abschluss der Zeitalter. Er ist die ²**doxa**, die Meinung, das Logos, das vor der Zeit war; das Wort, das Fleisch wurde und in uns wohnt [Joh. 1,1&14]. Die Menschwerdung [lateinisch, **en carne**, im Körper] ist die letztendliche Trophäe des ewigen Logos und der Doxa Gottes. [Kol. 1,15] In ihm werden das Bild und die Ähnlichkeit Gottes im menschlichen Leben sichtbar gemacht, damit jeder seinen wahren Ursprung in ihm erkennen kann. Er ist der Erstgeborene*

RÖMER **Kapitel 16**

jeder Kreatur. [Was für eine Dunkelheit, die vor uns verborgen war, hat er enthüllt. In ihm sehen wir deutlich den Spiegel unseres ursprünglichen Lebens. Der Sohn seiner Liebe gibt den genauen Beweis für sein Bild in menschlicher Gestalt. Gott kann nie wieder unsichtbar sein!]

[Kol. 2,3] In Christus hat der ganze Schatz aller Weisheit und Erkenntnis seinen Ursprung.

[Kol. 2,9] In Christus findet Gott einen genauen und vollständigen Ausdruck von sich selbst, in einem menschlichen Körper! (Während die Weite Gott nicht messen oder definieren kann, wird seine genaue Ähnlichkeit in menschlicher Form dargestellt. Jesus beweist, dass das menschliche Leben für Gott maßgeschneidert ist!

[Kol 2,10] Jesus spiegelt unsere Vollkommenheit wider und bestätigt unsere wahre Identität. Er ist „Ich bin" in uns. Die Tage sind vorbei, an denen unser Leben von der Herrschaft des Gesetzes der Leistung und einer minderwertigen Identität bestimmt wurde. [vgl. Kol. 1,19] Das volle Maß von allem, was Gott für einen Menschen im Sinn hat, wohnt in ihm.)

GALATER Einleitung

Der Galaterbrief - Einleitung

In diesem erstaunlichen Brief bezeichnet Paulus das Evangelium, für das er offen einsteht und das er verkündigt. Es ist eine Gabe, die ihm durch die Offenbarung darüber, dass Jesus Christus in ihm ist, gegeben wurde.

Gal. 1,12 Diese Botschaft wurde nicht von einem Menschen erfunden. Meine Quelle war auch nicht meine offizielle, religiöse, Erziehung: Ich empfing es durch die Offenbarung durch Jesus Christus.

Gal. 1,15-16 Gottes ewiger Liebestraum sonderte mich im Mutterleib schon aus. Seine Gnade wurde meine Identität. Das ist das Herz des Evangeliums, das ich verkünde. Es begann damit, dass in mir die Sohnschaft enthüllt wurde. Dies hat mich dazu freigesetzt, die gleiche Sohnschaft den nichtjüdischen Massen bekanntzumachen. Ich fühlte keinen sofortigen Drang in mir, mich nicht mit denen abzugleichen, die mit Christus von einem bloßen, historischen Standpunkt aus vertraut waren.

(Paulus stellt die Nutzlosigkeit des Gesetzes der Werke und seinem plumpen Versuch, das menschliche Verhalten zu verändern der erstaunlichen Offenbarung eines Lebens in unserer ursprünglichen Form und Gestalt entgegen, das in Christus in uns erlöst und freigesetzt ist. Er benützt die Worte „Gesetz", „Fleisch" und „Werke" im Gegensatz zu „Gnade", „Geist" und „Glaube", um der Dynamik des Kreuzes und seines Erfolges die nötige Hochachtung zu zollen.)

Die Verheißung ist in der Person von Christus eingeschlossen und im menschlichen Leben enthüllt und sichtbar gemacht.

Gal. 3,21 Nein, das Gesetz widerspricht nicht Gottes Verheißung, sondern betont die verzweifelte Notwendigkeit eines Retters, der die Gerechtigkeit als ihr Leben in der Menschheit freisetzte, wozu das Gesetz ganz gewiss nicht in der Lage war. Wäre es für die menschliche Rasse möglich gewesen, durch das Gesetz gerechtfertigt zu werden, wäre die Verheißung nicht notwendig gewesen.

Gal. 3,22 Die Schriften kommen zu der Schlussfolgerung, dass die gesamte Menschheit ohne Ausnahme in der gleichen Zwickmühle steckt; sie ist durch die Sünde gefangengenommen worden. Der Glaube verhilft nun der Verheißung dazu, dass sie ohne Aufschub in Aktion treten und von jedem sofort erreicht werden kann. Jesus Christus macht es möglich, dass alle das gleiche glauben können, was Gott in Bezug auf ihre Gerechtigkeit und wiederhergestellten Unschuld glaubt.

Gal. 4,5 Der Auftrag Jesu war, die Menschheit von der Diktatur des Gesetzes der Werke zu befreien und die Offenbarung ihrer wahren Sohnschaft in Gott zu verkündigen.

GALATER Einleitung

Gal. 4,6, Um unsere Sohnschaft zu versiegeln, beauftragte er den Geist der Sohnschaft das „Abba Echo" in unseren Herzen erklingen zu lassen. Und nun erkennen wir ihn in unserem innersten Wesen als unseren wahren und geliebten Vater.

Gal. 5,1 Christus definiert deinen Glauben. Er ist deine Freiheit von all dem, von dem dich Gesetz nicht befreien konnte. Finde deinen festen Stand in dieser Freiheit. Erlaube der Religion nicht, dass sie dir ein Bein stellt und dich wieder zum Stolpern bringt und dich in ein System von Regeln und Verpflichtungen einspannt.

Gal. 5,6 Liebe aktiviert den Glauben. *(der Liebe fällt es leicht zu glauben.)*

GALATER Kapitel 1

1,1 Ich heiße Paulus, meinen Dienst und meine Botschaft habe ich weder einer theologischen Ausbildung zu verdanken, noch wurde ich durch eine religiöse Institution angestellt. Ich wurde durch Jesus, den Messias selber zugelassen und durch Gott den Vater, der ihn von den Toten auferweckt hat. *(Ein Apostel ist jemand, der sich gedrängt fühlt zu gehen, und bevollmächtigt ist [2. Kor. 5,14; 20 und Röm. 15]. Apostelschaft definiert daher eher eine innere Dringlichkeit, die das Verbreiten des Evangeliums aktiviert, als dass sie nur ein Titel ist. Die Offenbarung über die Auferstehung beflügelt Auftrag und Dienst. Paulus sah, dass die Menschheit mit Christus auferweckt worden ist. [Hos. 6,2 u. Eph. 2,5-6])*

1:2 Ich und mein Team von Mitgläubigen in Rom adressieren diesen Brief an alle Gemeinden in Galatien.

1,3 Wir grüßen euch mit Gnade und Frieden, die daraus entstehen, dass ihr Gott als euren Vater und Jesus kennt, der das Haupt des Christus-Lebens ist. *(Jesus ist der Herr dieses Christus-Lebens, das Leben, das unsere unverhüllte Gestalt (Design) zeigt.)*

1,4 Gnade und Frieden haben ihre Wurzel in der Tatsache, dass Jesus sich als Sündenbock für unsere Sünden hingab und uns aus dem 1bösen, religiösen, gegenwärtigen Zeitalter herausgenommen hat, das auf uns einwirkte. Genau das hat der Vater in seiner Liebe für die Menschheit geplant. *(Das Wort „¹poneros" bedeutet, „voll harter Arbeit, Mühsal und Ärgernissen zu sein" - die Frucht vom Baum der Erkenntnis von Gut und harter Arbeit – „poneros". Letztendlich geht es um eine leistungsorientierte Bewertung im Gegensatz zu einer Beurteilung, die auf Wertschätzung basiert.)*

1,5 Sein herrlicher Ruf ist zeitlos. Er erstreckt sich über alle Zeitalter hinaus. Wir grüßen ihn mit einem Amen! *(Nichts, was Religion in irgendeinem Zeitalter oder in irgendeinem anderen Zusammenhang vermitteln sollte, kann es mit ihm aufnehmen.)*

1,6 Ich bin darüber erstaunt, dass ihr euch so einfach an der Nase herumführen lasst und das Evangelium gegen was Unechtes (Fake) eintauscht. Das Evangelium offenbart die Vollständigkeit und Intaktheit eurer ursprünglichen Identität, die durch Jesus befreit wurde. Das Unechte ist eine Vermischung von Gnade und Gesetzlichkeit. Diese Mischung endet mit einem „Mach-Es-Selber-Plan" der Errettung *(welcher ein Rezept ist, das zur Katastrophe führt.)*

1,7 Es gibt kein anderes Evangelium, auch wenn es noch so viele sogenannte christliche „Produktmarken" des „Evangeliums" gibt. Wenn noch irgendein Überbleibsel des Gesetzes zurück bleibt, dann ist es keine gute Nachricht mehr, sondern nur noch die Ideen bloßer, religiöser Menschen, die vom Evangelium von Jesus Christus ablenken. *(Einige versuchen, euch in euren Gedanken zu verunsichern. Sie verderben das Evangelium, indem sie es ihrer eigenen Meinung anpassen.)*

GALATER Kapitel 1

1,8 Wenn wir auch nur ein wenig vom Evangelium des vollbrachten Werkes Jesu abirren würden, würden Ich und jeder in meinem Team sich vollkommen disqualifizieren. Nicht einmal die Behauptung, wir hätten eine Engelserscheinung gehabt, könnte dies ändern.

1,9 Ich bin in dieser Angelegenheit sehr radikal und klar: Jedes Evangelium, das nicht den Erfolg des Kreuzes als Schwerpunkt hat, ist verfälscht und zieht auf jeden Fall einen Fluch nach sich.

1,10 Im scharfen Kontrast zu der Zeit, als ich eine Vollmachtserklärung der modernen religiösen Institutionen brauchte, die meine Mission bestätigten, ist Gott jetzt mein perfekter Zeuge. Ich bin nur ihm alleine und sonst niemandem Rechenschaft schuldig. Christus hat mich eingestellt. Ich bin an seine Gnade gebunden. Populäre, menschliche Meinungen erlaube ich nicht mich nicht beeinflussen. Ich werde meine Botschaft nicht aufs Spiel setzen! *(Was ist der Sinn eines beeindruckenden Lebenslaufes, wenn der Schöpfer noch nicht einmal danach fragt?)*

1,11 Ich möchte es euch, meinen Freunden sehr klar machen, dass die Botschaft, die ich verkündige, keine bloße Spekulation ist oder das Produkt von philosophischen oder religiösen Debatten.

1,12 Sie ist nicht meine eigene Erfindung, auch wurde ich nicht von menschlicher Intuition geleitet; meine Bezugsquelle ist das offenbarte Geheimnis von Christus in mir. *(Auch wenn wir Christus von einer menschlichen Perspektive aus kannten, so kennen wir ihn so nicht mehr. 2. Kor. 5,16.)*

1,13 Jeder weiß, was für ein eifriger Jude ich war, als ich wutentbrannt die Gemeinde Gottes verfolgte.

1,14 Und wie ich im jüdischen Glauben mehr Fortschritte machte, als alle meine Kollegen, in meinem übertriebenen Verlangen, die Traditionen meiner Vorväter zu bewahren.

1,15 Gottes ewiger [1]Liebestraum sonderte mich im Mutterleib schon aus. Seine Gnade wurde meine [2]Identität. *(Das Wort eu bedeutet gut oder gut gemacht!* **Dokeo** *bedeutet Meinung oder Gedanke. Was Gott über mich denkt, basiert auf dem genauen Wissen Gottes darüber, was Jesus in meinem Namen erreicht hat! Gut gemacht, Jesus!* [1]**Eudokeo**: *seine wunderschöne Absicht; seiner Meinung nach etwas gut gemacht zu haben. [Der Leib meiner Mutter, meine natürliche Erblinie und Identität als Sohn Benjamins] Das Wort* [2]**kaleo** *bedeutet, beim Nachnamen nennen oder beim Namen rufen.)*

1,16 Dies ist das Herz des Evangeliums, das ich verkünde. Es begann damit, dass mir die Sohnschaft enthüllt wurde. Dies hat mich freigesetzt, die gleiche Sohnschaft den nichtjüdischen Massen bekanntzumachen. Ich fühlte keine sofortige Dringlichkeit, mich mit denen abzugleichen, die mit Christus von einem bloßen, historischen Standpunkt aus vertraut waren. *(Der griechische Text ist hier*

GALATER Kapitel 1

ziemlich klar: „Es gefiel dem Vater, seinen Sohn in mir zu offenbaren, damit ich ihn in den Nationen verkündige!" Die Worte **ex emoi'**, werden als „in mir" übersetzt und als in den heidnischen Nationen oder die Massen der nicht jüdischen Völker. Es heißt nicht, „unter den Heiden,", wie oft übersetzt wird.

Später, als Barnabas gesandt wurde, um die Bekehrung der Griechen zu untersuchen, wie in Apostelgeschichte 11 berichtet wird, begibt er sich, anstatt seine Erkenntnisse dem Hauptquartier in Jerusalem weiterzugeben, sofort auf die Suche nach Paulus, weil er weiß, dass das Evangelium des Paulus die Offenbarung des Geheimnisses von Christus in den Völkern ist. [vgl. Kol. 1,27]. Es ist kein Wunder, dass diese Gläubigen die ersten waren, die Christen oder die Christusähnlichen, die Gesalbten genannt wurden).

Jesus bestätigt, dass der Menschensohn der Sohn Gottes ist. „Nenne niemanden auf Erden deinen Vater, denn du hast nur einen Vater, der im Himmel ist". [Matth. 23,9]. In Apostelgeschichte 17 erinnert Paulus die griechischen Philosophen, dass wir leben und uns bewegen und unser Sein in Gott haben; die Menschheit ist in der Tat die Nachkommenschaft Gottes. Er zitiert hier aus ihren eigenen Schriften – Epimenedes 600 v. Chr. Aratus 300 v. Chr. Dieser unzerstörbare Same der Sohnschaft ist genauso in jeder Person gegenwärtig, so wie Samen schon überall in der Erde und sogar in der Wüste sind; und darauf warten, durch den Regen zum Leben erweckt zu werden.

„Denn wie der Regen und der Schnee vom Himmel heruntekommén und die Erde bewässern, so dass sie anfängt hervorzubringen und zu sprossen, so soll mein Wort sein, das aus meinem Mund hervorgeht, es soll nicht leer zurückkommen. Es soll den Boden sättigen und soll bewirken, dass es hervorbringt und sprosst. Anstelle von Dornen sollen Zedern und anstelle des Dornstrauchs die Myrte wachsen. [Jes. 55,8-11, 1]

In Matthäus 13,44 sagt Jesus, dass das Königreich des Himmels wie ein Schatz ist, der im Feld verborgen ist. Da ist mehr in dem Feld verborgen als man auf Anhieb erkennen kann.

In 2. Kor. 4,4, 7 sagt Paulus, dass wir diesen Schatz in irdischen Gefäßen tragen. Aber der Gott dieser Welt hat unseren Verstand durch Unglauben verblendet [indem wir eine Lüge über uns selber glauben 4. Mo. 13,33], so dass wir davon abgehalten werden, das Licht des Evangeliums, das die Herrlichkeit Gottes im Gesicht von Jesus offenbart,, der das Ebenbild Gottes ist, wie in einem Spiegel sehen.

Wenn Jesus von einem Sünder spricht, dann redet er über ihn als vom verlorenen Schaf, einer verlorener Münze oder vom verlorenen Sohn. (Luk. 15) Du kannst nicht verloren sein, wenn du nicht vorher jemandem gehört hast. Die Inschrift und das Bild verschwanden nicht von der Münze, als sie

GALATER Kapitel 1

verloren ging. Wie können wir Gott preisen und mit dem gleichen Mund eine Person verfluchen, die Gott in sein Abbild –Ähnlichkeit - geschaffen hat? [Jakobus 3,9 und Lukas 20,20-26]. Die Menschheit hat vergessen, was für eine Art von Mensch sie von ihrer Mach-Wesensart (wie du als Person ursprünglich von Gott erdacht warst) her ist. Wir sind die Träger des Abbildes unseres Schöpfers. Genau deswegen kam Jesus um das zu offenbaren und freizusetzen. Wir können ihn deshalb jetzt mit aufgedeckten Gesichtern wie in einem Spiegel erkennen und werden sofort [in unserem Verständnis] in dieses Abbild verwandelt. Von der Herrlichkeit [Beurteilung und Meinung] des Fleisches hin zur Herrlichkeit [Beurteilung] Gottes. Die gesetzliche Religion hat diesen Vorhang vor unsere Augen gehalten; die Verkündigung der freimachenden „Gottbotschaft" entfernt den Vorhang. Das hässliche Entchen braucht kein neues Gesicht und auch keine Lektion darin, wie man das Schwanenleben nachahmt. Es musste nur die Wahrheit über sich selber erkennen um in der Tat frei zu sein.)

1,17 Das ist radikal! Ich hielt mich bewusst von Jerusalem und von den Jüngern Jesu fern. Ich blieb in Arabien, bevor ich wieder nach Damaskus zurückkehrte. *(Das Gewicht dieser Offenbarung ließ mir keine Wahl. Statt dass ich versuche, mehr über Christus in der Geschichte heraus zu finden, sehne ich mich danach, ihn mehr in mir zu finden. [Vgl. auch 2. Kor. 5,16].)*

1,18 Dann, drei Jahre später reiste ich nach Jerusalem, um mich vor allem mit ¹Kephas zu treffen. Schließlich blieb ich zwei Wochen bei ihm. *(In ¹aramäisch bedeutet das Wort „Fels" kefas und in griechisch petros. Paulus nennt Petrus hier Kephas, anstatt des gewohnten Namens Petrus, um die Bedeutung seines Namens zu betonen. Jesus sagte, dass die Offenbarung der Identität und des Ursprungs der Menschheit der Fels der Ekklesia ist, die buchstäbliche, originale Identität von ek, die Vorsilbe, die den Ursprung und kaleo, mit dem Nachnamen nennen, bezeichnet. [Mt. 16,13-18, vgl. auch Jes. 51,1; 5. Mo. 32,18; 1.Petr. 2,5; und 1.Kön. 6,7])*

1,19 Während dieser Zeit habe ich keinen der anderen Apostel gesehen, außer Jakobus, den Bruder Jesu. *(Saul [Paulus] Petrus [Kephas] und Jakobus teilten eine wichtige Offenbarung: alle drei von ihnen entdeckten ihre ursprüngliche Identität, die über ihre natürliche Geburt hinausging: „Von nun an kennen wir niemanden mehr nach dem Fleisch" sagt Paulus in 2. Kor. 5,16. „Simon, Sohn des Jona, Fleisch und Blut haben dir nicht offenbart, dass ich als Menschensohn, der Christus, der Sohn Gottes bin. Nun, da du weißt, wer ich bin, erlaube mir, dich dir selber vorzustellen. Ich sage dir, du bist Herr Fels, ein kleines Stück des alten Felsbrockens. [Mt. 16,17-18] Jakobus spricht hier über die Auswirkung des Wortes, als eine Entdeckung der Reflektion angesichts unserer Geburt, wie in einem Spiegel und befreit uns dadurch von unserer Vergesslichkeit. Wir haben vergessen, was für eine Art von Mensch wir sind. Während der drei Jahre von Jesu Dienst glaubte keiner seiner Freunde an ihn. [Joh. 7,5] Aber in 1. Kor. 15,7 erwähnt*

GALATER Kapitel 1

Paulus dann besonders die Tatsache, dass Jesus auch Jakobus nach seinem Tod erschienen ist. Plötzlich dämmert es Jakobus, dass der Vater der Lichter die Menschheit durch das ewige Wort der Wahrheit geboren hat. Das Wort, das Fleisch wurde und den Tod der Menschheit starb und die Menschheit mit ihm zusammen in die Neuheit des Lebens in der Auferstehung auferweckte. Wenn jemand dieses Wort hört, dann sieht er das „Gesicht" seiner Geburt wie in einem Spiegel! Wie Petrus später zugab: „wir wurden von neuem geboren, als Jesus von den Toten auferstanden ist. [1. Petr. 1,3] Das Wort, das schon vor unserer Zeit war, ist unsere Entstehungsgeschichte Ursprung. [Jak. 1,17, 18, 23, 34])

1,20 Ich schreibe das nicht, um euch etwas vorzumachen. Ich habe tatsächlich so angefangen das Evangelium zu predigen.

1,21 Nach meinem kurzen Besuch in Jerusalem reiste ich in die Gebiete von Syrien und Sizilien.

1,22 Keine der christlichen Gemeinden in Judäa kannte mich persönlich.

1,23 Sie hörten nur das Gerücht, dass der heftige Gegner ihrer Sache nun genau das Evangelium verkündigte, das er sich vorher vorgenommen hatte, auszumerzen.

1,24 Folglich erkannten sie Gottes Bestätigung auf meinem Leben und anerkannten Gott in mir.

GALATER Kapitel 2

2,1 Seit der Zeit meines ersten Besuches, als ich mit Barnabas auf einer speziellen Mission in Jerusalem war, sind 14 Jahre vergangen. Dabei nahmen wir auch noch ganz bewusst Titus mit uns, *(...da er ja einer unserer ersten Früchte in Griechenland war. Erinnert euch daran, dass Barnabas vom Hauptquartier in Jerusalem nach Griechenland gesandt worden war, um die Gerüchte um die griechischen Neubekehrten zu untersuchen. Aber anstatt nach Jerusalem zurückzukehren, um dort den Senior Aposteln Bericht zu erstatten, ging er, um Paulus zu holen, weil er um seine Lehrgabe wusste und um die Offenbarung über das Geheimnis Christi in euch. [Kol. 1,26 und Apg. 11,25-26])*

2,2 Ich wollte vor allem, dass die Senior Leiterschaft der Gemeinde das hört, was ich in den Heidennationen lehrte, als meine Offenbarung und besondere Betonung des Evangeliums. Wir entschieden, dass wir uns privat treffen würden, um mögliche öffentliche Streitigkeiten zu vermeiden. Auf diese Weise konnten sie am besten für sich selber beurteilen, ob, nach ihrer Meinung mein Dienst Glaubwürdigkeit besaß oder nicht.

2,3 Unser griechischer Gefährte überstand die Beschneidungs-überprüfung und wurde nicht gezwungen, sich beschneiden zu lassen

2,4 Einige getarnte jüdische „Freunde" schlichen sich zu uns herein um auszuspionieren, ob er beschnitten worden war oder nicht. An unserer Freiheit im Geist nahmen sie Anstoß; diese gesetzlichen Spione hatten nur einen Plan, uns unter ihre gesetzliche Unfreiheit zu versklaven.

2,5 Ihr sollt wissen, dass wir entschlossen sind, das Evangelium um euretwillen vollkommen rein und unbefleckt zu bewahren. Wären wir in Bezug auf die Botschaft auch nur kleinste Kompromisse eingegangen, um ihrer Meinung entgegengekommen, wäre sich die gesamte Heidenwelt betrogen vorgekommen. Was das reine Evangelium betrifft, sehen wir solch eine Zukunft in euch.

2,6 Die hochrangigen Leiter hatten meiner Botschaft nichts hinzufügen. Ich muss auch noch sagen, dass ihre Reife und ihr Alter mich in keiner Weise einschüchterten. Gott richtet Menschen nicht nach ihrem äußerlichen Wert *[Nominalwert]*. *(Die Wichtigen und die Unwichtigen werden von ihm genau gleich wertgeachtet und geliebt. 2. Kor. 5,14,16)*

2,7 An dem, was ich ihnen erzählt habe, erkannten sie die Genauigkeit meiner Botschaft und empfanden, dass, während der Dienst des Petrus mehr an die Juden gerichtet ist, meiner wie geschaffen für die Heidenwelt ist.

2,8 Wie der Dienst des Petrus von Gott genehmigt war, um den Juden zu predigen, so anerkannten sie, dass es meine Berufung war, den Heiden zu predigen.

GALATER Kapitel 2

2,9 Die sogenannten Pfeiler der Gemeinde, Jakobus, *(der Bruder des Herrn [Gal. 1,19]*, Kephas und Johannes anerkannten meine Gabe, die Offenbarung der Botschaft über die Gnade weiterzu-geben und verstärkten ihren Segen auf meine Arbeit noch, indem sie mir die rechte Hand der Gemeinschaft reichten. Während sie sich darauf konzentrierten, die Juden zu bekehren, wurde ich als derjenige mit der Botschaft für die Heiden angesehen.

2,10 Die einzige Vorgabe war, dass wir den Armen unter ihnen geben sollten, worauf wir auch viel Wert gelegt haben. Wir kamen sogar schon vorbereitet und hatten Gaben dabei. *(Apg. 11,19-20)*

2,11 Als aber Kephas im Gegenzug Antiochien besuchte, musste ich ihn für seine Heuchelei zur Rechenschaft ziehen.

2,12 Seine Gemeinschaft mit den griechischen Gläubigen schien so aufrichtig zu sein. Er aß sogar mit ihnen, bis die Gruppe von Jakobus aus Jerusalem eintraf. Da zeigte seine Loyalität zum Gesetz sein wahres Gesicht. Dass er so tat als ob, war beschämend und verwirrend.

2,13 Wegen seiner leitenden Stellung wurden die anderen Juden von seiner Heuchelei mitgerissen. Sie verführten sogar Barnabas. Was für eine Schande.

2,14 Bei der Deutung des Evangeliums waren sie ganz klar Kompromisse eingegangen. Ich stellte Petrus in dieser Sache öffentlich zur Rede. Hinter dem Rücken deiner Kollegen tust du so, als ob du wie ein Heide leben würdest und deine jüdischen Gebräuche nicht mehr wichtig wären. Und dann legst du plötzlich alte, jüdische Regeln auf die Heiden-Gläubigen, um deine jüdischen Freunde zu beeindrucken.

2,15 Sünde kümmert es nicht, welche Person sie vor sich hat. Sünde ist Sünde, egal, ob Jude oder Grieche.

2,16 Als Jude sollten wir die ersten sein, die wissen, dass Gerechtigkeit keine Belohnung für gutes Verhalten ist, das gemäß den Anforderungen des Gesetzes lebt. Wir haben über Generationen hinweg unter dem System des eigenen Strebens nach Gerechtigkeit gelebt und dabei fürchterlich versagt. Jesus Christus verkörpert Gottes Glauben in Bezug auf die freigesetzte Gerechtigkeit der Menschheit. Das ist die einzige, zulässige Grundlage für unseren Glauben. Unsere besten Absichten, Gutes zu tun können unserer Gerechtigkeit nicht ein bisschen mehr Gewicht beimessen. Als jüdische Gläubige wissen wir das. Wir haben niemanden gegenüber irgend einen Vorteil. Sowohl die Juden, als auch die Heiden wurden gleichermaßen durch das Gesetz ausgeschlossen; und nun sind wir alle gleichermaßen wegen Jesus und aus sonst keinem anderen

GALATER Kapitel 2

Grund, gerechtfertigt! (*Paulus benützt den ¹objektiven Genitiv, „Glaube des". „Er ist der Anfänger und Vollender des Glaubens". Er ist beides, der Ursprung und der Abschluss des Glaubens. [Hebr.12,2] „von Glauben zu Glauben" [Röm. 1,17]. Wenn es um den Verdienst geht, ist es Gottes Überzeugung darüber, was Sein Sohn Jesus errungen hat, die Glauben in der Menschheit weckt". [Röm. 4,25])*

2,17 Wenn wir herausfinden, dass es immer noch möglich ist zu stolpern, während wir versuchen, die Gerechtigkeit durch Glauben an das, was Christus für uns getan hat, zu entdecken, dann dürfen wir uns nicht wieder als Sünder bezeichnen. Die Tatsache, dass ihr sündigt, hebt das Kreuz von Jesus nicht auf und gibt euch keinen Grund, die Gerechtigkeit durch den Glauben zu verlassen und Jesus dafür die Schuld für eure Fehltritte in die Schuhe zu schieben. (*Jetzt plötzlich möchtet ihr das Gesetz wieder halten um damit weiterhin etwas zu eurer Gerechtigkeit hinzuzufügen, als ob Christus nicht genug erreicht hätte. Lasst eure Erfahrung euch nicht dazu verführen, eine neue Lehre zu erfinden.*)

2,18 Nur ein Akrobat wird versuchen, gleichzeitig ein Gesetzesmensch und ein Gnadenmensch zu sein.

2,19 Das Gesetz 1forderte meinen Tod; Gnade offenbart, dass nach Gottes Meinung Jesus diesen Tod gestorben ist. Wenn es nun um das Gesetz geht, bin ich ein toter Mann, nach Gottes Meinung aber bin ich lebendig. (*Das Wort ¹dia bedeutet wegen, woraus wir schließen können, dass das Gesetz meinen Tod forderte. Aber durch das Geheimnis von Gottes genialem Plan, starb Jesus den Tod der Menschheit, was bedeutet, dass ich, so glaubt es Gott, dem alten System abgestorben bin, bei dem ich versuchte, ihm durch mein gutes Verhalten zu gefallen. Wir können uns genauso gut der Tatsache stellen, dass unsere aufrichtigsten Glaubenssysteme und besten Versuche, uns an einer Gerechtigkeit festzuhalten, die darauf gegründet ist, immer eine 10 von 10 zu bekommen, gescheitert ist. Es gibt keinen Weg, um darum herum zu kommen. Vgl. Röm. 7 in der Mirror Bibel.*)

2,20 So bin ich also jetzt gleichzeitig tot und lebendig. Dem alten Ich, das ich versucht habe zu sein, bin ich abgestorben und lebe jetzt im echten Ich und das ist Christus in mir! Mit-gekreuzigt und mit-lebendig! Was für eine glorreiche Verflechtung! Ich war in seinem Tod in ihm und er ist jetzt in meinem Leben in mir! Zum ersten Mal bin ich frei, mich selber sein zu können und mich in meiner Haut wohl zu fühlen, eingetaucht in seinen Glauben durch unsere gemeinsame Sohnschaft. Er liebt mich und glaubt an mich! Er ist Gottes Gabe an mich! (*Das Verb ¹συνεσταυρωμαι von ¹sunestauromai ist in der Zeitform Perfekt geschrieben, was darauf hindeutet, dass ich mit Christus nicht nur in der Vergangenheit gekreuzigt worden bin, sondern gleichzeitig auch in der Gegenwart in diesem Zustand lebe. Wie könnte irgendeine menschliche Anstrengung so etwas noch verbessern? Vgl. Hos. 6,2*

GALATER Kapitel 2

und Eph. 2,5 und auch Röm. 7,6. Wir sind nun vollkommen freigesetzt von jeder weiteren Verbindung mit einem Leben, das vom Gesetz regiert wird. Wir sind dem abgestorben, was uns einst gefangen hielt und frei, Sklaven im Bereich der Neuheit der „Geist-Spontaneität" zu sein, und nicht mehr Sklave in Bezug auf die alten, religiösen Rituale, die nur den bloßen, Wert [Nominalwert] des geschriebenen Gesetzbuches nachahmen. In dem Moment, wenn wir anfangen, die Spontaneität gegen Regeln auszutauschen, ist der Anflug (edge) von Romantik gefährdet.)

2,21 Es ist eine Beleidigung für die Gnade, wenn man Mose Jesus vorzieht. Wenn das Gesetz euch rechtfertigen kann, dann hat Jesus seine Zeit verschwendet, als er euren Tod gestorben ist. *(Das würde die Errettung zu einem lächerlichen Wettbewerb zwischen eurem Gehorsam und dem Gehorsam von Jesus reduzieren! [Röm. 5,19])*

GALATER Kapitel 3

3,1 Galater! Galater! Habt ihr euren Verstand vollkommen verloren? Könnt ihr nicht erkennen, wie das Gesetz euch verzaubert und eure Sicht getrübt hat, so dass ihr die Offenbarung darüber, was das Kreuz Jesu in euch bewirkt hat, verdreht habt? Dies wurde so klar in den Schriften vorausgesagt: Ist es tatsächlich möglich, dass ihr durch die Wahrheit nicht überzeugt werdet? *(Er starb nicht als eine Einzelperson! Er ist euren Tod gestorben! [Jes. 53,4-5].)*

3,2 Können wir miteinander vernünftig über dieses Thema reden? Auf welcher Grundlage habt ihr den Heiligen Geist empfangen? Sprechen wir hier über ein Geschenk oder eine Belohnung? Was für eine Art von Botschaft entfacht Glauben? Etwa, was für ein verdammter Sünder und Versager du bist, wie es das Gesetz offenbart, oder was Gott als Wahrheit über dich glaubt, so wie es im Evangelium offenbart ist? Lasst uns Gesetz und Gnade nicht miteinander verwechseln.

3,3 Könnt ihr nicht erkennen, wie dumm es ist, im Geist anzufangen, *(indem ihr an den Erfolg des Kreuzes glaubt)* und dann, aus irgendeinem verrückten Grund den Schalter umzulegen und wieder zur eigenen Anstrengung TES *(Tu-Es-Selber)* zurückkehren? Als ob deine eigenen Werke irgendetwas zu dem zufügen könnte, was Gott in Christus schon getan hat. *(Es wäre selbstmörderisch. Es ist, wie wenn man freiwillig aus dem Boot springen würde und versuchen wollte, quer über den Ozean zu schwimmen. Es gibt nur zwei Bäume, den Mach-Es-Selber-MES Baum und den Lebensbaum. Sie repräsentieren zwei Arten von Gesetz oder Systemen: das Gesetz der Werke und das Gesetz des Glaubens. Das eine repräsentiert, was du tun musst um zu sein und das andere zeigt, wer du durch deine „Machart" bist [wie du als Person ursprünglich von Gott erdacht warst] und was Christus getan hat. Wegen dem Golgatha-Baum sind wir frei um zu sein! Because of the Calvary-tree we are free to be! Geist=Glaube, Fleisch=Werke.)*

3,4 Erinnert euch, wie ihr euch gefühlt habt, als ihr zum ersten Mal dem Glauben begegnet seid. Wollt ihr dies für religiöse Gefühle eintauschen? All das Land, das ihr schon eingenommen habt, wäre verloren. *(Das Gesetz vervollständigt den Glauben nicht, es macht ihn zunichte.)*

3,5 Würdest du etwas, was du von Gott empfangen hast dem zuschreiben, was du getan oder gehört hast? Hat Gott dich für deinen hohen moralischen Standard belohnt, als er außerge-wöhnliche Wunder in dir gewirkt und seinen Geist im Übermaß über dir ausgegossen hat? Oder hat es vielleicht etwas mit dem Inhalt der Offenbarung über die Botschaft der Gnade zu tun, den du gehört hast? Glaube ist die Quelle, wegen der Gott um der Menschheit willen in Aktion tritt. Unser Hören ist die Verbindung *[Kabel; Leitung]* zu dem, was Gottes Glaube offenbart.

GALATER Kapitel 3

3,6 Abraham hatte keinen weiteren Anspruch an die Gerechtig-keit, als nur einfach das zu glauben, was Gott in Bezug auf ihn erklärt hatte. Isaak bestätigte Gottes Glauben und nicht die Leistungen Abrahams. Das ist alles, was wir mit Abraham gemeinsam haben. *(Gerechtigkeit offenbart, dass Gottes Glaube verantwortlich ist für die Errettung der Menschheit. Dies steht im totalen Gegensatz dazu, wenn sie es selber tun, indem sie die moralischen Gesetze halten.)*

3,7 Die Schlussfolgerung aus all dem ist klar! Glaube und nicht das Fleisch verbindet uns mit Abraham. *(Gnade und nicht das Gesetz ist unsere wahre Erblinie. Ismael repräsentiert so viel mehr als nur die moslemische Religion. Ismael repräsentiert den plumpen Versuch des Fleisches, mit dem Glauben in Wettstreit zu treten - das Predigen einer vermischten Botschaft von Gesetz und Gnade.)*

3,8 Die Bibel schreibt prophetisch, dass die Masse der nichtjüdischen Völker durch den Glauben gerechtfertigt würde und nicht dadurch, dass sie das moralische Gesetz hielte. Diese Ankündigung Gottes über Abraham ist das Vorab-Evangelium. Gott sah jede Nation in dieses gleiche Prinzip des Glaubens mit eingeschlossen, für das Abraham ein Pionier war. „In dir sind alle Nationen der Erde gleichwertig im Segen des Glaubens repräsentiert. *([1 Mose 22,17] Ich werde dich auf jeden Fall segnen und werde deinen Samen wie die Sterne am Himmel und wie der Sand am Meer vermehren. Und dein Same soll die Tore ihrer Feinde besitzen. [1 Mose 22,18] Und in deinem Samen sollen alle Völker auf Erden gesegnet werden. Gerechtigkeit durch den Glauben ist die Offenbarung des Evangeliums. [²Röm. 1,17 und Hab. 2,4] „Der Gerechte wird durch seinen [Gottes Glauben] leben. Gerechtigkeit durch Glauben definiert dein Leben!)*

3,8 So wie es Abraham tat, so finden auch wir nun unsere Quelle im Segen des Glaubens.

3,10 Im klaren Gegensatz zum Glauben ist das Gesetz die Autorität des Fluches, wie es geschrieben steht, „Jeder, der darin versagt, jede der detaillierten Forderungen des Gesetzes zu erfüllen, auch die allerletzten, der ist verdammt!" *(5. Mo.27,26)*

3,11 Habakuk bestätigt eindeutig, dass die Gerechtigkeit durch den Glauben die einzige Grundlage für das Leben ist. Dies beendet jede mögliche Rechtfertigung, die sich auf moralischem Verhalten gründet. *(Hab. 2,4; 3,17-19)*

3,12 Gesetz und Glaube haben nichts Gemeinsames miteinander! Das Gesetz misst die Taten einer Person und Erfahrung definiert ihr Leben. *(Der Glaube misst Gottes Taten, indem er sein Wesen [sein Design] in uns freisetzt, das dann unser Leben definiert.)*

GALATER Kapitel 3

3,13 Christus hat uns vom Fluch erlöst, der eine Konsequenz dessen war, dass wir das Gesetz nicht halten konnten. Im Kreuz konzentrierte er den gesamten Fluch der menschlichen Rasse auf sich selber. Indem er sich selber dem Tod preisgab, löste er den Schrecken des Todes auf und nahm ihn in sich selber als Person auf (absorbierte ihn). **Die Schrift erklärt, dass jeder, der am Baum hängt, den Fluch verkörpert.** *(5. Mo. 21-23)*

3,14 Diese Tat von Christus setzte den ¹Segen Abrahams über den ²Heiden frei! Nun sind wir frei, den ¹Segen des Geistes zu empfangen. *(Gerechtigkeit durch Gottes Glauben an das, was Jesus erreicht hat und nicht als eine Belohnung für unser Verhalten! Im Gehorsam durch Christus ist 5. Mose 28 veraltet. [Röm. 5,19; Eph. 1,3] ²Die Masse der nichtjüdischen Nationen.)*

3,15 Wir sind mit der Tatsache vertraut, dass in zivilen Angelegenheiten ein Testament, das einmal bestätigt wurde, verbindlich ist und in einem späteren Stadium nicht mehr manipuliert und verändert werden kann.

3,16 Es ist dokumentiert, *(des Segens der Gerechtigkeit durch Gottes Glauben)* **das die Verheißung, Abraham und seinem Samen** *(Einzahl)* **gegeben wurde.** *(Dies schließt seinen Versuch, Ismael zu produzieren, aus).* **Isaak, das Kind der Verheißung und nicht das des Fleisches, spiegelt den Messias.**

3,17 Das ist meine Schlussfolgerung. Gott bestätigte den Bund der Verheißung 430 Jahre, bevor das Gesetz gegeben wurde. Das Gesetz hat später die Verheißung nicht ersetzt. *(Gottes Mittel, um die Menschheit zu rechtfertigen konnte immer nur durch den Glauben an seine Verheißung geschehen und niemals durch ihre eigene Fähigkeit, das moralische Gesetz zu halten.)*

3,18 Das Gesetz und die Verheißung sind nicht miteinander vereinbar. Das eine System macht das andere zunichte. Gott beschenkt Abraham mit Erbschaft durch Verheißung *(und nicht durch Belohnung für sein gutes Verhalten.)*

3,19 Was ist nun der Nutzen des Gesetzes? Es war eine zwischengeschaltete Regelung. Es sollte den Menschen das Ausmaß ihres falschen Verhaltens bewusst machen und sie gleichzeitig auf die Verheißung des Erlösers hinweisen - auf den Messias-Samen. Es wurde Mose, als dem Vermittler, durch Engelswesen übergeben.

3,20 Bei Abraham gab es keinen Vermittler, da war nur Gott. *(Das Mosaische Gesetz brauchte einen Vermittler [das levitische Priestertum], weil es so eine Art von Regelung war, dass die Menschheit einen Teil und Gott einen Teil übernehmen musste. Der Anteil der Menschheit daran war, Gottes Geboten zu gehorchen und Gottes Anteil daran war, zu segnen. Gottes Bund*

GALATER Kapitel 3

mit Abraham war ein Gnadenbund, der auf den Menschen Jesus hinwies, in dem Gott selber den Teil der Menschheit erfüllten würde und er deshalb auch keinen Mittler mehr außer ihm brauchen würde. Vgl. Hebr. 6,17. In der Fleischwerdung erfüllt Jesus den Plan und das „Ich tue!" - Die Erfüllung des Planes.)

3,21 Nein, das Gesetz widerspricht nicht der Verheißung. Es betont nur die verzweifelte Notwendigkeit eines Erretters, der Gerechtigkeit in der Menschheit als ihr Leben freisetzt; etwas, zu dem das Gesetz sicherlich nicht in der Lage war. Wäre es eine Person möglich gewesen, durch das Gesetz gerechtfertigt zu werden, wäre die Verheißung unnötig gewesen. *(Denn wenn irgendeine Art von Regeln-Halten die Kraft gehabt hätte, Leben in uns hervorzubringen, dann hätten wir es mittlerweile erhalten. – Die Messagebibel.*

Röm. 5,6 Gottes Timing war absolut perfekt; die Menschheit war am schwächsten Punkt angelangt, als Christus ihren Tod starb – wir mussten unserer eigenen Anstrengung, uns selber zu retten, den Bankrott erklären".)

3,22 Die Schrift folgert, dass alle Menschen ohne Ausnahme unter dem gleichen Urteil stehen; sie sind von der Sünde gefangengenommen. Nun bringt der Glaube die Verheißung der sofortigen Freisetzung in die Reichweite eines jeden! Jesus macht für alle diejenigen, die glauben das möglich, was Gott in Bezug auf unsere Gerechtigkeit und Unschuld glaubt. *(Jesus ist die Verkörperung von Gottes Glauben an die Menschheit. Die Gerechtigkeit Gottes ist nun auf solch eine Weise zur Schau gestellt worden, dass alle glauben können, egal, wer sie sind, es gibt keinen Unterschied. Die gleiche Masse der Menschheit, die wegen ihrer Sünde zu einer minderwertigen Identität erniedrigt wurde, erhielt nun auf der Grundlage des Lösegeldes, das Jesus für ihre Befreiung bezahlt hat, als Geschenk den Freispruch. [Röm. 3,22-24])*

3,23 Wir wurden durch das Gesetz eingesperrt und begrenzt und unter seinem Einfluss in Untersuchungshaft gezwungen, bis die Offenbarung des Glaubens kommen würde um uns zu retten.

3,24 Das Gesetz handelte wie ein Sklave, der als Wächter über die Kinder seines Meisters eingesetzt wurde und zwar solange, bis sie alt genug sein würden um in die richtige Schule von Christus zu gehen und so durch den Glauben ihre offenbarte und bestätigte Gerechtigkeit zu finden.

3,25 Da wir nun an unserem Ziel angekommen sind, sind die prophetischen Zeichen und Verkehrsschilder nicht mehr nötig. Der Glaube ersetzte den Wächter. Da der Glaube gekommen ist, ist das Gesetz nicht mehr zuständig.

3,26 Die Wahrheit, die Jesus in Bezug auf dich glaubt, ist die schlussendliche Bestätigung der freigesetzten Sohnschaft. Sein Glaube ist der einzige, gültige Bezug für deinen Glauben.

GALATER Kapitel 3

3,27 Wer immer in Christus eingetaucht ist, ist vollkommen mit ihm bekleidet! Er ist dein brandneuer Kleiderschrank, der deine Sohnschaft bestätigt. *(Von jetzt an ist die Windelzeit vorbei! „Unsere eigene Gerechtigkeit, indem wir das Gesetz gehalten haben, ist mit schmutzigen Kleidern vergleichbar! [Jes. 64,6])*

3,28 Nichts gleicht deiner früheren Identität als Jude oder Heide, gebunden oder frei, Mann oder Frau, *billabong or gucci.* **Die Definition darüber, wer ihr seid, findet ihr nun alle in der Einheit mit Christus. Er ist eure Bedeutsamkeit und macht euch wunderschön!**

3,29 Da Jesus der Same der Verheißung ist, werden wir nur dadurch, dass wir unsere Einheit mit ihm erkennen, (in seiner Fleischwerdung), mit Abraham gleichgestellt und auch Erben der Verheißung. Glaube und nicht Fleisch bringt uns in Beziehung mit Abraham. *(Wir erben seine Gerechtigkeit durch den gleichen Glauben!)*

GALATER Kapitel 4

4,1 Erben, die noch Kinder sind, haben genauso wenig zu sagen wie ein Sklave. *(Das Beste, was das Gesetz uns möglicherweise klarmachen kann, ist die Sklaverei der Menschheit durch die Sünde.)*

4,2 Er blieb solange unter häuslicher Überwachung und der Hausregeln, bis zu dem, von seinem Vater festgelegten, Datum, an dem er offiziell in den Status einen Sohnes aufsteigen würde.

4.3 Und genau so war es mit uns. Wir wurden im Kindesalter entführt und durch das Gesetz in dieses Stadium eingesperrt. *(Eine niedrigere Denkweise, als Resultat von Adams Fall.)*

4.4 Aber dann brach der Tag an; der vollkommenste Höhepunkt der Zeit. *(Alles, was vorhergesagt worden war, wurde in Christus eingeschlossen und abgeschlossen.)* **Der Sohn kam an, vom Vater ausgesandt und der legale Pass auf diese Erde war der Leib seiner Mutter. In einem Körper, der unserem exakt glich, führte er sein Leben und unterordnete sich unter die gleiche Kontrolle des Gesetzes.**

4,5 Sein Auftraf war, die Menschheit vom Regime des Gesetzes der Werke zu befreien und ihnen die Offenbarung ihrer Wahren Sohnschaft zu verkündigen. *(Nun können wir den wahren Status unserer Sohnschaft wieder erkennen. [Joh. 1,12; Joh. 1,11-14] Es war nicht so, dass er auf einem fremden Planeten angekommen wäre; er kam in sein Eigentum, aber sein Eigentum erkannte ihn nicht. [Ps. 24,1] Aber für jeden, der seine Verbindung in ihm erkennt, überzeugt davon, dass er ihr ursprüngliches Leben ist, in denen bestätigt er, dass wir seine Nachkommenschaft sind. Das sind diejenigen, die ihre Entstehung in Gott, über ihre natürliche Zeugung hinaus, erkennen. Der Mensch begann in Gott. Wir sind nicht die Erfindung unserer Eltern. Plötzlich nimmt das ewige Wort sichtbare Form an. Die Fleischwerdung! In ihm, in uns! Die genaueste und erfahrbarste Darstellung von Gottes ewigem Gedanken fand seinen Ausdruck im menschlichen Leben. Das Wort wurde ein menschliches Wesen und wir sind seine Adresse; er wohnt in uns! Er nimmt unseren Blick gefangen! Die Herrlichkeit, die wir sehen, ist keine religiöse Nachbildung. Er ist die ursprüngliche, authentische **monogenes**, der nur von Gott geboren ist. In ihm erkennen wir unseren wahren Anfang. Die Herrlichkeit, die Adam verloren hat, kehrt zurück! In seiner ganzen Fülle! Nur Gnade kann Wahrheit in diesem vollkommenen Zusammenhang vermitteln.)*

4,6 Um diese Sohnschaft zu versiegeln, hat Gott den Geist der Sohnschaft beauftragt, das Abba Echo in unseren Herzen mitklingen zu lassen und nun erkennen wir ihn in unserem Innersten als den wahren und sehr lieben Vater. *(Das originale Leben des Vaters, in seinem Sohn offenbart, ist das Leben, das der Geist nun in uns führt. [Röm.8,14] Sein Geist klingt in unserem Geist mit und bestätigt die Tatsache, dass wir unseren Ursprung in Gott haben. Weil wir seine Nachkommen sind, sind wir dafür qualifiziert, seine Erben zu sein; Gott selber ist unser Anteil – wir erben zusammen mit Christus. [Röm. 8,17])*

GALATER Kapitel 4

4.7 Kannst du sehen, wie dumm es für einen Sohn wäre, sein Leben weiterhin in einer Sklavenmentalität zu führen? Deine Sohnschaft qualifiziert dich dazu, sofort am gesamten Reichtum von Gottes Erbe teilzuhaben, der wegen Christus dir gehört. *(Gesetzlichkeit in seiner Tarnung widerspricht der Sohnschaft. Sohnschaft kann man nicht kaufen!)*

4.8 Es erstaunt mich, wie leichtgläubig ihr Heidengläubige seid, indem ihr euch durch bedrückende jüdische Riten und Gebräuche verwirren lasst. Ich meine, ihr wisst doch noch allzu- gut über eure Sklaven-Dienstzeit Bescheid, als ihr den erfundenen Göttern in den heidnischen Glaubenssystemen dientet.

4.9 In der Zwischenzeit habt ihr den wahren Gott kennen-gelernt; *(der ganz anders als eure erfundenen, heidnischen Götter ist)* **besonders bemerkenswert aber ist, dass er euch schon die ganze Zeit gekannt hat. Wie konntet ihr euch nach all dem wieder von diesen armseligen Prinzipien der religiösen Verführung reizen lassen? Es ist egal, in welcher Verkleidung Gesetzlichkeit kommt, ob heidnisch, oder jüdisch, es führt zur gleichen Gebundenheit.**

4.10 Plötzlich gibt es spezielle Tage, Monate, Jahreszeiten und Jahre, an denen ihr penibel die Feste feiert; das sind doch alles nur abergläubische, religiöse Ansichten.

4,11 Ich bin darüber beunruhigt, dass ich all meine Leidenschaft an euch vergeudet habe könnte.

4,12 Ich ermahne euch, mich nachzuahmen *(in meiner Überzeu-gung gegenüber der Tatsache, dass jüdische Überlieferungen und all die dazugehörigen Ansichten veraltet sind).* **Wir sind alle im genau gleichen Boot; es geht mir hier nicht um mich, sondern um euch!** *(Ob heidnischer oder jüdischer Hintergrund, das ist vollkommen egal! Es geht mir nicht darum, für meinen Dienst oder für mich, Punkte bei euch zu sammeln oder welche zu verlieren.)*

4,13 Ich bin in Bezug auf das Evangelium, vom ersten Tag, als ich euch getroffen habe, nie einen Kompromiss eingegangen, auch dann nicht, als ich mich zu jener Zeit körperlichen Herausforderungen stellen musste. Ich habe mich nie von der Botschaft ablenken lassen.

4,14 Erinnert euch daran, wie sensibel und gastfreundlich ihr mir gegenüber wart, trotz meines gebrechlichen Zustandes. Statt euch verlegen oder zurückgewiesen gefühlt zu haben, habt ihr mich wie einen „Hirten-Botschafter" behandelt, mit der gleichen Liebenswürdigkeit, die ihr Jesus gegenüber gezeigt hättet.

4,15 Zu der Zeit wart ihr so von Dankbarkeit mir gegenüber überwältigt, dass ihr mir freudig das gegeben hättet, was euch am wert-

GALATER Kapitel 4

vollsten war, sogar eure eigenen Augen, wenn es mir Erleichterung in meinem Unwohlsein gebracht hätte. Was für eine Zartheit habt ihr mir in eurer Zuneigung entgegengebracht.

4,16 Wie ist es möglich, dass dieselbe Wahrheit, die uns damals zusammengebunden hat, uns heute zu Feinden macht?

4,17 Die Leute, die mich als euren Feind abstempeln, tun dies zu eurem Nachteil: sie sind sehr eifrig darauf bedacht, euch von mir zu trennen, so dass euer Eifer für die jüdischen Ansichten ihr religiöses Ego kitzelt. *(Könnt ihr es nicht sehen? Das Gesetz und ihre jüdischen Nachfolger mögen euch nicht wegen euch selber, es geht ihnen einzig und allein nur um sie selber!)*

4,18 Wenn ihr dem bestmöglichen Zweck nacheifern wollt, dann eifert um Gnade. Ihr betrügt euch selber, wenn ihr dann nett zu mir seid, wenn ich bei euch bin, aber hinter meinem Rücken den anderen nacheifert. Es geht mir nicht um mich, ich eifere um euch! Das Wichtigste ist die Botschaft und nicht irgend-jemandes private Absicht.

4,19 Meine geliebten, kleinen Kinder, mein Eifer für euch könnt ihr damit vergleichen, wie eine Mutter in Bezug auf ihr Neugeborenes fühlt. Ich habe euch einst durch das Evangelium geboren: und nun fühle ich die gleichen Wehen, die ich damals verspürte, wieder. Ich plage mich wegen euch und liege solange in Wehen, bis die volle Erkenntnis von Christus in euch

[1]geformt wird. *(Das Wort „[1]morpho" kommt von formen, aus „meros, von einer Portion heraus. Beachte, das Wort, mit dem Sünde übersetzt wird: hameros, ohne Form sein oder ohne eure, euch zugewiesene Portion; methamorpho, zusammen mit Form sein.)*

Das bedeutet für mich, dass ich nur dann sündige, wenn ich diese Form, die Christus in meine DNA hineingelegt hat, nicht erkannt habe und mich deswegen formlos sehe – ich verfehle dann das Ziel, wie Christus zu sein.

4,20 Ich sehne mich danach, jetzt gerade bei euch zu sein. Ich möchte, dass ihr die Dringlichkeit in meiner Stimme hört. Ich wünsche, ich könnte euch davon überzeugen, dass das Gesetz eine Sackgasse ist. *(Jegliche eigene Anstrengung, die wir dem zufügen, was Gott in Christus schon in uns zur Vollkommenheit gebracht hat, ist eine Zeitverschwendung. Es ist, wie wenn man versuchen würde, das Rad neu zu erfinden.)*

4,21 Weil ihr ja vom Gesetz so angetan sein, möchte ich euch bitten, seine prophetische Botschaft zu verstehen.

4,22 Das Gesetz dokumentiert die Tatsache, dass Abraham zwei Söhne hatte: einen durch eine Sklavin und den anderen durch eine freie Frau.

GALATER Kapitel 4

4,23 Der eine wurde durch das Fleisch gezeugt *[den Mach-Es-Selber-MES Baum [DIY-Tree]*, **der andere durch Glauben** *[die Verheißung]*.

4,24 In der Geschichte mit den zwei Söhnen liegt eine Parallelbedeutung: sie stellen zwei Systeme dar, Werke und Gnade.

4,25 Sinai ist ein arabischer, felsiger Berg, der nach Hagar genannt ist *[außerhalb des Verheißenen Landes]*. Die Verbindung zum Gesetz Moses spiegelt Jerusalem als die Hauptstadt der jüdischen Gesetzlichkeit wider. Hagar ist die Mutter des Gesetzes der Werke.

4,26 Aber die Mutter von oben, die wahre Mutter der Menschheit ist Gnade, das freie Jerusalem, sie ist die Mutter der Verheißung.

4,27 Denn es steht geschrieben: „Freue dich du Kinderlose! Brich in Jubel aus! Denn obwohl du noch nie Wehen erlebt hast, wird die Anzahl deiner Kinder, die du haben wirst, die der Verheirateten weit übertreffen". *(Mit dem Gesetz verheiratet: Jes. 54,1.)*

4,28 Wir gleichen Issak: Wir wurden aus Glauben gezeugt und der Glaube ist unsere Elternschaft.

4,29 Und genauso, wie das Kind des Fleisches das Kind des Glaubens verfolgte, so schikanieren euch auch die Juden aus Jerusalem, die vorgeben, Christen zu sein.

4,30 Die Schriften sind jedoch sehr klar: „Treibe die Sklavin und ihren Sohn aus; der Sklavensohn kann nicht mit der Sohn der Freien zusammen erben. *(In gleicher Weise löst eure Gedanken radikal von der Sklavenmutter-und-Kind-Mentalität. Licht treibt die Finsternis mit Leichtigkeit aus.)*

4,31 Erkennt, wessen Kinder ihr seid, meine Brüder und Schwestern. Wir sind keine Kinder der Sklavenmutter, die das Gesetz darstellt, sondern Kinder der freien Mutter; wir wurden durch die Gnade gezeugt.

GALATER Kapitel 5

5,1 Christus definiert deinen Glauben;. er ist deine Freiheit von all den Dingen, von denen dich das Gesetz, nicht befreien konnte. Stehe deshalb in dieser Freiheit fest. Erlaube der Religion nicht, dir ein Bein zu stellen, dich wieder zum Stolpern zu bringen und dich in ein System von Regeln und Verpflichtungen einzuspannen. *(In dieser Parallele, stellt Christus Sara dar, die Glaubensmutter, die euch in der Auferstehung geboren hat. Das aus dem Felsen geschlagene Grab (tomb) stellt Sarahs tote Gebärmutter (womb) dar. [1.Petr. 1,3])*

5,2 Ich Paulus bin der Meinung, und ihr könnt mich hier festnageln: Wenn ihr wieder anfangt, die Notwendigkeit der Beschneidung in Betracht zu ziehen, um euren Stand vor Gott zu verbessern, dann macht ihr Christus für euch bedeutungslos. Dann könnt ihr ihn genauso gut gleich aus eurem Leben streichen. *(Wenn ihr weiterhin an jüdischen Satzungen festhaltet, wie z.B. den Sabbat halten, dann hat das die gleiche Auswirkung.)*

5,3 Ich möchte dies nochmals grundsätzlich feststellen: wenn ihr die Beschneidung als ein Mittel in Betracht zieht, um Gerechtigkeit zu erlangen, dann seid ihr von dem Moment an sofort dazu verpflichtet, das ganze Gesetz zu halten. *(Mit gefangen, mit gehangen!)*

5,4 Gesetzes-Gerechtigkeit hat keine Gemeinsamkeit mit Gnaden-Gerechtigkeit! Beide sind Gegensätze. So wie es unmöglich ist, in zwei verschiedene Richtungen gleichzeitig zu reisen, so wird in gleicher Weise Christus für diejenigen bedeutungslos, die nach der Gesetzes-Gerechtigkeit streben.

5,5 Wir haben eindeutig festgestellt, dass diejenigen, die nach der Gerechtigkeit im Fleisch streben, keinen Vorteil daraus ziehen können. Gerechtigkeit ist eine Realität, die sich in der Dimension des Geistes befindet und nur durch Glauben 1empfangen [umarmt] werden kann. Was Gott glaubt ist unsere exklusive Bezugsquelle. *(Jede andere Grundlage für Gerechtigkeit bringt die Menschheit dazu, hoffnungslos zu versagen. Das Wort **apekdechomai** wird oft mit auf etwas warten übersetzt, die Art der Wortzusammensetzung deutet aber auf eine wohlwollende Umarmung hin, **apo** von, **ek** aus heraus und **dechomai** fassen oder festhalten, gastfreundlich willkommen heißen, umarmen.)*

5,6 Gott glaubt, dass wir durch Christus vollkommen vertreten werden. Dies nimmt Beschneidung oder jegliches Zutun des Fleisches aus der Gleichung heraus. Liebe zündet den Glauben an. *(Für den Liebenden ist es leicht zu glauben.)*

5,7 Ihr habt wie Athleten mit einer Mission angefangen. Wer hat euch abgelenkt? Es schien so, dass ihr vollkommen von der Wahrheit überzeugt ward.

5,8 Gott ist in Bezug auf euch nicht verwirrt. Er hat euch seinen Nachnamen gegeben! *(Er weiß genau, wer ihr seid)*

GALATER Kapitel 5

5,9 Es ist unmöglich, auch nur ein kleines Stückchen Sauerteig zu verbergen. Sobald es in den Teig kommt, fängt der Prozess der Durchsäuerung sofort an! *(Nur ein ganz kleines Bisschen Gesetz-lichkeit verdirbt das ganze Leben einer Person.)*

5,10 Trotz der Einmischung dieser „gesetzesliebenden" Menschen, bin ich fest von unserer Gleichgesinntheit in dem Herrn überzeugt. Egal, welche hohe Position jemand inne haben mag, lasst euch von ihren Titeln nicht blenden. Genau das Gesetz, für das sie so werben, wird ihnen zum Gericht werden. *(Die Durchsäuerung ist unvermeidlich, wenn ihr dieser gesetzlichen Denkweise Raum gebt.)*

5,11 Sollte ich die Botschaft des Kreuzes aufs Spiel setzen und die Beschneidung predigen, nur um der Verfolgung zu entgehen? Wie dumm wäre das denn? *(Die ganze Angelegenheit könnte man auf diese zwei Fragen reduzieren: ist die Rechtfertigung das Resultat unserer eigenen Werken oder dessen, was Gott schon getan hat?)*

5,12 Diese Leute, die so scharf darauf sind, Dinge wegzuschneiden, sollen ihren gesetzlichen Einfluss in eurem Leben vollkommen abschneiden!

5,13 Eure freigesetzte Identität bestimmt eure Freiheit, meine Freunde! Aber Freiheit bedeutet nicht, dass ihr nun die Freiheit habt, das Gesetz wieder einzuführen. Im Gegenteil! Eure Freiheit findet ihren höchsten Ausdruck in einer Liebe, die einander dient. So frei, wie ihr jetzt dem Gesetz gegenüber seid, so gebunden seid ihr nun an die Liebe. *(Ihr seid letztendlich frei, das Leben nach eurer ursprünglichen Form und Wesensart zu leben [wie du als Person ursprünglich von Gott erdacht warst].)*

5,14 Die Liebe hat das Gesetz schon erfüllt: das ist die Kernaussage des Gesetzes: ihr sollt euren Nächsten so wertschätzen, wie euch selber. *(Immer und immer wieder hat sich gezeigt, dass dies absolut unmöglich ist, wenn wir das „Mach-Es-Selber-Baum-Prinzip" anwenden.)*

5,15 Ihr könnt euch noch so stark anstrengen, unter einer gesetzlichen Denkweise werdet ihr früher oder später in Streitereien und Verleumdungen enden, und euch gegenseitig zerreißen, auffressen und zerstören. *(Es wird dann richtig hässlich! Ihr wisst doch, wie Scheidung Liebesträume zerstörte! Ehemalige Geschäftspartner bekämpfen sich gegenseitig vor Gericht. Bedenkt doch, wie wertlos das Leben in einem Krieg ist!)*

5,16 Ich fasse zusammen: Lasst den Geist den wichtigsten Einfluss in eurem täglichen Wandel sein und erkennt, wie er die Verlangen des Fleisches bekämpft. *(Der Geist ist mit dem Liebes-Gesetz zufriedengestellt, der Offenbarung über die Gnade. Das Fleisch verlangt danach, sich durch das MES-Gesetz zu beweisen und zu befriedigen. Glaube bekämpft das Fleisch.)*

GALATER Kapitel 5

5,17 Während das Gesetz der Werke noch in euren Gedanken wirkt, löst es Katastrophen aus; ihr werdet mitten ins Kriegsgebiet hineingezogen. Einerseits möchtet ihr das tun, was eurem Ursprung und eurer Wesensart entspricht, und doch müsst ihr dann andererseits feststellen, dass das Fleisch dem, was der Geist möchte, widerstrebt. *(Die zwei Bäume, das Fleisch und der Geist, stellen zwei entgegengesetzte Systeme und Einflusskräfte dar, zwei vollkommen getrennte Denkweisen. Während der Baum des Lebens das innere Leben unseres Ursprungs und unserer Wesensart darstellt, ist der „Ich-Bin-Nicht-Baum", oder der, wie man ihn nennen könnte „MES-Baum" nicht das wahre du! Genau wie bei einer Grippe! Du kannst das Virus in dir tragen, aber die Grippe bist nicht du! Aber wenn jemand [dieser Denkweise] Einlass gewährt, verhält sich ihr Einfluss wie ein Virus, der sich unaufhaltsam ausbreitet und sehr sichtbar wird. Paulus stellt die Frucht der Gerechtigkeit durch den Glauben, die durch Liebe wirksam wird, den Werken des Fleisches und dem Sündenbewusstsein, das auf Verpflichtungen, Schuld und Willenskraft basiert, gegenüber. Vgl. Röm. 3,27 und Röm. 7.)*

5,18 Diejenigen, die durch den Geist *[des Glaubens]* **geleitet werden, sind frei vom Gesetz** *(von persönlicher Leistung. [vgl. 3,3])*

5,19 Der typische Lebensstil von jemandem, bei dem die gesetzliche, richtende Einstellung vorherrscht, zeigt sich in zügellosen, sexuellen Sünden. Alles ist dann möglich: Ehebruch, Unreinheit, und abscheuliche Zuchtlosigkeit.

5,20 Dies führt zudem zur Verherrlichung eines gestörten Selbstbildes, das nichts anderes als Götzendienst ist. Es geht um Drogen, Hass, ständige Konflikte, eifersüchtige Verdächtigungen, gewalttätige Wutausbrüche; jeder dreht sich nur um sich selbst in einer halsabschneiderischen, wetteifernden Welt, in der man über Leichen geht, um an die Spitze zu gelangen; hinzu kommen Spaltungen, Irrlehren und Manipulation der Gedanken der Menschen durch falsche Lehren. *(Das Fleisch ist nicht eure Liebes-Natur, sondern die Frucht dieses „Ich-Bin-Nicht-Baum-Systems" Es ist eine Denkweise, die durch Mangelbewusstsein gelenkt wird und durch den verzweifelten Versuch, das Leben durch schiere Willenskraft zu meistern und unabhängig von eurer Quelle.)*

5,21 Welch ein trauriges Bild eines Lebens, das von missgünstigem Selbstmitleid, Mord, Trunkenheit, vergifteter Unzucht und Lust, mit all den Streitereien und den Eifersüchte-leien, die es hervorbringt, verzehrt wird. Wie ich vorher schon festgestellt habe: diejenigen, die solch einen Lebensstil praktizieren haben keinerlei Gemeinschaft mit dem Königreich Gottes. *(Die Autorität des christusähnlichen Lebensstils widersteht und besiegt die Dominanz des Fleisches.)*

GALATER Kapitel 5

5,22 Der Geist bringt mit Leichtigkeit die reiche Ernte von Liebe, Freude, Geduld, Freundlichkeit, Güte, Integrität, Sanftmut und Selbstkontrolle hervor. Jede einzelne von ihnen offenbart die unwiderstehliche Anziehungskraft des inneren Lebens gemäß unserer Form und Wesensart ... wie du als Person ursprünglich von Gott erdacht warst. *(Es sind keine Gefühle, die einfach wieder verschwinden, oder zerbrechlich sind, und sie werden auch nicht durch die Willenskraft hervorgebracht). Sie sind die Frucht, von der ihr in eurem Geist wisst, dass sie die Wahrheit über euch ausdrückt). Frucht ist der mühelose, spontane Ausdruck des Charakters eines Baumes. Ruhe in dieser überwältigenden Gewissheit, dass du das wirklich bist!)*

5,23 Gesetzlichkeit kann dem weder widersprechen, noch kann sie damit übereinstimmen. Gegen die Liebe gibt es kein Gesetz. *(Liebe tritt nicht in Wettstreit mit dem Gesetz. Liebe ist verschwenderisch in seiner Zurschaustellung des Christuslebens.)*

5,24 Diejenigen, die verstehen, dass ihre Gerechtigkeit aus Christus kommt und nicht aus der Fähigkeit, das Gesetz zu halten, die haben entdeckt, dass das Fleisch mit seinen Zwängen und Lüsten mit Christus gekreuzigt ist. [Vgl. Gal. 2,20; und al. 5,18]

5,25 Weil Glaube uns definiert und nicht mehr das Fleisch, werden wir in unserem alltäglichen Leben vom Geist geführt. In unseren Schritten ist eine Autorität, so dass wir in Reih und Glied wie Soldaten marschieren. *(Das Christus-Leben ist die herrschende Autorität im Universum!)*

5,26 Bemüht euch nicht mehr, einander beindrucken zu wollen. Das Gesetz der Werke reduziert euer Leben zu missgünstigem Vergleichen und belanglosem Wetteifern, während die Liebe immer nur den Vorteil des anderen sucht. *(Das bedeutet vollkommene Freiheit vom äußerlichen Gesetz!)*

GALATER Kapitel 6

6,1 Freunde und Geschwister, wenn ihr bemerkt, dass jemand immer noch, und das schon vorher, ¹erwartet, dass er ja doch wieder ²Fehler machen wird, *(indem er einfach zu viele Lasten trägt, vgl. Vers 2)*, solch einem Menschen helft von eurer Ebene des Glaubens in einem Geist der Liebenswürdigkeit und Gnade wieder zurecht, indem ihr eure eigene Haltung überprüft. Denn wenn dies in einer gesetzlichen Haltung geschieht, wird es zu Schwierigkeiten führen. *(Das Wort ¹**prolambano** bedeutet, etwas erwarten, vorausnehmen; ²**paraptoma** kommt von **para** bedeutet nächste Nähe, die aus einer Sphäre des Einflusses hervorkommt und **pipto** bedeutet an Höhe verlieren, aufhören zu fliegen, fallen. Erinnert euch, ihr repräsentiert nicht das Gesetz, sondern die Gnade.)*

6,2 Das Gesetz des Lebens in Christus setzt eure Geistlichkeit frei. Wenn ihr die Last jemandem von den Schultern nehmt erfüllt ihr das Gesetz von Christus. *(Die Botschaft der Gnade entfernt alle vom Gesetz auferlegten Lasten, wie z.B. Schuld, Misstrauen, Minderwertigkeit, Scham und Sündenbewusstsein.)*

6,3 Jeder, der so tut, als ob er etwas sei und ist es nicht, der lebt eine Lüge. *(Das gesetzliche System fördert Vortäuschung, Gnade offenbart deine wahre Identität, die in Christus freigesetzt wurde.)*

6,4 Ohne den Druck, jemand sein zu müssen, der man nicht ist, seid ihr frei, eurem individuellen Selbst Ausdruck zu geben und nicht ein vorgetäuschtes Leben nachzuahmen. Beurteilt euer Verhalten so, dass eure Freude nicht durch die Anerkennung anderer bekräftigt werden muss.

6,5 Jeder lebt letztendlich sein eigenes Leben. *(Obwohl wir unser Leben auch mit anderen teilen.)*

6,6 Studenten und Lehrer schöpfen aus der gleichen Quelle. Beide nehmen gleichermaßen an all den guten Dingen teil. Das Wort, das sie mitteilen, hallt in seinem ureigenen, charakteristischen Ton in ihnen wider. *(Echo = widerhallen [widerhallen – Resonanz])*

6,7 Das Show-Business kann Gott nicht täuschen. Lass dich nicht auf Abwege bringen und schiebe Gott nicht die Schuld in die Schuhe, als ob er dich fallengelassen hätte. Die Ernte zeigt immer die Saat.

6,8 Das Fleisch kann sich mit dem Geist nicht messen. Schon bei Adam hat der MES-Baum den Tod hervorgebracht und so ist es immer noch, während Glaube die Geist-Frucht des Lebens, das Leben nach Gottes Art, über die Jahrhunderte hinweg, produziert hat.

6,9 Jede gute Tat hat eine vorhersagbare Ernte. Lasst uns in der Zwischenzeit nicht entmutigt werden. *(Achtet darauf, dass eure Taten von der Liebe statt von der Pflicht motiviert werden. Der Glaube wird durch Liebe angetrieben, die Pflicht durch die Willenskraft.)*

GALATER Kapitel 6

6,10 Lasst uns die Gelegenheit nutzen, jedem gegenüber, den wir treffen, ein Segen zu sein. Ohne dabei unsere Glaubens-Familie zu vernachlässigen.

6,11 Um die Dringlichkeit in meiner Stimme noch mehr zu erhöhen, schreibe ich das Folgende mit meinen eigenen Händen und in großen Buchstaben:

6,12 Diejenigen, die euch dazu drängen, euch beschneiden zu lassen, versuchen nur, Verfolgung für das Kreuz von Christus zu vermeiden. Sie ziehen es vor, bei ihren Judenkollegen populär zu sein und gefährden damit die Botschaft des Kreuzes. Ihnen ist nur das äußere Zeichen im Fleisch wichtig.

6,13 Es geht ihnen nicht einmal so sehr um das Gesetz, sie wollen nur mit eurem Fleisch angeben, als ein Beweis dafür, dass sie euch erfolgreich für ihre Sache rekrutiert haben.

6,14 Ich möchte mit nichts anderem prahlen, als nur mit dem Kreuz unseres Herrn Jesus Christus, durch den die Welt für mich und ich der Welt gekreuzigt bin. Die religiösen Systeme und die Anerkennung der Welt haben für mich keinen Reiz. In Bezug auf sie bin ich ein Toter.

6,15 Die neue Schöpfung in Christus stiehlt ihnen die Show und nicht die Tatsache, ob jemand beschnitten ist oder nicht. *(Gott hat uns mit Christus verbunden. Als er starb, sind auch wir gestorben, als er auferstanden ist sind auch wir mit ihm zu einem neuen Leben auferstanden!)*

6,16 Unsere Einheit mit Christus bestimmt wo es lang geht und macht uns zum wahren Israel und nicht ob wir Juden oder Heiden sind, beschnitten oder nicht. Was für einen Frieden entdecken wir in dieser Barmherzigkeit! Die Herrschaft dieses Friedens ist das neue Gesetz. Wir unterstellen uns ihr als dem Prinzip unseres täglichen Wandels. Macht mir keine Probleme mehr! Ich habe genügend Narben an meinem Körper, die mich als Eigentum von Jesus brandmarken. *(Diese Narben, die mir durch Verfolgung wegen des Evangeliums zugefügt worden sind, sind viel bedeutungsvoller für mich, als die Narbe wegen der Beschneidung.)*

6,18 Freunde und Geschwister, möge die Offenbarung über die Gnade unseres Herrn Jesus Christus euren Geist regieren!

EPHESERBRIEF

Einleitung

In poetischer Ausdrucksweise entfaltet Paulus die Botschaft über das Geheimnis von Christus, der die Menschheit repräsentiert. Er ist absolut leidenschaftlich in seinen Gebeten und seiner Sehnsucht danach, dass jeder erkennt, wie vollkommen er mit Christus verbunden ist. Gott hat uns schon in Christus gefunden, ehe er uns in Adam verloren hat.

Eph. 1,10 Als die Zeit erfüllt war, häufte sich alles in Christus an, was im Himmel und auf Erden ist und wurde durch ihn versöhnt.

Er sieht den Himmel nicht als ein entferntes Ziel, nach dem wir streben sollen, sondern zeigt uns, wie vollkommen Gott jeden himmlischen Segen in Christus über uns reichlich ausgegossen hat. Das ist unser Ausgangspunkt. Wir sind mit-auferstanden und sitzen mit Christus an himmlischen Orten.

Schon lange zuvor, als noch niemand außer Gott es glaubte, wurden wir schon mit Christus lebendig gemacht. Ich wünsche mir, dass ihr durch Offenbarung erkennt, was er über euch schon die ganze Zeit wusste. Ich bete, dass eure Gedanken mit Licht und inspirierter Einsicht durchflutet werden.

Eph. 2,10 Wir wurden nach seiner Wesens-und-Machart *(wie du als Person ursprünglich von Gott erdacht warst)* geschaffen. Er hat uns in Christus geformt und hergestellt. Wir sind sein Meisterwerk, seine Dichtung. Wir sind vollkommen fähig, Gutes zu tun und dafür ausgerüstet, überall da, wo wir hingehen, ein anziehendes Zeugnis seiner Ebenbildlichkeit zu sein.

Eph. 3,4 Während ihr diese Worte lest, werdet ihr meine Einsicht in das Geheimnis von Christus erkennen.

Eph. 3,20 Wir feiern den, der uns kraftvoll von innen heraus im Schnellladegang auflädt. Unsere Anliegen können noch so groß und unsere Träume noch so erstaunlich sein, sie werden doch niemals an die überdimensionale Größe seiner Gedanken heranreichen.

Eph. 4,7 Christus, das Geschenk Gottes, offenbart das Ausmaß der Gnade und definiert dadurch unseren persönlichen Wert!

Werdet in eurem inneren Denken erneuert! Dadurch wird die Art, wie ihr über euch selbst denkt vollkommen neu programmiert werden.

Eph. 4,15 Liebe gibt der Wahrheit eine Stimme. Die Unterhaltung, die von der Wahrheit inspiriert ist, schafft die Atmosphäre, in der Wachstum spontan und unvermeidlich geschieht. Der

EPHESERBRIEF

ganze Mensch wird in Christus angesprochen, der das Haupt des Leibes ist. Er ist die Schlussfolgerung der Kommunikation Gottes mit der Menschheit.

Eph. 4,16 Aus ihm heraus fließt die ursprüngliche Gestaltung und jedes Detail eurer Mach-und-Wesensart, so wie Worte in einer Dichtung miteinander verschlungen sind und, gemäß einer inneren Logik, schichtweise (auf immer tieferen Ebenen), miteinander verbunden werden, so dass die Harmonie vollkommen wird. Sie folgen dem Rhythmus seiner Gedanken wie Fußspuren. Unterdessen blüht der Körper auf und pulsiert durch die Energie der Liebe. Jedes Individuum findet da ihren vollkommensten Ausdruck.

Eph. 4,21 Man kann Christus in keinem anderen Zusammenhang studieren. Er ist die Menschwerdung! Höre, wie er in dir resoniert und klingt! Die Wahrheit über dich hat seine letztendliche Bezugsquelle in Jesus.

Er kam nicht, um ein neues Regelwerk als Notlösung vorzustellen. Er ist kein Beispiel für uns, sondern von uns!

Eph. 5:14 Dies ist die Botschaft vom Licht. Christus weckt euch aus eurem Betäubungsschlaf auf und lässt euch auferstehen aus der Todesfalle der festgefahrenen und geknechteten Denkmuster.

EPHESER Kapitel 1

1,1 Paulus, durch den herrlichen Beschluss Gottes angestellt und ausgesandt um Jesus Christus bei den Heiligen in Ephesus und gegenüber jedem anderen Gläubigen an Christus Jesus zu repräsentieren.

1,2 Ich grüße euch mit Gnade und Frieden, der aus Gott dem Vater und dem Herrn Jesus Christus entspringt.

1,3 Wir wollen Gott feiern! Er hat jeden himmlischen Segen in Christus über uns reichlich ausgegossen.

1,4 Er hat uns in Christus noch vor dem [1]Sündenfall der Welt mit ihm verbunden. Gott hat sich dazu entschieden, genau die gleiche Meinung über uns zu haben, die er auch über Jesus hat.

In seiner Liebe wusste er schon immer, dass er uns in vollkommener Unschuld von [2]Angesicht zu Angesicht vor sich hinstellen würde.

*(Die Konsequenzen des Sündenfalls sind vollständig aufgehoben. Paulus benützt hier das Wort [1]kataballo, was „wegfallen oder an einen niedrigeren Ort tun", bedeutet, anstelle von **themelios**, welches Fundament bedeutet. [Vgl. Eph. 2,20.] Der gesamte "Sündenfall" bedeutete ein gedankliches "Wegfallen" und abgewendet werden von unserer wahren Identität, da wir doch Träger des Bildes und Wesens von Elohim sind.*

Genau wie Eva wurden auch wir dazu verführt, eine Lüge über uns selber zu glauben und das ist die Frucht des "Ich-Bin-Nicht-Baumes..."Wir sind alle wie Schafe in die Irre gegangen. [Jes. 53,6] Gott hat uns in Christus gefunden, ehe er uns in Adam verloren hat und so wurden wir ihm in vollkommener Schuldlosigkeit wieder vorgestellt. Das Wort [2]katenopion deutet auf die engste Beziehung hin, die überhaupt möglich ist: von Angesicht zu Angesicht!)

Euer ‚In-Christus-Sein' ist weder das Ergebnis eines Lottogewinnes - die Calvinisten haben euch da angelogen -, noch ist es das Ergebnis eurer "Entscheidung" Jesus nachzufolgen. Nur, weil viele für etwas stimmen, weil es populär ist, oder weil ihr es glaubt, heißt das noch lange nicht, dass es wahr ist! Wenn etwas von vorneherein schon nicht der Wahrheit entspricht, dann verschwenden wir unsere Zeit, wenn wir versuchen zu „glauben", dass es wahr ist! Glaube „passiert" euch, wenn ihr der guten Nachricht begegnet! Weil Gott es getan hat, sind wir in Christus... (1. Kor. 1,30) Wenn die „Evangeliums-Theologie" die Bedeutung verkennt, dass die gesamte Menschheit in Christus eingeschlossen ist, bevor sie es wusste oder glaubte, würde heißen, dass sie das Thema von Jesu Tod, Abstieg in die Hölle, Auferstehung und Aufstieg in den Himmel verfehlt hat. Das würde Jesus bedeutungslos machen und die Errettung des Menschen auf das eigene Schicksal reduzieren, das nur noch durch eine institutionalisierte Religion verwaltet und einem historischen Jesus, der gestorben und auferstanden ist, nur ein sentimentalen Wert beimessen. würde Er starb aber als vollkommener Mensch und vollkommener Gott ein für alle Mal unseren Tod [und das nicht

EPHESER Kapitel 1

nur für ein paar Auserwählte]. So wurde der Tod zum Zugang, durch den Jesus in unsere Hölle und tiefste Dunkelheit, in unser Gefühl der Verlorenheit und Einsamkeit eintrat, die ein Resultat der Lügen sind, die wir über uns geglaubt haben. Und so führte er uns triumphal als seine Trophäen heraus und gab uns einen neuen Platz von Angesicht zu Angesicht mit dem Vater des Universums. [Eph. 4,7- 9 vgl. Mirror Bibel!] All das war schon geschehen, als wir noch im Tod unserer Übertretungen und Sünden lebten! [Eph. 2,5+6] Mit-lebendig gemacht, mit-auferweckt, mit-sitzend, in seiner ausführenden Autorität [seiner rechten Hand]. Denkt nun auch noch über Kolosser 3,1-3 nach und setzt euch mit den Thronraum-Realitäten auseinander!)

1,5 Er ist der Architekt unserer Wesens-und Machart *(wie du als Person ursprünglich von Gott erdacht warst)* **sein Herzenstraum machte unsere Volljährigkeit in Christus möglich.** *(Adoption ist in diesem Zusammenhang nicht die richtige Bedeutung in unserer westlichen Gesellschaft. Gemeint ist die Volljährigkeit wie bei der typisch jüdischen Bar Mizwa, [Vgl. Galatier 4,1-6], " ... [für welche die jungen Männer ein bestimmtes Alter haben müssen] und um unsere Sohnschaft zu besiegeln, echot der Geist seines Sohnes in unseren Herzen Abba Vater. Das bedeutet* [1]*huiothesia.)*

1,6 Diesen Gnaden-Plan sollen wir feiern: er hat uns in Christus unsäglich geliebt und hochgradig begünstigt. Die gleiche Liebe, die er für seinen Sohn hat, empfindet er auch für uns. *(Im Evangelium geht es nicht darum, den Menschen zu sagen, wie verloren sie sind, sondern sie daran zu erinnern, wie geliebt sie sind!)*

1,7 Da wir in ihm *(vollkommen repräsentiert)* **sind, ist sein Blut das Sühnegeld, das unsere Errettung sicherstellt. Die Vergebung unserer Sünden zeigt das Maß seiner überfließenden Gnade.**

1,8 Diese Gnade, die er uns gegenüber erwiesen hat, vermittelt eine Weisheit und ein Verständnis über unseren Wert, die jede andere Definition übertrifft.

1,9 Das Geheimnis ist gelüftet! Sein höchster Liebestraum entfaltet sich nun vor unseren Augen.

1,10 Als die Zeit erfüllt war, vereinigte sich alles in Christus, was im Himmel und auf Erden ist und wurde durch ihn versöhnt. Jesus ist die Gesamtsumme, die [2]**Perfektion der Zeitalter!** *(Das Wort* [1]*oikonomia kann mit ‚Verwaltung' übersetzt werden. Das Wort* ανακεφαλαιωσασθαι *ist Aorist Infinitiv von anakEph.alaiomai und besteht aus zwei Wortsilben:* **ana** *=aufwärts und* **kEph.ale** *=Kopf. Es deutet auf einen Zustand hin, bei dem keine Trennung existiert – die Rückkehr zu unserer Quelle. Der Aorist Infinitiv ist eine Zeitform, die besagt, dass die Handlung, die durch ein Verb ausgedrückt wird, einen Anfang und ein Ende hat und abgeschlossen ist.*

Die gesamte menschliche Geschichte wird in Christus vollendet, alles, was im Himmel und auf Erden existiert, findet seine Perfektion und Erfüllung in

EPHESER Kapitel 1

ihm." - Phillips. „Alles, was im Himmel und alles, was auf Erden ist, ist in ihm zusammengefasst" - Knox.)

1,11 Auf diese Weise passen wir in das Bild Gottes: Christus ist das Maß unseres Anteils. In ihm sind wir neu erdacht und definiert. Gottes Blaupausen-Absicht, *(uns als Fotokopie von Jesus zu zeigen)* wird in uns dargestellt. Alles, was er erschafft und herstellt, ist inspiriert von der Energie und den Absichten und Zielen, die aus seiner Liebe und Zuneigung zu uns entstehen. *(Vgl. Römer 8:29, „Er hat uns von Anfang an so geplant und zusammengebaut, dass wir in die Form der Sohnschaft und Ähnlichkeit seines Bildes hineinpassen. Die Vorlage dazu ist die genaue Blaupause seiner Wesens-und Machart (wie du als Person ursprünglich von Gott erdacht warst). Wir sehen die ursprüngliche und von ihm beabsichtigte Gestalt und Form unseres Lebens in seinem Sohn zubereitet. Er ist der Erstgeborene aus demselben Schoß, der auch der Ursprung unserer Entstehung offenbart. Er bestätigt, dass wir die Erfindung Gottes sind.")*

1,12 Wir waren die Ersten, die das Vorrecht hatten *(als Juden)* die messianische Hoffnung zu hegen und zu pflegen. Unser Leben in Christus war dazu bestimmt, in prophetischer Weise die Feier seines [1]glorreichen Planes mit der Menschheit voranzutreiben, *([1]doxa, Absicht, Meinung.)*

1,13 Und nun habt ihr *(Nicht-Juden)* auch entdeckt, dass ihr in ihm gleichwertig mit einbezogen seid, als ihr die [1]unverhüllte [2]Logik Gottes als Augenzeugen gesehen habt. Was für begeisternde Neuigkeiten! Eure Errettung wurde öffentlich bekanntgegeben. In Übereinstimmung mit der Verheißung Gottes garantiert euch der Heilige Geist die Realität eures Glaubens, so wie der Stempel eines Siegelrings ein Dokument beglaubigt. Ihr seid in ihm! *([2]Das Wort Logik, von **logos**, aus der Wahrheit. Das Wort [1]**alethea** kommt von **a + lanthano**, was ‚nicht verborgen' bedeutet.)*

1,14 Der Heilige Geist ist unsere greifbare Verbindung zu dem Erbe, das für uns erworben und aufbewahrt wurde. *([1]Garantie, oder ernsthaft, kommt von **arabon**, einem hebräischen Wort mit der Bedeutung ‚flechten", wie man zwei Teile miteinander verflechtet, indem man ihnen eine Sicherheit gibt und sie durch einen Schwur bekräftigt. Der Schwur repräsentiert die gesamte Abwicklung, so wie ein Trauring die Vermählung repräsentiert.)*

1,15 Ihr könnt sicherlich nachvollziehen, wie die gute Nachricht über euren Glauben und eure Liebe mich enorm inspiriert.

1,16 Ich freue mich so sehr über euch. Ihr erfüllt meine Gedanken und Gebete.

1,17 Ich wünsche mir, dass ihr direkt aus der Quelle schöpft, die der Gott unseres Herrn Jesus Christus, der Vater der Herrlichkeit in euch

EPHESER Kapitel 1

angelegt hat, aus dem Geist der Weisheit und Offenbarung, indem er seinen Masterplan in euch offenbart. Ich sehne mich danach, dass ihr durch Offenbarung erkennt, was er schon lange über euch weiß. *(¹Seine Absicht, doxa, Herrlichkeit. In den Worten, en epignosei auto, deutet Paulus darauf hin, dass wir unsere Quelle in Gottes Wissen, - also in dem, was er weiß, finden! [Vgl. 1 Kor. 13,12 – so zu erkennen, wie wir schon immer erkannt worden sind.])*

1,18 Ich bete, dass eure Gedanken mit Licht und inspirierter Einsicht geflutet werden, damit ihr euch seine Absichten sehr klar und bildlich vorstellen könnt. Diese Absichten sind, dass eure Identifikation in ihm ist, damit ihr wisst und erkennt, wie wertvoll ihr für ihn seid. Was Gott in eurer wiederhergestellten Unschuld besitzt, ist sein Schatz und die glorreiche Trophäe seines Erbes. Ihr seid Gottes Anteil. Ihr seid die Gesamtsumme seines Eigentums und das Maß seines Reichtums!

1,19 Ich bete darum, dass ihr mit Verständnis über die Größe seiner Kraft, die in dem vollendeten Werk von Christus liegt überwältigt werdet. Daraus ¹entsteht die Dynamik ²eures Glaubens. *(Die Vorsilbe ¹eis deutet auf einen Punkt hin, der nach einer Schlussfolgerung erreicht wird. Das Wort ²pisteuontas ist das Partizip Präsens im Akkusativ – von pisteuo [sicher oder überzeugt sein.] Es beschreibt eine Aktion, die gleichzeitig mit der Aktion des Hauptverbs geschieht. In diesem Fall ist dies energeken, „mit welcher er gewirkt hat"…[vgl. V. 20], welches die Zeitform Perfekt von energeo ist, Energie verleihen, dynamisch und effektiv arbeiten. Die Zeitform Perfekt deutet auf eine Aktion hin, die schon in der Vergangenheit vollendet wurde, aber deren Auswirkung noch bis in die Gegenwart hineinreicht. Paulus möchte unbedingt ein Fundament für unseren Glauben legen, das größer ist als unsere Versuche zu glauben.)*

1,20 Möchtet ihr den Verstand und die Muskeln Gottes messen? Dann denkt darüber nach, was für eine Kraft er in Jesus Christus freisetzte, als er ihn von den Toten auferweckt und als ausführende Autorität im Bereich der Himmel für immer auf den Thron gesetzt hat. Jesus ist die Kraft von Gottes rechter Hand! Er stieg aus der tiefsten Grube menschlicher Verzweiflung in die höchste Region von himmlischer Glückseligkeit auf. *[Vgl. Eph. 2,5-6,&; 4,8-9.]*

1,21 Er ist unendlich viel höher als alle Kräfte, Gewalten, Autoritäten, Herrschaften oder Regierungen zusammengenommen. Welcher Name auch immer jemandem gegeben werden könnte, ob in diesem Zeitalter oder in irgendeinem anderen in der Zukunft, er hat Vorrang vor allen anderen Namen.

1,22 Ich möchte, dass ihr das erkennt: er hat all diese Mächte und Gewalten unter seine Füße gelegt. Er überragt alles meilenweit. Er ist das Haupt.

EPHESER Kapitel 1

1,23 Die ¹Ekklesia ist sein Leib. Die Vollkommenheit seines Wesens, das Gott in allen ausfüllt, wohnt in uns! Gott kann sich nicht noch sichtbarer machen, oder noch genauer darstellen. *(Das Wort ¹Ekklesia kommt von ek, einer Vorsilbe, die immer auf die Herkunft hindeutet und klesia kommt von kaleo, ‚durch den Namen identifizieren‘, ‚den Nachnamen geben‘, so ist also die „Gemeinde" Gottes freigesetztes Bild, seine Mach-und-Wesensart in menschlicher Form.)*

EPHESER Kapitel 2

2,1 Stellt euch einmal vor, wo Gott uns gefunden hat! Wir waren in der Todesfalle eines minderwertigen Lebensstils, bei dem wir uns beständig mit einem viel geringeren Leben als dem des [1]Blaupause-Maßes zufrieden gegeben haben. *(Das Wort Sünde bedeutet [1]hamartia und kommt von ha, negativ oder ohne, und meros, Teil oder Form, also ohne euren zugewiesenen Anteil, oder ohne Form zu sein, was auf eine orientierungslose, gestörte und bankrotte Identität hinweist. [Vgl. 5. Mose. 32,18]. „Ihr habt den Felsen vergessen, aus dem ihr gehauen wurdet und seid, als Gott mit euch getanzt hat, aus dem Takt gekommen"! Hebräisch, khul or kheel, tanzen.)*

2,2 Wir waren alle Teil eines gemeinsamen Musters, mitgerissen von einem mächtigen, unsichtbaren Einfluss, einer Geist-Energie, die uns als Söhne adoptiert hat, so dass wir ihrem Diktat durch Unglauben gehorchten.

2,3 Die ganze Zeit über war jeder von uns in seinem Verhalten verdreht und verdorben, in einem Durcheinander von verbotenen Lüsten gefangen und von dem Verlangen der Sinne getrieben und vollkommen mit einer Lebensart beschäftigt, die von Gedankenspielen regiert wurde. Es war, als ob eine verdorbene Leidenschaft eine weltweit verbreitete Menschenrasse hervorgebracht hätte.

2,4 Aber nichts davon konnte von der verschwenderischen Liebe Gottes ablenken. Er liebte uns weiterhin mit genau der gleichen Intensität.

2,5 Und genauso hat uns die Gnade gerettet: als wir noch in unserer [1]Normabweichung und im Zustand des Todes und der Gleichgültigkeit waren, wurden wir mit Christus zusammen mit-lebendig gemacht! Wir hatten damit überhaupt nichts zu tun. Durch [2]Gnade seid ihr – und seid errettet worden. Gnade definiert uns und zeigt uns die Bedeutung unserer Errettung. *(Das Wort, das oft mit Übertretung übersetzt wird παράπτωμα paraptoma von para, engste, mögliche Nähe und pipto, von einem höheren Ort zu einem niedrigeren heruntersteigen, aufhören zu fliegen, petomai, fliegen. Höhe zu verlieren spricht von dem gefallenen Denken der Menschheit. [Kol. 3,1-3] Der Satz [2]χάριτί ἐστε σεσωσμένοι – (wörtlich übersetzt, „durch Gnade seid ihr - seid ihr gerettet worden! Wir haben nichts zu unserer Errettung beigetragen! Gottes Master-Plan entfaltete sich im Geheimnis des Evangeliums und erklärt das Einbezogen sein in den Tod und die Auferstehung von Jesus. Dies ist das Geheimnis der Gnade, Gott offenbart, wer wir in Christus sind! Nun dürfen wir erkennen, so wie wir schon immer erkannt worden sind! [1. Kor. 13,12] Gott sah uns in Christus, in seinem Tod und seiner Auferstehung, bevor wir uns selber da gesehen haben! Er erklärte die Mit-Auferstehung mit Christus schon 800 v.Chr. Dies ist die einzige Schriftstelle im gesamten Alten Testament, die ganz speziell den dritten Tag der Auferstehung erwähnt*

EPHESER Kapitel 2

und uns darin mit einbezog! „Nach zwei Tagen wird er uns lebendig machen, am dritten Tag wird er uns auferstehen lassen! [Hos. 6,2])

2,6 Wir sind in seine Auferstehung mit-einbezogen! Wir wurden auch in seiner Himmelfahrt mit-erhöht, um im Thronraum des himmlischen Raumes in gleicher Weise anwesend zu sein, wo wir mit ihm in seiner ausführenden Autorität mit-sitzen. Wir sind in Christus Jesus vollkommen vertreten. *(Wir verschwendeten so viel Zeit mit dem Versuch dorthin zu kommen, wo doch dieses „dort sein" genau dort ist, wo wir schon von Anfang an gewesen sind! Unsere gemeinsame Stellung in Christus bestimmt uns. Niemals mehr wird dies ein fernes Ziel sein, das wir durch religiöse Hingabe oder Leistung erreichen müssen, sondern es ist unser Ort, an dem wir sofort sind. [Kol. 3,1-3]*

2,7 *...(In einer einzigen, triumphalen Handlung der Gerechtigkeit errettete er uns und brachte uns aus der tiefsten Tiefe zur höchsten Höhe. Und da sind wir nun, in Christus offenbart und in der höchst möglichen Position der Glückseligkeit! Wenn die traurige Menschheitsgeschichte uns nicht von der überschwänglichen Liebe Gottes wegziehen konnte,* **dann könnt ihr euch vorstellen, wie Gott jetzt fähig ist, in alle Ewigkeit die Trophäe des Reichtums seiner Gnade darzulegen, die in seiner Güte uns gegenüber in Christus Jesus demonstriert wurde. Gnade zeigt den überwältigenden Beweis vom Erfolg des Kreuzes.**

2,8 Unsere Errettung ist keine Belohnung für gutes Verhalten! Von Anfang bis Ende war es eine Gnadenangelegenheit, ihr habt nichts dazu beigetragen. Sogar die Gabe glauben zu können spiegelt nur seinen Glauben wider! *(Ich betone es noch einmal, wie es in Eph. 2,5 von Paulus gesagt wird,* χάριτί εστε σεσωσμένοι *chariti este sesoosmenoi, „durch Gnade seid ihr - und seid durch die Gabe des Glaubens errettet worden. Gnade offenbart, wer wir sind und der Glaube Gottes überzeugt uns davon. Mit Gottes Glauben hat alles angefangen! Es geschieht von Glauben zu Glauben, sagt Paulus in Röm.1,17. Jesus ist beides, der Ursprung und der Vollender des Glaubens. [Hebr. 12,2])*

2,9 Wenn dies durch irgendeine Handlung euerseits hätte bewerkstelligt werden können, dann gäbe es einen Grund, sich etwas darauf einzubilden!

2,10 Wir wurden gemäß seiner planerischen Vorlagen zusammengefügt. Er formte und fertigte uns in Christus. Wir sind sein Meisterwerk, seine [1]Poesie *(seiner Fantasie entsprungen).* **Wir sind vollkommen fähig, Gutes zu tun und sind dafür ausgerüstet, überall da, wo wir hingehen, ein anziehendes Zeugnis seiner Ebenbildlichkeit zu sein.** *(Gott findet inspirierten Ausdruck von Christus in uns. Das griechische Wort für Meisterwerk ist* [1]*poeima. Gott hat alles dafür getan, um in uns den ungezwungenen und mühelosen Ausdruck seines Charakters in unserem täglichen Lebensstil vorzufinden. Das Wort*

EPHESER Kapitel 2

²*proetoimatso*, *übermittelt die Vorstellung, dass Gott eine gut ausgebaute Straße für uns vorbereitet hat, um uns darauf wie Könige herauszuführen, genau wie es im Orient Sitte war. Für einen König wurden die Straßen geebnet, so dass er leicht und bequem reisen konnte. [Jes. 40,3-5])*

2,11 Erinnert euch daran, wo ihr herkommt *(ihr wart nicht nur geistlich tot)*, **noch nicht allzu lange her wurdet ihr als Nicht-Juden klassifiziert. Oberflächlich betrachtet gab es nichts, was euch mit ihnen verbunden hätte. Sie verspotteten euch, weil Ihr an ihrem besonderen Zeichen der Beschneidung nicht teilhattet, aus dem sich der Anspruch ihres Ansehens herleitet.**

2,12 In dieser Zeit ward ihr fern von der messianischen Hoffnung. Ihr hattet mit Israel nichts gemeinsam. Ihr habt euch als Fremde in Bezug auf die Bündnisse der prophetischen Verheißung gesehen und ein Leben geführt, das erwartungs-und freudeleer war, in einer Welt, in der Gott abwesend schien.

2,13 Aber jetzt hat sich alles verändert! Wow! Ihr habt entdeckt, dass ihr euren Platz in Christus habt. Was einst so fern schien, ist jetzt ganz nah. Sein Blut offenbart eure freigekaufte Schuldlosigkeit und eure eigentliche, wahrhafte Entstehungsgeschichte.

2,14 In Ihm sind wir eins und im Frieden mit jedermann. Er hat jede Festlegung von Trennung aufgelöst. *(Was wir wissen, macht Krieg und Scheidung gegenstandslos!)*

2,15 In seiner Menschwerdung verlor das gesamte jüdische System von zeremoniellen Gesetzen und Regelwerken als ein Maß, das menschliche Leben und sein Verhalten zu rechtfertigen, seinen Nutzen. Dadurch, dass er den Tod der Menschheit gestorben ist, wurde die Grundlage für Spannung und Feindschaft vollständig entfernt. Der Friede, den er verkündet, offenbart eine neue menschliche Rasse, die in Christus geschaffen und festgelegt ist, anstelle von zwei Menschengruppen, die durch ihre ethnische Identität und Unterschiede getrennt waren.

2,16 Beide Gruppen wurden vollständig repräsentiert und in dem einem menschlichen Körper durch das Kreuz mit Gott versöhnt. Er stellte die frühere Harmonie wieder her und so wurden alle sich widerstreitenden Elemente vollkommen besiegt.

2,17 Auf dieser Grundlage trat er in der Öffentlichkeit auf und verkündete der gesamten Menschheit die gute Nachricht des Friedens, sowohl denjenigen, die sich verlassen gefühlt hatten, *(insoweit es um die Verheißungen und Bündnisse ging)* **als auch denjenigen, die schon die ganze Zeit über nahe gewesen waren** *(wegen ihrer jüdischen Abstammung.)*

EPHESER Kapitel 2

2,18 Wegen Christus erfreuen sich nun Juden wie Nicht-Juden an dem gleichen Zugang zum Vater in einem Geist.

2,19 Die Schlussfolgerung daraus ist klar: ihr seid nicht mehr als Fremde verpönt; ihr seid genau da, wo ihr hingehört und Teil einer vertrauten Familie.

2,20 Euer Leben ist ein sichtbarer Ausdruck der geistlichen Struktur. Ihr wurdet durch Gott in dieser Struktur auf dem Fundament gebaut, das die Propheten und Apostel verkündigt haben. Der erste Hinweis auf dieses Gebäude war Jesus Christus selber als der Eckstein. *(Er ist das sichtbare Zeugnis für die wiederhergestellte Ebenbildlichkeit Gottes in menschlicher Form!)*

2,21 In ihm sind wir wie [1]lebendige Legosteine, die alle aus dem gleichen Material gemacht sind und zusammenpassen *([1]Unterhaltung)*. Wie bei einem Bauwerk, dessen Form während der Bauzeit, in alle Ewigkeit, immer deutlicher sichtbar wird, *([2]ewiges, zunehmendes Ausdruckgeben)* wachsen auch wir unaufhörlich, immer mehr zu einem weltweiten, beweglichen [3]Heiligtum in dem der Herr, wie Baumaterial, mit hinein verbaut ist und geben ihm Gestalt und Form. *(Das Wort [1]sunarmologeo kommt von sun, was Einheit bedeutet, harmo bedeutet Harmonie und logeo bedeutet Unterhaltung. Das Wort [2]auxano bedeutet, durch Wachstum sich ausbreiten. Das Wort [3]naos wird mit allerheiligstem Wohnraum übersetzt.)*

2,22 In ihm sind wir zusammen mit-aufgebaut als Gottes dauerhafter, geistlicher Wohnort.

EPHESER Kapitel 3

3,1 Mein Dienst wird nicht durch die Größe meiner Gefängniszelle gemessen. Seine Gnade bestimmt mich. Christus Jesus ist der Gefängniswärter. Ihr seid der Grund, warum ich hier bin. *(Gnade ist der Maßstab meines Dienstes; die Gefängniszelle kann meine Botschaft nicht vor euch verbergen.)*

3,2 Es ist allgemein bekannt, dass mir eine Botschaft anvertraut worden ist, die offenbart, wie sehr ihr als Nicht-Juden in die Gnadengabe Gottes mit eingeschlossen seid.

3,3 Ihr müsst davon gehört haben, wie mir dieses Geheimnis offenbart wurde. Es war eine dramatische Enthüllung, die das Schweigen über ein lang bewahrtes Geheimnis gebrochen hat. Vor nicht allzu langer Zeit habe ich euch kurz darüber geschrieben.

3,4 Wenn ihr diese Worte [1]lest, werdet ihr meine [2]Einsicht in das Geheimnis von Christus erkennen. *(Das Wort [1]anaginosko deutet auf ein aufwärtsgerichtetes Wissen hin; wieder erkennen; mit Erkennen lesen. Einsicht, [2]sunesi von sun + eimi, zusammen „Ich Bin", ein Zusammenfließen von zwei Flüssen.)*

3,5 Keine andere, vorherige Generation hatte ein umfassenderes und genaueres Verständnis *(über die volle Konsequenz der Gnade)*, wie es nun durch den Geist seinen Botschaftern eröffnet worden ist, die prophetische Verheißung zum vollen Verständnis gebracht haben. Die Menschheit *(die Söhne der Menschen)* können nun erkennen, dass das prophetische Wort in ihnen erfüllt worden ist! Alles, was die Propheten sahen ist nun verkündet worden! Beide, die Propheten, *(die das schon im Voraus sahen)* und die Apostel, *(die das nun verkündigen)* sind in Christus sanktioniert.

3,6 Das Wesentlichste dessen, was ich sehe, offenbart die Tatsache, dass die Masse der Menschheit *(die Nichtjuden)* gemeinsame Teilhaber am selben Erbe sind *(zusammen mit Israel)*. Wir haben alle Anteil am selben Leib in Christus. Die gute Nachricht ist, dass Gottes Verheißung für alle gleichermaßen gültig und anwendbar ist.

3,7 Dieses Evangelium bestimmt meinen Dienst, ich bin durch die Gabe seiner Gnade voll aufgeladen!

3,8 Ich bin bei weitem der Niedrigste aller Heiligen und erhalte meine Qualifikation für die Verkündigung dieses noch unerforschten Reichtums und Schatzes von Christus in den Nationen allein durch seine Gnade. *(Ich kann mich nur dieser einen Tatsache rühmen: dass Gnade eine Gabe ist und ganz gewiss keine Belohnung für gutes Verhalten).*

3,9 Der Auftrag meiner Botschaft ist es, alle Menschen dazu zu bringen, dass sie sehend werden. Die Enthüllung dieses ewigen Geheimnisses soll diese Verbindung, die immer in Gott verborgen

EPHESER Kapitel 3

gewesen ist, der allgemeinen Öffentlichkeit zugänglich machen. Jesus Christus ist die Blaupause *(Entwurf)* für die Schöpfung. *(Eph. 1,4)*

3,10 Jede unsichtbare Autorität und Regierung im himmlischen Bereich ist nun Zeuge der Offenbarwerdung der Weisheit Gottes. Die Gemeinde ist wie ein Prisma, das die vielfältige Größe Gottes in menschlicher Form wie Lichtbrechungen verteilt.

3,11 In Jesus Christus, unserem ‚Boss' und Besitzer wird der zeitlose, [1]prophetische Gedanke Gottes auf poetische Weise sichtbar gemacht. *(Vorherbestimmt, prophetischer Gedanke, hervorgehend aus der prophetischen Bedeutung des „Gesicht-Brotes" im Tempel, [1]prothesis, ist das griechische Wort für Schaubrot. Das hebräische Wort ist* לחם הפנים*, lechem hapaniym, Brot des Angesichts (vor Gott), oder Brot der Gegenwart. Poesie, von poieo, anfertigen, gestalten.)*

3,12 Sein Glauben in uns gibt unserem Leben Rechtschaffenheit und Integrität. Wir sind das Echo und der klare Ausdruck der [1]ursprünglichen Unterhaltung Gottes in der Öffentlichkeit. Er ist unsere Plattform für eine weltweite Zuhörerschaft. *(Das Wort [1]parrhesia, von para, eine Vorsilbe, die auf nächste Nähe hindeutet, etwas, das aus einer Sphäre des Einflusses hervorkommt, gleichzeitig mit dem Hinweis auf einen gemeinsamen Wohnort oder Sitz, indem etwas von seinem Autor und Spender herstammt, seinen Ursprung in etwas hat und auf den Punkt hinweist, von dem eine Aktion ausgegangen ist, intime Verbindung und rhesia, Unterhaltung. In Ihm können wir uns frei und offen ausdrücken und äußern.)*

3,13 Es gibt keinen Grund, euch beschämt oder gar verantwortlich zu fühlen, für das, was ich leide. Fühlt euch lieber geehrt!

3,14 Überwältigt davon, was Gnade vermittelt, beuge ich meine Knie in Ehrfurcht vor dem Vater,

3,15 Jede Familie im Himmel und auf Erden hat ihren Ursprung in ihm. Er ist der Familienname der Menschheit und er bleibt die echte und ursprüngliche Identität einer jeden Nation.

3,16 Ich wünsche mir für euch, dass ihr erkennt, was der Vater schon immer für euch vorgesehen hat, damit ihr die Größe seiner [1]Absicht erkennen könnt und durch den Geist Gottes in eurem innersten Sein kraftvoll und effektiv gestärkt werdet. *(Das Wort [1]doxa, Meinung oder Absicht.)*

3,17 Dies wird euren Glauben aktivieren und euch helfen, die Realität des in euch wohnenden Christus zu erfassen. Ihr seid in Liebe verwurzelt und gegründet. Liebe ist eure unsichtbare innere Quelle, so wie das Wurzelwerk eines Baumes und das Fundament eines Gebäudes. *(Die Dimension eurer inneren Person übersteigen alles, was euch sonst noch möglicherweise bestimmen könnte.)*

EPHESER Kapitel 3

3,18 Liebe ist euer Reservoir an übermenschlicher ²Stärke, die ¹bewirkt, dass ihr jeden gleichermaßen geheiligt sehen könnt, und zwar im Zusammenhang mit der grenzenlosen Ausdehnung in Breite und Länge und der unendlichen Dimensionen in der Tiefe und Höhe der Liebe. *(Das Wort ¹exischuo bedeutet, vollkommen fähig zu sein und bevollmächtigt um zu ²begreifen. Das Wort ²katalambano, kata, gestärkt werden durch, mit lambano, zu erfassen, also vollständig zu erfassen, bedeutet, mit etwas klar kommen, sich aneignen. [Röm. 12,13] Entschließt euch bewusst dazu, Fremde als Heilige zu behandeln; bemüht euch um sie und zeigt ihnen eure Zuneigung, als ob sie eure Freunde wären, genauso, wie ihr das in eurer Gemeinschaft auch tut. [Röm. 12,16] Respektiert jeden gleichermaßen, weil keiner wichtiger als der andere ist. Verbindet euch lieber mit den Niedrigen und Geringgeachteten, als mit den Vornehmen und Angesehenen. Entfernt euch in euren Gedanken nicht von anderen. ["Interessiert euch ernsthaft für gewöhnliche Menschen" ,- JB Philips]. In ihrer Breite und Länge sehen wir die horizontale Ausbreitung der Liebe von Christus: dies zeigt sich darin, dass die gesamte Menschheit in diese Liebe mit einbezogen ist. [2. Kor 5,14,16] Die Tiefe seiner Liebe offenbart, wie seine Liebe uns aus den tiefsten Tiefen höllischer Verzweiflung errettet und uns als Trophäen in seinem Triumphzug in die Höhe geführt hat. [Eph. 2,5,6; Eph. 4,8-10; Kol. 3,1-4])*

3,19 Ich wünsche mir für euch, das ihr ganz intensiv, auf der innigsten Ebene, mit der Liebe von Christus vertraut werdet; weit über bloßes, akademisches, intellektuelles Verständnis hinaus. Innerhalb dieses Breiten-Längen und Tiefen-Höhen-Maßes findet Gott den höchsten Ausdruck seiner selbst in euch. *(Auf diese Weise könnt ihr mit der ganzen Fülle Gottes gefüllt und euch seiner Nähe bewusst werden! Trennung ist eine Illusion! Einheit war die ganze Zeit über schon Gottes Idee! Er sehnt sich danach, sich durch eure Berührung, eure Stimme, eure Gegenwart, auszudrücken. Er ist so glücklich darüber, dass er in euch wohnen kann! Es gibt keinen Platz im Universum, an dem er lieber wäre!)*

3,20 Wir feiern den, der uns kraftvoll von innen heraus auflädt. Unsere Anliegen mögen noch so groß und unsere Träume noch so herausragend sein, sie werden trotzdem niemals an die überdimensionale Größe seiner Gedanken heranreichen. *(Dem aber, der überschwänglich tun kann über alles hinaus, was wir bitten oder verstehen, nach der Kraft, die in uns wirkt...(LUT Zweifle niemals an Gottes mächtiger Kraft, die in dir wirksam ist und all das zustande bringen kann. Sie wird unendlich viel mehr ausrichten, als du überhaupt jemals erbitten könntest, sie übersteigt deinen verrücktesten Traum, und deine wildeste Vorstellungskraft". Er wird alles überbieten, denn seine Wunder wirkende Kraft verleiht dir Energie. [TPT]*

3,21 Er ist der Autor und der Vollender der Herrlichkeit, die in der ¹Ekklesia sichtbar gemacht und in Christus widergespiegelt

EPHESER Kapitel 3

wird. Sie wird durch jede Generation hindurch weiterhin Bestand haben, nicht nur in dem gegenwärtigen Zeitalter, sondern auch in all den zahllosen Zeitaltern, die noch kommen werden. Amen! *(Das Wort [1]Ekklesia, das oft mit Gemeinde übersetzt wird, stammt von **ek** ab, einer Vorsilbe, die immer auf den Ursprung hinweist, und **klesia** von **kaleo**, sich mit Namen identifizieren, oder einen Nachnamen geben, die Ekklesia ist der Ausdruck seiner Ebenbildlichkeit, freigesetzt im Menschen.)*

EPHESER Kapitel 4

4,1 Die Tatsache, dass ich im Gefängnis bin, trübt nicht im Geringsten mein Bewusstsein darüber, dass ich in Christus bin. Mein ganzes Dasein ist in ihm vorgegeben und klar umrissen. Jedes Detail eures täglichen Lebens soll aus dem Bewusstsein eurer wahren ²Identität und eures echten ³Wertes ¹herausfließen. *(Paulus schreibt wohl aus dem Gefängnis, aber er sieht sich mit Christus an himmlischen Orten sitzend! [Eph. 2,6] Weder Zerstörung noch Widerspruch können sein Leben auf irgendeine andere Realität herabwürdigen. „Lebt so, dass ihr eurer Berufung würdig seid!" habe ich mit dem ersetzt: „Jedes Detail eures täglichen Lebens soll aus dem Bewusstsein eurer wahren ²Identität und eures echten Wertes herausfließen". Das Wort ¹parakaleo, von innen heraus inspiriert sein, um das Leben eurer Wesens-und-Machart zu leben [wie du als Person ursprünglich von Gott erdacht warst]. Eure Berufung von ²kaleo, beim Nachnamen nennen, oder durch den Namen identifizieren. Würdig ³wandeln, ³axios, das Gewicht von etwas anderem haben, das den gleichen Wert hat.)*

4,2 Sanftmut und Weichheit sind der Stoff, aus dem ihr gemacht seid. Dies befähigt euch sogar in scheinbar aussichtslosen Situationen voller Mitleid zu sein. Seid eifrig darum bemüht, einander in einer von Liebe getragenen Atmosphäre zu ertragen.

4,3 Seid wachsam, eure Einheit im Geist zu bewahren, ummantelt vom ¹Frieden. *Das Wort sundesmos von sun, eine Hauptvorsilbe, die auf Einheit hindeutet und deo, in Übereinstimmung binden, so wie das in einer Ehe ist. Das Wort ¹eirene bedeutet Friede, von eiro, sich anschließen, wieder eins sein, im Bereich der Schreinerei bezieht man sich bei diesem Wort auf die Schwalbenschwanzverbindung, die allerstärkste Verbindung überhaupt ist. Friede ist ein Ort, an dem man Freundschaft unbegrenzt genießen kann.)*

4,4 Es gibt nur einen Körper und einen Geist. Wir sind in derselben Hoffnung untrennbar eins Es gibt keinen Plan B. Wir tragen alle den gleichen ¹Nachnamen. *(Gerufen, ¹kaleo, mit dem Namen identifizieren, beim Nachnamen nennen.)*

4,5 Es gibt nur eine Herrschaft, einen Glauben und eine ¹Taufe, wir wurden alle in die gleiche Einheit eingetaucht. *(Es gibt nur einen Glauben. Es geht nicht darum, was wir über Gott glauben, sondern was Gott über uns glaubt. Unseren Glauben hat Gott nicht erfunden. Nein, sein Glaube definiert uns! Jesus ist das, was Gott glaubt. [Vgl. meinen Kommentar bei Joh. 1,33] Die Taufe des Johannes verkündet die Menschwerdung. Sie ist nur ein schwaches prophetisches Bild davon, was die Geist Taufe von Jesus über den Mit-Einbezug der Menschheit und ihr Mit-Eingetaucht sein in seinen Tod, seine Auferstehung und seine Himmelfahrt aussagt. In der Menschwerdung wurde das prophetische Wort dargestellt, indem es in die Menschheitsgeschichte einbrach und menschliche Form annahm. So sehen wir, wie die Gottheit in unsere Menschheit*

EPHESER Kapitel 4

hineinkommt und verkündet, dass nichts sie daran hindern wird, in unsere Hölle und tiefste Dunkelheit einzutreten. Indem Gott unseren Tod gestorben ist, beendete er jede zerstörerische Denkweise und Frucht, die wir aus Adams Sündenfall erbten. So wie er bei seiner Taufe aus dem Wasser aufgetaucht ist, so wurden wir mit ihm zusammen in seiner Auferstehung zu neuem Leben emporgehoben. [Hos. 6,2; Eph. 2,5] Das Wort ¹baptizo from bapto, eintauchen, überwältigen.)

4,6 Es gibt nur einen Gott. Er bleibt der höchste Vater des Universums. Wir existieren, weil er ist: Er übt ¹beständig auf alle miteinander seinen Einfluss aus. Er ist an keinem Ort jemals abwesend! Er ist in allen und allem gegenwärtig. *(Er ist keinem von uns fern. In Ihm leben, weben und sind wir. Wir sind tatsächlich seine Nachkommenschaft. [Apg. 17,24-28] Die Vorsilbe ¹epi weist auf beständigen Einfluss auf etwas hin, der von vorne führt! Die Vorsilbe ²dia deutet auf den Kanal einer Tat hin: durch, weil, aus diesem Grund, um einer Sache willen.)*

4,7 Das Geschenk, das Christus ist, gibt der Gnade ihre Dimension und bestimmt unseren persönlichen Wert. *(Gnade wurde einem jeden von uns nach dem Maß der Gabe von Christus gegeben. Ein Maß, ein Wert. Unser Wert wird durch sein Geschenk definiert und nicht durch eine Belohnung für unser Verhalten.)*

4,8 Die Schrift bestätigt, dass er uns als Trophäen in seinem Triumphzug in der Höhe mitgeführt und sein Geschenk ¹wieder in Besitz genommen hat. *(Ähnlichkeit in menschlicher Form. [Vgl. Eph. 2,6] Wir wurden auch in seiner Himmelfahrt erhöht und werden gleichermaßen im Thronraum des himmlischen Bereiches willkommen geheißen, in dem wir jetzt mit ihm zusammen in seiner Autorität sitzen. Zitat aus dem hebräischen Text, Ps 68,18, ¹lakachta mattanoth baadam, du hast Gaben in menschlicher Form in Adam empfangen. [Die Gaben, die Jesus uns austeilt, hat er in uns empfangen, in und durch die Kraft seiner Menschwerdung. Kommentar von Adam Clark.] Wir wurden in seiner Auferweckung neu geboren. [1. Petr. 1,3; Hos. 6,2])*

4,9 Die Tatsache, dass er in den Himmel aufgefahren ist bestätigt seinen glorreichen Abstieg in die tiefsten Tiefen der menschlichen Verzweiflung. *([Vgl. Joh. 3,13] „Keiner ist in den Himmel aufgestiegen, als der, der aus dem Himmel herabgestiegen ist, eben der Sohn Gottes". Die ganze Menschheit hat ihren Ursprung von oben her, wir sind ¹anouthen, von oben her. [Vgl. Jes. 1,17-18])*

4,10 Er hat nun den höchsten Rang der Autorität inne, sie reicht von den tiefsten Bereichen unserer Dunkelheit, in die er sich hinunter gebeugt hat, um uns zu erretten, bis hin zu der höchsten Autorität in den Himmeln und dabei hat er seine Mission vollständig ausgeführt. *(Die gefallene Menschheit wurde dadurch vollständig wiederhergestellt, das echte Leben in Autorität zu führen, das ihrer We-*

EPHESER Kapitel 4

sens-und Machart (wie du als Person ursprünglich von Gott erdacht warst) entspricht. [Ps. 139,7-8] Wohin sollte ich gehen vor deinem Geist? Oder wohin sollte ich vor deiner Gegenwart fliehen? Wenn ich in den Himmel aufsteigen würde – Du bist da! Wenn ich mein Bett im Sheol machen würde – Du bist da! [Eph. 1,21])

4,11 Was Gott in uns hineingelegt hat, ist wie ein eingepacktes Geschenk für die Welt: einige sind dazu beauftragt, Pionierarbeit zu leisten, andere sind prophetisch begabt, andere als Verkündiger der guten Nachricht, andere als Hirten mit einer echten Gabe sich zu kümmern und geistlich zu versorgen und andere haben die Gabe, durch Offenbarungserkenntnis zu unterweisen. *(Kuriere, Kommunikatoren, Ratgeber und Coaches - Rob Lacey.)*

4,12 Jede seiner Gaben, wie auch immer sie sich ausdrückt, ist dazu da, die Heiligen für den Dienst vollkommen auszurüsten und zu befähigen, so dass sie miteinander in ihrer spezifischen Funktion dazu beitragen, dem sichtbaren Leib von Jesus Form und Ursprung zu geben.

4,13 Der Zweck dieser Dienstgaben ist, jeden auf Augenhöhe und in Einheit des Glaubens vorzustellen, indem jeder genau das glaubt, was der Sohn Gottes über uns glaubt und genau das weiß, was er über uns weiß. Damit wir von Angesicht zu Angesicht gleichrangig vor ihm stehen, mit dem vollen Maß der [1]Fülle in Christus. *(Das Wort [1]pleroma bedeutet ein Leben, bis zum Rand gefüllt mit Christus, so wie ein Frachtschiff, das seine Ladung trägt.)*

4,14 Am gefährlichsten lebst ihr, wenn ihr unwissend lebt. Man könnte das mit einem Kind vergleichen, das auf einem aus der Kontrolle geratenen Schiff den Wellen und Winden der Lebensstürme ausgesetzt ist. Das Leben wird dadurch bestimmt, wie die Würfel fallen, während die irreführenden Lehren der Menschen und ihre Täuschungen nur für Unterhaltung sorgen.

4,15 [1]Liebe gibt der Wahrheit eine Stimme. Die Unterhaltung, die von der Wahrheit inspiriert ist, schafft die Atmosphäre, in der Wachstum spontan und unvermeidlich geschieht. In Christus, welcher das Haupt des Leibes ist, wird der ganze Mensch angesprochen. Er ist das Fazit von Gottes Kommunikation mit der Menschheit. *("Die Wahrheit in Liebe auszusprechen ist in allen unseren Gesprächen keine bevorzugte Haltung, sondern die einzige Möglichkeit. Hierbei fügt die Wahrheit der Liebe Echtheit hinzu und die Liebe macht die Wahrheit anziehend. Liebe, [1]agape, kommt von ago, so zu leiten wie ein Hirte seine Schafe leitet und pao zu ruhen. Gottes Ruhe feiert unsere Vollkommenheit; agape bedeutet, in einer Person den gleichen Wert zu sehen, den Gott sieht, [2]Wahrheit, wie sie in Christus gespiegelt ist.) [v.21]*

EPHESER Kapitel 4

4,16 Aus ihm heraus fließt die ursprüngliche Gestaltung und jedes Detail eurer Mach-und-Wesensart, so wie Worte in einer Dichtung, die miteinander verschlungen sind und *(gemäß einer inneren Logik,)* schichtweise, *(auf immer tieferen Ebenen)*, miteinander verbunden werden, so dass die Harmonie vollkommen wird. Sie folgen dem Rhythmus seiner Gedanken wie Fußspuren. Unterdessen blüht der Körper auf und pulsiert durch die Energie der Liebe. Jeder persönliche Ausdruck findet da sein vollkommenes Maß.

4,17 Meine sehr dringende Bitte an euch im Herrn ist folgende: erkennt, dass ihr nichts mit der Torheit der [1]Massen zu tun habt, deren Denken verkehrt ist und ins Leere führt. Die Tage, an denen ihr euer Leben und eure Geschäfte in Bedeutungslosigkeit geführt habt, sind vorbei! *(Die Nicht-Juden, [1]ethnos, die Masse der Menschen, die in der Vergänglichkeit/ Eitelkeit ihres Denkens leben.)*

4,18 Das Leben ihrer eigentlichen Mach-und-Wesensart scheint ihnen fremd zu sein, weil ihre Gedanken durch ein verhärtetes Herz verfinstert sind, das durch Unwissenheit bestimmt wird. Sie werden durch die Illusion geblendet, nur nach ihren fünf Sinnen leben zu können und dickköpfig, wie sie sind, tragen sie am hellichten Tag eine Augenbinde). *(Ein hartes Herz ist das Ergebnis eines verdunkelten Verstandes, ein Verstand, der durch Unglauben verblendet ist. [Vgl. 2. Kor. 4,4])*

4,19 Weil sie sich an ein Leben fern von Gott gewöhnt hatten, wurde ihr Geist verstockt und von Lust und Habgier angetrieben. Sie haben sich vollständig einem abscheulichen und schamlosen Lebensstil hingegeben. *(Vgl. Röm. 1,9-23)*

4,20 Was für ein totaler Kontrast dazu ist Christus!

4,21 „Die Wahrheit wird in Christus bestimmt. Man kann Christus in keinem anderen Zusammenhang studieren. Er ist die Menschwerdung. Hört, wie er in euch resoniert und klingt. Die Wahrheit über euch hat letztendlich seine Bezugsquelle in Jesus. *(Er ist nicht gekommen, um ein neues Regelwerk voller Kompromisse einzuführen. Er ist kein Beispiel für uns, sondern von uns!)*

4,22 Wir haben nun die Freiheit, diese alte Identität wie ein schmutziges, abgetragenes Kleidungsstück auszuziehen. Lust hat euch verdorben und euch dazu verführt, es zu tragen. *Man könnte es mit einem Schauspieler vergleichen, der, um eine bestimmte Rolle darzustellen, einen Umhang trägt. Aber diese Schein-Identität ist nicht länger angemessen!)*

4,23 Werdet in eurer innersten Gesinnung erneuert. *(Denkt darüber nach, was Christus über euch denkt, denn das ist die Wahrheit. Sie wird in Christus wie auf einem Display angezeigt und erkennt zuallererst, dass ihr*

EPHESER Kapitel 4

mit ihm zusammen an einem Ort sitzt.) **Das wird dazu führen, dass ihr in der Denkweise über euch selbst vollständig umprogrammiert werdet!** *(Beachtet, dass Paulus nicht sagt: „Erneuert euren Sinn"! Die Transformation geschieht im Geist eures Verstandes, der durch die Wahrheit auf einer viel tieferen Ebene aktiviert wird als auf der bloßen intellektuellen oder akademischen Übereinstimmung. So oft haben wir gedacht, dass wir Informationen vom Kopf ins Herz fallen lassen müssen, aber es ist genau umgekehrt! Jesus sagt in Joh. 7,37 „Wenn ihr an mich glaubt, so wie es in den Schriften steht, dann werdet ihr entdecken, dass ihr das seid, was ich bin und dann werden Ströme lebendigen Wassers aus eurem innersten Sein hervorbrechen"! Der Geist der Menschheit wurde niemals verunreinigt, so wie das Wasserzeichen auf einer Banknote nicht verändert werden kann. Die verlorene Münze verlor niemals ihre originale Münzprägung hinsichtlich Inschrift und Bild. [Vgl. auch Jakobus 3,9] Unser Verstand wurde durch die Herrschaft der Dunkelheit zugedeckt! Dadurch wurden unsere Gedanken auf den seelischen Bereich begrenzt und holten ihre Informationen nur von dort. Deshalb erkannten wir uns und die anderen nur im Fleisch. [Jes. 55,8-11] An unserer befreiten Mach-und-Wesensart ist nichts falsch, wir dachten nur falsch! Damit unsere Gedanken von der Herrschaft der Dunkelheit erlöst werden konnten, ist Jesus, als das menschgewordene Bild Gottes in unseren schlimmsten Albtraum der Hölle gekommen und stellte sich unserer Verurteilung und unseren Ängsten und starb unseren Tod! Dieses Geheimnis unserer Verherrlichung war viele Zeitalter und Generationen über verborgen! Wir wurden mit-gekreuzigt, um jede Verbindung, die wir als Folge von Adams Sündenfall in unserem Fleisch hatten, ein für alle Mal zu beseitigen. Und während wir in unseren Sünden und Übertretungen tot waren, hat uns Gott mit-auferweckt und mit-entrückt und uns in Christus mit-thronen lassen! Nun können wir mit unverhülltem Gesicht die Herrlichkeit des Herrn wie in einem Spiegel sehen! So werdet nun radikal umgestaltet in eurem Denken, damit ihr seine Ebenbildlichkeit, die vollkommen in euch freigesetzt worden sind, wieder entdecken könnt!)*

4,24 Taucht selbst vollkommen ein in diesen von Gott geformten, neuen Menschen, der von oben ist! Ihr seid nach seiner Ebenbildlichkeit geschaffen. Genau darum geht es bei Gerechtigkeit und wahrer Heiligkeit.

4,25 Einander zu täuschen und anzulügen war Teil des alten Lebens. Nun bleibt die Wahrheit die beständige Inspiration in jedem eurer Gespräche. Wir sind miteinander verbunden, so wie Gliedmaßen an einem gemeinsamen Leib. *Das heißt, dass wenn ihr jemanden betrügt es so ist, als ob ihr euch selber betrügt. Nur in Christus befindet sich die Wahrheit im richtigen Zusammenhang. [Vgl. 21])*

4,26 Auch wenn ihr meint, ihr habt eine stichhaltige Entschuldigung so lasst nicht Ärger euren Tag beherrschen! Wenn ihr euch

EPHESER Kapitel 4

nicht sofort darum kümmert, *(im Licht der Ähnlichkeit von Christus in euch)*, dann geht die Sonne für euch unter und euer Tag wird zu einer verpassten Gelegenheit, wobei die Dunkelheit den Ärger benutzt, um euch in die Falle der Sünde zu locken.

4,27 Jede Sünde, die ihr duldet, ist eine offene Einladung für den Teufel. Gebt ihm keine Plattform zum Handeln.

4,28 Wenn du früher ein Dieb warst, dann sei jetzt keiner mehr. Finde einen ehrlichen Job, bei dem die Frucht deiner Arbeit ein Segen für andere sein kann!

4,29 Anstelle von oberflächlichem Gerede sei dein Mund jetzt eine Quelle der Gnade, die jeden ermutigt und inspiriert, der in Hörweite ist.

4.30 Der Heilige Geist ist euer Siegelring von Gott, der bestätigt, dass ihr dazu freigesetzt seid euer Leben im Tageslicht zu leben. Jedes Verhalten, das der Nacht angehört, betrübt ihn.

4.31 Widersteht vehement jeder Form von entstelltem Verhalten in eurem eigenen Leben. Erlaubt euch kein boshaftes Handeln. Lasst unkontrollierte Gefühlsausbrüche und Wut keinen Raum in euch. Ihr braucht nicht laut zu werden, um eure Meinung zu vertreten. Die Menschen müssen sich sicher fühlen, wenn ihr euch mit ihnen unterhaltet. Beleidigende und verletzende Worte sind daher nicht mehr angebracht.

4,32 Lasst euch durch Freundlichkeit und Mitleid beflügeln. Wie ihr einander vergebt, zeigt die Art und Weise, wie Gott uns in Christus so gnädig behandelt.

EPHESER Kapitel 5

5,1 Spiegelt Gott wieder, denn ihr seid seine Nachkommen. *(2. Kor. 3,18)*

5,2 Und so geht das praktisch: lasst die Liebe von Christus euer Leben sein. Erinnert euch daran, wie er sich für euch dahingegeben hat. Seine Liebe ist ansteckend und nicht zurückhaltend, sondern verschwenderisch. Aufopfernde Liebe gefällt Gott und ist wie das süße Aroma von Anbetung. *(Vergleichbar mit dem heiligen Salböl und dem reinen, duftenden Räucherwerk von Spezereien, das Werk eines Parfümherstellers, das auf dem goldenen Räucheraltar im Allerheiligsten verbrannt wurde.) [2. Mo. 37,25-29]*

5,3 Liebe hat nichts zu tun mit Lust, unmoralischen Handlungen oder Habsucht. Wenn ihr sogar in eurem Reden frei von diesen Motiven seid, setzt ihr einen Maßstab der Vortrefflichkeit.

5,4 Gebt keiner Art von ¹abartiger Sprache, Sarkasmus oder zweideutigen Witzen Raum! Lasst viel mehr Dankbarkeit und Gnade eure Unterhaltung bestimmen. *(Das Wort ¹morologia bedeutet pervertierte, übertreibendes Reden.)*

5,5 Das Christus-Leben veranschaulicht Königreich Gottes. Ihr könnt euer Leben nicht nach zweierlei Maßstäben ausrichten. Menschen durch Ehebruch, Lust und Habgier zu missbrauchen ist, als ob ihr ein entstelltes Bild von euch selbst anbetet. Das ist Götzendienst.

5,6 Vermeidet jegliche Verbindung zu denjenigen, die mit leeren Worten versuchen euch zu umgarnen. ¹Unglaube bringt nur einen Menschenschlag hervor, der das Grundmuster seiner Wesens-und Machart als Bildträger Gottes entstellt. Das ²gefällt Gott ganz gewiss nicht. *(Der Ausdruck ¹uious tes apeitheias heißt, Unglaube produziert einen Menschenschlag und nicht, Söhne des Ungehorsams, wie man in den meisten Übersetzungen lesen kann! Das Wort ²orge, bedeutet Begeisterung der Seele, von dem Wort oregomai, was sich ausstrecken bedeutet, um etwas zu berühren oder zu verstehen, oder nach etwas zu greifen oder sich zu wünschen.)*

5,7 Erlaubt ihrem Unglauben nicht, mit euch Gemeinschaft zu haben.

5,8 Da ward ihr einst, gefangen in der gleichen Dunkelheit. Jetzt aber seid ihr Licht. Euer Leben bestätigt, dass das Licht regiert.

5,9 Die geistliche Ernte des Lichts zeigt sich in allem, was ausgezeichnet, untadelig und von einwandfreier Integrität ist.

5,10 Gott ist über so eine Art von Leben begeistert.

5,11 Duldet nichts in eurem Leben, das euch mit Dunkelheit in Verbindung bringt. Ihr habt keinen Nutzen davon! Erlaubt dem Licht, jede Dunkelheit in euch zu vertreiben.

EPHESER Kapitel 5

5,12 Indem ihr über beschämende Dinge, die Menschen im Verborgenen tun, tratscht, gebt ihr diesen Dingen unangemessene Bedeutung.

5,13 Dunkelheit verliert ihre Macht über alles, was durch das Licht offenbar wird.

5,14 Dies ist die Botschaft vom Licht. Christus weckt euch aus eurem Betäubungsschlaf auf und lässt euch aus der Todesfalle der unterjochten Denkmuster auferstehen.

5,15 Unterzieht euer Leben einer genauen Bestandsaufnahme. Weises Verhalten besiegt Dummheit.

5,16 Weisheit verwandelt Zeit in gute Gelegenheiten und befreit euren Tag von unnötiger harter Arbeit.

5,17 Macht seinen Masterplan zum Inhalt eurer Gedanken.

5,18 Während der Wein euch nicht dabei hilft, den negativen Dingen des Tages langfristig zu entfliehen, kann der Geist das sehr wohl. Gönnt es euch, im Geist betrunken zu sein.

5,19 Sprecht in Psalmen zueinander. Brecht aus in spontane Jubellieder und geistlich inspirierte Klänge. Lasst die Musik in eurem Herzen niemals aufhören. Lasst nicht nach den Herrn mit zarter Anbetung anzurühren.

5,20 Weil ihr eure Identität in dem Namen von Jesus Christus gefunden habt, könnt ihr es euch leisten, immerzu überzufließen in Dankbarkeit dem Vater gegenüber,[1]egal, was euch passiert. Ihr seid den Umständen nicht hilflos ausgeliefert sondern steht über ihnen, weil ihr in ihm seid! *(Das Wort* [1]*huper wird mit trotzdem übersetzt, darüber hinaus, außerhalb der Reichweite der Umstände. Wir sind nicht „für" alles dankbar sondern trotz allem!)*

5,21 Lasst euch durch die Selbstlosigkeit, die ihr bei Jesus gesehen habt inspirieren und seid uneingeschränkt liebenswürdig und zuvorkommend zueinander. *(Die Art und Weise, wie er sich dem Willen Gottes und uns hingegeben hat. [Vers 2, vgl. Kol. 1,24] Deswegen kann keine Form von Leiden meine Freude verhindern. Jedes Leiden um euretwillen ist eine weitere Gelegenheit das wieder zu festigen, was euch vielleicht immer noch [in eurem Verstand] an Leiden in Christus fehlt, wenn es um den Leib von Christus geht, welcher die Gemeinde ist. [Die Unannehmlichkeiten, die Paulus wegen der Gläubigen vielleicht erdulden musste, können den Leiden von Christus nicht hinzugefügt werden – als ob die Leiden von Christus um unseretwillen nicht ausgereicht hätten. Aber ich möchte das Prinzip der selbstlosen Liebe noch einmal deutlich betonen, das den neutestamentlichen Dienst zwingend begleitet.])*

EPHESER Kapitel 5

5,22 *(Die Ehe ist ein Porträt dieses sich gegenseitigen Hingebens.)* **Ihr Frauen gebt euch euren Männern so vollkommen hin, wie ihr es dem Herrn gegenüber machen würdet.** *(Erinnert euch an Vers 2. Liebe ist ansteckend, nicht zurückhaltend, sondern verschwenderisch. Opferbereite Liebe gefällt Gott wie ein süßes Aroma von Anbetung.)*

5,23 Genauso, wie Christus der Gemeinde Errettung, Sicherheit, Vollständigkeit und Einheit schenkt und so wie der Kopf das für den Körper tut, so ist der Mann all das für seine Frau.

5,24 Die Gemeinde genießt den ganzen Vorteil des kompletten Errettungspaktes, indem sie sich selber vollkommen an Christus ausliefert. In gleicher Weise genießt die Frau jede Unterstützung ihres Mannes, indem sie sich ihm hingibt.

5,25 Die Liebe des Mannes für seine Frau ist ein Bild für die vollkommene Liebe von Christus für seine Gemeinde und seine uneingeschränkte Hingabe an uns. *(Darum geht es bei der Ehe. Sie feiert die Initiative der Liebe, ob sie nun von Mann oder Frau ausgeht. Dies weckt eine andere Ebene von Hingabe, die über jedes Gefühl von Pflicht oder Schuld hinausgeht.)*

5,26 Christus ist die Stimme von Gottes Ausdrucksweise. In diese Unterhaltung getaucht, baden uns seine Liebeserklärungen und entfernen von uns jeden Fleck der Sünde.

5,27 Diese intime Ausdrucksweise führt nun die Gemeinde *(seine wiederhergestellte Ebenbildlichkeit)* **unter seinem entzückten Beifall zu ihm, ganz ohne störende Ablenkung oder Erinnerung an eine beschmutzte Vergangenheit. Keine Runzeln oder Narben des Missbrauchs der Sünde bleiben zurück. Sie steht vor ihm in makelloser Unschuld.** *(1 Kön. 6,7)*

5,28 *(Ein Mann kann im Leben viele Disziplinen durchlaufen, damit er finanziell gut dasteht oder unter größtem Aufwand die Anerkennung anderer gewinnt. Er könnte mit großem Eifer im Fitnessstudio seinen Körper bis zur Perfektion trainieren),* **aber das Wertvollste, was er für sich selber tun kann, ist seine Frau zu lieben.**

5,29 Überlegt mal, wie ungewöhnlich es wäre, wenn ein Mensch seinen eigenen Körper verabscheuen und hassen würde. Tatsächlich ist es doch genau andersherum: vielmehr würdet ihr euch mit äußerster Sorgfalt um ihn kümmern und viel Aufhebens um ihn machen. *(Denn er ist alles, was ihr habt. Ihr könnt ihn nicht gegen einen neuen eintauschen, deshalb behandelt ihn gut! Achtet darauf, wie ihr ihn ernährt, trainiert und ihn bei Schmerzen behutsam pflegt.)* **Versteht ihr nun die Botschaft: ihr seid der Leib von Christus; er toleriert euch nicht nur höflich, sondern er freut sich an euch! Er will euch verwöhnen und sich gut um euch kümmern!** *(Das Wort ¹thalpei ist ein*

EPHESER Kapitel 5

ausgestorbenes und seltenes Wort; es wird nur einmal in einem Ehevertrag, der auf Papyrus geschrieben wurde, verwendet. In NT nur hier und im 1. Thess. 2,7. Es bedeutet 2., mit zärtlicher Liebe und warmer Zuneigung jmd. schätzen; - lateinisch foveo; zärtlich hegen und pflegen.)

5,30 Wir sind sein Fleisch und sein physischer Körper, der seine Ebenbildlichkeit in sich trägt. Wir sind ein erfahrbarer Ausdruck seiner selbst.

5,31 Die Ehe reflektiert diese Einheit. Ein Mann wird sich von seinen eigenen Eltern trennen, um an seiner Frau zu hängen. So werden zwei getrennte Menschen zu einer neuen Identität zusammen geschmolzen. *(Und so hat er uns in gleicher Weise aus unserer natürlichen Geburt, die unsere einzige Identität war erhoben, damit wir verstehen, dass unser Ursprung in ihm ist. Dies bestätigte er nochmals in unserer neuen Geburt, in seiner Auferstehung und in unserer, daraus folgenden wiederhergestellten, mit ihm verbundenen Position an himmlischen Orten. Auf diese Weise brachte er eine neue Verbindung von intimer Einheit hervor. Gott und Menschheit werden in einer Person offenbart.)*

5,32 Das Geheimnis einer erfolgreichen Ehe wird in dieser unzertrennlichen Einheit zwischen Christus und der Gemeinde gespiegelt, darin erkennen wir Gottes freigesetzte Ebenbildlichkeit in der Menschheit) *(Diese Verbindung definiert letztendlich sowohl die Ehe, als auch die Gemeinde).*

5,33 Abschließend lässt sich sagen, dass es für niemanden irgendeine Entschuldigung dafür gibt, seine Frau weniger zu lieben, als sich selbst. Ebenso ist jede Frau nun frei und völlig dazu ermächtigt, ihren Ehemann in gleicher Weise und mit gleicher Hingabe zu ehren, wie die Gemeinde auf die Liebesinitiative von Christus eingehen soll. *(Wir lieben ihn, weil er uns zuerst geliebt hat! [1. Joh. 4,19])*

EPHESER Kapitel 6

6,1 *(Dieses gegenseitige Nachgeben und sich unterordnen, dieses anziehende Christus-Leben zieht sich durch alle sozialen Beziehungen und durchdringt zunehmend alle anderen Lebensbereiche, indem es zuhause beginnt, mit warmherzigen Umarmungen von liebenden Eltern.)* **Die Art wie Kinder auf ihre Eltern reagieren, gibt Auskunft über ihre Gerechtigkeit im Herrn.** *(Im Wesentlichen spricht der Ausdruck Gerechtigkeit von zwei Gesellschaftsgruppen, die Ähnlichkeit an einander schätzen.)*

6,2 Das erste Gebot, das einen sofortigen und einen Langzeit-Bonus beinhaltet, betrifft Kinder, die ihren Vater und ihre Mutter ehren.

6,3 Lebensqualität und Lebenszeit werden von der Art und Weise beeinflusst, wie Kinder sich ihren Eltern gegenüber verhalten. *(Langes Leben ist außerhalb einer engen Beziehung bedeutungslos.)*

6,4 Väter, eure Rolle besteht nicht darin, eure Kinder zu verärgern *(indem ihr ihnen Lasten und Aufgaben auferlegt, die für sie zu schwer sind.)* **Ihr sollt lieber ein Umfeld schaffen, das ihren Verstand aktiviert und dazu beiträgt, dass jede gute Eigenschaft, die im Herrn in ihnen angelegt ist, sichtbar werden kann.**

6,5 Die nächste Ebene von Beziehung, die in gleicher Weise dazu gehört, ist die Herzenshaltung eines Sklaven gegenüber seinem Besitzer. Wegen eurer Hingabe an Christus seid ihr nun fähig, euren Vorgesetzten in gleicher Weise, ungeteilt und aufrichtig, zu respektieren und ihm gegenüber treu zu sein. *(Erinnert euch daran, wir reden über das praktische Leben in der Gemeinde. Das Christus-Leben feiert wie die Liebesinitiative die Gesellschaft verändert.)*

6,6 Es nicht darum, nur eine Maske aufzusetzen, um euren Vorgesetzten zu beeindrucken. Ihr seid im innersten Wesen Sklaven von Christus und vollkommen darauf ausgerichtet, dass der Wunsch Gottes, in euch seinen Ausdruck findet, so wird das Sklavenleben zum Christusleben. *Der sogenannte „Abschaum der Gesellschaft" spiegelt nun das höchste Leben wieder.)*

6,7 Wie untergeordnet eure Aufgabe auch sein mag, legt euer Herz und Verstand hinein, so wie ihr es für den Herrn tun würdet. Er ist der eigentliche Chef, sonst niemand.

6,8 Es ist schlichtweg unmöglich, gute Taten nicht zu bemerken. Dabei ist es unwichtig, ob ein Mann frei oder ein Sklave ist. Jede einzelne gute Tat erfreut sich gleichermaßen der wohlwollenden Aufmerksamkeit des Herrn. *(Wir genießen schon die wohlwollende Aufmerksamkeit des Herrn, bevor wir irgendetwas getan haben, um sie uns zu verdienen. Unsere guten Taten sind nur dafür ein Ausdruck und nicht ein Versuch, seinen Beifall zu erringen.)*

EPHESER Kapitel 6

6,9 Wenn du der Chef bist, dann kannst du die Liebesinitiative unter den gleichen Bedingungen anwenden etwa indem du deine Sklaven mit Respekt behandelst anstatt mit Drohungen. Wenn sie dumme Dinge tun, solltest du dich sofort darum kümmern und die Angelegenheit klären. Mache es deinem himmlischen Meister nach. Er richtet Menschen und Umstände nicht nach dem äußeren Schein.

6,10 Abschließend und im Hinblick auf das Thema und den Inhalt dieses Textes, ermutige ich euch, eure Stärke in eurem Meister zu erkennen. Eure Einheit mit ihm ist eure unbegrenzte Quelle. *(Erinnert euch an mein Gebet für euch am Anfang dieses Briefes an die Epheser.*

[1.19] Ich bete darum, dass ihr die unvergleichliche Größe seiner mächtigen Kraft uns gegenüber versteht, die wir glauben. Der Glaube offenbart, wie sehr wir in Christus bevorzugt sind. [Eph. 1,20] Es ist die gleiche dynamische Energie, die in Christus entfesselt wurde, als er ihn von den Toten auferweckte und ihn in der Kraft seiner eigenen rechten Hand im Bereich der Himmel einsetzte.

[Eph. 1,21] Sein Rang ist unendlich viel höher als alle Reiche, Gewalt, Macht und Herrschaft zusammengenommen und überragt jeden Namen, der irgendjemandem in diesem oder in einem zukünftigen Zeitalter gegeben werden könnte.

[Eph. 1,22-23] Ich möchte, dass ihr das erkennt: er hat alle diese Mächte unter seine Füße getan. Er überragt sie meilenweit und er ist das Haupt. Die Gemeinde [seine freigesetzte Ebenbildlichkeit in der Menschheit] ist sein Körper. Die Vollständigkeit seines Seins füllt alles in allen und wohnt in uns! Gott kann sich nicht noch sichtbarer machen und deutlicher zur Schau stellen.)

6,11 Vertieft euch vollständig in jede Einzelheit und jede Bedeutung von jedem individuellen Teil der Waffenrüstung Gottes! *(Macht euch mit all dem vertraut, was Gottes Sieg in Christus repräsentiert)* **Ebenso vervollständigt jedes Detail der Waffenrüstung eines Soldaten sichtbare seine Kampfuniform, damit er bestmöglich ausgerüstet ist, um gegen jede [1]Methode und Strategie, die ein [2]Feind möglicherweise gegen ihn anwenden könnte, gewappnet zu sein.** *(Das Wort [1]metho-deia bedeutet Strategie, [2]diabolos kommt von dia, wegen, und ballo, hinunterwerfen, das sich auf den Sündenfall der Menschheit bezieht - die gefallene Denkweise der Menschheit - und wird oft mit Teufel übersetzt, der Ankläger. [Vgl. 1. Kor. 15,47] Das menschliche Leben wurde durch den Sündenfall Adams auf die Sklaverei und den irdischen, von der Seele regierten Bereich, reduziert. Aber nun wird es zur Herrschaft im himmlischen Bereich geistlicher Realitäten auferweckt und zwar durch die Erkenntnis, dass wir mit Christus zusammen mit-auferweckt worden sind.*

EPHESER Kapitel 6

[Vgl. Kol. 3,1-11] Theologisch gesehen schufen wir die Idee einer Person, die „von Natur aus" sündig ist, als ob die Menschen schon in ihrer Ursprung und inneren Selbst (wie du als Person ursprünglich von Gott erdacht warst) grundsätzlich fehlerbehaftet wären. Tatsächlich aber ist es eine verdrehte Denkweise, die wir von Adam erbten und von der uns Christus freisetzen musste. Petrus sagt, dass wir von den nutzlosen Wegen unserer Vorfahren erlöst worden sind. [1. Petr. 1,18] „Eure gleichgültige Denkweise entfremdete euch von Gott und führte zu einem Lebensstil der Ärgernisse, Schwierigkeiten und harter Arbeit, die durch das Gesetz der Sünde und des Todes bewirkt wurde. Dieses Gesetz wohnte in eurem Körper und beherbergte einen fremden Einfluss, der eurer Mach-und-Wesensart fremd war, so wie ein Virus eine Person befallen kann". [Kol 1,21] An unserem Design ist nichts falsch; wir haben nur falsch gedacht. [Vgl. Jes. 55,8-11, Eph. 4,17-18 und auch Eph. 2,1-11])

6,12 Menschen sind nicht der Feind, *(ob es sich nun um Ehemänner, Ehefrauen, Kinder, Eltern, Sklaven oder Chefs handelt. Sie mögen vielleicht wegen ihres Unglaubens oder ihrer Unwissenheit feindliche, vom Gesetz inspirierte Gedankenmuster in sich tragen),* **wenn wir uns aber als gegenseitige Zielscheiben benutzen, beteiligen wir uns am falschen Kampf. Wir repräsentieren die Autorität des Sieges von Christus im geistlichen Raum. Dort haben wir unseren Standort** *(in Christus).* **Wir** [1]**konfrontieren die Gedankenspiele und** [2]**Strukturen der Dunkelheit, die religiösen Gedankenmuster, die das menschliche Verhalten lenken und bestimmen.** *(Das Wort,* [1]*pros, von Angesicht zu Angesicht, konfrontieren. Das Wort,* [2]***poneros*** *wird oft als böse übersetzt. In Thayer's Lexikon wird es mit voller Ärgernisse, Schwierigkeiten und schwerer Arbeit übersetzt. Genau das produziert das MES [Mach-Es-Selber] - Gesetzes-System der Werke!)*

[Vgl. 1. Kor. 15,24] Das vollständige Ergebnis seines Erlösungswerkes wird darin gefeiert, dass er die volle Ernte seiner Herrschaft Gott dem Vater unterwirft. Er hat das Gesetz der Werke [1]*zum Scheitern gebracht, das jede Art von Herrschaft, zusammen mit allen* [2]*Fürstentümern, allen* [3]*Autoritäten und jedem* [4]*dynamischen Einfluss der Gesellschaft unter dem Sündenfall unterstützt hat. Er hat die Werke des Gesetzes „zum Scheitern gebracht" kommt von dem Wort* [1]***katargeo**, von **kata**, das Intensität bedeutet, und **argos**, das schwere Arbeit heißt; folglich frei zu sein von jeder Selbstanstrengung, die versucht, das, was Gott schon in Christus vollendet hat, noch zu verbessern. Alle* [2]*Fürstentümer,* [2]***arche**, oder höchste Ränge, d.h., Könige, Regierende; dies schließt alle politischen Systeme mit ein, was bedeutet, dass eines, aufgrund seiner Leistung oder seiner Vorzüge unter allen anderen hervorsticht.*

Alle Autoritäten, [3]***exousia**, kommt von **ek**, das auf den Ursprung hinweist und **eimi**, „Ich Bin", in diesem Fall wegen dem, was ich tun kann, was heißen soll, ich werde von dem bestimmt, was ich besser kann als du, des-*

EPHESER Kapitel 6

halb habe ich Autorität über dich. Jeder ⁴*dynamische Einfluss in der Gesellschaft,* ⁴***dunamis*** *bedeutet Kraft, in diesem Zusammenhang Willenskraft. Jede Regierungsstruktur in der Gesellschaft wird unter die Herrschaft der Gnade gebracht, wo das Christus-Leben regiert. Das Königreich Gottes ist die Herrschaft des Christus-Lebens im Menschen, bei dem sich Gerechtigkeit darauf gründet wer wir sind und nicht darauf, was wir tun, oder wer wir sind durch Gottes Werk und nicht, wer wir sind durch unsere eigenen Werke und darauf, recht zu leben und nicht bloß richtig zu handeln. Das Gesetz der Werke wurde durch Pflicht-und Schuld getrieben, das Gesetz des Glaubens ist durch Liebe getrieben. [Röm. 3,27; Gal. 5,6; 2. Kor. 10,12] Wenn sie sich an einander messen und sich mit einander vergleichen, so sind sie ohne Verstand.)*

6,13 Deshalb ist es so wichtig, dass ihr euch mit jedem Aspekt von Gottes Waffenrüstung vertraut macht. Ihr seid voll dafür ausgerüstet, jeden Angriff oder Widerspruch, an welchem Tag auch immer ihr damit konfrontiert werdet, machtvoll niederzuschlagen, indem ihr erfolgreich eure Stellung haltet. Die Tage, an denen das Gesetz der ¹**Schwierigkeiten, Ärgernisse und schweren Arbeit euer Leben diktierte, sind vorbei!** *(Gottes Waffenrüstung repräsentiert seinen guten Ruf; sein Sieg bestimmt euch. Wieder bedeutet das Wort* ¹***poneros*** *voller Schwierigkeiten, Ärgernisse und schwerer Arbeit, das traditionell mit böse übersetzt wird. [Vgl. 1. Kor. 15,48] Der eingeschränkte Zustand des Einzelnen kennzeichnet die Menschheit als erdgebunden, aber der freigesetzte Zustand der Menschheit bestätigt ihren Ursprung in Gott und ihr himmlisches Leben. So wie uns einst das Fleisch (unser irdisches Bild) bestimmt hat, werden wir nun durch unseren Geist [unser himmlisches] Bild bestimmt.)*

6,14 Nehmt euren Stand ein! Ihr habt die Wahrheit *(wer ihr in Christus seid)***, wie einen Soldatengürtel um eure Hüften geschnallt, der die gesamte Waffenrüstung zusammenhält.**

(Ihr sollt wissen, dass eure Lenden nun vor jeder Art von Lust, Völlerei und sexuellen Sünden beschützt sind). **Gerechtigkeit bedeckt euer Herz wie ein kugelsicherer Brustpanzer.**

6,15 Ihr tragt euren Eifer und eure Leidenschaft, die gute Nachricht weiterzusagen, wie Soldatenstiefel. Verkündigt Frieden! Die Schlacht ist schon geschlagen und gewonnen! *([Jes. 52,7] Wie wunderschön sind die Füße derer auf den Bergen, die gute Nachrichten bringen, die Frieden öffentlich verkünden, die gute Botschaft des Guten vermitteln, die Errettung öffentlich verkünden. Stellt euch die Körpersprache derer vor, die mit einer guten Botschaft über den Sieg aus dem Kampf zurückkehren!)*

6,16 Es ist überaus wichtig, dass ihr euren Glauben unbedingt als einen ¹**mannshohen Schild benutzt, der eure ganze Person bedeckt und euch dazu befähigt, die Flamme in jedem Pfeil, den der**

EPHESER Kapitel 6

Feind auf euch abschießt auszulöschen. Der einzige sichtbare Teil von euch ist euer Glaube! *(Das Wort ¹thureos bedeutet ein türgroßes Schild. Wenn wir mit Gott zusammen mit-glauben, dann wird unsere ganze Person, Körper, Seele und Geist beschützt. [Vgl. 2. Kor. 5,7]*

6,17 Wenn ihr über die Erlösungsrealitäten nachdenkt, ist das wie eine Kopfbedeckung, die euer Denken beschützt. Außerdem gebt durch eure inspirierten Gedanken dem Wort Gottes eine Stimme-das ist euer geistliches Schwert.

6,18 Gebet ist eine beständige Unterhaltung. Gebet im Geist schließt jede Art von Gebet mit ein, ob es ein Bittgebet ist oder ein Dankgebet, oder Anbetung oder Fürbitte für die Heiligen, damit sie ihre heilige Unschuld erkennen. Oh, und erinnert euch daran, ihr müsst nicht die ganze Zeit reden! Seid der Stimme des Heiligen Geistes gegenüber immer aufmerksam. *(Gebet ist so viel mehr als nur eine einseitige Unterhaltung.)*

6,19 Mein dringlichstes Gebetsanliegen ist, dass ich mich klar ausdrücke, wann immer ich meinen Mund aufmache, um zu reden. Mögen meine Worte mit Inspiration befähigt sein, so dass ich kühn das Geheimnis des Evangeliums predige.

6,20 Ich bin ein Botschafter in Ketten, gebunden an die Aufgabe, voller Zuversicht die Offenbarung des Evangeliums mit der Genauigkeit weiterzugeben, die es verdient.

6,21 Mir ist bewusst, dass das kein echter Newsletter ist. Mir geht es nicht darum, von mir zu reden, aber mein treuer Mitarbeiter Tychikus wird euch im Einzelnen noch informieren. *(Er ist auch der Schreiber dieses Briefes.)*

6,22 Das ist auch der wahre Grund, warum ich ihn zu euch sende. Ihr sollt über unsere Angelegenheiten gut informiert sein und euch ganz und gar mit uns identifizieren können.

6,23 Ich bete für euch um eine Beziehung, die sich in glücklicher Harmonie ausdrückt und einen, von Liebe durchdrungen Glauben, der von Gott unserem Vater und dem Herrn Jesus Christus fließt.

6,24 Gnadengrüße an euch alle, die ihr auch unsere ungeteilte Leidenschaft für unseren Meister Jesus Christus habt. Er findet seinen Widerhall in eurem Amen. *(Jes. 40,2. Gedanken über geistliche Kampfführung: Sprecht zärtlich zu Jerusalem, und ruft ihr zu, dass ihr Kampf beendet ist, dass ihre Schuld gesühnt und vergeben ist.)*

Nach der Message Übersetzung: „...die Schiefertafel wurde sauber gewischt, der alte Haftbefehl wurde aufgehoben und an das Kreuz von Christus geheftet. Er entmachtete alle geistlichen Tyrannen im Universum und nahm ihnen ihre Scheinautorität am Kreuz weg und ließ sie nackt durch die Straßen laufen. [Kol. 2,14-15]

EPHESER Kapitel 6

*Lehren über geistliche Kampfführung sind eine populäre Ablenkung, mit denen sich viele moderne Gemeinden unserer Zeit beschäftigen. Sie predigen einen besiegten Teufel wieder zurück ins Geschäft! Pharao wurde aus der Gleichung herausgenommen, als Israel aus Ägypten befreit wurde! Sie wurden dann ihr eigener schlimmster Feind, indem sie weiterhin einer Lüge über sich selber glaubten. [Vgl. 4.Mo. 13,33 und Jos. 2,11.])
Jakobus schreibt, dass ein wankelmütiger Mensch sich selber betrügt.*

Weder Jesus, noch sonst irgendjemand in der Apostelgeschichte marschierte jemals um Städte herum, um sogenannte "starke Männer" zu binden, oder Öl über Gebäude oder Plätze zu gießen!

Wer sich mit Lehren beschäftigt, die vom Erfolg des Kreuzes ablenken, der verschwendet seine Zeit. Es gibt nur eine einzige Möglichkeit, die Herrlichkeit, die dem Kreuz folgt zu verzögern, indem wir das, was passiert ist, als Jesus starb und schrie: "es ist vollbracht", unterbewerten.

Jesus, der von den Pharisäern darüber ausgequetscht wurde, wann das Königreich Gottes denn nun kommen würde, antwortete: "Das Königreich Gottes kommt nicht durch Beachten von Kalendertagen". [The Message Lk. 17,20]

Das Königreich Gottes ist in euch! [Luk. 17,20]

Das Königreich Gottes ist die Autorität des Christus-Lebens, die das Leben unserer Wesens- und Machart freisetzt, um in einem total attraktiven und praktischen Lebensstil zu regieren. Die Welt ist eine vorbereitete Zuhörerschaft. Euer Leben ist die Botschaft; Christus ist euer Leben!)

EINFÜHRUNG ZU PHILIPPER

Paulus, Silas, Timotheus und Lukas besuchten Philippi und gründeten die erste Gemeinde in Europa auf der zweiten Missionsreise des Paulus um 50 n. Chr. (Apg. 16,11-40.)

Dieser Brief wurde etwa 61 n. Chr. aus Rom geschrieben, als Paulus unter Hausarrest stand.

Er schreibt von einem Ort der Kraft und Freude aus, um seine lieben Freunde in Philippi zu ermutigen, die auch mit vielen Widrigkeiten konfrontiert waren.

Phil 1,20 Meine momentanen Umstände halten mich nicht von meiner Botschaft ab! Ich bin überzeugt, dass das, was wir reden, jetzt und in Zukunft immer ein genaues Zeugnis von der Herrlichkeit von Christus ablegen wird. Die Botschaft ist in mir Fleisch geworden; ob ich lebe oder sterbe, macht keinen Unterschied.

Phil 1,21 Christus bestimmt mein Leben; dieses Wissen kann vom Tod weder gefährdet noch eingeschränkt werden.

Phil 2,12 „Nicht nur in meiner Gegenwart, sondern noch viel mehr in meiner Abwesenheit...." Paulus wusste, dass er in seiner Botschaft mehr gegenwärtig sein würde, als wenn er persönlich da wäre! Der Erfolg der Arbeit wird nicht daran gemessen, wie viele Partner ihr um euch schart, sondern daran, wie unnötig ihr euch durch eure Predigt machen könnt.

Phil 3,1 Das Ergebnis eures Glaubens ist überschäumende Freude im Herrn. Er ist euer ständiger Bezug zur Glückseligkeit! Ich sage das nicht einfach nur, um mich zu wiederholen, sondern die Freude ist eure Festung! Es gibt keinen sichereren Ort, an dem man sein könnte, als dort, wo man ekstatisch glücklich ist!

Paulus ermutigt sie, nicht zuzulassen, dass die Religion von der Freude an einer romantischen Beziehung ablenkt.

Phil 3,7 Das Ergebnis aus der Gleichung, religiöse Abstammung + aufrichtige Hingabe ist in der Endsumme gleich Null!

Was uns in Christus geschenkt wurde, hat das, was einst so wichtig erschien, auf nur bedeutungslose Informationen reduziert. Das Gesetz zu beachten ist Verlust für euch! Der Glaube ist euer Gewinn.

Phil 3,8 Tatsächlich bin ich zu dem Schluss gekommen, dass jede Verbindung mit dem frommen Juden, der ich einst wer, nichts ist im Vergleich zu dem, was ich durch die Kenntnis des Messias gewonnen habe. Jesus Christus und seine meisterhafte Erlösung bestimmt mich jetzt. Religion ist wie Hundekot, der stinkt! Tretet nicht hinein!

Phil 4,4 Freude ist kein Luxusartikel! Freude ist alltagstauglich und soll euch die ganze Zeit begleiten. Eure Vereinigung im Herrn ist

EINFÜHRUNG ZU PHILIPPER

eure beständige Quelle der Freude; also kann ich es genauso gut wiederholen, Freut euch immer im Herrn!

Phil 4,6 Erlaubt Angst nicht, euch von irgendetwas ¹abzuhalten!

Phil 4,11 Ich habe mein „Ich-Bin-Sein" entdeckt und festgestellt, dass ich völlig selbstgenügsam bin, unabhängig von den Umständen. (Selbstgenügsam sein, ¹autark sein, selbstzufrieden sein, das Gefühl, das du hast, wenn du mit dir selbst völlig zufrieden bist.)

Phil 4,13 In jeder Situation bin ich stark in demjenigen, der mich von innen heraus befähigt, der zu sein, der ich bin! (Paulus lebte in Verbindung mit diesem Ort in sich selbst. Er entdeckte, dass sich in ihm das gleiche Ich-Bin-Sein, in dem Jesus war, spiegelte! Ich bin, was ich bin, durch die Gnade Gottes! [1. Kor. 15,10].)

PHILIPPER Kapitel 1

1,1 Paulus und Timotheus wenden sich an alle Heiligen in Christus Jesus in Philippi, auch an ihr Leitungsteam, die ¹Betreuer und die ² Diakone. *(Aufseher, ¹episkopos, von epi, kontinuierlicher Einfluss auf etwas und skopos, „Umfang", das Gesamtbild sehen, ²diakonos, von diako, Besorgungen machen, streben nach. [vgl. Phil 3,14])*

1,2 Die Gunst des Vaters verbindet unser Leben untrennbar mit der Herrschaft von Jesus Christus.

1,3 Der Gedanke an euch inspiriert mich beständig mit Freude und Dankbarkeit gegenüber Gott.

1,4 Für euch zu beten ist ganz sicher keine Arbeit - es ist eher wie Poesie; ich freue mich auf das Ergebnis meiner Gebete für euch!

1,5 Unsere freudige Teilnahme an allem, was das Evangelium vermittelt, altert nicht. Die Frische unserer ersten Begegnung hält bis heute an.

1,6 Ich bin in Bezug auf euch innerlich gewiss und zuversichtlich, dass derjenige, der der ¹Anfänger des guten Werkes in euch ist, es bis zu seiner Vollkommenheit ausführen wird. Wie dieses Werk aussehen wird, spiegelt sich in Jesus Christus wider, der das Licht der Welt ist. Er ist die Fülle der Zeit. *(Initiator, ¹eenarche, von Anfang an einüben. [Vgl. Pred. 3,15] „was gewesen ist, ist jetzt; und was sein soll, ist schon gewesen!")*

1,7 Ich bin nicht vermessen, wenn ich so überzeugt von euch bin. Im Zusammenhang mit unserer freigesetzten Unschuld kann ich gar nicht anders von euch sprechen; ich habe euch in meinem Herzen! Eure treue Freundschaft mir gegenüber in meiner Gefangenschaft ist für mich eine große Ermutigung bei unserer gemeinsamen Verteidigung und Bestätigung des Evangeliums. Wir stecken zusammen in dieser Sache! Wir sind gemeinsame Teilnehmer an der gleichen Gnade. Meine Gnade ist eure Gnade.

1,8 Gott kennt meine tiefe Sehnsucht nach euch – die gleiche herzliche Zuneigung wie Jesus Christus sie auch hat.

1,9 Ich wünsche mir für jeden von euch, dass die Erkenntnis über die Vollkommenheit der ¹Liebe in euch zunehmend alle Grenzen sprengt und jeder Bereich eurer Beziehung zu anderen stark von eurer intimen Begegnung mit der Liebe beeinflusst wird. *(Das Wort ¹agape ist ein zusammengesetztes Wort von ago, führen, wie ein Hirte seine Schafe führt, und pao Ruhe! Seine Liebe führt mich in seine Ruhe, in die volle Erkenntnis seines vollendeten Werkes! Agape ist Psalm 23 in einem Wort. An den Gewässern der Spiegelung erinnert sich meine Seele daran, wer ich bin.")*

1,10 Ich fordere euch auf, diese Agape-Liebe mit höchster Aufmerksamkeit zu betrachten, so wie man einen Diamant im vollem Sonnenlicht untersucht, um seine makellose Vollkommenheit zu

PHILIPPER Kapitel 1

beweisen. Ich fordere euch auf, die Liebe zu ihrem endgültigen Ergebnis zu führen! Es gibt kein Unrecht in der Liebe, wie es durch Jesus Christus bezeugt wird, der das Licht der Welt ist. *(Wenn der Diamant von Anfang an fehlerfrei ist, wird jede Art von Test seine Vollkommenheit beweisen; wie jemand auf die Initiative der Liebe reagieren könnte ist nicht entscheidend. Der endgültige Test der Liebe wurde am Kreuz zum Abschluss gebracht. Die Wahrheit wird nicht durch Volksabstimmung wahr; die Unwissenheit oder Gleichgültigkeit eines Menschen kann die Wahrheit nicht ändern.)*

1,11 Euch wurde die volle Ernte eurer wiederhergestellten Unschuld und Gerechtigkeit zurückerstattet, für die Jesus Christus gearbeitet hat! Darum geht es bei der herrlichen Absicht Gottes. Feiert ihn!

1,12 Ich möchte euch, liebe Freunde, ermutigen, dass der Widerstand, dem ich mich ausgesetzt sehe und der darauf ausgerichtet war, das Evangelium zu besiegen, nur dazu beigetragen hat, es voranzubringen!

1,13 Das Gefängnis ist zu meiner Kanzel geworden! Alle Soldaten in der Wache des Gouverneurs und alle, die Teil des Palastes sind, haben von meiner Botschaft erfahren. Sie wissen, dass ich nicht ihr Gefangener bin, sondern dass ich in Christus gefangen bin.

1,14 Meine Gefangenschaft hat auch viele Gläubige an den Herrn dazu gebracht, das Wort mit furchtlosem Mut zu verkündigen.

1,15 Einige verleumden die Botschaft, andere wiederum reden mit Leidenschaft und freudiger Sicherheit.

1,16 Einige wollen aus meiner Notlage Nutzen ziehen und ihre eigenen Ziele damit erreichen.

1,17 Andere wiederum sind völlig von der Liebe inspiriert und unterstützen mich voll und ganz bei meiner Verteidigung des Evangeliums!

1,18 Ich bin begeistert! Christus ist überall das Thema bei den Gesprächen! Sogar die negative Berichterstattung macht weiterhin Werbung für ihn!

1,19 Ich kann jetzt erkennen, wie der Geist von Jesus Christus wie ein Dirigent, all dies zusammen mit euren Gebeten in ein Konzert verwandelt, das die Erlösung feiert! *(Das Wort, [1]epichoregeo, kommt von epi, einer Vorsilbe des Ortes, über, verantwortlich sein, + Chorus, Chor, Orchester oder Tanz + ago, das führen bedeutet, wie ein Hirte seine Schafe führt; also der Anführer eines Tanzes oder der Dirigent.)*

1,20 "Meine Gedanken sind in meinem Kopf nicht festgefahren. Sie bewegen sich in der zuversichtlichen Erwartung, dass

PHILIPPER Kapitel 1

ich durch nichts beschämt werde, was gegen mich vorgebracht wird."Keine meiner ²momentanen Umstände hält mich von meiner Botschaft ab! Ich bin überzeugt, dass das, was wir miteinander reden, jetzt und in Zukunft immer in Detail die Herrlichkeit Christi beschreiben wird. Die Botschaft ist in mir Fleisch geworden, ob ich lebe oder sterbe, das macht keinen Unterschied. *(Das Wort, ¹apokaradokia ist ein zusammengesetztes Wort aus drei Teilen; apo, weg von, kara, Kopf und dokeo, dachte. Das Wort ²parrhesia, von para, eine Vorsilbe, die auf unmittelbare Nähe hinweist, eine Sache, die aus einem Einflussbereich stammt, mit dem Hinweis auf Vereinigung des Wohnortes, von ihrem Autor und Geber entsprungen zu sein, seinen Ursprung haben in, der von dem Punkt ausgeht, von dem aus eine Handlung ausgeht, intime Verbindung; und rhesia, Gespräch....)*

1,21 Christus bestimmt mein Leben. Der Tod kann dieses Leben nicht bedrohen oder abschwächen.

1,22 Jetzt lebendig zu sein bedeutet, die Ernte eures Glaubens zu feiern! Ich kann nicht sagen, wann ich den Anker des Fleisches lichten und davon segeln werde! Es spielt für mich keine Rolle. *(Das Wort, ¹aihreomai, von airo, den Anker zu lichten und wegzufahren.)*

1,23 Ich bin oft hin und her gerissen zwischen diesen beiden Gedanken. Ich habe diese starke Sehnsucht, aus den Begrenzungen dieses Leibes in die unmittelbare Umarmung von Christus zu treten! Könnt ihr euch vorstellen, wie großartig das ist?

1,24 Doch dieses Evangelium hat mir meinen Arm auf den Rücken gedreht und ihn in Handschellen gelegt, deshalb bin ich entschlossen, um euretwillen im Körper zu bleiben. *(Das Wort, ¹anagke bedeutet, den Arm hinter dem Rücken zu verdrehen und fest zu halten. [Vgl. 1. Kor 9,16])*

1,25 Ich bin sicher, dass meine Zeit mit euch den unbeschwerten Fortschritt eures bahnbrechenden Glaubens anspornen wird!

1,26 Die Freude über unsere Vereinigung in Christus kennt keine Grenzen! Wir haben so viel Grund zum Feiern! Ich kann mir euren Freudentaumel vorstellen, wenn ich jetzt persönlich bei euch wäre!

1,27 Euer wichtigster Fokus als Bürger dieser Erde sollte euer tägliches Verhalten sein. Es ist genauso wertvoll wie das Evangelium selber, das erst im Zusammenhang mit dem Verhalten verständlich wird. Ob ich nun bei euch bin, um eure Standhaftigkeit mit eigenen Augen zu sehen, oder nicht, unsere geistliche ³Einheit und Unbeirrbarkeit wird deshalb trotzdem sichtbar sein. *(Das Wort ¹monon, verweist auf das, was als wesentlichstes herausgestellt*

PHILIPPER Kapitel 1

*wird; das Wort ²**axios** bedeutet, das Gewicht einer anderen Sache von gleichem Wert zu haben, die so viel wert ist. **Psyche**, griechisch, **pshuche**, bedeutet Bewusstsein, mentale Einstellung, Bewusstsein. Paulus möchte ein untrennbares Miteinander zum Ausdruck bringen; ³**sunathleo**, sportlicher Wettkampf. Der Radsport verwendet den Begriff Peloton, bei dem die Fahrer am stärksten und am schnellsten sind, wenn sie im so genannten „Peloton" fahren, einer dicht gedrängten Gruppe von Fahrern, die sich im Windschatten der anderen befinden. In einem Massenstartrennen fahren die meisten Teilnehmer den größten Teil des Rennens in einem großen Peloton. Das Wort ist französisch und kommt von einem Begriff, in einem Knäuel zusammengerollt zu sein.)*

1,28 Eure tapfere Furchtlosigkeit gegenüber Hindernissen aller Art ist ein sicheres Zeichen für alle, die euch widerstehen, dass ihre Bemühungen umsonst sind. Eure triumphierende Haltung macht die Erlösung noch offensichtlicher. *(Es gibt keine Fälschung; Gott kennt keine Konkurrenz! Die Selbsthilfeprogramme der Religion, die versuchen, Erlösung zu bewirken, bedrohen ihn nicht!)*

1,29 Wegen der Gnade, die euch in Christus geschenkt wird, kann nichts, was ihr in seinem Namen erleidet, euch von dem abhalten, was der Glaube über euch als wahr erachtet!

1,30 Unser Glaube wird in der gleichen öffentlichen Arena ausgestellt. Wir schauen uns nicht gegenseitig zu, wie ausdauernd wir sind, sondern sind Mit-Zeugen davon. Wir spiegeln unseren Triumph gegenseitig ineinander wider. *(Das Wort, ¹**agon**, bezieht sich auf den Ort des Wettbewerbs, die Arena oder das Stadion.)*

PHILIPPER Kapitel 2

2,1 In Christus ist unsere [1]Verbindung sehr eng; wir [2]erzählen seine Liebesgeschichte; die durchtränkt ist von geistlicher Gemeinschaft und zarter Zuneigung. *(Das Wort [1]parakaleo, von para, eine Vorsilbe, die enge Nähe anzeigt, eine Sache, die aus einem Einflussbereich stammt, mit Hinweis auf einen gemeinsamen Wohnort, ihren Autor und Geber als Ursprung haben, abstammen, sie [die Verbindung] weist auf einen Punkt hin, von dem aus eine Handlung ausgeht, intime Verbindung, und* **kaleo,** *durch einen Namen identifizieren, Nachname. Das Wort [2]***paramuthion,** *ist von* **para + muthos,** *ein Mythos oder eine Geschichte, eine Geschichte der Unterweisung, erzählt in einer Sprache von Herz zu Herz...)*

2,2 Euer Ausgerichtet sein auf Christus macht meine Freude vollkommen! Ihr strahlt die gleiche Agape-Liebe aus; *(seid ein gemeinsames Echo.)* Wir sind Seelenverwandte und die gleichen Gedanken finden in uns Widerhall.

2,3 Keine verborgene Absicht, vermischt mit Sauerteig, oder verunreinigt durch leere philosophische Schmeichelei kann es mit einer inneren Einstellung aufnehmen, die andere wirklich höher achtet als sich selber.

2,4 Die Entdeckung eurer eigenen Vollkommenheit in Christus befreit euch dazu, eure Aufmerksamkeit von euch selber weg auf andere zu richten!

2,5 Auf die gleiche Weise, wie Jesus sich selber sah, sollen wir uns auch sehen! Das ist die einzig gültige Sichtweise!

2,6 Sein Wesen, das Gott in Form und Gestalt gleichgestellt ist, war offiziell. Seine Sohnschaft drängte seinen Vater nicht aus dem Rampenlicht! Auch lenkte sein Menschsein nicht von der Göttlichkeit Gottes ab!

2,7 Seine Mission bestand nicht darin, seine Gottheit zu beweisen, sondern unser Menschsein anzunehmen. Er verzichtete vollkommen auf seinem Ruf, Gott zu sein, nahm unsere körperliche, menschliche Gestalt voll und ganz an; wurde auf die gleiche Weise wie wir geboren und identifizierte sich damit, Diener der menschlichen Rasse zu sein. Seine Liebe machte ihn zum Sklaven für uns!

2,8 Nachfolgend im Zusammenhang das Drama des Kreuzes, Der Mensch Jesus Christus, der ganz Gott ist, wird bis zu dem Punkt ganz und gar Mensch, an dem er, durch die Hände seiner eigenen Schöpfung, freiwillig den Tod der Menschheit stirbt. Er nahm den Fluch und die Schande auf sich, auf die niedrigste Art, den Tod eines Verbrechers zu sterben. *(So nahm er den Türeingang des Todes der Menschheit und stieg in unsere höllische Dunkelheit hinab. [Offb. 9,1 und Eph. 4,8-10])*

PHILIPPER Kapitel 2

2,9 Von diesem Ort der völligen Erniedrigung aus erhob ihn Gott auf die höchste Ebene. Gott ehrte Jesus mit einem Namen, der weit über jedem anderen Namen steht. *([Eph. 1,20] Wollt ihr den Verstand und die Muskeln Gottes messen? Denkt an die Kraft, die er in Jesus Christus entfesselt hat, als er ihn von den Toten auferweckt und ihn für immer als seine ausführende Autorität im Reich der Himmel auf den Thron gesetzt hat. Jesus ist Gottes rechte Hand der Kraft! Er wurde aus den tiefsten Gruben der menschlichen Verzweiflung in die höchste Region der himmlischen Glückseligkeit erhöht! [Vgl. Eph. 2,5-6; & 4; 8-9; Eph. 1,21] Unendlich viel höher als alle vereinten Kräfte von Herrschaft, Autorität, Gewalten oder Reiche ist er jedem Namen überlegen, der jemals einem Menschen gegeben werden könnte, in diesem Zeitalter oder einem Zeitalter, das noch in der ewigen Zukunft liegt. Der Name Jesus bestätigt, dass seine Mission vollständig erfüllt ist! Er ist der Retter der Welt! [Titus 2,11] Die Gnade Gottes leuchtet taghell, deshalb ist die Erlösung der Menschheit jetzt unübersehbar, so dass niemand mehr sie leugnen kann. [Vgl. auch Eph. 3,15] Jede Familie im Himmel und auf Erden hat ihren Ursprung in ihm; sein Name ist der Familienname der Menschheit und er bleibt die wahre Identität jeder Nation'.)*

2,10 Was sein Name enthüllt, wird jedes Geschöpf von seiner Erlösung überzeugen. Jedes Knie im Himmel und auf der Erde und unter der Erde wird sich in spontaner Anbetung beugen! *([Vgl. Jes. 45,23] „Mein eigenes Leben ist die Garantie meiner Überzeugung, spricht der Herr, jedes Knie wird sich freiwillig vor mir in Anbetung beugen und jede Zunge wird spontan aus derselben von Gott inspirierten Quelle sprechen".)*

2,11 Genauso wird jede Zunge die gleiche Hingabe an seine unumstrittene Herrschaft als Erlöser des Lebens bekunden und mitklingen lassen! Jesus Christus hat Gott als Vater der Schöpfung verherrlicht! Dies ist das endgültige Ergebnis der [1]Absicht des Vaters! *(Das Wort [1]doxa, Absicht, Meinung, wird oft mit Herrlichkeit übersetzt. [Offb. 5,13] Und ich hörte jedes Geschöpf im Himmel und auf der Erde und unter der Erde und im Meer und alles darin sagen, „Dem, der auf dem Thron sitzt, und dem Lamm sei Segen und Ehre und Herrlichkeit und Macht für immer und ewig! [Vgl. auch meinen Kommentar zu Röm. 14,11] Paulus zitiert hier Jes. 45,23. [Vgl. Vers 20,22-23] „Schaut mich an und werdet gerettet alle Enden der Erde! Ich bin Gott! Eure Götzen sind Erfindungen eurer eigenen Fantasie!" [Jes. 45,23] „Ich habe bei mir selbst geschworen; das Wort meines Mundes hat Gerechtigkeit hervorgebracht; das kann nicht aufgehoben werden!" Das hebräische Wort, יצא Yatsa, kann man, wie in Richter 8,30, mit gezeugt werden übersetzen. „Jedes Knie wird sich vor mir beugen und jede Zunge wird meinen Eid wie ein Echo wiederhallen lassen" - mit der gleichen Sicherheit sprechen, die in mir seinen Ursprung hat. Das hebräische Wort שבע shaba bedeutet, sich selber sieben Mal etwas versichern, d.h. schwören - nach hebräischem*

PHILIPPER Kapitel 2

Verständnis wiederholt man eine Erklärung siebenmal und beendet damit jeden Streit! [Vgl. Hebr. 6,13.16-17.)

2,12 In Anbetracht dieser erstaunlichen Auswirkung, was unser Glaube sieht und feiert, fordere ich euch auf, meine geliebten Freunde, schärft eure [1]Ohren weiterhin in Bezug auf das, was euer Verhalten dazu anspornt, eurer eigenen Erlösung in allen Einzelheiten, auf höchst persönliche und praktische Weise vollen Ausdruck zu verleihen. Betrachtet die Erlösung mit ihrem weltbewegenden, großartigen und endgültigen Ergebnis. Ich weiß, dass meine persönliche Anwesenheit euch sehr ermutigt, aber jetzt möchte ich, dass ihr in meiner Abwesenheit eine Begeisterung entwickelt, die alles übertrifft, was ihr vorher gekannt habt. Das würde bedeuten, dass selbst dann, wenn ihr mein Gesicht nie wieder sehen oder keinen weiteren Brief von mir erhalten würdet, es für euren Glauben überhaupt keinen Unterschied machen würde! *(Der Erfolg von Paulus' Dienst bestand nicht darin, Menschen an sich, sondern an sein Evangelium zu binden! Er wusste, dass er in seiner Botschaft mehr anwesend sein würde als durch seine Person! Der Erfolg des Dienstes wird nicht daran gemessen, wie viele Partner ihr um euch scharen könnt, sondern daran, wie abwesend ihr euch selbst predigen könnt! Das Wort, das oft mit Gehorsam übersetzt wird, ist das Wort [1]upoakoo, sich auf inspirierende Weise von dem beeinflussen lassen, was man hört.)*

2,13 Entdeckt Gott selber als eure unerschöpfliche innere Quelle; er entzündet euch mit dem Wunsch und der Energie, die seiner eigenen Freude entspricht!

2,14 Euer ganzes Leben ist ein Gedicht; jedes unterschwellige klagen oder diskutieren wäre völlig fehl am Platz! Solche Dinge sollen euch nicht daran hindern, regelmäßig das Richtige zu sprechen.

2,15 Eure makellose Unschuld strahlt eine Anziehungskraft aus, wie eine Feuerwerk des Lichts inmitten eines Volkes, das seine wahre Sohnschaft vergessen hat und dessen Leben deformiert und abartig geworden ist. *(In diesem Vers zitiert Paulus 5. Mo 32,5 aus der griechischen Septuaginta -Übersetzung des hebräischen Textes mit Bezug auf 5. Mo 32,4-5,18. In diesem Zusammehang wurde Gottes perfekte Qualitätsarbeit als Vater der Menschheit vergessen; die Menschen sind krank, pervers und verdreht geworden und verfälscht gegenüber ihrem wahren Modell der Sohnschaft. In 5. Mo 32,18 heißt es, „Du hast den Felsen vergessen, der dich geboren hat und bist bei dem Tanz, den Gott mit dir getanzt hat, aus dem Takt gekommen!" Hebräisch, [1]khul חול.)*

2,16 Euer Leben lässt, wie bei einem [1]Echo, die [2]logische und folgerichtige Darstellung der Botschaft des Lebens, wiederhallen. Ihr seid wie die Sterne am Nachthimmel und wie helles Licht, das alles überstrahlt und die Dunkelheit durchdringt. So bestätigt ihr

PHILIPPER Kapitel 2

den Tag des Herrn und macht meine Freude vollkommen! Ihr seid mein Ehrenkranz und der ³Beweis dafür, dass ich nicht umsonst im Rennen mitgelaufen bin. *(Das Wort, ¹epecho kommt von epi, überlagern, und echo, halten, Echoresonanz. Das Wort des Lebens, ²logos verkörpert eine Vorstellung oder Idee, ein Gedanke, eine Logik. Die Vorsilbe ³eis deutet auf einen Punkt hin, der letztendlich erreicht wird. [Vgl. Kol. 1,29] Deine Vollkommenheit in Christus ist kein entferntes Ziel, sondern deine unmittelbare Bezugsquelle! Meine Mühe übertrifft nun jeden Eifer, den ich zuvor unter dem pflichtgetriebenen Gesetz der Willenskraft kannte. Ich arbeite über den Punkt der Erschöpfung hinaus und bemühe mich mit intensiver Entschlossenheit und mit all der Energie, die er in mir auf machtvolle Weise aktiviert.)*

2,17 Ich möchte, dass ihr meinen Dienst an euch wie Wein seht, der auf den Altar eures Glaubens ausgegossen wird. Ich freue mich über den Gedanken, dass wir aus der gleichen Quelle trinken und damit unsere gegenseitige Freude feiern.

2,18 Was auch immer ihr leiden mögt, es endet nur in Freude! *(Freude ist eine mutige Erklärung darüber, dass, angesichts akuter Gefahren und schwerer Leiden, keine dieser Widrigkeiten uns bestimmt oder das letzte Wort in unserem Leben hat. Wir wissen, dass, ob wir nun leben oder sterben, unsere Botschaft unaufhaltsam ist und die Welt erobert.)*

2,19 Ich vertraue dem Herrn, dass ich bald Timotheus zu euch schicken kann; das wird dann für mich so sein, als wäre ich persönlich bei euch!

2,20 Ich habe hier niemanden, der mein Herz mehr teilt; ich weiß, dass er sich mit größter Sorgfalt um euch kümmern wird.

2,21 Leider gibt es viele im Dienst mit egoistischen Absichten.

2,22 Ich brauche euch nichts über Timotheus zu erzählen, denn ihr kennt seinen Wert bereits! Wir haben im Evangelium in der engst möglichen Verbindung zusammengearbeitet; wir sind wie Vater und Sohn in gemeinsamer Partnerschaft.

2,23 Ich möchte ihn umgehend zu euch schicken, aber ich warte noch darauf, wie die Dinge sich hier für mich entwickeln.

2,24 ES ist mir ein Anliegen, ihm unbedingt in Kürze folgen. Ich vertraue dem Herrn für ein positives Ergebnis in meiner Verhandlung.

2,25 Ich fühle mich sehr gedrängt, euch sofort Epaphrodites zu schicken. Er ist mein Bruder, Mitarbeiter und Begleiter. Ihr habt ihn ursprünglich geschickt um mir zu helfen, und jetzt erwidere ich euch diesen Gefallen!

PHILIPPER Kapitel 2

2,26 Er sehnt sich nach euch und vermisst euch wirklich. Er war ziemlich verzweifelt, als er von eurer Sorge um ihn hörte, als er so krank war.

2,27 Er wäre fast gestorben, aber Gott sei Dank für seine Barmherzigkeit, nicht nur um Epaphroditus, sondern auch um unseretwillen! Ich kann mir die Trauer nicht vorstellen, die sein Verlust bewirkt hätte.

2,28 Ich schicke ihn unverzüglich zu euch. Zu wissen, welche Freude er für euch sein wird, ist bereits jetzt ein großer Trost für mich!

2,29 Der unermessliche Wert seines Lebens soll mit einem großen Freudenfest gefeiert werden, wenn er ankommt Was für eine Freude, einander im Herrn zu lieben

2,30 Ich anerkenne so sehr seine totale Hingabe an das Werk von Christus. Er hatte kein Problem damit, sein Leben zu riskieren, um mir in eurem Namen zu dienen!

PHILIPPER Kapitel 3

3,1 Das Ergebnis eures Glaubens ist große Freude im Herrn. Er ist euer beständiger Bezug zum glücklich sein! Ich sage das nicht nur einfach deshalb, damit ich mich dauernd wiederhole, sondern deswegen, weil die Freude tatsächlich eure Festung ist! Es gibt keinen sichereren Ort, an dem man sein könnte, als dort, wo man ekstatisch glücklich ist! *(Die Freude über Jaweh ist eure Burg. [Neh. 8,10])*

3,2 Die Beschneidungspartei ist der Feind eures Glaubens und eurer Freiheit! Sie arbeitet mit bösen Hintergedanken! Seid auf der Hut vor ihnen, wie vor einem frei herumlaufenden bösartigen Hund, dem ihr ausweichen würdet! Sie haben ihre Messer schon gegen euch gewetzt!

3,3 Wir geben der „Beschneidung" ihre wahre geistliche Bedeutung! Unsere Anbetung wird nicht durch etwas Äußerliches bestimmt, das auch nur im Entferntesten dem Gesetz der Werke und religiösen Rituale ähneln könnte! Wir beten Gott in der Gewissheit unserer wiederhergestellten Unschuld an und freuen uns über das vollendete Werk von Jesus Christus. Glaubensgerechtigkeit gibt der geistlichen Anbetung Inhalt. Das religiöse Denken dreht sich nur darum, die Gerechtigkeit durch eigene, vergebliche Anstrengungen des Fleisches zu erreichen.

Ich bin überzeugt, dass die Beschneidung oder ein anderes Werk des Gesetzes, der Gerechtigkeit, die Jesus um unseretwillen erworben hat, nichts hinzufügen kann.

3,4 Ich habe mehr Grund als jeder andere, mich auf meine jahrelange fleißige und aufrichtige Hingabe an jüdische Ansichten und Rituale zu verlassen. Wenn das Erreichen von Gottes Anerkennung etwas mit eigenem Streben und persönlichem Einsatz zu tun hätte, könnte ich es mit den Besten aufnehmen! Mein Stammbaum ist offensichtlich.

3,5 Ich erhielt die berühmte Beschneidung, als ich 8 Tage alt war, genau wie das Gesetz es vorschrieb. Ich bin von Geburt an Israelit; das Oberhaupt meines Stammes ist Benjamin. Ich bin ein Hebräer der Hebräer! In meiner Einhaltung des Gesetzes gehörte ich zur strengsten Partei; ich war stolz darauf, ein Pharisäer zu sein. *(Rachel war die Lieblingsfrau Jakobs; sie starb bei der Geburt Benjamins; zudem lehnten sich die beiden Stämme, Benjamin und Juda nicht auf. Indem er sagt, dass er ein Hebräer der Hebräer ist, betont Paulus, dass seine Linie von beiden Elternteilen nicht mit heidnischem Blut vermischt war.)*

3,6 Meine extreme Leidenschaft zeigte sich in der Art und Weise, wie ich jeden, der sich mit Christus identifizierte, heftig bekämpfte und verfolgte. *(Die sogenannte Ekklesia)* Wenn das Halten des Gesetzes und diese, gerade genannten Zeugnisse, mir mög-

PHILIPPER Kapitel 3

licherweise einen tadellosen Ruf vor Gott hätten verschaffen können, dann hätte ich vollen Erfolg gehabt!

3,7 Das Ergebnis aus der Gleichung, religiöse Abstammung + aufrichtige Hingabe ist in der Endsumme gleich Null!

Was uns in Christus geschenkt wurde, lässt die Informationen, die uns einst so wichtig erschienen zur Bedeutungslosigkeit verblassen. Das Gesetz zu respektieren, ist Verlust für euch! Der Glaube ist euer Gewinn.

3,8 Tatsächlich bin ich zu dem Schluss gekommen, dass jede Verbindung mit dem, was mich zuvor als frommen Juden definiert hat, weit in den Hintergrund gerückt ist durch das, was ich durch die Kenntnis des Messias gewonnen habe. Jesus Christus und seine meisterhafte Erlösung definieren mich jetzt. Religion ist wie Hundekot, der stinkt! Tretet nicht hinein!

3,9 Hier bin ich also und wurde in Christus gefunden! Die ganze Zeit über suchte ich an der falschen Stelle! Durch meine eigenen, von Pflicht und Schuld getriebenen, religiösen Anstrengungen verirrte ich mich im Sackgassen-Labyrinth der Selbstgerechtigkeit, das durch das Gesetz der Werke gestärkt wurde! Der Glaube an Christus offenbart meine Identität; die Gerechtigkeit bestimmt den Glauben Gottes darüber, wer ich wirklich bin. Diese Gerechtigkeit hat ihren Ursprung in Gott und bestätigt die Autorität des Glaubens. *(Der Glaube ist ein Märchen, wenn Jesus ihn nicht mit Inhalt füllt.)*

3,10 Wie wünsche ich mir, dass ihr die Dynamik seiner Auferstehung versteht! Seine Auferstehung ist ein Beweis für unsere Gerechtigkeit! In der Offenbarung der Wechselbeziehung zwischen Gott und mir, die sich darin zeigt, dass er mich mit einbezogen hat, habe ich tatsächlich mit ihm gelitten und bin zusammen mit Christus gestorben! *(Da ich bereits voll in seinen Leiden, seinem Tod und seiner Auferstehung vertreten war, bin ich sehr begeistert, wenn ich jetzt Schwierigkeiten begegne!)*

3,11 Wenn ich mit dem Tod konfrontiert werde, trete ich tatsächlich meiner eigenen Auferstehung von Angesicht zu Angesicht gegenüber! *(Das Wort [1]katantao, von kata + anti, an einen Ort gegenüber kommen, gegenüber jemandem anderen sein, von Angesicht zu Angesicht. [1. Kor 15,18] Keine Auferstehung bedeutet keine Hoffnung für jeden, der sich jenseits des Grabes befindet; dann spielt es keine Rolle mehr, ob ihr glaubt, dass ihr in den Tod von Christus mit einbezogen wart oder nicht. [1. Kor. 15,19] Wenn unsere Hoffnung auf Christus nur darauf beschränkt wäre, uns in diesem Leben zu helfen, dann könnt ihr euch das Ausmaß unserer Enttäuschung vorstellen, wenn alles nach unserem Tod abrupt enden würde. [1. Kor. 15,20] Doch in diesem Moment vertritt*

PHILIPPER Kapitel 3

der auferstandene Christus jeden, der jemals gestorben ist; genauso, wie die erste Frucht die gesamte Ernte darstellt. [1. Kor. 15,21] Die gleiche Menschheit, die in einem Menschen gestorben ist, ist in einem Menschen wieder auferweckt worden. [1 Kor. 15,22] In Adam sind alle gestorben; in Christus sind alle lebendig geworden.)

3,12 Mein Verständnis über den vollen Umfang des Auferstehungslebens jenseits des Grabes mag in manchen Bereichen unklar sein, aber ich strecke mich aus, nach der vollständigen Einsicht in das Mit-Verstehen und in das vollständige [1]Begreifen darüber, was Jesus Christus schon immer von mir wusste, als er meinen Tod starb. Ich strecke mich auch danach aus, mich in seinem Glauben zu sehen, in den ich so vollkommen einbezogen bin, als er mich aus dem Griff des Todes gerettet und herausgezogen hat! *(Das Wort, [1]lambano, bedeutet verstehen, begreifen, sich identifizieren mit. [1. Kor 13,12] Zu erkennen, wie ich schon immer erkannt worden bin! Das Wort [2]katalambano, von kata, das hier das Verb lambano verstärkt, also ganz zu erfassen; mit etwas klar kommen, sich etwas aneignen,. Die KJV übersetzt es so, «damit ich das ergreife, wofür auch ich von Christus Jesus ergriffen worden bin.".)*

3,13 Ich prahle nicht mit dieser neu gefundenen Gerechtigkeit, als wäre ich auf die Idee gekommen; im Gegenteil, ich habe mich von allem distanziert, was das MES-System des Gesetzes der Werke und der Willenskraft früher, in Bezug auf mich, darstellte. Jetzt beschäftige ich mich voll und ganz mit dem, worauf das Prophetische hingewiesen hat. Christus ist der, nach dem wir die ganze Zeit gesucht haben! Hier ist er, [1]genau vor uns, in greifbarer Nähe! *(Das MES-System, ist die Frucht des „Mach-Es-Selber-Baumes". Das Wort [1]emprosthen, von en, in und pros, das, was direkt vor mir liegt! [Vgl. Joh. 4,26 Mirror] „Jesus antwortete....". „Ich bin derjenige, nach dem du dich gesehnt hast".)*

3,14 Ich habe den Preis für die wiederhergestellte Unschuld der Menschheit vollkommen vor Augen. Genauso, wie ein Spitzensportler bei öffentlichen Spielen handelt, so weigere ich mich, von etwas anderem ablenken zu lassen. Gott hat uns in Christus eingeladen, unsere Augen zu erheben und unsere Identität in ihm zu erkennen. *(Das Wort, [1]klesis, Einladung, vom kaleo, beim Nachnamen nennen, sich mit dem Namen identifizieren. Während das Gesetz jemanden mit dem beschäftigt, was unten ist, nimmt der Glaube unseren Blick, gefangen, damit wir nur das sehen, was oben ist, wo wir zusammen mit Christus an himmlischen Orten sitzen! Wir sind in ihm identifiziert. [Spr. 3,1].)*

3,15 Wir, die wir unsere vollkommene Gerechtigkeit entdeckt haben, haben unsere Gedanken in Christus verankert. Wenn ihr euch immer noch als unvollkommen seht, wird Gott euch offen-

PHILIPPER Kapitel 3

baren, dass ihr eure Zeit verschwendet, wenn ihr meint, ihr könntet noch mehr angenommen und gerecht werden, als wie ihr es jetzt bereits schon seid!

3,16 Also, lasst die Botschaft der Gnade das Tempo bestimmen. *(Das Gesetz ist ein Umweg, der nirgendwo hinführt!)*

3,17 Ihr habt die Freiheit, mich nachzuahmen, während wir gemeinsam das Leben vieler anderer beeinflussen, so dass sie in unsere Fußstapfen treten.

3,18 Wie ihr wisst, bin ich oft zu Tränen gerührt, wenn ich über diese Dinge rede. Ich bin so leidenschaftlich, wenn es über die Offenbarung der wiederhergestellten Unschuld der Menschheit geht, dass ich es überhaupt nicht verstehen kann, dass es noch Menschen gibt, die sich dieser Botschaft widersetzen. Viele sind offen feindselig und dem Kreuz von Christus gegenüber gleichgültig.

3,19 Ist ihnen nicht klar, dass das MES-Rechtssystem zur Selbstzerstörung führt? All ihre Hingabe an den Gott ihrer religiösen Begierden bestärkt ihre Scham und damit scheinen sie auch kein Problem zu haben, da ihr Geist durch das [1]Sünden-Bewusstsein ausgetrocknet ist. *("[1]irdische Dinge" bezieht sich in diesem Fall auf die gefallene Denkweise, die durch das Sündenbewusstsein beherrscht wird. [Vgl. Kol. 3,1-3; Hebr. 10,1, 19-22])*

3,20 Auf unsere [1]Staatsbürgerschaft wird in unserer gemeinsamen Position mit Christus an himmlischen Orten hingewiesen! Der Himmel ist nicht unser Ziel, er ist unser Ausgangspunkt! Unser Verständnis hat seinen [3]Ursprung in einem Retter; wir nehmen den Herrn Jesus Christus [4]vollkommen an! *(Das Wort, [1]politeuma, gemeinsamer Reichtum, unsere soziale Identität. Das Wort [2]uparcho bedeutet, einen Anfang machen, ein Ausgangspunkt. Das Wort, das mit Quelle übersetzt wird, ist das Wort, [3]ek. [4]apekdechomai, von apo, weg von [dem, was mich vorher definiert hat] und ek, aus der Quelle; und dechomai, in die Hände nehmen, von ganzem Herzen annehmen, vollständig umarmen.)*

3,21 Die Erlösung, deren Urheber Jesus ist, gestaltet diese Körper aus Ton um und erhöht uns, damit wir vollständig an der gleichen Art seiner himmlischen Herrlichkeit teilnehmen können. Die schlimmen Anfechtungen, denen wir uns oft wegen der Schwäche des Fleisches ausgesetzt sehen, werden bei weitem durch die herrliche Pracht übertroffen, die sich in seinem, von den Toten auferstandenen, menschlichen Körper zeigt. Nach dem Wirken der dynamischen Kraft Gottes prägt er das Spiegelmuster seiner Ähnlichkeit in uns hinein. So unterwirft er alle Dinge unter sich. *(Paulus' Streben, die Kraft der Auferstehung vollständig zu ver-*

PHILIPPER Kapitel 3

stehen), [3,10] steht im Einklang mit seinem Gebet in Eph. 1,19. Ich bete, dass ihr die unvergleichliche Größe seiner mächtigen Kraft versteht, die [1]in uns, die wir glauben, am Wirken ist, versteht. Der Glaube offenbart, wie enorm bevorzugt wir in Christus sind. [Die Vorsilbe [1]eis spricht von einem Punkt, der abschließend erreicht wird. [Eph. 1,20] Es ist die gleiche dynamische Energie, die Gott in Christus freigesetzt hat, als er ihn von den Toten auferweckte und ihn für immer in der Kraft seiner eigenen Rechten im Reich der Himmel einsetzte. [Eph. 1,21] Er ist unendlich viel höher als alle Kräfte der Gewalten und Autoritäten zusammengenommen. Welcher Name auch immer jemandem gegeben werden könnte, ob in diesem, oder in einem anderen Zeitalter, das in der ewigen Zukunft noch kommen könnte, er steht über allen anderen Namen! [Eph. 1,22] Ich möchte, dass ihr das erkennt. Er hat all diese Mächte und Gewalten unter seine Füße gelegt und überragt alle meilenweit. Er ist das Haupt; [Eph. 1,23] Die [1]Ekklesia ist sein Leib. Die Vollkommenheit seines Wesens, das alles in allem ausfüllt, wohnt in uns! Gott kann sich nicht sichtbarer machen oder sich genauer zeigen. Das Wort [1]ekklesia kommt von ek, einer Vorsilbe, die immer Herkunft bedeutet, und klesia von kaleo, sich mit Namen und Nachnamen identifizieren; so ist die „Gemeinde" sein freigesetztes Bild und seine Ursprung und inneren Selbst (wie du als Person ursprünglich von Gott erdacht warst) in menschlicher Form.

Vergleicht noch einmal Phil 2,6: Sein Wesen, das Gott in Form und Gestalt gleichgestellt ist, war offiziell. Seine Sohnschaft drängte seinen Vater nicht aus dem Rampenlicht! Auch lenkte sein Menschsein nicht von der Göttlichkeit Gottes ab! [Phil. 2,7]

2,7 Seine Mission bestand jedoch nicht darin, seine Gottheit zu beweisen, sondern unser Menschsein anzunehmen.

Er nahm unsere körperliche, menschliche Gestalt voll und ganz an; wurde auf die gleiche Weise wie wir geboren (wurde uns ähnlich) und identifizierte sich damit, Diener der menschlichen Rasse zu sein. Seine Liebe machte ihn zum Sklaven für uns! [Phil. 2,8] Und so können wir nachfolgend im Zusammenhang das Drama des Kreuzes sehen, Der Mensch Jesus Christus, der ganz Gott ist, wird bis zu dem Punkt ganz und gar Mensch, an dem er, durch die Hände seiner eigenen Schöpfung, freiwillig den Tod der Menschheit stirbt. Er nahm den Fluch und die Schande auf sich, auf die niedrigste Art, den Tod eines Verbrechers zu sterben. [2,9] Von diesem Ort der völligen Erniedrigung aus erhob ihn Gott auf die oberste Ebene. Gott ehrte Jesus mit einem Namen, der weit über jedem anderen Namen steht. [Das Wort [1]uper bedeutet über, auch, anstatt, oder um einer Sache willen. Der Name Jesus bestätigt, dass seine Mission vollständig erfüllt ist! Er ist der Retter der Welt! [Vgl. auch Eph. 3,15] Jede Familie im Himmel und auf Erden hat ihren Ursprung in ihm; sein Name ist der Familienname der Menschheit und er bleibt die wahre Identität jeder Nation. [Eph. 2,10] Was sein Name enthüllt, wird jedes Geschöpf von seiner Erlösung überzeugen.

PHILIPPER Kapitel 3

*Jedes Knie im Himmel und auf der Erde und unter der Erde wird sich in spontaner Anbetung beugen! [Eph.4,8] Die Schrift bestätigt, dass er uns in seinem Siegeszug in der Höhe als Trophäe geführt hat. Er hat seine Gabe (Ähnlichkeit) in der Menschheit wieder in Besitz genommen. [Vgl. Eph. 2,6] Wir wurden auch bei seiner Himmelfahrt erhöht, und im Thronsaal des himmlischen Reiches ebenso willkommen geheißen, wo wir jetzt zusammen mit ihm in seiner Autorität sitzen. Zitat aus dem hebräischen Text, Ps 68,18, [1]***lakachta mattanoth baadam**, *du hast in Adam Geschenke in menschlicher Form angenommen. Die Gaben, die Jesus Christus an uns verteilt, hat er in uns empfangen, in und durch seine Menschwerdung. Kommentar von Adam Clarke.] Wir wurden in seiner Auferstehung neu geboren. [1 Petr. 1,3; Hos. 6,2])*

PHILIPPER Kapitel 4

4,1 In Anbetracht all dessen bin ich mir sicher, dass ihr verstehen könnt, welch große Freude ihr für mich seid! Meine wertvollen Freunde, ihr seid meine Trophäe und meine Freude! So wie ihr es schon die ganze Zeit über getan habt, so steht auch weiterhin unbeweglich stark im Herrn!

4,2 Euer [1]Ursprung wird durch euren Namen definiert! Liebe [2]Eodias und [3]Syntyche, lasst mich euch an die Bedeutung eurer Namen erinnern! Beschäftigt euch damit, dem direkten und einfachen Weg der Gnade zu folgen; dann werdet ihr gemeinsam eure Mission im Herrn ohne euch ablenken zu lassen, erfüllen. *(Das Wort [1]parakaleo kommt von para, einer Vorsilbe, die auf unmittelbare Nähe hinweist, einer Sache, die aus einem Einflussbereich stammt, mit einem Hinweis auf die Vereinigung von Ort und Wohnsitz, von ihrem Autor und Geber hervorkommen, seinen Ursprung haben in, auf einen Punkt hinweisen, von dem aus eine Handlung ausgegangen ist, eine intime Verbindung; und kaleo, sich durch seinen Namen identifizieren, mit Nachnamen nennen. Das Wort [2]eudias, von eu, gut und odos, eine Straße, also eine erfolgreiche und schnelle Reise, auf direktem und einfachem Weg; [3]suntuche, von der Sonne, zusammen mit, und tugchanō, das Ziel erreichen; von einem, der einen Speer oder Pfeil abschießt.)*

4,3 Suzegos, du bist für mich genau das, was deine Name bedeutet, mein vertrauenswürdiger Jochträger! Verbindet euch eng mit diesen Namen, die meine Mit-Sportlerinnen im Evangelium waren! Auch Clement, sowie alle meine anderen Kollegen - ich habe ihre Namen im Buch des Lebens eingetragen! *(Paulus hat alle Namen seiner Freunde in Akten aufgeschrieben! Das Zoe Leben, so, wie es in Christus bestimmt wird, hat den Eigennamen eine so reiche Bedeutung gegeben. Suzugos bedeutet so viel wie Joch-Kumpel. In Philippi waren die Frauen die ersten Hörer des Evangeliums, und Lydia die erste Bekehrte. [Apg. 16,13-15] Clement bedeutet milder klarer Himmel, helles und sonniges Wetter. Paulus, dessen eigener Name geändert wurde von sheol, das dunkle Unterwelt bedeutet, in pao, Ruhe, erkennt die Bedeutung von passenden Eigennamen. Er nennt Petrus, kefas, der in aramäisch petros heißt. Um sich bewusst vom vertrauteren Klang von Petros zu entfernen, betont er die Bedeutung seines Namens. Der Felsen, das Fundament für Gottes Ekklesia. In Math. 16 identifiziert Jesus Simon, den Sohn Jonas, mit einem neuen Namen, Petros; und auf dieser Offenbarung, dass der Sohn des Menschen der Sohn Gottes ist, wird die Ekklesia gebaut!)*

4,4 Freude ist kein Luxusartikel! Freude ist alltagstauglich und soll euch die ganze Zeit begleiten. Eure Vereinigung im Herrn ist eure beständige Quelle der Freude; also kann ich es genauso gut wiederholen, Freut euch immer im Herrn!

4,5 Seid allen Menschen gegenüber ausgesucht[1]höfich! Der Herr ist dem einen nicht näher als dem anderen! *(Höflichkeit [1]epieikes,*

PHILIPPER Kapitel 4

von epi, das auf einen kontinuierlichen Einfluss auf etwas hinweist und eikos, vernünftig, höflich. Genau das ist Paulus' Haltung gegenüber den Götzen verehrerden griechischen Philosophen in Apg. 17,27-28. [Vgl. auch Tit. 3,3] Eure Freude macht das Evangelium sichtbar! Jede Definition von Entfernung wird aufgehoben.)

4,6 Erlaubt der Angst vor irgendwelchen Dingen nicht, euch [1]abzulenken! Verwandelt lieber solche Momente in hingebungsvolle Anbetung, und tränkt eure Bitten mit Dankbarkeit vor Gott! *(Das Wort [1]merimnao, Angst, die durch Ablenkung entsteht, von meritzo, trennen. Eure Bitten überraschen Gott nicht; er kennt eure Gedanken von Ferne und ist mit all euren Wegen vertraut; doch er freut sich an eurer Unterhaltung und eurem kindlichem Vertrauen! [Hohes Lied 2,14; Math. 6,8])*

4,7 An diesem Ort der Anbetung und Dankbarkeit werdet ihr erleben, wie der Friede Gottes in euch das Bewusstsein eurer Einheit in Christus Jesus widerspiegelt. Dieser Friede ist außerhalb der Reichweite eines jeden Gedankens, der euch möglicherweise verunsichern könnte. *(uperecho)* So wie der [1]Wachdienst eine Stadt sichert und im Voraus auf die ersten Anzeichen einer möglichen Bedrohung achtet, so werden dort die tiefsten Gefühle eures Herzens und die Ruhe eurer Gedanken vollständig bewacht. *(Dieser Friede wird nicht von äußeren Umständen beeinflusst, sondern liegt tief in den innersten Bereichen eures Wesens. Wir sprechen nicht von einem zerbrechlichen Gefühl des Friedens, das leicht gestört werden kann, oder den wir uns selbst erschaffen müssen; es ist Gottes Frieden; der Frieden, an dem Gott selbst sich erfreut!)*

4,8 Das Ergebnis eures Nachdenkens sollte sein, dass ihr die Wahrheit über jeden so betrachtet, wie es in Christus bezeugt wird. *(Denkt über den anderen die Gedanken, die Jesus auch über ihn hat)* Seid [3]überwältigt von dem Wissen darüber, was Gottes Meinung über euch ist und lebt danach! Macht euch vertraut mit der Offenbarung der [4]Gerechtigkeit! Erkennt Gottes Ähnlichkeit in euch. Macht es euch zur Aufgabe, die wiederhergestellte [5]Unschuld der Menschheit weiterzusagen. Denkt über Freundschaft nach. Entdeckt, wie erstklassig jeder im Licht des Evangeliums ist; die Menschheit steht im Rampenlicht Gottes! Denkt darüber nach, wie erhöht ihr in Christus seid. Studiert [9]Geschichten, die das Leben feiern. *([Vgl. Kol. 3,3] „Beschäftiget euch in Gedanken mit den Realitäten des Thronsaals, in dem wir zusammen mit Christus sitzen". Das Wort [1]logitsomai beschreibt eine logische Argumentation, bei der alle Gegebenheiten berücksichtigt werden; [2]alethes bedeutet, was verborgen war, aber jetzt aufgedeckt wird. In Eph. 3,21 spricht Paulus über die Wahrheit, wie sie in Jesus verkörpert ist. Das Wort überwältigt ist, [3s]emnos, von sebomai, verehren, anbeten. Das Wort für Gerechtigkeit ist [4]dikaios, vom*

PHILIPPER Kapitel 4

dikay, zwei Parteien, die ineinander Ähnlichkeit finden, bei denen es kein Gefühl von Minderwertigkeit, Misstrauen, Schuldzuweisung, Bedauern oder Leistungsdruck gibt. Das Evangelium ist die Offenbarung der Gerechtigkeit Gottes; es erklärt, wie es Gott gelungen ist, die Menschheit mit ihm in Einklang zu bringen. Es geht darum, was Gott richtig gemacht hat, nicht darum, was Adam falsch gemacht hat. [Vgl. Röm. 1,17] Das Wort ⁵hagnos spricht von tadelloser Unschuld.

Das Wort ⁶prophileo, drückt genau das aus, was es sagt, Pro-Freundschaft. Das englische Wort für erstklassig leitet sich von dem griechischen Wort ⁷euphemos ab, von eu, gut gemacht, gut und phemos, im Rampenlicht stehen, vom phao, leuchten; Jesus sagte, „Du bist das Licht der Welt". Wie bei einer Stadt auf einem Hügel, so kann auch euer Licht nicht verborgen bleiben. Das Wort ⁸arete wird oft mit Tugend übersetzt, von airo, erhöhen, hochheben; ⁹epainos, vorbildlich, lobenswert, von epi, was auf einen kontinuierlichen Einfluss hinweist und ainos, Geschichte.)

4,9 Diese Dinge stehen im Einklang mit all dem, was ich lehre und lebe; ihr könnt zuversichtlich das tun, was ihr von mir hört und seht. Der Frieden, der diesem Lebensstil unvermeidlich folgt, ist mehr als ein verschwommenes Gefühl; Gott selbst bestätigt unsere Einheit.

4,10 Ich bin so froh im Herrn, dass ihr nach all der Zeit euch wieder neu um mein Wohlergehen sorgt. Es ist erfrischend, eure Unterstützung zu erfahren, auch wenn ihr in letzter Zeit nicht die Gelegenheit hattet, sie praktisch zum Ausdruck zu bringen.

4,11 Hey, versteh mich nicht falsch, ich bin nicht hinter eurem Geld her! Ich habe mein „Ich-Bin-Sein" entdeckt und festgestellt, dass ich völlig genügsam bin, egal unter welchen Umständen. *(Selbstgenügend, ¹autarkes, mit sich selber zufrieden sein, das Gefühl, das ihr habt, wenn ihr mit euch selber völlig zufrieden seid.)*

4,12 Ich werde weder durch Misshandlung noch durch Überfluss definiert! Ob an einem anderen Tag oder an einem anderen Ort; ob beim Festen oder Fasten, bei Überfluss oder Hungersnot, das Geheimnis bleibt dasselbe. *(Überfluss ist kein Zeichen für Gottes Güte, aber ebenso wenig ein Zeichen für seine Abwesenheit! „Gerechtigkeit durch seinen (Gottes) Glauben bestimmt das Leben." Die gute Nachricht ist, dass das Kreuz von Christus ein Erfolg war. Gott hat das Leben unserer Ursprung und inneren Selbst (wie du als Person ursprünglich von Gott erdacht warst) gerettet. Er hat unsere Unschuld wiederhergestellt. Die Menschheit würde nie wieder gemäß ihrer eigenen Fähigkeit, den moralischen Gesetzen zu gehorchen, als gerecht oder ungerecht beurteilt werden! Es geht nicht darum, was jemand tun muss oder darf, sondern was Jesus getan hat! Es ist von Glauben zu Glaube und nicht das gute oder schlechte Verhalten eines Menschen oder die Umstände, die als Segen oder Fluch*

PHILIPPER Kapitel 4

gedeutet werden. [Hab 2,4] Anstatt bei Katastrophen das Kapitel über den Fluch zu lesen, erkennt Habakkuk: das Versprechen übertrifft die Leistung als Grundlage für den Freispruch der Menschheit. 5. Mo.28 wäre dann nicht mehr die Motivation oder das Maß für richtiges oder falsches Verhalten! „Obwohl die Feigenbäume nicht blühen und auch keine Früchte an den Reben hängen, keine Oliven an den Bäumen sind und die Felder keine Nahrung hervor bringen, die Herden von den Hürden abgeschnitten sind und kein Vieh in den Ställen ist, so werde ich mich doch über den Herrn freuen, ich werde mich über den Gott meiner Erlösung freuen. Gott, der Herr, ist meine Stärke; er macht meine Füße wie Hirschfüße, er lässt mich auf meine Höhen treten. [Hab 3,17-19 RSV] „Schaue weg [vom Gesetz der Werke] hin zu Jesus; er ist der Autor [Anfänger] und Vollender des Glaubens." [Hebräer 12,1; Röm. 1,17])

4,13 In jeder Situation bin ich stark in demjenigen, der mich von innen heraus befähigt, der zu sein, der ich bin! *(Paulus führte sein Leben in Verbindung mit diesem Ort in sich selbst. Er entdeckte, dass das gleiche „Ich-Bin-Sein", in dem Jesus war, in ihm freigesetzt war und sich in ihm selbst spiegelte! Ich bin, was ich bin, durch die Gnade Gottes! Christus in mir, spiegelt Christus in euch! [Phil 2,12] „Nicht nur in meiner Gegenwart, sondern noch viel mehr in meiner Abwesenheit". [Kol. 1,27] Gott möchte in uns den unbezahlbaren Schatz der Innewohnung von Christus sichtbar machen. Jedes Volk wird ihn wie in einem Spiegel erkennen! Die Enthüllung von Christus im menschlichen Leben erfüllt die Erwartungen der Menschheit in jeder Hinsicht. Er versteckt sich weder in der Geschichte, im Weltraum oder in der Zukunft, noch in den Seiten der Schrift, er spiegelt sich dort nur deswegen wider, damit er in euch sichtbar gemacht wird. [Mt. 13,44; Gal. 1,15-16])*

4,14 Ich wollte euch jetzt nicht sagen, dass ich eure Hilfe nicht brauchen oder schätzen würde! Eure gemeinsame Anteilnahme während meiner schwierigen Zeiten war für mich wie schöne Poesie!

4,15 Ihr und ich wissen sehr wohl, dass unsere erste Begegnung mit dem Evangelium euch dazu inspiriert hat, mit mir im wunderbaren Rhythmus von Geben und Nehmen zusammenzuarbeiten. Eure Großzügigkeit finanzierte dann meine Reise nach und wieder aus Mazedonien hinaus! Keine andere Gemeinde hat das getan, was ihr getan habt. *(Paulus besuchte Thessalonich und Beröa etwa 12 Jahre bevor dieser Brief geschrieben wurde. [Apg.17,1-14])*

4,16 Ihr habt mir auch mehrmals in Thessalonich geholfen.

4,17 Ich erinnere euch an eure Gaben aus keinem anderen Grund als dem, dass ich euch ermutigen möchte, die reiche Ernte im Wort zu erkennen, von der ihr ein lebendiger Brief seid. *(Griechisch, die Frucht von „deinem Wort".)*

PHILIPPER Kapitel 4

4,18 Dieser Brief ist meine offizielle Quittung an euch und beweist, dass mein Fassungsvermögen bis zum Rand gefüllt ist! Ich platze aus allen Nähten und schwelge in euren Gaben, die Epaphrodites mitgebracht hat! Eure Großzügigkeit feiert Gottes Wohlgefallen, sie ist wie ein süßer Duft, der auf dem Altar eurer Liebe zu mir ausgegossen wird. (*Das Wort [1]apecho wird hier als kommerzieller Begriff verwendet, der bedeutet, einen vollen Betrag zu erhalten und eine Quittung dafür zu geben. Von apo und echo, zu halten. In diesem Zusammenhang bezeichnet die Vorsilbe apo mit dem Akkusativ die Übereinstimmung des Inhalts mit dem Fassungsvermögen und des Besitzes mit dem Wunsch. J.B. Lightfoot.*)

4,19 Mein Gott soll auch jeden Winkel und jede Ritze reichlich ausfüllen, damit es aus allen Bereichen eures Lebens herausquillt. Der Reichtum seines Traumes, der in Christus Jesus wahr geworden ist, ist ein Maßstab für seine Großzügigkeit euch gegenüber!

4,20 Von Zeitalter zu Zeitalter, auf ewig, wird Gott als unser Vater gefeiert. Wir sind seine Herrlichkeit Das ist ganz sicher!

4,21 Umarmt jeden Heiligen in Christus Jesus in unserem Namen. Die Freunde, die bei mir sind, umarmen euch!

4,22 Alle Heiligen, insbesondere die im Haus des Kaisers, grüßen euch herzlich!

4,23 Die Gnade, die Jesus Christus verkörpert, umfasst euch in eurem Geist.

EINFÜHRUNG IN DEN KOLOSSERBRIEF

In diesem wunderbaren Werk feiert Paulus weiterhin wortgewandt die Vollkommenheit des Werkes Gottes in Christus, indem er sein Ebenbild in uns freisetzt. Sein Ziel ist es, das Geheimnis des Evangeliums in seinem genauesten Zusammenhang bekannt zu machen; die Enthüllung von Christus in uns erfüllt all unsere Erwartungen. Paulus sieht die ganze Welt als sein Publikum! Er hat keine andere Absicht, als Christus in den Nationen zu offenbaren!

Kol, 1,28 Das ist der Kern und der Schwerpunkt unserer Botschaft; wir wecken den Geist jedes Menschen und unterweisen jeden Einzelnen, damit er vollständig versteht, *(ungetrübte Klarheit)* damit wir jeden in Christus vollkommen darstellen können.

Kol, 1,15 In ihm wird das Bild und die Ähnlichkeit Gottes im menschlichen Leben sichtbar gemacht; damit jeder seinen wahren Ursprung in ihm erkennen kann; er ist der Erstgeborene jedes Geschöpfes. *(Was die Dunkelheit vor uns verborgen hat, hat er offenbar gemacht. In ihm wird unser ursprüngliches Lebens sehr deutlich widergespiegelt. Der Sohn seiner Liebe gibt uns den klaren Beweis dafür, dass er das Abbild Gottes in menschlicher Gestalt ist. Gott kann nie wieder unsichtbar sein!)*

Kol, 2,9-10 Christus offenbart, dass es im Universum keinen Ort gibt, an dem Gott lieber sein möchte; seine Fülle wohnt körperlich in Christus! Jesus beweist, dass das menschliche Leben für Gott maßgeschneidert ist! Jesus Christus spiegelt unsere Vollkommenheit wider; er ist Ich bin in uns.

Jede Lehre, die in euch eher ein Gefühl von Mangel und Unvollkommenheit hinterlässt als Vollständigkeit vermittelt, ist eine Ablenkung von der Wahrheit.

Kol, 2,16 Erlaubt daher niemandem, eure Freiheit einzuengen, indem sie von euch verlangen, die religiösen Regeln und Vorschriften für Essen und Trinken wieder einzuhalten. Alle jüdischen Feste, Neumonde und Sabbate sind in Christus abgeschafft! Die religiöse Fassade, die in Verkleidung des Gesetzes der Werke als Mittel herhielt, um das Leben eines Menschen zu bestimmen, wurde öffentlich heruntergerissen. Der Erfolg des Kreuzes wird nie mehr zum Schweigen gebracht werden können!

Kol, 3,1 Da ihr in der Tat zusammen mit Christus auferweckt worden seid, unterzieht eure Gedanken einem Richtungswechsel und beschäftigt euch mit den Thronsaalrealitäten.

Kol, 4,4 Mein aufrichtiger Wunsch ist, dass meine Botschaft genau enthüllt; was das Geheimnis Christi in seinem vollständigsten Zusammenhang ist. Dieses Geheimnis von Christus bist du! Das ist die Mission meines Lebens! *(Eph. 3,9)*

KOLOSSER Kapitel 1

1,1 Ich heiße Paulus. Mein Partner Timotheus und ich arbeiten zusammen an diesem Auftrag, der durch die Absichten Gottes bestimmt wird und den Dienst von Jesus Christus repräsentiert.

1,2 Wir begrüßen euch mit Gnade; das ist der Segen seiner Gunst und Freundschaft, und ehren euch, die ihr in Kolossä seid, als Heilige und Freunde, die in Christus mit einverleibt sind. Gott ist unser Vater und Jesus Christus unser Meister.

1,3 Jedes Mal, wenn wir für euch beten, danken wir Gott für euch. Zusammen mit unserem Herrn Jesus Christus genießen wir einen gemeinsamen Ursprung im Vater.

1,4 Die Berichte über euren Glauben an Christus Jesus und eure Liebe zu jedem hingegebenen Nachfolger inspirieren uns.

1,5 Der Himmel *(der geistliche Bereich)* ist der grenzenlose Speicher eurer Erwartung. Die Verkündigung der Güte Gottes ist nicht weit hergeholt und auch nicht zu gut, um wahr zu sein. Das Wort, das ihr gehört habt, ist absolut wahr!

1,6 Dieses Wort schwingt in euch mit und fand durch seine Anziehungskraft in der ganzen Welt Verbreitung. Die Ernte ist überall sichtbar und gewinnt an Boden, wie ihr es auch in eurer eigenen Erfahrung von dem Moment an erlebt habt, als ihr die wahre Auswirkung und Bedeutung seiner Gnade gehört und verstanden habt. *(„Zu meiner größten Freude darf ich feststellen, dass euer Glaube in der ganzen Welt verkündet wird. Das gesamte Weltall ist unser Publikum!" [Röm. 1,8] Paulus sieht immer das größere Publikum, wenn er die einzelne Person anspricht.)*

1,7 Eure Erfahrung steht im Einklang mit der Lehre, die ihr von unserem lieben Mitarbeiter Epafras erhalten habt. Er ist leidenschaftlich um euer Wohlbefinden in Christus besorgt.

1,8 Er sagte uns, wie sehr ihr uns im Geiste liebt;

1,9 und so sind wir untrennbar mit euch verbunden. Unser ständiger Wunsch ist, dass ihr von der Erkenntnis über Gottes Traum für euer Leben überwältigt werdet. Wir beten, dass seine Weisheit und seine Gedanken für euch in allem [1]geistlichen Verständnis zum Tragen kommen. *(Das Wort, [1]sunesis von suniemi, bedeutet zusammengefügt werden, wie wenn zwei Flüsse zusammenfließen, eine Verschmelzung von Gedanken, ein gemeinsames Sehen.)*

1,10 Macht eine [1]Wanderung, um die Ausdehnung des Landes zu erkunden, das Euch unter seiner Herrschaft gehört. Jetzt könnt ihr euch ihm gegenüber angemessen verhalten und ihm bei jeder Ernte eurer guten Werke, die ihr hervorbringt, gefallen. In der Zwischenzeit werdet ihr immer mehr mit den Wahrheiten, die

KOLOSSER Kapitel 1

Gott über euch weiß, auf intime Weise vertraut. Dies führt zu dem attraktivsten und erfülltesten Leben, das überhaupt möglich ist. *(Das Wort [1]peripateo bedeutet überall herumlaufen. Die Erkenntnis Gottes ist nicht unsere Erkenntnis über ihn, sondern seine Erkenntnis* **über** *uns; so zu erkennen, wie wir schon immer erkannt worden sind. [Jer. 1,5; 1. Kor. 13,12])*

1,11 Die Stärke Gottes ist wie ein Motor, der euch kraftvoll unterstützt; er hat sich eine [1]Meinung über euch gebildet! Er macht euch fähig, mit Freude in Ausdauer und Standhaftigkeit stark zu sein. *(Seine herrliche Kraft, oder [1]doxa, kommt vom* **dokeo***, etwas wie es wirklich ist zu erkennen, wahre Meinung; Gottes Absicht - seine Entscheidung.)*

1,12 Wir sind dem Vater dankbar, der uns dazu befähigt hat, am gesamten Anteil des Erbes der [1]Heiligen im Licht teilzuhaben. *(Das Licht des Evangeliums offenbart, was Gott getan hat, um den Sünder in einen Heiligen zu verwandeln; von* **hagos***, eine schreckliche Sache bis zu [1]hagios, ein geweihtes Objekt: „Nennt niemanden unheilig oder unrein." [Apg. 10,28])*

1,13 Er rettete uns aus der [1]Herrschaft der Finsternis *(eine Welt, die von den Sinnen regiert und vom Gesetz der Leistung beherrscht wird)* **und versetzte uns in das Reich, in dem die Liebe seines Sohnes herrscht.** *(Die Dunkelheit ist keine Kraft, sie ist die Abwesenheit von Licht. [Vgl. Eph. 4,18] Ein unklares Verständnis verschleierte die Wahrheit über unsere freigesetzten Mach- und Wesensart (wie du als Person ursprünglich von Gott erdacht warst). [2. Kor. 4,4] Die Lüge, die wir über uns selber glaubten „verstärkte" die Dunkelheit. Das Wort [1]exousia, manchmal mit Autorität übersetzt, kommt von* **ek***, Herkunft oder Quelle und* **eimi***, ich bin. Ich war solange verwirrt darüber, wer ich bin, bis der Tag kam, an dem ich die Gnade Gottes in Wahrheit hörte und verstand, so wie man sich in einem Spiegel erkennt. [Vgl. 2 Kor. 3,18; Joh. 1,12])*

1,14 Nach Gottes Meinung ist die Menschheit mit Christus verbunden; in seinem Blutopfer wurden wir freigekauft; unsere Erlösung wurde sichergestellt; unsere [1]Sünden wurden vollständig beseitigt. *(Das Wort Sünde ist das Wort [1]hamartia von* **ha***, negativ oder ohne und* **meros***, Abschnitt oder Form, also ohne zugewiesenen Abschnitt oder ohne Form sein, was auf eine desorientierte, verzerrte, bankrotte Identität hinweist; das Wort* **meros** *ist der Stamm von* **morphe***, wie in 2. Kor. 3,18 steht, das Wort* **metamorph***, mit Form, was das Gegenteil von* **hamartia** *ist - ohne Form. Sünde ist, nicht gemäß der Kopiervorlage eurer Mach- und Wesensart (wie du als Person ursprünglich von Gott erdacht warst) zu leben, sich im Missklang mit der ursprünglichen Harmonie Gottes zu befinden. [Vgl. 5. Mo. 32,18] „Ihr habt den Felsen vergessen, der euch geboren hat und seid aus dem Takt gekommen mit dem Gott, der mit euch getanzt hat!" Hebräisch* **khul** *oder* **kheel***, tanzen. Sünde verzerrt das Leben unseres Mach- und Wesensart. [Design] Jesus offenbart und stellt unsere wahre Form wieder her.)*

KOLOSSER Kapitel 1

1,15 In ihm wird das Bild und die Gestalt Gottes in menschlicher Form sichtbar gemacht, damit jeder seinen wahren Ursprung in ihm erkennen kann. *[Wiedererkennungswert]* **Er ist der Erstgeborene jedes Geschöpfes.** *(Was die Dunkelheit vor uns verborgen hat, hat er offenbar gemacht. In ihm wird unser ursprüngliches Lebens sehr deutlich widergespiegelt. Der Sohn seiner Liebe gibt uns den klaren Beweis dafür, dass er das Abbild Gottes in menschlicher Gestalt ist. Gott kann nie wieder unsichtbar sein!)*

1,16 **Alles was ist, beginnt in ihm, sei es im himmlischen Bereich oder auf der Erde, sichtbar oder unsichtbar, jede Ordnung des Rechts und jede Autoritätsebene, sei es Königreiche oder Regierungen, Fürstentümer oder Gerichtsbarkeiten; alles wurde von ihm und für ihn geschaffen.**

1,17 **Er ist der Urheber aller Dinge, deshalb findet alles seine Bedeutung und sein wahres Vorbild nur in ihm.**

1,18 **Die Ekklesia** *(Gemeinde)* **ist der sichtbare Ausdruck,** *(Körper)* **dessen Haupt Jesus ist. Er hat den obersten Autoritätsrang inne und führt den Siegeszug unserer Neugeburt aus der Region des Todes heraus. Sein überragender Rang kann niemals angefochten werden.** *(„... die Auferstehungsparade anführen.)" „– [Die Message, vgl. auch Offb. 1,5 und Eph. 4,8-9])*

1,19 **Gott ist in ihm völlig zu Hause. Jesus zeigt Gottes** [1]**freudige Begeisterung am Menschsein.** *(Erfreuliche Absicht,* [1]*eudokeo. „So geräumig ist er, dass alles von Gott in ihm Platz findet, ohne überfüllt zu sein." –[Die Message])*

1,20 **Er veranlasste die Versöhnung aller Dinge mit sich selbst. Durch das Blut des Kreuzes stellte Gott die ursprüngliche Harmonie wieder her. Seine Herrschaft des Friedens erstreckt sich nun auf alles Sichtbare auf der Erde wie auch auf die unsichtbaren Dinge, die sich im** [1]**himmlischen Bereich befinden.** *(Der Himmel* [1]*ouranos, ein Ort der Erhöhung, von* **atros***, ein Berg, von* **airo***, hochheben, heben, erhöhen, „Nicht nur das, sondern auch alle zerbrochenen und sich am falschen Ort befindenden Teile des Universums, der Menschen und Dinge, der Tiere und Atome, werden an den richtigen Platz gebracht und vereinen sich zu schwingenden Harmonien und das alles wegen seines Todes." – [Die Message])*

1,21 **Eure gleichgültige Einstellung entfremdete euch von Gott, so dass ihr einen Lebensstil voller** [1]**Ärgernisse, Strapazen und schwerer Arbeit geführt habt. Doch jetzt hat er euch vollständig mit eurer ursprünglichen Mach- und Wesensart** [2]**versöhnt und sie wiederhergestellt.** *(Das Wort* [1]*poneros wird im Lexikon von Thayer beschrieben und bedeutet Ärger, Strapazen und schwere Arbeit, das oft mit böse übersetzt wird. [Vgl. Septuaginta, Baum der Erkenntnis des Guten*

KOLOSSER Kapitel 1

und der harten Arbeit!] Versöhnen: ²*apokatallasso, vollständig zum ursprünglichen Wert wiederhergestellt sein. [Nach Thayers Definition: wechseln, tauschen, Münzen für etwas anderes, das gleichen Wert hat, eintauschen.])*

1,22 Er bewerkstelligte dies, indem er unseren Tod in einem menschlichen Körper starb; er vertrat uns voll und ganz, um uns wieder in tadelloser Unschuld und von Angesicht zu Angesicht mit Gott darzustellen; ohne Schuldgefühle, Misstrauen, Bedauern und Beschuldigungen; alle Anklagen gegen uns wurden offiziell fallengelassen.

1,23 Lasst euch beständig von dem beeinflussen, was euer Glaube über euch als wahr erachtet, und seid fest in der Grundlage eures Glaubens verankert, so dass euch nichts von der Erwartung des Evangeliums ablenken kann; eine Hoffnung, die mit dem übereinstimmt, was ihr gehört habt. So wie ich, Paulus, im Dienst bin, um die eine und einzige Botschaft zu verkünden, die glaubwürdig klingt und in der ganzen Schöpfung unter dem Himmel Widerhall findet. *(Die Dimension des unsichtbaren geistlichen Reiches. „Ihr bleibt geerdet und beständig in diesem Vertrauensband und seid ununterbrochen auf die Botschaft ausgerichtet und achtet sorgfältig darauf, nicht abgelenkt zu werden. Es gibt keine andere Botschaft - nur diese hier. Jedes Geschöpf unter dem Himmel erhält diese gleiche Botschaft. Ich, Paulus, bin ein Vermittler dieser Botschaft." – [Die Message])*

1,24 Deshalb kann keine Form des Leidens meine Freude beeinträchtigen. Jedes Leiden für euch ist nur eine weitere Gelegenheit, das zu verstärken, was *(nach eurem Verständnis)* an dem Leiden Christi für seinen Leib, der die Gemeinde ist, noch fehlen könnte. *(Die Unannehmlichkeit, die Paulus für die Gläubigen erleiden könnte, kann nicht zu den Leiden von Christus hinzugefügt werden - als ob die Leiden von Christus für uns nicht ausgereicht hätten. Es geht vielmehr darum, das Prinzip der selbstlosen Liebe, das den neutestamentlichen Dienst [z.B. durch freiwilliges auf sich nehmen von diesen Unannehmlichkeiten] in seiner Wirkungsweise einschränkt, weiter zu betonen und zu bestätigen.)*

1,25 Ich bin ein Verwalter in Gottes Wirtschaft; meine Aufgabe ist es, euch sein Wort mit äußerster Klarheit mitzuteilen.

1,26 Die begehrteste Aufgabe der Menschheit, das Geheimnis, das seit Jahrhunderten und Generationen schwer fassbar und verborgen geblieben war, zu verstehen, ist nun in unserer freigesetzten Unschuld vollständig verwirklicht worden.

1,27 Gott freut sich, in uns den unbezahlbaren Schatz dieser herrlichen Enthüllung der Wohnstätte von Christus zu offenbaren, damit jeder Mensch auf der Erde, wer auch immer er ist, jetzt die größte Entdeckung aller Zeiten macht und Christus in sich selbst

KOLOSSER Kapitel 1

wie im Spiegel erkennt! Er ist die ¹Sehnsucht der Nationen und erfüllt ihre Erwartungen in jeder Hinsicht! *(Er versteckt sich weder in der Geschichte oder im Weltraum noch in der Zukunft oder in den Seiten der Schrift. Er spiegelt sich wohl in all dem wider, aber nur in euch wird er enthüllt und sichtbar gemacht. [Math. 13,44; Gal. 1,15-16; 2. Kor. 3,18; 2. Kor. 4,4&7] Das ist gewaltig! Was Gott jetzt in den Heiligen aufdecken konnte, hat genauso augenblickliche Bedeutung in den Nationen! Christus in den Nationen ist die Hoffnung der Herrlichkeit! Das ist das Geheimnis aller Zeiten! Darauf haben wir gewartet. [¹Hag. 2,6&7])*

1,28 Das ist der Kern und der Schwerpunkt unserer Botschaft; wir wecken den Geist jedes Menschen und unterweisen jeden Einzelnen, damit er vollständig versteht, *(ungetrübte Klarheit)* **damit wir jeden in Christus vollkommen darstellen können.** *(Übersetzung von ¹vous + tithemi, jeden Verstand mit dem Geist Gottes neu auszurichten. Das Wort ²sophos kommt von sophes und bedeutet klar, Klarheit. Das Wort ³paristano kommt von para, der Einflussbereich, der engsten Verbindung, und histemi, was stehen heißt, durch Beweise etwas zeigen. Das Wort ⁴teleios bedeutet perfekt sein, ohne Mängel und voll effizient.)*

1,29 ¹Eure Vollkommenheit in Christus ist kein entferntes Ziel, sondern eure unmittelbare Bezugsquelle. Ich arbeite nun mit viel mehr Eifer als jemals zuvor unter dem pflichtgetriebenen Gesetz der Willenskraft. Ich arbeite über den Punkt der Erschöpfung hinaus und kämpfe mit leidenschaftlicher Entschlossenheit, mit all der Energie, die er in mir kraftvoll aktiviert. *(¹eis, ein Punkt, der zum Abschluss gekommen ist.)*

KOLOSSER Kapitel 2

2,1 Stellt euch vor: Die Voraussetzungen sind geschaffen, das Spiel läuft! Und ihr seid mehr als nur bloße Zuschauer. Wir ¹stehen uns in der ²Arena gegenüber wie zwei Athleten von genau der gleichen Statur: Es geht darum, Christus in euch so deutlich zu machen, dass sowohl ihr alle als auch diejenigen in Laodizea das erleben können, was ich direkt von Angesicht zu Angesicht erfahren habe und nicht nur vom Hörensagen! *(Christus ist in Paulus nicht mehr vorhanden als er es in seiner Zuhörerschaft ist! Die KJV (King James Übersetzung) übersetzt dieses Wort mit „welch ein ¹großer ²Kampf!". Das Wort ¹helikos aus Thayers Definition bedeutet „so groß wie; so alt wie; gleichwertige Kameraden. Zwei Teilnehmer, die genau das gleiche Gewicht haben und gleichzeitig Athleten gleichen Alters sind". Und Arena oder Wettbewerb, ²agon, ist in Thayers Definition „eine Versammlung von Menschen, die sich treffen, um Spiele in der Arena oder im Stadion anzuschauen".)*

2,2 Der ¹Auftrag meines Dienstes besteht darin, das Herz eines jeden Menschen zu seiner wahren Identität aufzuwecken, die in den Wandteppich der Liebe ²eingewoben ist. Dies wird euch in ein Leben einführen, bei dem ihr den Reichtum des gemeinsamen ³Sehens und Verstehens und des gemeinsamen Zeugnisses kennt – ein Reichtum, der im Geheimnis Gottes verborgen ist, der uns gezeugt und uns in Christus mit offenbart hat. *(Das Wort, ¹parakaleo, wird oft als Trost übersetzt von para, einer Vorsilbe, die auf unmittelbare Nähe hinweist, eine Sache, die aus einem Einflussbereich stammt, mit einem Hinweis auf Vereinigung des Wohnortes, von ihrem Autor und Geber, der von dem Punkt ausgegangen ist, von dem aus eine Handlung ausgeht und eine intime Verbindung bezeichnet; und kaleo, beim Nachnamen nennen, sich mit dem Namen identifizieren, beim Namen rufen. Der Satz, ²sumbibatzo en agape, bedeutet verwoben im Wandteppich der Liebe; und das Wort, ³suniemi, bedeutet gemeinsames Sehen oder Verstehen.)*

2,3 Alles, was unseren Reichtum definieren könnte, ist in Christus ¹verborgen. An diesem Ort unserer Vereinigung in ihm hat der gesamte ²Schatz aller Weisheit und Erkenntnis seinen Ursprung. *(Das Wort ¹apokriphos kommt von apo, weg von und krupto, verbergen, geheim halten. Das Wort ²thesaurus bedeutet Schatz; der Ort, an dem wertvolle Dinge gesammelt und abgelegt werden; von tithemi, platzieren und theo, Gott, das höchste Fassungsvermögen aller Dinge. Christus ist der Bezugspunkt aller Weisheit und Erkenntnis.)*

2,4 Ich möchte es so klar sagen, damit niemand euch zu einer schlechteren Schlussfolgerung verleiten kann, indem er eure Gedanken durch kluge Worte in die falsche Richtung lenkt. *(Jede Botschaft, die von der Offenbarung des Geheimnisses von Christus in euch ablenkt, ist ein Irrtum!)*

2,5 Nur weil ich körperlich nicht bei euch bin, heißt das noch lange nicht, dass ich deshalb geistlich von euch entfernt bin. Ich freue

KOLOSSER Kapitel 2

mich darüber, dass euer diszipliniertes und praktischer Lebensstil euch nicht von der Einfachheit eures Glaubens und von eurem Vertrauen in Christus ablenkt.

2,6 Was ihr bei eurer ersten Umarmung erlebt habt, als ihr eure göttliche Verbindung in ihm zum ersten Mal verstanden habt, unterscheidet sich nicht im Geringsten von eurem Alltagsleben. *(Wie ihr Christus empfangen habt, so wandelt in ihm.)*

2,7 Wie die Wurzeln eines Baumes, zieht eure Nahrung und Kraft aus ihm. Wie ein Gebäude, das auf seinem Fundament aufgebaut wird, so macht in eurem Leben die volle Größe von Christus sichtbar; steht hoch aufgerichtet in seinen Schuhen, fest gegründet in einer Pose *(Haltung)* des Glaubens. Die Sprache der Dankbarkeit, die von euren Lippen überfließt, spiegelt genau das wider, was euch beigebracht wurde.

2,8 Achtet darauf, dass ihr niemandem wegen ihres leeren philosophischen Intellektualismus und ihrer bedeutungsloser Spekulationen zum Opfer fallt. Ihr könnt sie an den Traditionen und dauernden Wiederholungen erkennen und daran, dass sie von kosmischen Codes und dem Aberglauben der Menschheit geprägt sind und nicht mit Christus übereinstimmen

2,9 Die ganze [1]Gottheit[2] wohnt in ihm, in einem menschlichen Körper! Er beweist, dass das menschliche Leben für Gott maßgeschneidert ist! *(Das Wort, [1]theotes, Gottheit, ist weiblich. Jesus zeigt detailliert, wie der Vater, der Sohn und der Geist in menschlicher Gestalt aussehen. Das Wort, [2]katoikeō, bedeutet wohnen, bewohnen. Während Weite und Raum die Gottheit nicht messen oder definieren können, zeigt sich ihre genaue Ähnlichkeit in der menschlichen Haut. [vgl. Kol. 1,19] Gott ist in ihm voll zu Hause. Jesus zeigt Gottes [1]freudige Begeisterung, ein Mensch zu sein.)*

2,10 Und ihr seid in ihm! Er ist die [1]oberstes Autorität und der [2]Urquell eures Seins, er [3]bestätigt eure Vollkommenheit. *(Das Wort, [1]arche, bedeutet Häuptling im Rang. Der Kopf - [2]hē kaphalē. Gott hat die Vollständigkeit in „Ich bin" verpackt. Das Wort, [3]exousia, wird oft als Autorität übersetzt; von, ek + eimi, die aus „Ich bin" stammt. Die Tage sind vorbei, an denen unser Leben von der Herrschaft des Gesetzes der Leistung und einer minderwertigen Identität bestimmt wurde. Jede Lehre, die euch eher ein Gefühl von Mangel und Unvollkommenheit als von Vollständigkeit vermittelt, ist eine Ablenkung von der Wahrheit.)*

2,11 Ihr wart in Christus, als er starb, was bedeutet, dass sein Tod eure wahre Beschneidung darstellt. Die Autorität der Sünde wurde im menschlichen Körper ausgemerzt, als ihr in ihm euren Tod gestorben seid.

KOLOSSER Kapitel 2

2,12 Ihr könnt hier Parallelen erkennen: *(euer Mit-Beschnitten sein in seinem Tod)* euer Mit-Begräbnis und eure gemeinsame Auferstehung, wird jetzt in der Taufe demonstriert; Gottes Glaube wusste um eure Miteinbeziehung in Christus, als er ihn kraftvoll von den Toten auferweckte. *(Hos. 6,2)*

2,13 Ihr wart einst geistlich tot und dies wurde durch euer ständiges Versagen bestätigt, und wart an einen Lebensstil gebunden, der von den [1]verdorbenen Wünschen des Fleisches beherrscht wurde. Jetzt aber hat Gott euch zusammen mit ihm zum Leben erweckt und so unsere Unschuld und Würde [2]gnädig wiederhergestellt, nachdem er uns allen unsere [3]Zukurzkommen vergeben hat. *([1]Die Unbeschnittenheit des Fleisches, d.h. im Griechischen ein Leben, das von den Geschlechtsorganen kontrolliert wird. Gott hat uns in Christus [2]Gnade erwiesen. Das Wort, das mit vergeben übersetzt wird, ist [2]charisamenos von charizomai und bedeutet, dass er unsere Unschuld und Würde gnädig wiederhergestellt hat! Das Wort [3]paraptoma kommt von para, Nähe, Einflussbereich und pipto, das Fliegen stoppen, von petomai, fliegen; also vom Fliegen herunterfallen oder an Höhe zu verlieren.)*

2,14 Sein an das Kreuz genagelter Körper hing dort als [3]Dokument der Schuld der Menschheit; als er unseren Tod starb, [1]annulierte er die detaillierte, [2]handschriftliche [3]Aufzeichnung, die gegen uns aussagte. Jeder [1]Fleck auf unserem Gewissen, der an das Gefühl von Versagen und Schuld erinnert, wurde so vollständig entfernt (ausgelöscht). *(Das Wort, [1]exaleipho, kommt von ek, aus und aleipho, mit a, als ein Partikel der Vereinigung, und liparos, zu schmieren, einen Fleck hinterlassen; Schuldgefühle, sowie alle schmerzhafte Erinnerungen waren wie Fettflecken auf dem Gewissen. [Im NT und nur an den folgenden Stellen wird der Ausdruck auslöschen gebraucht: in Offb. 3,5; 7,17; 21,4 und in Apg. 3,19] „Erwacht in eurem Geist und bekehrt euch vollständig und schaut der Tatsache eurer wiederhergestellten Unschuld ins Auge - eure Sünden sind gründlich ausgelöscht worden!" Platon benutzte das Wort mit der Bedeutung eine Schrift auszulöschen. Das Wort [2]cheirographon wird mit handschriftlich übersetzt. Das Wort [3]dogma kommt von dokeo, einem Gedankenmuster; also Gedankenmuster, die von der menschlichen Erfahrung der ständigen Nichterfüllung der gesetzlichen Anforderungen geprägt sind. In ihrer persönlichen Handschrift bestätigte die Menschheit ihr eigenes Todesurteil. Die Hände der gefallenen Menschheit schlugen mit den Schlägen ihres religiösen Hasses und ihrer Wut auf den Leib von Jesus ein und nagelten seinen blutbefleckten Körper an den Baum. Sie erkannten nicht, dass in dem Geheimnis der Wirtschaft Gottes Jesus zum Sündenbock der gesamten Menschheit wurde! [Jes. 53,4-5; vgl. Anm. zu Hebr. 8,12]. „Die Schiefertafel wurde sauber abgewischt, der alte Haftbefehl aufgehoben und an das Kreuz von Christus genagelt." – [Die Message])*

2,15 Indem er den Tod der Menschheit gestorben ist, entzog er jedem möglichen Anspruch auf Anklage gegen die menschliche Rasse [1]die

KOLOSSER Kapitel 2

Rechtsgrundlage und machte so, durch Gottes strahlendem Triumph, der in ihm demonstriert wurde, jede Herrschaft und Autorität zu einem ²öffentlichen Schauspiel. Die ⁴Stimme des Kreuzes wird nie zum Schweigen gebracht werden! *(Der Horror des Kreuzes ist jetzt die ewige Trophäe von Gottes Triumph über die Sünde! Das Kreuz nahm der Religion die Autorität weg, die Menschheit mit Schuldgefühlen zu manipulieren. Keine Anklage konnte mehr als Druckmittel verwendet werden, um die menschliche Rasse mit Verurteilung und Scham zu erpressen! Das Wort ¹apekduomai wird* **übersetzt von** *apo, weg von und ekduo, von der Kleidung befreit werden; entwaffnen; die religiöse Fassade, die das Gesetz der Werke als Mittel zur Bestimmung des Lebens einer Person tarnte, wurde* **öffentlich** *heruntergerissen. Das gleiche Wort wurde in Kol. 3,9 gebraucht. Die Vorherrschaft des Baumes der Erkenntnis von Gut und Böse [***poneros***, harte Arbeit und Mühsal] wurde beendet. Das Wort ²***deikmatizo*** *bedeutet, in der Öffentlichkeit ausstellen. Vgl. ³Kommentar weiter unten* **über die Worte** ***arche****,* **regieren und** ***exousia****, Autorität. Das Wort ⁴***parresia*** *kommt von* ***pas****, alles und* ***rheo****, Offenheit, die Rede fließen lassen.*

„Er hat am Kreuz alle geistlichen Tyrannen im Universum ihrer falschen Autorität beraubt und sie nackt durch die Straßen getrieben." – [Die Message]]

[Vgl. Kommentar zu 1. Kor. 15,24] Der vollständige Abschluss seines Erlösungswerkes wird dadurch gefeiert, dass er die volle Ernte seiner Herrschaft Gott dem Vater bringt, nachdem er das Gesetz der Werke außer Kraft gesetzt hat, das jede Definition von Herrschaft unter dem Sündenfall unterstützt, einschließlich aller Fürstentümer, aller Autoritäten und aller dynamischen Einflüsse in der Gesellschaft. [Er hat das Gesetz der Werke, **katargeo***, von* **kata***, das Intensität bedeutet, und* **argos***, das Arbeit bedeutet, zum Scheitern gebracht; also frei von aller eigenen Leistung, das verbessern zu wollen, was Gott bereits in Christus vollendet hat. Alle Fürstentümer, ³***arche***, Führungsriegen oder Regierungshäupter, d.h. Könige, Gouverneure; dies schließt jedes Regierungssystem ein, wobei Einer aufgrund seiner Leistung oder seiner Vorrangstellung über den Anderen gesetzt wird. Alle Autorität, ³***exousia***, kommt von* **ek***, bezeichnet den Ursprung und von* **eimi***, ich bin; in diesem Fall bin ich aufgrund dessen, was ich tun kann, definiert durch das, was ich besser kann als ihr; deshalb habe ich Autorität über euch. Jeder dynamische Einfluss in der Gesellschaft,* **dunamis***, bedeutet Kraft, in diesem Fall Willenskraft. Jede Regierungsstruktur in der Gesellschaft wird unter die Herrschaft der Gnade gebracht, wo das Christus-Leben herrscht.]*

In 1. Kor. 2,7-8 sprechen wir Worte der Weisheit, die seit ewigen Zeiten im Schweigen verborgen waren; ein Geheimnis, das Gottes Meisterplan entfaltet, womit er seine Herrlichkeit in der Menschheit freisetzen würde. Weder die Politiker noch die damaligen Theologen hatten eine Ahnung von diesem Geheimnis [der Vereinigung der Menschheit in Christus]; wenn sie es gewusst hätten, hätten sie den Herrn niemals gekreuzigt, dessen Tod unsere Herrlichkeit freigesetzt hat!)

KOLOSSER Kapitel 2

2,16 Lassst eure Freiheit daher von niemandem einschränken, indem sie von euch verlangen, die religiösen Regeln und Vorschriften für Essen und Trinken wieder einzuhalten. Alle jüdischen Feste, Neumonde und Sabbate sind in Christus abgeschafft! *(Sie hatten nur insofern Bedeutung, als sie jährlich, monatlich und wöchentlich an die* **Verheißung** *von Christus erinnerten. Sie trugen die Verheißung wie eine Plazenta das ungeborene Kind hält, als aber das Kind geboren war, wurden sie überflüssig.)*

2,17 Das alles waren nur prophetische Schattenbilder; Christus ist der Inhalt (Substanz).

2,18 Mit einer religiösen Denkweise, die sich in freiwilliger Demut und der Sucht nach frommen Bräuchen im Zusammenhang mit Engeln zeigt, handelt ihr euch keinen weiteren Lohn ein. Erlaubt also niemanden, der meint, er müsse sich als Schiedsrichter eurer Hingabe aufspielen, auf seiner eigenen Meinung zu beharren. Sein Geist ist durch das Sensationelle und Geisterhafte aufgeblasen und seine sogenannten Visionen sind nichts weiter als Schall und Rauch. *(In seiner Beurteilung versäumt er es, die rechtlichen Auswirkungen des Kreuzes richtig zu deuten.*

„Duldet keine Menschen, die versuchen, euer Leben zu lenken, indem sie euch befehlen, einen Kratzfuß zu machen [um euren Rang vor Gott zu verbessern], und die darauf bestehen, dass ihr euch auch ihrer Sucht nach Engeln anschließt und nach Visionen trachtet. Sie sind nichts weiter als ein Schwall heißer Luft, das ist alles, was sie sind." – [Die Message])

2,19 Solch ein religiöser Jargon widerstrebt vollkommen dem Haupt, das euch führt. Ihr seid direkt mit Christus verbunden, der wie ein ¹Chor-Dirigent die Musik aus jedem von euch herauszieht, wie ein kunstvoller Teppich, dessen Fäden in harmonischen Tönen miteinander verwoben sind, um so die volle Größe der göttlichen Inspiration zu enthüllen. *(Das ist Christus in euch. Das Wort, ¹epichoregeo, ist Chorleiter. [Vgl. 2. Petr. 1,11] So wird der große Musik Dirigent euer Leben in den vollen Umfang der Harmonie der Zeitalter ziehen.)*

2,20 Wenn es wahr ist, dass ihr in den Tod von Christus mit einbezogen wurdet, dann gelten die religiösen Systeme dieser Welt mit ihren Regeln und Vorschriften für euch nicht mehr. Was für eine Bedeutung hätte es noch für euch, weiterhin unter dem Einfluss der Lehren und Ideen der Menschheit zu leben?

2,21 Dinge wie: „Habt keine Verbindung mit dieser Sache!" oder „Probiert das nicht!" oder „Berührt das nicht einmal mit dem Finger!"

2,22 Diese Anweisungen sind keinesfalls von bleibendem Wert, da sie sich auf Dinge beziehen, die nach dem Verzehr

KOLOSSER Kapitel 2

vergehen, und somit keine bleibenden Auswirkungen auf euer Leben haben. Erhebt euch nicht über die Unmündigen, nur weil menschengemachte Regeln euch dazu verleiten wollen. *(Jesus sagte, dass es nicht darauf ankommt, was in den Mund eingeht, sondern was aus dem Herzen herauskommt!)*

2,23 Religiöse Tradition scheint sehr fromm zu sein und ihre Anhänger haben den Anschein von Demut und Heiligkeit, wenn sie die Regeln strikt einhalten, die das Verhalten des Körpers kontrollieren sollen. Das einzige Problem dabei ist, dass das Fleisch nie dauerhaft zufrieden ist. *(Die Message übersetzt die Verse 19-23 wie folgt: «Sie sind völlig losgelöst von der Quelle des Lebens, Christus, der uns in einem Stück zusammenfügt, dessen Atem und Blut durch uns fließt. Er ist das Haupt und wir sind der Leib. Wir können in Gott nur dann gesund aufwachsen, wenn er uns ernährt. Wenn ihr also mit Christus diese ganze anmaßende und kindische Religion hinter euch gelassen habt, warum lasst ihr euch dann von ihr schikanieren? „Fasst das nicht an! Probiert das nicht! Geht nicht in die Nähe von dem!" Glaubt ihr, dass Dinge, die heute da sind und morgen nicht mehr, so viel Aufmerksamkeit verdient haben? Es klingt alles so beeindruckend, wenn sie mit einer tiefen Stimme gesagt werden. Sie vermitteln sogar die Illusion, fromm, demütig und so enthaltsam wie Mönche zu sein."*)

KOLOSSER Kapitel 3

3,1 Haltet euch mit Christus für auferweckt! Denkt tief darüber nach, welche Folgen euer mit einbezogen sein in ihn hat. Verändert eure Gedanken! Beschäftigt euch mit den Thronsaalrealitäten, denn ihr sitzt zusammen mit Christus in der ausführenden Autorität der rechten Hand Gottes.

3,2 Wer sich liebevoll mit den Gedanken des Thronsaals vertraut macht, wird sich nie wieder von der irdischen *(seelisch geführten)* Welt ablenken lassen. *(„Richtet eure Gedanken auf die Dinge aus, die oben sind, und nicht auf das, was unten ist!" RSV. Was auch immer ihr in eurem täglichen Leben erlebt, macht euch mit der höheren Realität vertraut, mit den Dingen, die oben sind! Beschäftigt euch nicht mit den Kräften der Dinge, die unten sind! Vgl. auch Röm. 1,18, wo das Wort **katecho** verwendet wird - nach unten zu echoen ist das Gegenteil von **anoche**, nach oben zu echoen – [Röm. 2,4 und Röm. 3,26, auch 2. Kor. 4,18] „Wir bewerten nicht nach dem, was unserer Wahrnehmung an der Oberfläche so offensichtlich erscheint; das ist vergänglich und belanglos. Das unsichtbare ewige Reich in uns besitzt unsere volle Aufmerksamkeit und fesselt unseren Blick." Ein erneuerter Geist erobert den gedanklichen Raum, der zuvor von wertlosen Beschäftigungen und Gewohnheiten eingenommen wurde. Vgl. meine Notizen, die erdgebundenen Wirklichkeiten den himmlischen Dimensionen am Ende von Offb. 16. gegenüberstellen.)*

3,3 Eure Vereinigung mit seinem Tod hat die Verbindung zu dieser Welt unterbrochen; ihr sollt euch wie in einer Festung sehen, wo euer Leben mit Christus in Gott verborgen ist! *(„An jenem Tag werdet ihr erkennen, dass ich in meinem Vater bin und ihr in mir und ich in euch." [Joh. 14,20] Füllt eure Gedanken mit dieser neuen Lebensordnung; ihr seid gestorben, als Jesus starb; was immer euch vorher definiert hat, definiert euch nicht mehr. Christus, in dem die Fülle der Gottheit wohnt, definiert euch jetzt! Das Wort „verborgen" kann auch mit geheim* **übersetzt werden***; das Geheimnis eures Lebens ist eure Vereinigung mit Christus in Gott! [Vgl. Kol. 2,9-10] „Da ihr mit Christus auferstanden seid,* **müsst ihr eure Gedanken** *dort hinauf richten, wo Christus jetzt zur Rechten Gottes sitzt, ihr müsst himmlisch und nicht irdisch gesinnt sein, ihr habt den Tod erlitten und euer Leben ist jetzt mit Christus in Gott verborgen. Christus ist euer Leben, wenn er offenbart wird, werdet ihr in seiner Herrlichkeit offenbart." – [Knox Übersetzung])*

3,4 Die Offenbarung von Christus, die unser Leben bestimmt, bedeutet, dass sich das, was in ihm sichtbar ist, auch [1]sofort gleichermaßen in euch widerspiegelt! Das genaue Leben, das in Christus dargestellt ist, wiederholt sich nun in uns. Wir sind in die gleiche Glückseligkeit und gemeinsame Einheit mit ihm eingebunden; so wie sein Leben euch offenbart, offenbart euer Leben ihn. *(Dieser Vers wurde oft so* **übersetzt,** *dass die Offenbarung von Christus auf ein zukünftiges Ereignis verschoben wird! Das Wort* [1]*otan wird*

KOLOSSER Kapitel 3

oft mit „wenn" übersetzt, besser ist „jedes Mal". „Jedes Mal, wenn Christus offenbart wird, werden wir in seiner Herrlichkeit gemeinsam offenbart." Laut Walter Bauer Lexikon wird **otan** *oft für eine Aktion verwendet, die wiederholt wird. Paulus erklärt unsere gemeinsame Verherrlichung in Christus! Wir sind in der gleichen Glückseligkeit gemeinsam offenbart. [Vgl. 1. Kor. 2,7-8; Röm. 3,23-24; Röm. 8,30; 2. Petr. 1,3] In ihm leben und bewegen wir uns und sind wir; in uns lebt und bewegt er sich und ist er! [Apg. 17,28])*

3,5 Erachtet die Glieder eures Körpers als tot und begraben gegenüber allem, was mit der Pornobranche, mit sinnlicher Unreinheit, Verlangen nach verbotenen Dingen, Lust und Gier zu tun hat, die nur eine weitere Form der Götzenverehrung sind. *(Götzendienst verehrt ein verdrehtes Bild von euch selbst!)*

3,6 Diese verdrehten Ausdrucksweisen stehen im völligen Widerspruch zu Gottes Plan und Wunsch für euer Leben. *(Der Satz „über die Söhne des Unglaubens" wurde später in einigen Manuskripten hinzugefügt.)*

3,7 Wir wurden alle einmal von einen Lebensstil der Lust und Gier mitgerissen.

3,8 Aber weil ihr jetzt erkennt, dass ihr zusammen mit Christus gestorben und gemeinsam mit ihm auferweckt worden seid, könnt ihr eure Gedanken mit der Wahrheit füllen! Lasst diese Dinge dauerhaft hinter euch: wie z.B. gewalttätige Wutausbrüche, Depressionen, Bosheiten aller Art, [1]Verleumdung und jede Form von unkorrekten Gesprächen. *(Die lebenslange Verbindung zur Sünde ist gebrochen; die Herrschaft des Charakters Gottes wird im alltäglichen Leben wieder offenbart. Das Wort [1]blasphemos bedeutet jeden Versuch, jemanden herabzusetzen und seinen Ruf zu schädigen.)*

3,9 Dieses alte Leben war eine Lüge, die unserer Mach- und Wesensart fremd war! Uns wurde diese Verkleidung komplett ausgezogen, weil wir nun unsere Vereinigung mit Christus in seinem Tod und seiner Auferstehung verstanden haben. Wir sind nicht mehr verpflichtet, unter der Identität und Herrschaft der Verkleidung zu leben, die wir vorher getragen haben, und wir betrügen auch niemanden mehr, indem wir so tun, als ob wir jemand anders wären. *(Die Kleidung, die ein Schauspieler trägt, definiert seine Rolle im Stück, aber nicht die Person selber.)*

3,10 Wir leben nun so, dass wir uns voll mit der neuen Schöpfung identifizieren, die durch die Erkenntnis über das Abbild des genauen Bildes unseres Schöpfers erneuert wurde.

3,11 Die Offenbarung von Christi in uns gibt dem Einzelnen eine Identität, die alles übertrifft, was jemanden als Grieche oder Jude, Amerikaner oder Afrikaner, Ausländer oder Berühmtheit, Mann

KOLOSSER Kapitel 3

oder Frau, König oder Bauer jemals sein könnte. Von nun an wird jeder durch Christus definiert; jeder ist in Christus vertreten. *(Wenn wir ihn nicht nur in der Geschichte, sondern auch in uns selber sehen, entdecken wir die Wirklichkeit (Art) unserer Geburt wie in einem Spiegel! [Jak. 1,18])*

3,12 Ihr seid das Ergebnis der Liebe Gottes; er hat euch zu seinem ursprünglichen Gedanken wiederhergestellt. Ihr gehört ausschließlich ihm. Es ist wie bei einem Kleiderwechsel. Nun, da ihr das Alte losgeworden seid, kleidet euch mit innerem Mitgefühl, Freundlichkeit, Demut, Sanftmut und Geduld ein, *(genauso, wie ihr einst durch euer Aussehen identifiziert wurdet, definieren euch nun die Eigenschaften dieser charakterlichen Qualitäten.)*

3,13 indem ihr eine positive Erwartungshaltung und eine hohe Meinung über einander habt. Wenn jemand einen Mangel an jemandem sieht, so sollt er diese Person so wiederherstellen, dass sie in einem günstigen Licht steht, indem wir uns selber daran erinnern, wie die Vergebung des Herrn unser Leben verändert hat.

3,14 Tragt die Liebe wie eine Uniform; dies vervollständigt das Bild unserer Einheit.

3,15 Setzt den Frieden von Christus als Schiedsrichter in eurem Herzen ein. Wir finden alle unsere Identität in derselben Person; es gibt nur einen Leib. Wir sind geboren, um ein Segen zu sein und seine Güte zu zeigen.

3,16 Christus ist die Sprache der Logik Gottes. Lasst seine Botschaft mit uneingeschränktem Wortschatz in euch einsinken, so dass die Weisheit ein vollständigstes Ergebnis hervorbringt. Das macht eure Gemeinschaft zu einem Lernumfeld in einer Atmosphäre der Musik. Jede Lektion ist eine Erinnerung, die sich in jedem Lied widerspiegelt, das ihr singt, ob es nun ein [1]Psalm oder eine [2]Hymne oder ein [3]Lied im Geist ist. Die Gnade erfüllt euer Herz mit inspirierter Musik zum Herrn. *(Das Wort [1]psalmos schwärmt von Gott in Lobpreis und Anbetung, begleitet von Musikinstrumenten. Das Wort [2]humnos deutet auf eine Reinigung im Lied hin - ein Zeugnislied. Ein [3]ōdē en pneumatikos ist ein neuer spontaner geistlicher Gesang oder ein Lied.)*

3,17 Jedes Gespräch und jedes Detail eures täglichen Verhaltens spiegelt ihn wider; sein Name und seine Herrlichkeit bestimmen euer Leben und inspirieren euch zu eurer tiefen Dankbarkeit gegenüber Gott dem Vater für seine Gnade.

3,18 Sein Friede ist der Schiedsrichter in jeder Beziehung, besonders in der Familie! Ehefrauen, stellt euch in die innigste Fürsorge eurer Männer und erkennt die Herrschaft Christi in ihnen an.

3,19 Ehemänner, liebt eure Frauen zärtlich. Verärgert sie nicht.

KOLOSSER Kapitel 3

3,20 Kinder, ihr zeigt das Christus-Leben in der Art und Weise, wie ihr auf eure Eltern reagiert, bringt sie dazu, vor Freude zu leuchten, sie spiegeln Gottes Freude an euch wider. (*„Eltern, geht nicht zu hart mit euren Kindern um, sonst unterdrückt ihr ihren Geist."* – [Die Message])

3,21 Die Eltern sind für die Atmosphäre zu Hause verantwortlich; vermeidet eine Atmosphäre, die den Geist des Kindes entmutigen.

3,22 Wenn ihr bei jemandem angestellt seid und wie ein Sklave arbeiten müsst, denkt daran, dass eure Herzen in der Hingabe an Gott miteinander [1]verflochten sind. Seid nicht nur dann beschäftigt, wenn ihr beobachtet werdet, sondern zeigt die gleiche Sorgfalt auch dann, wenn euer Chef nicht da ist. (*Das Wort, [1]haplotes von ha, Partikel der Vereinigung; hama, zusammen mit + pleko, was verflechten bedeutet, zusammenweben. [Vgl. Luk. 11,34] „Das Auge ist die Lampe des Körpers; wenn das Auge lauter ist, ist der ganze Körper voller Licht!" Unsere Augen mit Papas Augen zu verbinden, erleuchtet unser ganzes Wesen! Genau das bedeutet das hebräische Wort Kawa in Jes. 40,31, die sich mit den Gedanken des Herrn verbinden, steigen auf mit Flügeln wie Adler! Wir sind von unserer Mach- und Wesensart her so gepolt, dass wir uns verbinden wollen.*)

3,23 Was immer ihr tut, stellt euch Christus in der Person vor, für die ihr es tut; es bewirkt so viel, wenn ihr euer Herz hineinlegt.

3,24 Gott schuldet niemandem etwas; ihr seid Angestellte unter der Herrschaft von Christus.

3,25 Wenn ihr ein Leben im Gegensatz zu eurer Mach- und Wesensart führt, bewirkt dies, dass ihr euch selber verletzt; eure Stellenbeschreibung definiert euch nicht, es spielt keine Rolle, was für eine Position ihr inne habt. Ungerechtigkeit hat ihre Folgen und diese machen vor keiner Person halt.

KOLOSSER Kapitel 4

4,1 Wenn ihr der Chef seid, behandelt diejenigen, die für euch arbeiten, im Lichte ihrer Gleichheit in Christus; er behandelt euch auch so und er ist der große Boss im geistlichen Bereich. *(Dieser Vers schließt den Gedanken in 3,25 ab und sollte eher Teil des vorherigen Kapitels sein. Paulus schrieb nicht in Kapiteln und Versen.)*

4,2 Seid beharrlich im überwindenden Gebet. Seid aufmerksam und sensibel *(für die Stimme des Geistes; beschäftigt euch nicht so sehr mit Gebeten für euch und eure eigenen Bedürfnisse),* Gnade und Dankbarkeit ist die Sprache des Gebets.

4,3 Denkt in euren Gebeten gleichzeitig auch an mich. Betet, dafür, dass das, was Gott in mich hineingelegt hat, viele mit der Offenbarung des Geheimnisses Christi beeinflusst, so dass es sich weit über die Mauern dieser Gefängniszelle hinaus ausbreitet. Die Grenzen dieses Gefängnisses legen nicht das Maß meines Dienstes fest; die Botschaft vom Geheimnis von Christus aber schon. *(Kol. 1,25-29)*

4,4 Mein aufrichtiger Wunsch ist, dass meine Botschaft das Geheimnis von Christus in seinem vollständigsten Zusammenhang enthüllt. Dieses Geheimnis von Christus bist Du! Das ist die Mission meines Lebens! *(Eph. 3,9)*

4,5 Verpasst nicht die Gelegenheit, andere mit dem Wort zu berühren, nur weil es euch an Weisheit mangelt. Auch wenn sie „draußen" zu sein scheinen, wird eure Einstellung ihnen gegenüber, ihnen zeigen, wie „drinnen" sie tatsächlich sind. Kauft die Zeit aus, indem ihr jede Gelegenheit optimal nützt. *(Die Zeit findet ihre Bedeutung nur in den Erlösungsrealitäten.)*

4,6 Würzt eure Gespräche mit Gnade. Dies ist die attraktivste und geeignetste Möglichkeit, wie ihr in jeder Situation reagieren sollet.

4,7 Tychicus wird euch alle Neuigkeiten über mich erzählen. Er ist mein Kollege und solch ein großartiger Bruder, dessen Dienst sich durch Integrität auszeichnet.

4,8 Ich habe ihn beauftragt, in dieser Eigenschaft zu euch zu kommen und euch an meiner statt „fremd zu bestäuben", damit auch ihr von ihm ermutigt und getröstet werdet.

4,9 Onesimus, der ursprünglich aus eurer Gegend stammt, wird sich ihm anschließen. Er ist ein geliebter und treuer Bruder. Sie werden uns bei euch vertreten.

4,10 Aristarchos, mein Mitgefangener, grüßt euch herzlich, ebenso wie Markus, der Sohn der Schwester von Barnabas. Denkt daran, dass ich euch gesagt habe, ihr sollt ihn besonders willkommen heißen, wenn er zu euch kommt.

KOLOSSER Kapitel 4

4,11 Auch Jesus ist noch da, einige nennen ihn Justus. Diese drei Brüder, ihrem Glauben nach ursprünglich Juden, sind meine engen Gefährten und Mitarbeiter für das Reich Gottes.

4,12 Epahras, der auch eine Frucht eures Dienstes ist, grüßt euch. Was für ein fleißiger Mitarbeiter von Christus er doch ist, der sich in seinen Gebeten immer mit großer Intensität für euch abmüht. Er wünscht sich für euch, dass ihr in dem, was Christus vollendet hat, fest bleibt und vollständig von Gottes Plan für euer Leben überzeugt werdet.

4,13 Ich kann euch nur sagen, dass er eine echte Leidenschaft für euer Wohlergehen und für die Gläubigen in Laodizea und Hierapolis hat.

4,14 Der geliebte Arzt Lukas und auch Demas grüßen euch.

4,15 Bitte grüßt auch die Brüder in Laodizea, aber auch Nympha und die Gemeinde in ihrem Haus.

4,16 Vergewissert euch, dass auch die Gemeinde in Laodizea die Gelegenheit erhält, diesen Brief zu lesen, und dass ihr den Brief, den ich ihnen geschrieben habe, noch einmal lest.

4,17 Archippus, ich möchte, dass du gewissenhaft in dem Dienst bist, den du im Herrn empfangen hast.

4,18 Ich, Paulus, schreibe diesen Gruß mit meiner eigenen Hand. Denkt an meine Fesseln. Die Gnade Gottes gehört euch.

EINFÜHRUNG ZUM 1. THESSALONIANER

Dieser Brief an die Thessalonicher war wahrscheinlich der erste von Paulus' Briefen. Man kann nicht genau sagen, wann Paulus vor Gallio erschienen ist, aber Apg. 18,12-18 deutet darauf hin, dass dies kurz nach dem Amtsantritt von Gallio geschah, wahrscheinlich gegen Ende des achtzehn monatigen Aufenthalts von Paulus in der Stadt. Es ist wahrscheinlich, dass 1. Thessalonicher kurz nach Paulus' Ankunft in Korinth geschrieben wurde. Es kann daher auf den Anfang der Jahre 51 oder 50 datiert werden, wenn der frühere Zeitpunkt von Gallios Amtsübernahme bevorzugt wird. Dann wäre es das erste schriftliche Buch im Neuen Testament.

Mazedonien wurde 146 v. Chr. als römische Provinz gegründet. Thessalonich wurde zum Regierungssitz ernannt und wurde liebevoll als Mutter aller Mazedonier bezeichnet. Thessalonich, benannt nach der Stiefschwester Alexanders des Großen, lag an der Via Egnatia, der römischen Schnellstraße im Osten und erwies sich als sehr strategischer Standort für eine Gemeinde. Da Thessalonich auch für den Handel ideal gelegen war, zog es eine Gemeinschaft von Juden an, was Lukas durch seinen Bezug auf die Synagoge *(Apg. 17,1)* feststellt.

Die folgenden Verse fassen zusammen, was im Herzen des Paulus für die Thessalonicher war.

Dass wir euch anspornten entstand aus unserer Verbindung zu euch - einer nahtlosen Einheit. Sie bewirkte, dass jede Entfernung oder jede Art von Ablenkung, die aus unterschwelligen, verborgenen Absichten entstand, beseitigt wurde! *(Das Wort [1]parakaleo stammt von para, eine Vorsilbe, die auf unmittelbare Nähe hinweist, eine Sache, die aus einem Einflussbereich stammt, mit einem Hinweis auf Vereinigung des Wohnortes, von ihrem Autor und Geber, von etwas abstammen, das an dem Punkt beginnt, von dem aus eine Handlung ausgeht, eine intime Verbindung; und kaleo bedeutet, sich durch seinen Vornamen zu identifizieren, beim Nachnamen nennen....)* Wegen Gottes [1]Wertschätzung für uns, hat er uns_diese wunderbare Botschaft anvertraut, das Evangelium! Unser Gespräch wird durch Gottes Anerkennung uns gegenüber beflügelt, das bei der typischen religiösen Denkweise wohl nicht so sehr beliebt ist! *(Das Wort [1]dokimatso, kommt vom dem Wort dokeo, eine Meinung bilden, schätzen.)* Eigentlich solltet ihr es doch besser wissen! Warum hegt ihr Zweifel uns gegenüber? Warum sollten wir versuchen, euch Honig um den Mund zu schmieren, wenn wir doch sowieso nur auf euer Geld und eure Stimme (euer Votum) aus waren? Gott weiß, dass wir euch niemals übervorteilen würden. *(Das Evangelium schmeichelt den religiösen Ohren nicht, denn es gibt keinen Grund mehr, sich auf persönliche Leistungen etwas einzubilden! Geschenk-Sprache setzt Belohnungs-Sprache außer Kraft! Das Wort, [1]kolakeia bedeutet Schmeichelei.)* Nach Komplimenten zu fischen ist

EINFÜHRUNG ZUM 1. THESSALONIANER

nicht unsere Art. Wir würden als Beauftragte von Christus unsere Autorität euch gegenüber niemals ausspielen! Stattdessen pflegten wir euch mit der zärtlichen Fürsorge einer Mutter, die ihre Kinder versorgt. Mit der gleichen mütterlichen Zuneigung sehnen wir uns nach euch und haben uns gefreut, euch Gottes Evangelium als ein Geschenk zu überreichen, das in uns verpackt ist, denn ihr seid uns so sehr lieb geworden. *(1. Thess. 2,3-8.)*

1. THESSALONIANER Kapitel 1

1,1 Paulus, Silvanus und Timotheus grüßen die Gemeinde in der Region Thessalonch mit Gnade und Frieden von Gott, unserem Vater, und dem Herrn Jesus Christus. (*Die [1]Ekklesia, oder Kirche, sind diejenigen, die ihre ursprüngliche Identität entdeckt haben, die in Christus freigesetzt wurde. Von ek, Herkunft und kaleo, beim Nachnamen nennen, mit dem Namen identifizieren. Die Mission von Jesus für seine Gemeinde ist, die Welt von ihrer wahren Sohnschaft zu überzeugen, Der Sohn des Menschen ist der Sohn Gottes! [Matthäus 16,13-18]*)

1,2 Ihr spielt eine so wichtige Rolle in unseren Gebeten und Gesprächen, die immer von Zartheit und Fröhlichkeit eines dankbaren Herzens Gott gegenüber geprägt sind.

1,3 Wir erinnern uns gerne an das Zeugnis eures Glaubens, das in eurem täglichen Leben, in eurer Liebesarbeit und sogar in vielen schwierigen Zeiten, so offensichtlich ist, und an die Hoffnung, in der ihr fröhlich und beständig bleibt, die gleiche Hoffnung, die auch Jesus charakterisierte. In Ihm dürfen wir die direkte Gegenwart von unserem Papa Gott genießen. (*Ganz im Gegensatz zu einem von Dienst und Schuld getrieben sein, erwähnt Paulus ihre vom Glauben und von Liebe inspirierte Arbeit. Paulus versteht, dass Liebe den Glauben anzündet. [Gal. 5,6]*)

1,4 Geliebte Freunde, ihr habt verstanden, dass ihr von Anfang [1]Gottes Idee wart! (*Das Wort [1]ekloge wurde traditionell als Wahl übersetzt und auch so gedeutet. Dies führte zu der falschen Vorstellung, als würde Gott einige absichtlich ein- und andere ausschließen! Die Vorsilbe ek bezeichnet jedoch immer die Quelle oder den Ursprung und lego verweist auf den authentischen Gedanken, auf das Logos, wie es Johannes in Joh. 1,1 u. 4 ausdrückt.*)

1,5 Unser [1]Evangelium bedeutet so viel mehr für euch als nur intellektuelle Vernunft. Eure Begegnung (*mit dem Evangelium*) bezeugte, wie kraftvoll der Heilige Geist bei euch am Wirken war. Ihr habt die direkte Auswirkung unseres Einflusses tief in eurem Inneren daran erkannt, wie gründlich ihr von unserer [1]gut vermittelten Botschaft [3]durchdrungen wurdet. (*Das Evangelium, [1]euaggellion, ist die gelungene Verkündigung. Das Wort [2]ginomai bedeutet, veranlassen zu sein, zu werden. Das Wort [3]plerophorie bedeutet, durchdrungen zu werden. Das Wort [4]eido bedeutet sehen, wahrnehmen. [Vgl. Tit. 3,5]*)

1,6 Indem ihr das Wort, auch inmitten großer Ablehnung, wie euer eigenes [1]angenommen habt, wurde das [2]Spiegelbild des Herrn, das sich in uns spiegelt, durch die Freude des Heiligen Geistes. auch in euch zum Leuchten gebracht! (*Das Wort [1]dechomai bedeutet, mit Gunst empfangen, Gehör schenken, umarmen, sich einen eigenen Namen machen, genehmigen. Das Wort [2]mimetes, bedeutet imitieren oder spiegeln.*)

1. THESSALONIANER Kapitel 1

1,7 Und so entfaltet sich die Geschichte; euer Leben wurde genau zu diesem Spiegel, der dem Leben von Christus vorbildliche Form und Ausgestaltung gibt und den Glauben aller in ganz Mazedonien und Achaïa bekräftigt.

1,8 Das Wort des Herrn fand eine solch deutliche Stimme in euch und ertönte so laut, dass sogar weit entfernte Regionen erreicht wurden. Nicht nur in euren unmittelbaren Provinzen, sondern überall, ist das Ergebnis eures Glaubens eine von „Angesicht zu Angesicht" Begegnung mit Gott! Ihr seid die Botschaft! Wir brauchen überhaupt nichts zu sagen! *(Die griechische Vorsilbe pros gibt die Richtung an, vorwärts zu; das heißt zum Ziel der Beziehung, von Angesicht zu Angesicht ist das Endergebnis.)*

1,9 Andere aus diesen Provinzen bezeugen dies. Sie erinnern sich, wie unser Besuch bei euch euer Leben stark beeinflusst hat zu Gott zurückzukehren, und jetzt, anstatt von den erfundenen Täuschungen des Götzendienstes vollständig eingenommen zu werden, beschäftigt ihr euch mit Gott, der im wirklichen Leben sichtbar gemacht wird!

1,10 Und während der ganzen Zeit konzentriert ihr euch auf den Sohn Gottes, der unseren gemeinsamen Ursprung in den Himmeln offenbart. Durch seine Auferstehung bestätigte er unsere freigesetzte Unschuld! Er hat uns zu sich selbst ¹gezogen und uns aus jeder Art von Gericht gerettet! *(Das Wort ¹rhuomai, bedeutet, zu sich selbst ziehen, retten, befreien.)*

1. THESSALONIANER Kapitel 2

2,1 Ich bin sicher, liebe Freunde, dass euch der ¹Inhalt des Evangeliums seit unserer ersten Begegnung mit euch klar ist. *(Das Wort ¹kenos, leer, bedeutet, dass unser Besuch nicht umsonst war.)*

2,2 Wie ihr wisst, haben uns die vielen Dinge, die wir zuvor erlitten haben und auch die Art und Weise, wie wir in Philippi missbraucht wurden, in keiner Weise eingeschüchtert oder abgelenkt. Wir waren in unserem Gott sehr mutig, auch angesichts vieler Anfechtungen, die Botschaft von dem zu vermitteln, was er in Christus so wunderbar vollbracht hat. *(Das griechische Wort für die Frohe Botschaft ist das Wort ¹euangelion, es bedeutet gelungene Ankündigung! Es ist die Nachricht von dem, was Gott so wunderbar vollbracht hat! Das Evangelium ist eine Erklärung. Wir haben es zu einem „Wenn-dann"-Angebot gemacht. Aber dieses „Wenn-dann" ist eine Zwickmühle, eine Zwangslage, bei der es keine Gewinner gibt oder ein Paradox, (ein Widerspruch in sich selber.) das bedeutet, die Lösung eines Teilproblems schafft nur ein anderes und führt letztendlich wieder zum ursprünglichen Problem zurück. Eine Situation, in der ein gewünschtes Ergebnis oder eine Lösung aufgrund einer Reihe von grundlegend unlogischen Regeln oder Bedingungen nicht erreicht werden kann. Lange Zeit war Evangelisation so etwas wie Betteln, Zwang, Bestechung oder Furcht. Jetzt sagt es den Menschen nicht mehr, was sie tun müssen, sondern was Gott getan hat und was er über sie glaubt!)*

2,3 Denn unsere dringende Bitte an euch entstand aus unserer Verbindung miteinander, einer nahtlos ineinander übergehenden Einheit. Sie bewirkte, dass jede Entfernung oder jede Art von Ablenkung, die aus unterschwelligen, verborgenen Absichten entstand, beseitigt wurde! *(Das Wort ¹parakaleo stammt von para, von einer Vorsilbe, die auf unmittelbare Nähe hinweist, eine Sache, die aus einem Einflussbereich stammt, mit einem Hinweis auf Vereinigung des Wohnortes, von ihrem Autor und Geber, von etwas abstammen, das an dem Punkt beginnt, von dem aus eine Handlung ausgeht, eine intime Verbindung; und kaleo bedeutet, sich durch seinen Vornamen zu identifizieren, beim Nachnamen nennen.)*

2,4 Wegen Gottes ¹Wertschätzung für uns wurde uns diese wunderbare Botschaft anvertraut, das Evangelium! Unsere Unterhaltung wird durch die Anerkennung Gottes uns gegenüber beflügelt, was bei Menschen mit typisch religiöser Denkweise wohl nicht so sehr beliebt ist! *(Das Wort ¹dokimatso, ist vom Wort dokeo, eine Meinung zu bilden, schätzen.)*

2,5 Ihr solltet es doch eigentlich besser wissen! Warum hegt ihr Zweifel uns gegenüber? Warum sollten wir versuchen, euch Honig um den Mund zu schmieren, wenn wir doch sowieso nur auf euer Geld und eure Stimme *(euer Votum)* aus waren? Aber Gott weiß, dass wir euch niemals übervorteilen würden. *(Das Evangelium*

1. THESSALONIANER Kapitel 2

schmeichelt dem religiösen Ohr nicht, denn es gibt keinen Grund mehr, sich auf persönliche Leistungen etwas einzubilden! Geschenk-Sprache setzt Belohnungs-Sprache außer Kraft! Das Wort, ¹kolakeia bedeutet Schmeichelei.)

2,6 Nach Komplimenten zu fischen ist nicht unsere Art, weder bei euch noch bei anderen Menschen! Als Beauftragte von Christus würden wir auch niemals unsere Autorität euch gegenüber ausspielen!

2,7 Stattdessen pflegten wir euch mit der zärtlichen Fürsorge einer Mutter, die ihre Kinder versorgt. Mit der gleichen mütterlichen Zuneigung sehnen wir uns nach euch und haben uns gefreut, euch Gottes Evangelium als ein Geschenk zu überreichen, das in uns verpackt ist, denn ihr seid uns so sehr lieb geworden. *(Das Wort, ¹metadidomi, wird als eine Art des Gebens übersetzt, bei der Geber nicht von der Gabe getrennt, sondern in sie eingewickelt ist! Die Apostel, Propheten, Prediger, Pastoren und Lehrer sind Geschenke an die Ekklesia, um sie in ihrem Glauben zu verankern und jeden in der vollen und reifen Gestalt von Christus darzustellen. [Eph. 4,11-16] Ein Geschenk unterscheidet sich stark von einer Belohnung! Wir sind Gottes Geschenk, das wir uns gegenseitig schenken. Durch uns hat Gott ein Geschenk bekommen, das er der Welt schenkt. Der Ausdruck unserer Persönlichkeit ist ein Geschenk und keine Belohnung für Fleiß oder Leistung. Diese Gaben waren nie dafür gedacht sich übereinander zu erheben oder sie für formelle Titel zu verwenden. Sie sind vielmehr dazu da, die spezifischen und dynamischen Wirkweisen (Funktionen), die alle ein gemeinsames Ziel haben, herauszufinden. Das gemeinsame Ziel dieser Gaben ist, jedem zur Erkenntnis über das volle Maß, das Christus in ihnen ist, zu verhelfen.)*

2,9 Ich muss euch nicht daran erinnern, wie bereit wir waren, jede noch so extreme Anstrengung auf uns zu nehmen, um euch das Evangelium Gottes ohne jegliche Kosten für euch zu bringen! Wir waren Tag und Nacht beschäftigt, indem wir euch unterrichteten und zusätzlich auch noch auf dem Marktplatz tätig waren!

2,10 Wir verhielten uns euch gegenüber mit äußerster Integrität und Höflichkeit und waren sorgfältig darauf bedacht, euch nicht zu beleidigen, um euren Glauben nicht zu enttäuschen. Wir brauchen uns nicht zu verstecken! Gott weiß, dass wir keine Hintergedanken hatten.

2,11 Wie ein Vater seine Kinder unterweisen würde, so haben wir uns in euch investiert, um euch an euren Ursprung in Gott zu erinnern,

2,12 und haben euch dazu inspiriert, im täglichen Bewusstsein eures wahren Wertes und eurer Identität zu leben. In Gottes Augen seid ihr Mitglieder des Königshauses. *(Das Wort ¹paramutheomai,*

1. THESSALONIANER Kapitel 2

*von innen heraus inspiriert, um das Leben eurer Mach-und-Wesensart zu führen. Würdig ²wandeln, **axios**; das Gewicht wie eine andere Sache von gleichem Wert zu haben, so viel wert zu sein wie, ³eure Berufung oder Ursprung, von **kaleo** bis, ³Nachname, sich mit dem Namen identifizieren.)*

2,13 Die Art und Weise, wie ihr euch mit dem Wort, das wir gelehrt haben, verbunden habt, ist für uns eine beständige Quelle der Dankbarkeit; ihr habt sofort erkannt, dass dies keine bloße menschliche Meinung ist, sondern habt unsere Botschaft als die eigentliche Logik Gottes angenommen, und so verleiht euch die Wahrheit von innen heraus Energie und bekräftigt euren Glauben.

2,14 Ihr spiegelt diejenigen wider, die in gleicher Weise ihre ursprüngliche Identität in Christus als Gottes ¹Ekklesia in Judäa ebenso entdeckt haben wie ihr. Ihr wurdet von eurem eigenen Volk verfolgt und gleichzeitig auch noch von den Juden. *(Die Traditionen und Kulturen, die Menschen in der Geschichte definiert haben, werden von der ¹Kirche, der Ekklesia Gottes, in Frage gestellt, die Offenbarung der ursprünglichen Identität der Menschheit ist, die jetzt in Christus verkündet und freigesetzt wurde.)*

2,15 Sie töteten ihre eigenen Propheten und ihren Messias, den Herrn Jesus, und trieben uns aus ihrer Mitte heraus, als ob sie Gott einen Gefallen tun würden. Stattdessen sind sie zu Feinden der gesamten menschlichen Rasse geworden!

2,16 Sie versuchten uns Angst einzujagen, um so unserer Botschaft ihre Bedeutung zu rauben und hofften dabei, sie könnten uns daran hindern, den Nationen das Heil zu verkünden. Durch ihr ²desorientiertes und abartiges Verhalten drehten sie sich die ganze Zeit im Kreis! Sie erwiesen sich als ihr eigener schlimmster Feind. Ihre ³Leidenschaft, mit der sie sich der Botschaft widersetzen, ist zu ihrem eigenen Urteil geworden! *(¹kōluō, verhindern dass, **kolatzo**, klein erscheinen lassen. Das Wort Sünde ist das Wort ¹**hamartia**, von **ha**, negativ oder ohne und **meros**, Teil oder Form, also ohne euren zugewiesenen Teil oder ohne Form sein, was auf eine desorientierte, verdrehte, bankrotte Identität hinweist; das Wort **meros** ist der Wortstamm von **morphe**, das in 2. Korinther 3,18 als das Wort **metamorph** gebraucht wird, mit Form sein, es ist das Gegenteil von **hamartia**, - ohne Form sein. Sünde ist, wenn wir außerhalb der Vorlage (der Blaupause) unserer Mach- und- Wesensart (wie du als Person ursprünglich von Gott erdacht warst) leben oder uns wie ein verstimmtes Instrument verhalten und so mit der Harmonie Gottes nicht mehr in Einklang sind. Hamartia weist auf jede Ablenkung des Bewusstseins unserer Ähnlichkeit hin. [Vgl. 5. Mo. 32,18]: „Du hast den Felsen vergessen, der dich geboren hat, und bist aus dem Takt gekommen, als Gott mit dir getanzt hat"! Hebräisch, **khul** oder **kheel**, tanzen. Indem sie ihre eigenen Propheten und ihren Messias töteten und jetzt versuchen, die Verbreitung des Evangeliums unter den Nationen zu verhindern, wenden*

1. THESSALONIANER Kapitel 2

sie sich gegen die Verheißung ihres Patriarchen Abraham, durch den Gott alle Nationen der Erde gesegnet hat! Das Wort ³**orge**, das mit Zorn oder Bestrafung in Verbindung gebracht wird, kommt vom **oregomai**, sich strecken, sich nach etwas ausstrecken, sich nach etwas sehnen, wünschen, die Begeisterung des Geistes erfahren....)

2,17 Wir waren persönlich nur kurz von euch getrennt, aber nie in unseren Herzen. Deshalb sehnen wir uns mit noch größerer Erwartung danach, euch wieder von Angesicht zu Angesicht zu sehen!

2,18 Zweimal wurde ich daran gehindert, zu euch zu kommen. (Lukas erwähnt zwei Gelegenheiten, bei denen sie vom Heiligen Geist, davon abgehalten wurden, um ihrer Sicherheit willen, in ein bestimmtes Gebiet zu reisen. [Apg. 16,6-7] Vielleicht bezog sich die Erwähnung von Satan hier in 1. Thessalonicher 2,18 auf den Botschafter Satans, der Paulus durch einen „Dorn im Fleisch" plagte. Er erwähnt ihn in 2. Kor. 12. Es könnte sein, dass er dies schrieb, bevor er es lernte, mit einem besiegten Teufel umzugehen, indem er verstand, dass er durch die Gnade in allem genug hatte und die Autorität besaß, damit richtig umzugehen! Die Dornen auf dem Kopf von Jesus brachen den Fluch, der mit dem Dorn im Fleisch verbunden war! Es könnte meiner Meinung nach auch sein, dass vielleicht später der Hinweis auf Satan hinzugefügt wurde, als es eine beliebte Ausrede wurde, den Teufel zu beschuldigen, wenn die Dinge nicht nach Plan zu laufen schienen.)

2,19 Wir erwarten im Zusammenhang mit dem Evangelium nichts weniger, als eure persönliche Begegnung, von Angesicht zu Angesicht, die ihr in der ¹unmittelbaren Gegenwart unseres Herrn Jesus Christus genießt! Das sind unsere Freude und unser Ehrenkranz! (Das Wort ¹**parousia** spricht von der unmittelbaren Gegenwart des Herrn! Von **para,** einer Vorsilbe, die auf unmittelbare Nähe hinweist, einer Sache, die aus einem Einflussbereich stammt, mit einem Hinweis auf die Vereinigung des Wohnortes, von ihrem Autor und Geber entsprungen zu sein, der von dem Punkt ausgeht, von dem aus eine Handlung ausgeht, eine intime Verbindung; und **eimi,** Ich bin! Es ist nicht einmal einen Hauch von Gericht oder Bestrafung in diesem Wort zu erkennen! Bitte glaubt nicht alles, was ihr in Strongs liest! „G3952 parusia aus dem gegenwärtigen Partizip von G3918; ein Wesen in der Nähe, d.h. Advent; oft Rückkehr; besonders von Christus, um Jerusalem oder schließlich die Bösen zu bestrafen"!!!???)

2,20 Ihr seid unsere Trophäe und Freude!

1. THESSALONIANER Kapitel 3

3,1 Wir konnten die Trennung von euch nicht ertragen, und da es mir nicht möglich schien, euch bald persönlich zu besuchen, beschlossen wir, Timotheus in der Zwischenzeit zu euch zu schicken, während ich in Athen zurück blieb.

3,2 Er ist ein so lieber Bruder und Diener Gottes, mein Kollege in der Frohen Botschaft von dem, was Christus erreicht hat. Seine Mission war es, euch zu stärken und euch in eurer geistlichen Identität und eurem Glauben zu verankern.

3,3 Er sollte dafür sorgen, dass keiner von euch von diesen schwierigen Zeiten erschüttert wird, die auf unserem Weg unvermeidbar zu sein scheinen.

3,4 Als wir bei euch waren, sagten wir euch, dass wir oft mit heftigen Anfechtungen konfrontiert werden würden, so wie ihr es selbst erlebt habt. *(Die religiösen und traditionellen Systeme dieser Welt werden sich immer durch das, was das Evangelium vermittelt, bedroht fühlen, da eure Freiheit bedeutet, dass sie euch nicht mehr mit Angst und Sündenbewusstsein missbrauchen können.)*

3,5 Damals war es für mich sehr dringend von Timotheus aus erster Hand Rückmeldung über euren Glauben zu erhalten, weil mir bewusst ist, dass ihr durch die Versuchung geprüft und dadurch das zunichte gemacht werden sollte, wofür wir in euch gearbeitet haben.

3,6 So könnt ihr euch vorstellen, wie die wunderbare Nachricht von eurem Glauben und eurer Liebe uns gesegnet hat! Timotheus kehrte mit der frohen Botschaft zurück, wie liebevoll ihr euch an mich erinnert und euch auch danach sehnt, mich zu sehen, so wie ich mich nach euch sehne.

3,7 Wir teilen eine solch beständige Verbindung in unserer Einheit in Christus. Euer Glaube wirkt sich sehr stark auf uns aus und tröstet uns in unserer Not und den schwierigen Zeiten.

3,8 Eure starke Stellung im Herrn bereitet uns solche Lebensfreude.

3,9 Wir können Gott nicht genug für euch danken! Wir tanzen voller Freude vor ihm wegen euch!

3,10 Ihr seid ständig in unseren Gebeten, Tag und Nacht, oh, wie sehr sehnen wir uns danach, euch von Angesicht zu Angesicht zu sehen.

3,11 Der Gott und Vater unseres Herrn Jesus Christus wird selbst einen Weg bahnen und so unseren Besuch bei euch ermöglichen.

3,12 Wir können jetzt bereits schon sehen, wie der Herr die Liebe, die wir zu euch haben, dazu benützt, jeden von euch dynamisch zu

1. THESSALONIANER Kapitel 3

beeinflussen, damit sie wie ein Tsunami die Ufer überschwemmt, um so die ganze Welt zu überfluten!

3,13 Die ¹Herrschaft des Christuslebens gründet euch in untadeliger Schuldlosigkeit vor unserem Gott und Vater. So seid ihr euch seiner Gegenwart ständig bewusst, die in unserem gegenseitigen Zusammensein mit allen Heiligen, spürbar ist! *(Das Thema des Satzes ist der Herr Jesus Christus aus dem vorherigen Vers. Seine Herrschaft unterstützt die Herrschaft des Christuslebens in uns.)*

1. THESSALONIANER Kapitel 4

4,1 Zuletzt, liebe Freunde, möchten wir euch ernsthaft bitten, dieses Verhalten widerzuspiegeln, das wir durch dieses Band der Einheit mit dem Herrn Jesus teilen. Führt euer Leben voll und ganz in der Freude Gottes.

4,2 Denn ihr wisst, dass Jesus Christus die ¹Quelle unserer Botschaft ist. *(Das Wort ¹paraggelia, von para, eine Vorsilbe, die auf unmittelbare Nähe hinweist, eine Sache, die aus einem Einflussbereich stammt, mit einem Hinweis auf die Vereinigung des Wohnortes, von ihrem Autor und Geber entsprungen zu sein, der von dem Punkt herkommt, von dem aus eine Handlung ausgeht, intime Verbindung; und **angellos**, ankündigen.)*

4,3 Gottes hat sich schlussendlich dazu entschieden, euch für unschuldig zu erklären; diese Mitteilung befreit euch von Unzucht. *(Dadurch, dass unsere Mach- und- Wesensart in Christus vollständig freigesetzt wurde, wird der Beschluss Gottes verkündigt.)*

Unzucht ist eine Form der Götzenverehrung, die auf einem verzerrten Bild von sich selbst beruht. Man wird von dem Gedanken vollkommen vereinnahmt, man müsse eine bestimmte Sache zur eigenen Vervollständigung unbedingt haben. Dies wird durch Eva verdeutlicht, die den Gedanken, von den Früchten des „Ich-Bin-Nicht-Baumes zu essen, sehr anziehend fand.)

4,4 Jeder von euch, der eine Frau heiratet, sollte dies mit höchster Wertschätzung und innigster Fürsorge tun. Denkt daran! Der Wert eines Gefäßes wird von dem ¹Wert des Schatzes, den es enthält, bestimmt. *(Das Wort ¹timay bedeutet außerordentlich hoch schätzen und ehren. [Vgl. 2. Kor. 4,7])*

4,5 Wer sich von der alles verzehrenden Leidenschaft nach bestimmten Dingen treiben lässt, offenbart die typischen Symptome von Menschen, die nicht wissen, wie vollständig sie bereits in Gott sind. *(Das Wort **epithumia** bedeutet etwas, das verboten ist mit einem alles verzehrenden Verlangen begehren.)*

4,6 Lebt in allen eurer Beziehungen untereinander, im geschäftlichen, wie im alltäglichen häuslichen und sozialen Bereich, ¹aus der Überzeugung heraus, dass ihr euch gegenseitig ähnlich seid, so wie wir euch Zeugnis abgelegt und euch in der Offenbarung der Gerechtigkeit des Herrn gelehrt haben. *(Das Wort ¹ekdike wird traditionell leider oft mit Gericht und Bestrafung in Verbindung gebracht! Die beiden Bestandteile dieses Wortes sind jedoch die Vorsilbe **ek**, die immer auf Quelle oder Ursprung verweist, und **dike**, d.h. zwei Parteien, die ineinander Ähnlichkeit finden. Dies ist auch der Stamm des Wortes für Gerechtigkeit, **dikaiosune**. Die Offenbarung von Paulus' Evangelium erklärt, wie es Gott in Christus gelungen ist, alle Gründe für Trennung, Feindschaft, Minderwertigkeit und Verdammnis zu beseitigen,*

1. THESSALONIANER Kapitel 4

und wie der Glaube Gottes unsere tadellose Einheit freigesetzt hat. [Vgl. Röm. 1,17] Das Evangelium ist die frohe Bekanntmachung des vollendeten Werkes von Christus und nicht ein neues, mangelhaftes Regelwerk! Viele traditionelle Übersetzungen und Interpretationen unterscheiden nicht zwischen dem tödlichen, pflichtgetriebenen Gesetz der eigenen Leistung und dem lebensspendenden, liebegetriebenen Gesetz des Glaubens! [Röm. 3,27])

4,7 Nach Gottes Plan seid ihr dafür bestimmt, völlig abgesondert zu sein für ihn. Euer Wesen ist nicht sündig! *(Das Wort ¹kaleo bedeutet Nachname, Identifikation durch den Namen.)*

4,8 Dies sollte nicht leichtfertig einfach nur als guter Rat betrachtet werden, denn Gott hat uns seinen Heiligen Geist gegeben, der unsere Heiligkeit *(abgesondert sein)* **ihm gegenüber bestätigt hat, genauso, wie er sich auch um unsertwillen abgesondert hat.**

4,9 Ich brauche euch über eure gegenseitige Zuneigung überhaupt nichts zu schreiben, denn die Liebe zu Gott lehrt er uns am besten von innen heraus!

4,10 Ich kenne eure Zuneigung zu eurer Mit-Familie in ganz Mazedonien. Ausgehend von diesem Ort unserer engen Verbindung durch unseren ¹gemeinsamen Ursprung, erwarten wir den immer ²größer werdenden Einfluss der unwiderstehlichen Auswirkung der Liebe. *(Unser gemeinsamer Ursprung, ¹parakaleo; Das Wort, ²perisseuo bedeutet über das Maß hinaus überzufließen.)*

4,11 Entwickelt ¹höchste Wertschätzung für das, was wertvoll und ehrenhaft ist; hört auf, euch selber anzustrengen; kümmert euch um eure eigenen Angelegenheiten und tut alles auf eine Art und Weise, die eurem persönlichen Charakter entspricht *(mit persönlicher Note!)* **Diese praktischen Anweisungen sind alle ein wesentlicher Bestandteil derselben ³Quelle wie auch ein Teil unseres ständigen Einflussbereiches.** *(Das schöne Wort ¹philotemeomai, bedeutet, eine Vorliebe für Wert und Ehre haben. Das Wort ²hesuchatzo bedeutet, sich ausruhen und vom Streben ablassen. [Vgl. Kommentar zum Wort ³paraggelia in Vers 2.])*

4,12 Bewahrt immer eine gute Einstellung denen gegenüber, die sich immer noch außerhalb eurer Gesellschaft sehen; jagt nicht Gefälligkeiten nach, spiegelt Vollständigkeit wider!

4,13 Ich möchte nicht, dass ihr über diejenigen unwissend seid, die in ihrer Gleichgültigkeit und ihrem Unglauben fest eingeschlafen zu sein scheinen. Es gibt keinen Grund für euch zu trauern, als ob sie hoffnungslos wären! *([Vgl. 1. Kor. 15,51]* ¹*Denkt über dieses Geheimnis nach, ich möchte euch etwas zeigen, was ihr noch nie zuvor gesehen habt,* ²*jeder wird aus dem Schlaf erwachen; wir werden*

1. THESSALONIANER Kapitel 4

alle genau die gleiche Veränderung erleben. Seht mal! Ein Geheimnis - ¹ᶦdou musterion; ²pantes ou koimethesometha, bedeutet, dass niemand schlafen wird; ³pantes de allangesometha; jeder wird verändert werden.)

4,14 Wir glauben, dass Jesus gestorben und wieder auferstanden ist und dass er sogar diejenigen, die noch nicht zu ihm gekommen sind, voll und ganz repräsentiert und mit einbezieht. Gott wird sie dazu bringen, zu erkennen, dass sie in Jesus sind. *(Das Wort ¹ago bedeutet führen, wie ein Hirte seine Schafe führt. [Vgl. 1. Kor. 1,30; Eph.1,4])*

4,15 Wir geben dem Wort des Herrn eine Stimme; wir sind der Weckruf Gottes für die Schlafenden! Wir machen die ¹unmittelbare greifbare Gegenwart des Herrn sichtbar und werden jene nicht ausschließen! *(Das Wort ¹parousia bedeutet sofortige Gegenwart. [Vgl. meinen Kommentar in 1. Thess. 2,19] [Vgl. die Verwendung des Wortes ²phthanō, verhindern, behindern oder auszuschließen, auch in 2. Kor. 10,14] Unser Dienst an euch ist ein Beweis dafür, dass es keine geographischen Grenzen gibt, die euch möglicherweise vom Evangelium von Jesus Christus ausschließen könnten! [Vgl. auch 1. Thess. 3,12] „Wir können bereits sehen, wie der Herr die Liebe, die wir für euch haben, dazu gebraucht, jeden von euch kraftvoll zu beeinflussen und seine Ufer, wie ein Tsunami, zu überschwemmen, um die ganze Welt zu überfluten". Die Menschen, die in der Dunkelheit wohnten, sahen ein großes Licht! Das wahre Licht, das alle erleuchtet, ist gekommen! Und die Herrlichkeit des Herrn wird offenbar werden, und alles Fleisch wird es zusammen sehen!)*

4,16 Der Herr wird persönlich mit einem mitreißenden Schrei aus dem unsichtbaren Himmelreich in unseren unmittelbaren sichtbaren Horizont hinein treten und seine triumphale Herrschaft mit der trompetenartigen, wie Wasserwogen klingende Stimme Gottes ankündigen; und selbst die Toten werden aus dem Schlaf auferstehen, denn auch sie sind in Christus mit eingeschlossen!

4,17 Nach ihrer Auferstehung werden wir alle zu einer großen, dichten Menge einer unzählbaren Schar von Menschen versammelt werden, vereint wie bei einer einzigen, aus vielen Wasserpartikel bestehenden Wolke, und werden dann dem Herrn in der Luft, die wir atmen, begegnen, und so werden wir unser Ich-Bin-Sein in unserer Vereinigung mit ihm in Ewigkeit feiern. *(Dies ist der Moment, an dem die Erlösung verkündet, wo Gottheit und Menschheit miteinander verheiratet sind. Die Braut und ihr Bräutigam sind vereint!)*

4,18 Die Tatsache, dass wir alle tief mit derselben Quelle unseres „Seins" verbunden sind, führt dazu, dass wir ständig in dieses Gespräch miteinander eingebunden sind.

1. THESSALONIANER Kapitel 5

5,1 Es ist nicht nötig, über [1]besondere prophetische Zeitabschnitte zu spekulieren oder sogar [2]bestimmte Epochen zu erwähnen. *(Das Wort [1]xronos, spricht von einem bestimmten Raum oder Zeitabschnitt, einer individuellen Gelegenheit oder Jahreszeit; [2]kairos, eine feste und bestimmte Zeit, auf die entscheidende Epoche gewartet hat.)*

5,2 Ihr wisst selbst aus eigener Erfahrung, wie der Tag des Herrn plötzlich wie ein Dieb in der Nacht anbricht! *([Apg. 9,3] Auf seiner Reise näherte er sich Damaskus, und plötzlich strahlte ein Licht vom Himmel um ihn herum. [2 Korinther 4,6] Denn es ist der Gott, der gesagt hat, „Lasst das Licht aus der Finsternis leuchten", der in unseren Herzen hinein gestrahlt hat, damit das Licht der Erkenntnis der Herrlichkeit Gottes im Angesicht von Christus in uns leuchtet. [Jes. 9,2] Das Volk, das in der Finsternis wandelte, sah ein großes Licht; und über denen, die im Land der tiefen Dunkelheit wohnten, scheint es hell. [Joh. 1,9] Ein neuer Tag für die Menschheit ist angebrochen. Das wahrhaftige Licht des Lebens, das jeden erleuchtet, bricht als Morgendämmerung in der Welt an.)*

5,3 Die Systeme dieser Welt der Finsternis und des Unglaubens, die Massen unter ihrer Pseudoherrschaft des selbstgemachten Glaubens an Frieden und Sicherheit hielten, werden plötzlich ihre Macht nicht mehr weiter ausüben können, wie bei den Wehen einer schwangeren Frau, werden keine ihrer Gefangenen unter ihrem Machtanspruch bleiben! *(Die Tore des Hades werden nicht siegen! Hades von **ha + eido**, nicht zu sehen.)*

5,4 Ihr seid nicht mehr in der Dunkelheit, und werdet deshalb auch nicht, wie bei einem Dieb, der in der Nacht bei euch einbricht, angsteinflößende Überraschungen erleben.

5,5 Ihr alle seid vom Licht geboren, - der Tag des Herrn ist eure wahre Mutter! Weder Nacht noch Dunkelheit haben irgendeinen Anspruch an euch!

5,6 Lebt in Alarmbereitschaft, und ihr werdet nicht von der Gleichgültigkeit anderer vergiftet.

5,7 Die Menschen schlafen normalerweise nachts und sind auch meistens nachts betrunken, aber jetzt ist der Tag des Herrn wie eine Morgendämmerung in uns angebrochen und hat die Schläfrigkeit und den Rausch, die Dunkelheit bewirkt, beendet.

5,8 Wir wollen uns Kleider für den Tag anziehen und uns eine sachliche, nüchternen Sichtweise bewahren, indem der Brustpanzer des durch Liebe inspirierten Glaubens unser Herz beschützt und unsere Gedanken wie mit einen Helm bedeckt werden und erwarten beständig die Dinge, die Erlösung verkündet!

1. THESSALONIANER Kapitel 5

5,9 Denn Gott will nicht, dass wir enttäuscht werden. Er hält uns nicht zum Narren oder lockt uns mit [1]starkem Verlangen nach Dingen, die wir dann, trotz verzweifeltem Bemühen, doch nicht erreichen können! Er hat uns an einen Ort gebracht, an dem wir von der Poesie dessen umgeben sind, was die Erlösung in der Herrschaft von Jesus Christus vermittelt. *(Das Wort, das oft mit Zorn übersetzt wird, ist das Wort [1]orge, von oregomai, was bedeutet, dass man sich mit starkem und leidenschaftlichem Verlangen ausstreckt.)*

5,10 Die Tatsache, dass er unseren Tod gestorben ist, gilt gleichermaßen für diejenigen, die sich seiner Auswirkung *(seines Todes)* schon bewusst sind und auch für diejenigen, die noch in ihrer Gleichgültigkeit, dieser Auswirkung gegenüber, noch fest schlafen. Wir sind gemeinsam dazu bestimmt, in der engsten Verbindung mit ihm zu leben! *(Das Wort [1]hama ist ein Teilchen der Einheit, das eine enge Verbindung bezeichnet.)*

5,11 Erbaut euch weiterhin gegenseitig, wie ihr es schon so eindrucksvoll tut, indem ihr die Atmosphäre eurer [1]engen Verbundenheit in eurer gemeinsamen DNA weiterentwickelt. *(Das Wort [1]parakaleo wird hier mit gemeinsamer Ursprung übersetzt.)*

5,12 Wir bitten euch auch als unsere Mit-Familie, die aus der gleichen Gebärmutter geboren wurde, dass ihr diejenigen anerkennt, deren Mühen in euch Spuren hinterlassen haben, die vom Herrn als eure Leiter bestimmt wurden und eure Gedanken neu ausrichten.

5,13 Ihr könnt ihnen eure Wertschätzung und extravagante Liebe aussprechen, weil ihr ihre Arbeit in hohem Maße würdigt. Lebt mit euch selbst in Frieden und seid so miteinander verbunden, dass ihr vollkommen eins seid. Dies bringt euch an einem Ort der Vereinigung, an dem keine Trennung mehr stattfinden kann.

5,14 Wenn ihr das Denken derjenigen neu ausrichten wollt, deren Leben aus dem Gleichgewicht gekommen ist, dann müsst ihr euch an unseren gemeinsamen Ursprung als Bezugspunkt erinnern! Ermutigt die Schwachen; seid der Resonanzboden *(leitet die Worte Gottes beständig weiter)* für diejenigen, die sich schwach fühlen; seid super geduldig mit den Einzelnen aber auch mit allen anderen!

5,15 Niemand darf Böses mit Bösem vergelten, egal wie sehr jemand Vergeltung zu verdienen scheint! Lasst euch nie wieder von der alten „Gesetzes- und- Verdammnis-Sprache" beeinflussen! Lasst das Gute immer und unter allen Umständen den Ton im Umgang mit jedem einzelnen Menschen bestimmen, ob er nun „in" ist oder ein sogenannter Außenseiter! *(Wenn wir Straftäter mit Akzeptanz behandeln sollen, wie können wir dann davon ausgehen, dass Gott die Welt mit „Strafe" wie ein „Dieb in der Nacht" schlagen wird? Sollten wir toleranter sein als Gott?)*

1. THESSALONIANER Kapitel 5

5,16 Seid immer fröhlich und glücklich!

5,17 Beschäftigt euch in euren Gedanken ständig mit Gebet und Anbetung.

5,18 Eure Dankbarkeit beruht nicht auf etwas Zerbrechlichem oder Vergänglichem, sondern auf der Tatsache, dass Gottes Absicht für euch in Christus Jesus vollendet wurde.

5,19 Erstickt nicht die Flamme des Geistes in euch.

5,20 Unterschätzt das prophetische Wort nicht.

5,21 Prüft alles so, wie man Gold testet, um seinen wahren Wert herauszufinden und dann schätzt das, was kostbar ist, mit großer Sorgfalt.

5,22 Haltet ab sofort Abstand von jeder Handlungsweise, die auch nur im Entferntesten etwas mit der Frucht des „Ich-Bin-Nicht-Baumes" zu tun hat, die das typische, ermüdende Gesetz des Systems der Werke ist. *(Der Baum der Erkenntnis von Gut und Böse [1]poneros, repräsentiert das verlorene Gefühl der Identität und Gerechtigkeit der Menschheit, wobei die Menschheit weltweit ständig danach strebt, die Gerechtigkeit durch ihre eigenen Werke zu erlangen. Dies führt unweigerlich zu Enttäuschungen, bei denen Scham die Unschuld ersetzt und Einheit und Gemeinschaft verloren gehen. Das Wort Böses, poneros, deutet darauf hin, dass das Leben voller Härten, Mühen und Ärgernisse ist.)*

5,23 Entdeckt dort, außerhalb jeder eigenen Anstrengung, wie der Gott des vollkommenen Friedens, der euch kunstgerecht zu einer Einheit verschmolzen hat - so wie ein Handwerksmeister ein Möbelstück mit Hilfe einer Schwalbenschwanzgelenkes verbinden würde -, wie dieser Gott die ganze Harmonie eures Seins ohne euer Zutun persönlich perfektioniert und geheiligt hat! Er hat bis in jede Einzelheit die Standardeinstellungen wiederhergestellt. Ihr wurdet neu gebootet, um, in vollkommener Unschuld, in der [2]unmittelbaren Gegenwart unseres Herrn Jesus Christus - in eurem Geist, eurer Seele und eurem Körper - voll an eurem Leben nach Gottes Plan teilzunehmen *(Es liegt nicht an meinem „So-War-Ich-Mal-Sein"- oder „Ich-Versuche-Zu-Werden"-Einstellung, sondern an meinem „Ich-Bin-Es-Sein!". Das Wort [1]eirene, das mit Frieden übersetzt wird, bezieht sich auf das Schwalbenschwanzgelenk in der Tischlerei. Das Wort [2]parousia deutet auf eine sofortige Gegenwart hin. [vgl. meinen Kommentar zu 1. Thess. 2,19])*

5,24 Ihr seid durch den Glauben an Gott definiert, - ihr seid seine Dichtung!

5,25 Unsere kostbare Familie, schließt uns weiterhin in eure Gebete ein.

5,26 Umarmt euch gegenseitig mit viel Zuneigung!

1. THESSALONIANER Kapitel 5

5,27 Ich bitte euch hiermit feierlich durch die Autorität des Herrn, dass dieser Brief allen in jeder Gemeinde vorgelesen wird! *(Dies war Paulus' allererster Brief, der aus Athen an die Gemeinden geschrieben wurde.)*

5,28 Die Gnade unseres Herrn Jesus ist euer ständiger Begleiter. Amen!

EINFÜHRUNG 2. TIMOTHEUS

Timotheus ist einer der ersten Jünger des Paulus. Seine Mutter war eine Jüdin und gläubig, sein Vater ein Grieche.

Paulus schrieb an Timotheus aus dem Gefängnis in Rom. Dies ist sein letztes Schreiben, da er kurz darauf das Martyrium erlitt. Der Ton dieses Briefes ist sehr emotional und persönlich.

Seine Liebe zu Timotheus ist offensichtlich: „Als mein enger Mitarbeiter und Reisebegleiter nimmst du voll und ganz an allem teil, was meine Lehre und mein Leben verkündet; du teilst meine Entschlossenheit, meinen Glauben, meine Stärke, meine Liebe, meine Ausdauer". (2. Tim. 3,10.)

Paulus sagt in Phil. 2,19 über Timotheus: „Ich vertraue dem Herrn, dass ich in der Lage sein werde, Timotheus bald zu euch zu senden, das ist für mich so, als wäre ich persönlich bei euch"!

„Ich werde an deine Tränen erinnert und mein Herz ist ermutigt und voller Freude, wenn ich daran denke, dass ich bald bei dir sein werde. Ich freue mich über den reinen Glauben, den ich in dir sehe. Denke daran, dass du die dritte Generation einer starken Glaubenslinie bist. Die gleiche unerschütterliche Überzeugung, die deine Großmutter Lois charakterisiert hat, wohnt auch in deiner Mutter Eunice und ist jetzt in dir im Übermaß vorhanden. Das gibt mir umso mehr Grund, dich daran zu erinnern, die Flamme der Gnadengabe Gottes in dir zu einem lodernden Feuer zu entfachen. Dein Leben und Dienst spiegelt meines wider; ich habe die Gabe der Kühnheit Gottes in dir bestätigt, als ich meine Hände auf dich legte. Lerne seine Gabe in dir vollständig kennen. Die Dynamik eines im Geist der Liebe befreiten Geistes ist nicht zaghaft, sondern furchtlos und unaufhaltsam. Schäme dich nicht wegen meiner Gefangenschaft, die ich wegen des Zeugnisses von Christus erdulde, oder wegen deiner Verbindung mit mir! Wir sind Partner in den Leiden des Evangeliums und auch in der Intensität der Kraft Gottes! Wir erleben einen ständigen Download von Kraft inmitten von Bedrängnis"! (2. Tim. 1,4-8)

Er erinnert Timotheus daran, dass „alles, worauf die Gnade hingewiesen hat, jetzt in Jesus Christus verwirklicht wurde und nun durch das Evangelium klar gesehen werden: kann Gnade offenbart, wer Jesus ist. Er hat den Tod als Variable aus der Gleichung herausgenommen und das Leben neu definiert; das ist in der Tat eine gute Nachricht! Gnade ist mein Auftrag; es ist meine Aufgabe und Freude, diese Botschaft zu verkündigen und die Nationen zu einem vollständigen Verständnis der Liebesinitiative Gottes zu führen". (2. Tim. 1,10-11)

Er ermutigt ihn: „Sieh die Zukunft dieses Evangeliums in jedem, mit dem du dich befasst. Wenn sie innerlich überzeugt sind,

EINFÜHRUNG 2. TIMOTHEUS

bekommen sie die Fähigkeit, andere in derselben Offenbarung zu unterweisen». *(2. Tim. 2,2)*

„Vermeide dumme Fragen, die niemandem weiterhelfen, sondern nur Streitigkeiten bewirken.. In deiner Position als jemand, der sich ganz dem Herrn hingegeben hat, macht es keinen Sinn, eine Diskussion zu gewinnen und dabei die Person zu verlieren! Ich möchte viel lieber, dass du, auf feinfühlige Weise, allen Menschen gegenüber höflich bist; sie gekonnt trainierst und unter Druck einen kühlen Kopf bewahrst. Deine sanfte Art, diejenigen, die sich dir widersetzen, zurechtzuweisen, wird sie zwangsläufig dazu bringen, zu erkennen, was Gott über sie glaubt, und ihnen die bestmögliche Chance geben, die Wahrheit anzuerkennen". *[2. Tim. 2,23-25])*

2. TIMOTHEUS Kapitel 1

1,1 In meinem Dienst geht es um die erstaunliche ¹Nachricht über die Ankündigung dieses Lebens, das in Christus Jesus enthüllt wird! Die Verheißung ist eine Person! Ich, Paulus, bin ein Mann mit einer ²Mission. Dass Gott diesen ³herrlichen Wunsch hat, beflügelt mich! *(Das Wort ¹epangelia bedeutet Verheißung, Ankündigung; ²apostelo, ein Mann mit einer Mission; ³thelema, herrlicher Wunsch.)*

1,2 Lieber Timotheus, du bist mein Sohn in allem, was Gnade, Barmherzigkeit und Frieden vermittelt. Dieses Leben bezieht sich nur auf Gott als unserem Vater und auf Jesus als unserem Meister und Bruder. Das Christusleben regiert aus deinem Inneren heraus!

1,3 Ich denke sehr gerne unablässig an dich. Mir ist unsere Vereinigung in Christus rund um die Uhr bewusst. ³Gebet wird erst dann anhaltend, wenn wir Gottes ⁴Gnaden-Echo in unserer ⁵Anbetung entdecken! Unser ⁶Bewusstsein feiert unsere ⁷ Vor-Schöpfungs-⁸Unschuld vor Gott! *(Das Wort ¹adialeiptos, bedeutet ohne Unterbrechung; ²mneia, Erinnerung; ³deeisis, Gebet; ⁴charin echo, Gnadenecho, manchmal übersetzt als Danksagung; ⁵latreuo, ohne Verpflichtung anbeten, nicht unter Zwang; ⁶suneido, Bewusstsein, gemeinsam [mit Gott] sehen; ⁷progonos, vor der Geburt; ⁸katharos, Unschuld, sauber, rein. Wir feiern eine Unschuld, die vor Adams Sündenfall liegt! Wir haben es zugelassen, dass sich in unseren Theologien und in unserer Anbetung ein rechtswidriges Sündenbewusstsein durchsetzt! Der Vater des verlorenen Sohnes erinnerte sich nicht mehr an vergangene Sünden. Stell dir vor, wie Sündenbewusstsein die Party vermiesen würde!)*

1,4 Ich werde an deine Tränen erinnert und mein Herz wird ermutigt und ist voller Freude, wenn ich daran denke, dass ich bald bei dir bin.

1,5 Ich freue mich über den reinen Glauben, den ich in dir sehe. Denke daran, dass du die dritte Generation einer starken Glaubenslinie bist. Die gleiche unerschütterliche Überzeugung, die deine Großmutter Lois charakterisiert hat, wohnt auch in deiner Mutter Eunice und ist jetzt in dir im Übermaß sichtbar.

1,6 Das gibt mir umso mehr Grund, dich daran zu erinnern, die Flamme der Gnadengabe Gottes in dir zu einem lodernden Feuer zu entfachen. Dein Leben und Dienst spiegelt meines wider; ich habe die Gabe der Kühnheit Gottes in dir bestätigt, als ich meine Hände auf dich legte.

1,7 Lerne seine Gabe in dir vollständig kennen. Die Dynamik eines im Geist der Liebe befreiten ¹Geistes ist nicht zaghaft, sondern furchtlos und unaufhaltsam. *(Das Wort ¹sophronismos bedeutet ein geretteter Geist, ein Geist, der davor bewahrt wurde, minderwertige Gedanken zu dulden. [Jes. 55,8-11])*

2. TIMOTHEUS Kapitel 1

1,8 Schäme dich nicht wegen meiner Gefangenschaft, die ich wegen des ¹Zeugnisses von Christus erdulde, oder wegen deiner Verbindung mit mir! Wir sind Partner in den Leiden des Evangeliums und auch in der ²Intensität der Kraft Gottes! Wir erleben einen ständigen ²Download von Kraft inmitten von Bedrängnis! *(Das ¹Zeugnis von Christus gibt uns große Freiheit. Jesus und sein vollbrachtes Werk ist Gottes Zeugnis von unserer freigesetzten Unschuld. ²kata, unten, auch um die Intensität zu betonen.)*

1,9 Er setzte die Vollständigkeit unserer ursprünglichen ²Mach- und- Wesensart *(wie du als Person ursprünglich von Gott erdacht warst)* **frei und offenbarte, dass wir von Anfang an schon sein Eigentum waren, sogar noch ³bevor die Zeit existierte. Das hat nichts mit dem zu tun, was wir getan haben, um uns zu qualifizieren oder zu disqualifizieren. Wir reden hier nicht von religiösen guten Werken oder vom Karma** *(Schicksal.)* **Jesus offenbart, dass die Gnade die ⁴ewige Absicht Gottes war! Die Gnade feiert unsere Unschuld vor der Schöpfung und erklärt nun unsere freigesetzte Vereinigung mit Gott in Christus Jesus.** *(Das Wort ¹hagios bedeutet Heiligkeit, Reinheit, Integrität;* **hagios + kaleo** *wird oft übersetzt mit heilige Berufung;* ²**kaleo** *bedeutet, mit Namen identifizieren, mit Nachnamen;* ³**pro xronos aionios;** *pro, vorher; xronos bedeutet ein Maß an Dauer oder Länge der Zeit; aionios, spricht von Zeitaltern. Paulus spricht davon, dass Gott sich wegen uns entschieden hat, schon vor den Zeiten. Dies ist ein Konzept, bei dem die Ewigkeit in verschiedene Abschnitte unterteilt wird, wobei die Kürzeren in den Längeren enthalten sind. Dies war noch vor der Kalenderzeit, vor der Entstehung der Galaxien und anderer Sternbilder. [kairos ist ein passender oder spezifischer Zeitpunkt in der Zeit] Was uns in Christus widerfahren ist, entspricht Gottes ewigem Plan. [⁴***prothesis***], den er in jedem prophetischen Hinweis und jedem Schattenbild gezeigt hat. In der hebräischen Tradition deuteten die Schaubrote [***prothesis***] auf das wahre Brot vom Himmel hin, das echte und wahrhaftige Wort, das aus dem Mund Gottes kam - Jesus, das menschgewordene Wort -, das das Leben unseres Designs erhält. [Vgl. Hebr. 9,2] Der erste Ort des Zeltes wurde Heiligtum genannt; das einzige Licht kam hier vom Leuchter, der den Tisch beleuchtete, auf dem die Schaubrote -* **prothesis** *- aufgelegt wurden. Das hebräische Wort ist* הפנים לחם *lechem paniym, Gesichts-Brot oder Brot der Gegenwart. Der Leuchter war ein wunderschön gearbeiteter, goldener Kronleuchter, auf dem knospende und blühende Mandelzweige darstellt sind. Erinnert euch daran dich daran, dass Jeremia das auch in Jer. 1,12 gesehen hat, als Gott sagte: „Ich wache über mein Wort, um es zu erfüllen". Das gleiche hebräische Wort wird hier verwendet,* שקד *shaqad, der Mandelbaum wurde der „wache Baum" genannt, weil er als erster blühte, während die anderen Bäume noch im Winterschlaf waren. Die Schaubrote können mit der täglichen Versorgung im Fleisch [unser Leib] verglichen werden. Dieses Fleisch ist ein Sinnbild für die endgültige*

2. TIMOTHEUS Kapitel 1

Stiftshütte Gottes und zeigt sich beispielhaft in dem Bericht über Jesus und die zwei Emmaus-Jünger. Ihre Herzen brannten und etwas in ihnen fing an zu schwingen und Glauben wurde angezündet, während er ihnen die Schriften öffnete. Als sie dann um den Tisch saßen, wurden ihnen die Augen geöffnet, so dass sie ihn als die Erfüllung der Schrift erkennen konnten - ihre wahre Mahlzeit, die Mensch wurde: [Luk. 24,27-31] Die Menschheit soll nicht vom Brot allein leben, [das nur den Leib versorgt] sondern vom wahrhaftigen Gedanken Gottes, dem Wort, das aus seinem Mund kommt, von der ursprünglichen Absicht, von seiner Ebenbildlichkeit die im menschlichen Leben verkörpert, offenbart und freigesetzt wurde.)

[Tit. 1,2] Dies ist das Leben der Zeitalter, das seit Generationen schon erwartet wurde; das Leben unserer ursprünglichen Mach-und-Wesensart, das durch den unfehlbaren Entschluss Gottes angekündigt wurde, bevor es Zeit oder Raum gab. [Der Grundgedanke hinter der Schöpfung Gottes ist, dass Gott sich mit der Menschheit verbinden wollte. Es existiert eine größere Dimension der Wirklichkeit als das, was wir innerhalb der Grenzen von Raum und Zeit definieren können! Der Glaube Gottes wartete genau auf den Moment unserer, für alle Ewigkeit, freigesetzten Vereinigung mit ihm! Dieses Leben wurde vor der ewigen Zeit festgelegt. [BBE 1949, Bibel in einfachem Englisch.])

1,10 Alles, worauf die Gnade hingewiesen hat, wurde jetzt in Jesus Christus verwirklicht und kann nun durch das Evangelium klar gesehen werden: die Gnade offenbart, was Jesus ist. Er hat den Tod als Variable aus der Gleichung herausgenommen und das Leben neu definiert; das ist in der Tat eine gute Nachricht!

1,11 Gnade ist mein Auftrag; es ist meine Aufgabe und Freude, diese Botschaft zu verkünden und die Nationen zu einem vollständigen Verständnis der Liebesinitiative Gottes zu führen.

1,12 Was ich dadurch erleide, macht mir überhaupt keine Angst. Der Glaube hat ihn *(Gott)* so [1]wahrnehmbar gemacht. Ich bin absolut überzeugt, dass ich in ihm sicher bin. Wir schauen nicht mehr nach einem zukünftigen Ereignis aus, oder einem anderen Tag, denn der Tag ist gekommen! Der Tod ist nicht das Jüngste Gericht. Nichts kann das, was er getan hat, unterbrechen! *(Griechisch, [1]eido, Latein, video, sehen, wissen.)*

1,13 In deinem Gespräch spiegelt sich wider, was du von mir gehört hast; wie genau du dich, was meine Gedanken anbelangt, ausdrückst, zeigt, wie wir beide [1]miteinander fließen. Wir sind voll und ganz in der gleichen Überzeugung der Liebe eingebunden, eingetaucht in Christus Jesus. *(Das Wort [1]para ist eine Vorsilbe, die auf unmittelbare Nähe hinweist, eine Sache, die aus einem Einflussbereich stammt, mit einem Hinweis auf Vereinigung des Wohnortes, die von ihrem Autor und Geber stammt und den Punkt bezeichnet, von dem aus eine Handlung hervorgeht, eine intime Verbindung.)*

2. TIMOTHEUS Kapitel 1

1,14 Dieser unbezahlbare Schatz wird vom Heiligen Geist, der in uns wohnt, in deine Hände gegeben.

1,15 Ich bin sicher, dass du inzwischen gehört hast, dass mich alle in der Provinz Asien wegen meiner Ketten verlassen haben, sogar Phygellus und Hermogenes.

1,16 Onesiphorus und seine Familie sind ein echtes Geschenk des Herrn und eine große Ermutigung für mich. Sie haben sich oft liebevoll um mich gekümmert. Sie schämten sich überhaupt nicht wegen der Tatsache, dass ich eingesperrt wurde.

1,17 Als er in Rom war, suchte er sofort nach mir, bis er mich fand.

1,18 Sein Besuch an diesem Tag in Rom bedeutete mir so viel; er machte die Barmherzigkeit Gottes greifbar! Niemand weiß besser als du, was für ein Segen er für uns in Ephesus war!

2. TIMOTHEUS Kapitel 2

2,1 Timotheus, mein Sohn, Gnade ist die Quelle deiner Kraft. Sie ist so viel mehr als eine Lehre, sie ist die Person Jesus Christus. Er verkörpert, was die Gnade offenbart.

2,2 Was du von mir gelernt hast, ist keine Theorie; du hast viele Beweise gesehen, die Richtigkeit meiner Botschaft bestätigen. Sieh die Zukunft dieses Evangeliums in jedem, mit dem du dich befasst; wenn er innerlich überzeugt ist, hat er auch die Fähigkeit, andere in der gleichen Offenbarung zu unterweisen. *(Vgl. Tit. 1,9.)*

2,3 Stelle dir vor, du bist ein Soldat, der für die Sache von Christus Bedrängnis erduldet.

2,4 Ein Soldat lässt sich nicht von zivilen Angelegenheiten ablenken; er engagiert sich voll und ganz für die anstehende Aufgabe.

2,5 Ein Athlet hat keine Chance, den Pokal zu gewinnen, wenn er sein Training vernachlässigt.

2,6 Ein Landwirt versteht, wie viel harte Arbeit in eine Ernte investiert wird. *(In allen drei Beispielen erinnert Paulus Timotheus daran, dass es unser Ziel ist, die Welt mit dem Evangelium zu gewinnen; die Welt ist die Trophäe und die Ernte des Kreuzes; das ist die Motivation unseres Dienstes.)*

2,7 Denke über meine Worte nach: Der Herr wird dir Einsicht geben, die dich in jedem Widerstand, dem du ausgesetzt bist, inspirieren wird.

2,8 Konzentriere dich in deinen Gedanken schwerpunktmäßig auf mein Evangelium: Jesus Christus ist der Same Davids, er ist der verheißene Messias; seine Auferstehung von den Toten ist der Beweis. *(Die Auferstehung macht offensichtlich, dass er die Erlösung der Menschheit vollendet hat, indem er den Tod besiegt hat. [Hos. 6,2; Eph. 2,5; Röm. 4,25; Apg. 17,31])*

2,9 Ich mag in Fesseln sein, aber das Wort Gottes nicht. *(Es scheint wohl manchen so, dass mein Leiden dem widerspricht, was ich predige, aber das ist nicht möglich! Mein Dienst wird an dem Wort gemessen, nicht an meinen Umständen. [Vgl. Kol. 1,24])*

2,10 Das gibt mir mehr als genug Grund dafür, nicht aufzugeben. Ich wünsche mir, dass jeder die Tatsache entdeckt, dass das Leben seiner [1]**Mach-und Wesensart** *(wie du als Person ursprünglich von Gott erdacht warst)* in Christus Jesus freigesetzt wird; das ist die ewige Absicht Gottes. *(Das Wort* [1]*eklegomai, ek, Quelle, Herkunft und legomai aus Logos, Wort, also das Leben unseres Designs.)*

2,11 Die Logik Gottes bestätigt unseren Glauben: Wir wurden in seinen Tod mit einbezogen und sind daher ebenso in seine Auferstehung mit einbezogen.

2. TIMOTHEUS Kapitel 2

2,12 Leiden lenken uns nicht ab, sie widerlegen auch nicht unsere gemeinsame Position mit ihm im Thronsaal, das Christus-Leben herrscht. Wenn wir uns selbst widersprechen *(uns im Gegensatz zu dem verhalten, wer wir sind)*, dann wird er uns widersprechen und uns das Gegenteil beweisen! *(Das Wort ¹arneomai bedeutet Widerspruch.)*

2,13 Unser Unglauben ändert nichts an dem, was Gott glaubt; er kann sich selbst nicht widersprechen! *([Vgl. Röm. 3,3-4] Was wir über Gott glauben, definiert ihn nicht; Gottes Glaube definiert uns. Gott kann sich selbst gegenüber nicht untreu sein!)*

2,14 Erinnere deine Zuhörer immer wieder freundlich an diese Dinge, die sich auf die Tatsache konzentrieren, dass das Leben deiner Mach-und-Wesensart in Christus Jesus freigesetzt ist, weil wir in seinen Tod und daher ebenso in seine Auferstehung mit einbezogen sind. Dies ist die Grundlage unseres Glaubens und sie kann durch keine Verfolgung widerlegt werden, denn Gott kann sich selbst gegenüber nicht untreu sein! Lass dein Zeugnis, das daraus entsteht, dass du von Angesicht zu Angesicht mit dem Herrn Gemeinschaft hast, für sich selbst sprechen! Du musst keine Wortkriege ausfechten oder verzweifelt versuchen, Lehren und Auffassungen zu verteidigen! Statt etwas zu nützen, sind diese Debatten katastrophal für den Glauben deiner Schüler! Wenn du zwei Systeme mischt, wird dies deine Zuhörer ganz sicher verwirren! *(Vgl. Vers 10-11 und 2. Kor. 5,14-15.)*

2,15 ¹Zögere nicht, dein Leben mit dem Wissen um die völlige Zustimmung Gottes zu führen. Du brauchst dich nicht für deine Erfahrung zu entschuldigen, die ein Widerspruch zu deinem Glauben sein könnte! Was Gott über dich glaubt, braucht keine Verteidigung! Aus ³Klarheit entsteht sofortige Autorität. Die Wahrheit siegt über jeden Widerspruch! Sie bewirkt eine klare Trennung zwischen Licht und Dunkelheit. Das Wort der Wahrheit zeigt deutlich, dass das pflichtgetriebene Gesetz der Werke und der Auseinandersetzungen und das liebegetriebene Gesetz der vollkommenen Freiheit nichts gemeinsam haben! *(Das Wort ¹spoudazō bedeutet, Geschwindigkeit benutzen, pünktlich sein, sofort. Das Wort ²paristemi aus **para**, eine Vorsilbe, die enge Nähe anzeigt, eine Sache, die aus einem Einflussbereich stammt, mit einem Hinweis auf die Vereinigung des Wohnortes, von ihrem Autor und Geber entsprungen sein, der von dem Punkt ausgeht, von dem aus eine Handlung ausgeht, intime Verbindung; und **istemi**, positionieren. Das Wort ³alētheia bedeutet nicht verborgen, Wahrheit, Klarheit.)*

2,16 Beteilige dich nicht an einem Gespräch, das fromm klingt, aber keinen Inhalt hat; es führt nur zu langen, bedeutungslosen und gottlosen Debatten.

2. TIMOTHEUS Kapitel 2

2,17 Ihr Gespräch stirbt ab, wie das Gewebe bei ¹Wundbrand; Hymenäus und Philippus sind typische Beispiele dafür. *(Griechisch, gaggraina, Gangarin.)*

2,18 Sie haben die Wahrheit völlig aus den Augen verloren, indem sie argumentierten, die Auferstehung von Christus hätte keine weitere Bedeutung. Jede Lehre, die von der gemeinsamen Einbindung der Menschheit in die Auferstehung von Jesus ablenkt, stellt den Glauben auf den Kopf! *([Vgl. Verse 8 und 11] Die Einbeziehung der Menschheit in den Tod und die Auferstehung von Christus ist der Schwerpunkt des Evangeliums! [1. Kor. 2,8] Weder die Politiker noch die damaligen Theologen hatten eine Ahnung von diesem Geheimnis. Wenn sie es gewusst hätten, hätten sie den Herrn, dessen Tod unsere Herrlichkeit freigesetzt hat, niemals gekreuzigt!)*

2,19 Der grundlegende Glaube Gottes über dich bleibt unerschütterlich und über alle Diskussionen erhaben, unabhängig von menschlicher Meinung oder ihrem Widerspruch! Die Inschrift und der Abdruck, den der Siegelring Gottes hinterlässt, ist seine Handschrift in deinem innersten Wesen; er kennt dich als sein Eigentum. Jeder soll sich durch den Namen von Christus definieren und sich von allem fernhalten, was keine Ähnlichkeit mit ihm widerspiegelt.

2,20 Auch in mega-reichen Haushalten gibt es nicht nur Gefäße aus Gold und Silber, sondern auch aus Holz und Ton; der Nutzen eines Gefäßes bestimmt seinen wahren Wert. Auch wenn ihre Funktionen unterschiedlich sind, ist jedes Gefäß gleich wichtig.

2,21 Erkenne deinen persönlichen Wert und höre auf, dich selbst anzuzweifeln! Du bist unentbehrlich für den Gebrauch deines Meisters; er weiß genau, was er an dir hat; sei bereit für jede gute Arbeit! *([Vgl. 2,12] Wenn wir uns selbst widersprechen [uns im Gegensatz zu dem verhalten, wer wir sind], dann wird er uns widersprechen und uns das Gegenteil beweisen! [Auch 2,13] Unser Unglaube ändert nichts an dem, was Gott glaubt; er kann sich selbst nicht untreu sein!)*

2,22 Am besten entkommst du der Falle und den Ablenkungen der jugendlichen Begierden, die oft durch eine verzehrende Sehnsucht nach verbotenen Freuden gekennzeichnet sind, wenn du dich aktiv mit all dem beschäftigst, was deine freigesetzte Einheit feiert. Statt eines Sündenbewusstseins entwickle ein Gerechtigkeitsbewusstsein. Werde süchtig nach den Abenteuern des Glaubens; erlaube der Agape-Liebe Gottes dich zu umwerben und in seine Ruhe hinein zu locken, so dass du aufhörst, dich abzumühen und dich in Vollkommenheit sonnst. Genieße den Frieden, feiere dein Zusammensein in Einheit, mit allen, die gemeinsam ihre ursprüngliche Identität im Herrn entdeckt

2. TIMOTHEUS Kapitel 2

haben. Führe dein Leben von deinem Herzen, von diesem Ort der Unschuld aus.

2,23 Vermeide dumme Fragen, die niemanden weiterhelfen, sondern nur Streitigkeiten bewirken.

2,24 In deiner Position als jemand, der sich ganz dem Herrn hingegeben hat, macht es keinen Sinn, eine Diskussion zu gewinnen und dabei die Person zu verlieren! Ich möchte viel lieber, dass du auf feinfühlige Weise allen Menschen gegenüber höflich bist; sie gekonnt trainierst und unter Druck einen kühlen Kopf bewahrst.

2,25 Deine sanfte Art, diejenigen, die sich dir widersetzen, zurechtzuweisen, wird sie zwangsläufig dazu bringen, zu erkennen, was Gott über sie glaubt, und ihnen die bestmögliche Chance geben, die Wahrheit anzuerkennen.

2,26 So werden sie dem vergiftenden Einfluss der sündigen *(gefallenen)* Denkweise und der versklavenden Diktatur des Teufels entgehen.

2. TIMOTHEUS Kapitel 3

3,1 Du sollst wissen, dass es Tage geben wird, an denen die [1]extreme, sündige Denkweise der Menschheit sehr offensichtlich sein wird; bei der die [2]Kluft zwischen himmlischem Gnadendenken und irdischem Gerechtigkeitsdenken am deutlichsten sein wird. *(Das Wort [1]escahtos, extrem, ist die Superlativform des Wortes echo, festhalten oder resonieren [klingen] Die Lehre der „letzten Tage" - die Eschatologie - ist mit diesem Wort verbunden. Das Wort [2]chalepos von chalao bedeutet, sich zu lockern, zu entspannen, sich von einem höheren Ort zu einem niedrigeren hinunterzulassen. Von „Ich bin" bis „Ich bin nicht"; von fertig bis unvollendet; von Geschenk zu Lohn; von Liebe zu Gericht.)*

3,2 Denn die Menschen werden von ihren eigenen egoistischen Streben erfüllt sein, von der Liebe zum Geld und von der Illusion, wie dieses Geld ihre Träume verwirklichen könnte. Sie führen ein Leben der Verlogenheit und Vergänglichkeit. Sie lieben das Rampenlicht; beteiligen sich am schädlichen Tratsch und sind ihren Eltern gegenüber gleichgültig. Sie nehmen alles für selbstverständlich hin, sind undankbar und haben keine wirkliche Achtung vor dem, was heilig ist.

3,3 Sie sind typischerweise hartherzig und unversöhnlich und kennen keine Zuneigung. Eine verklagende, teuflische Einstellung und Denkweise charakterisiert sie. Sie sind ohne Selbstbeherrschung; wild und zynisch!

3,4 Sie verraten Freundschaften leichtfertig und Impulsivität gekennzeichnet sie. Wie ein Feuer das nur raucht, aber keine Flamme hat so geben sie vor etwas zu sein. Sie sind süchtig nach sinnlichen Vergnügungen, aber Gott lehnen sie ab!

3,5 Ihr selbstproduzierter Glaube und ihre Selbst-Hingabe verleugnen die Kraft Gottes! Vermeide ihre Heuchelei!

3,6 Sie schleichen sich in die Häuser verwundbarer Frauen, wie Wölfe im Schafspelz und führen sie, unter dem Vorwand des „Dienstes", in die Falle der übertriebenen Sehnsüchte und giftigen Lügen der Gesetzessprache!

3,7 Diese Frauen sind wie sitzende Enten, sie scheinen nie etwas dazuzulernen. Sie fallen allem zum Opfer, was sich auch nur vage wie ein „Bibelstudium" anhört und unterscheiden nicht zwischen einem „Schaufensterbummel", der die Verheißungen nur anschaut und dem „in den Spiegel der Wahrheit" hinein schauen!

3,8 Diese Kerle scheinen mit ihren tödlich, gesetzlichen, jüdischen Programmen den beiden ägyptischen Magiern Jannes und Jambres ebenbürtig zu sein, die ihre besten Tricks versuchten, um

2. TIMOTHEUS Kapitel 3

mit Mose zu wetteifern! Das Übernatürliche ist kein Beweis für den Glauben! Diese Menschen widersetzen sich der Wahrheit *(der Gnade)*; ihre Gedanken sind voll und ganz damit beschäftigt, ihre religiösen Selbsthilfeprogramme zu verkaufen. Dabei weigern sie sich hartnäckig anzuerkennen, was Gott über sie glaubt. *(Denke daran, dass die Israeliten in der Wüste wegen Unglauben starben, indem sie eine Lüge über sich selbst glaubten und nicht weil sie zu wenig Übernatürliches erlebt hatten! [5. Mo. 13,33, Jos. 2,11])*

3,9 Genug ist [1]genug! Ihre Selbsthilfesysteme sind erschöpft, ihre Torheit wird für alle sichtbar sein, genau wie bei Jannes und Jambres! *([Vgl. Röm. 13,12] Es war lange genug [1]Nacht; der Tag ist gekommen. Höre sofort mit allen Handlungen auf, die mit der Dunkelheit der Unwissenheit verbunden sind. Kleide dich im Glanz des Lichts [die Nacht ist weit vorangeschritten [1]prokopto, wie ein Schmied ein Stück Metall schmiedet, bis er es in seine größtmögliche Länge geschlagen hat].)*

3,10 Als mein enger Mitarbeiter und Reisebegleiter nimmst du voll und ganz an allem teil, was meine Lehre und mein Leben verkündet; du teilst meine Entschlossenheit, meinen Glauben, meine Stärke, meine Liebe und meine Ausdauer.

3,11 Du hast die Verfolgungen und Nöte erlebt, die ich in Antiochien, Ikonien und Lystra erlitten habe; jederzeit hätte ich von ihnen getötet werden können. Aber der Herr rettete mich dramatisch aus jeder Situation!

3,12 Irgendwie wird jeder, der beschließt, ein Leben in [1]Schönheit und Anbetung in Verbundenheit mit Christus Jesus zu führen, verfolgt. *(Das Wort [1]eusebos, von eu, gut, gut gemacht und sebomai, anhimmeln verehren, anbeten, wird als Frucht des euaggelion geboren, die gut gemachte Ankündigung, das Gute der Guten Nachricht! Die Spontaneität einer solchen Anbetung scheint diejenigen zu verärgern, die sich in einem System befinden, das von den gesetzlichen Ritualen der institutionellen Religion kontrolliert wird.)*

3,13 Menschen, die in dem Denkmuster von [1]Schwierigkeiten, Mühen und Ärgernissen gefangen sind, werden weiterhin verzweifelt versuchen, so viel Nutzen wie möglich aus einem toten und veralteten System herauszuholen. Die [2]Lüge, der sie verfallen sind, ist die Währung, mit der sie handeln. *(Das Wort, [1]poneros bedeutet Härten, Mühen und Ärgernisse, [2]verführt sein und verführen.)*

3,14 Im scharfen Gegensatz zu diesem verführerischen, pflichtgetriebenen System beschäftige dich weiterhin ganz und gar mit der Verlässlichkeit dessen, was du gelernt hast, weil du die Lauterkeit *(Integrität)* deiner Quelle kennst.

2. TIMOTHEUS Kapitel 3

3,15 Die Heiligen Schriften, mit denen du schon von Kindesbeinen an aufgewachsen bist, haben dich wirksam auf die [1]eindeutige Klarheit der Erlösung hingewiesen! Gottes [2]Glaube war immer in Christus Jesus eingepackt! *(Das griechische Wort für Weisheit, [1]sophos, von saphe, das, was klar ist. Die Worte [2]tes pisteos sind im Fall des Genetiv, die auf Eigentum hinweisen, zu jemandem gehören. „Gerechtigkeit durch seinen (Gottes) Glauben bestimmt das Leben". [Hab. 2,4; 3,17-19] Anstatt bei Katastrophen das Kapitel über den Fluch zu lesen, erkennt Habakkuk, dass die Leistung von der Verheißung überholt wird, die Grundlage für den Freispruch der Menschheit ist.)*

3,16 Jesus Christus und sein Erlösungswerk sind das Thema der Schrift. Der Wert der Schrift in ihrem vollständigsten Zusammenhang wird immer in der prophetischen Stimme gefunden. Sie regt eine [4]gründliche Unterweisung in der Offenbarung der Gerechtigkeit an. Das trägt den [3]Atem Gottes und gibt ihm Inhalt und [5]Beweis, so dass das, was [6]gelehrt wird, sehr [7]ausgewogen ist. *(Die Gerechtigkeit der Menschheit, die in Adam verloren gegangen ist, wird in Christus wieder hergestellt. Der Atem Gottes, d.h. die [3]Worte, die aus seinem Mund kommen, [4]unterweist uns im Verständnis unserer ursprünglichen Identität, Ähnlichkeit und Unschuld. Die Lehre der Gerechtigkeit gibt der Schrift Bedeutung. „Ihr durchforscht die Schriften, weil ihr denkt, dass ihr in ihnen das ewige Leben habt; und genau sie legen Zeugnis von mir ab; doch ihr weigert euch, zu mir zu kommen, damit ihr das Leben habt. [Joh. 5,39-40] Die Verheißung wird eine Person werden, und in seinem Tod wird er das Lamm Gottes sein, das sein Leben hinlegt, um den Tod der Menschheit zu sterben. In den Schriften Moses, der Propheten und der Psalmen spricht Gott durchweg in messianischer Sprache und offenbart seinen Willen und sein Ebenbild in menschlicher Gestalt. „Und beginnend mit Mose und allen Propheten, deutete er ihnen in der ganzen Schrift die Dinge, die ihn selbst betrafen". [Luk. 24,27] „Sie sagten zueinander: Haben unsere Herzen nicht gebrannt, während er auf dem Weg mit uns redete, während er uns die Schrift öffnete"? [Luk. 24,32] „Dann sagte er zu ihnen: Das sind meine Worte, die ich zu euch gesprochen habe, als ich noch bei euch war, dass alles, was über mich geschrieben wurde, im Gesetz des Mose und der Propheten und Psalmen erfüllt werden muss. Dann öffnete er ihren Geist, damit sie die Schrift verstanden, und sagte zu ihnen: So steht es geschrieben, dass der Christus leiden und am dritten Tag von den Toten auferstehen soll". [Luk. 24,44-46]*

„Bittet den Herrn, euren Gott, um ein Zeichen; es sei so tief wie der Scheol oder so hoch wie der Himmel. Aber das wolltet ihr nicht, deshalb wird der Herr selbst euch ein Zeichen geben. Siehe, eine Jungfrau wird einen Sohn empfangen und gebären und wird seinen Namen Immanuel nennen". [Jes. 7,11-14] „Denn uns ist ein Kind geboren, uns ist ein Sohn gegeben, und die Herrschaft wird auf seiner Schulter liegen, und sein Name wird

2. TIMOTHEUS Kapitel 3

Wunderbarer Ratgeber, Mächtiger Gott, Ewiger Vater, Prinz des Friedens genannt werden. Die Ausweitung seiner Regierung und des Friedens wird niemals aufhören. [Jes. 9,6-7. Vgl. auch Ps. 22 und Jes. 53] Bei seiner Auferstehung am dritten Tag wird Gott die Menschheit mit lebendig machen und uns gemeinsam mit ihm auferwecken! [Hos. 6,2; Eph. 2,5] Das menschliche Leben wird wieder die Stiftshütte Gottes sein! „Zerstört diesen Tempel, und in drei Tagen werde ich ihn aufrichten." [Joh. 2,19] „Denn wie Jona drei Tage und drei Nächte im Bauch des Wals war, so wird auch der Sohn des Menschen drei Tage und drei Nächte im Herzen der Erde sein". [Mat. 12,40] „Am dritten Tag zog Esther ihre königlichen Gewänder an und stand im Innenhof des Königspalastes, gegenüber der Königshalle. Der König saß auf seinem königlichen Thron innerhalb des Palastes gegenüber dem Eingang zum Palast; und als der König Königin Esther am Hof stehen sah, fand sie vor seinen Augen Gefallen und er streckte Esther das goldene Zepter entgegen, das in seiner Hand war. Dann näherte sich Esther und berührte die Spitze des Zepters". [Est. 5,1-2]

*Gott hat viele Teilstücke prophetischer Gedanken, als Zeichen [1]aufgehäuft. Diese Zeichen sind [5]Beweis für seine Absicht, die gefallene Menschheit aufzurichten, um mit ihm [7]zusammen erhöht zu werden und hoch aufgerichtet, wie ein Bergdenkmal da zustehen! Der kleine Stein, der nicht von menschlicher Hand herausgeschnitten worden war, ist dazu bestimmt, dieses Bild der Eitelkeit und Frömmigkeit an seinen Füßen aus Eisen und Ton zu zerschlagen, um jede Spur des Ersatzes, des selbstgemachten Bildes mit seinem herrlichen Kopf aus goldenem Glitter und seiner silbernen Brust und seinem bronzenen Körper zu entfernen. Der Stein wird an dessen Stelle zu einem Felsen werden, der die ganze Erde ausfüllt; das wahre Ebenbild Gottes, das im normalen menschlichen Leben offenbart und wiederhergestellt wird. [Dan. 2,32-35] „Und die Enden der Erde werden sich erinnern und zum Herrn zurückkehren". [Ps. 22,27] „Die Propheten, die von der Gnade prophezeit haben, die euch gehören sollte, haben nach dieser Erlösung gesucht und gefragt; und danach geforscht, welche Person oder Zeit der Geist Christi in ihnen angedeutet hat, als er die Leiden von Christus und die nachfolgende Herrlichkeit vorausgesagt hat". [1. Petr. 1,10-11. Vgl. auch Röm. 4,25] „Unsere Sünden führten zu seinem Tod; unsere freigesetzte Gerechtigkeit führte zu seiner Auferstehung". Seine Auferstehung ist die Quittung für unseren Freispruch. Dies ist eine der wichtigsten Aussagen in der gesamten Bibel. Warum wurde Jesus dem Sterben übergeben? Wegen, **dia**, unseren Sünden. Warum wurde er von den Toten auferweckt? Weil, **dia**, wir gerechtfertigt worden sind. Seine Auferstehung offenbart unsere Gerechtigkeit! Hier ist die Gleichung: sein Kreuz = unsere Sünden; seine Auferstehung = unsere Unschuld! Wenn wir nach dem Tod von Jesus noch schuldig wären, wäre seine Auferstehung weder möglich noch bedeutend gewesen. Dies erklärt Apg. 10,28 und 2. Kor. 5,14 &16.*

2. TIMOTHEUS Kapitel 3

Paulus verkündet einer Gruppe von götzenanbetenden, griechischen Philosophen in Apg. 17,31, dass Gott nun die ganze Menschheit überall dringend anfleht, aufzuwachen, weil das menschliche Leben von Gott abstammt. Sie sollen verstehen, dass Gott, wegen dem, was mit der Menschheit in Christus geschehen ist, einen Tag festgelegt hat, an dem er die Welt durch einen Menschen, den er dazu bestimmt hat, gerecht richten wird.

Die Auferstehung von Jesus aus den Toten und die geheimnisvolle Vereinigung der Menschheit mit ihm ist der Kern des Evangeliums. Dies ist Gottes Quittung, die freigesetzte Unschuld und Identität der Menschheit bestätigt und genau darum geht es bei der Lehre der Gerechtigkeit!

*Die folgenden Wörter sind hervorgehoben: [1]ōphelimos, wertvoll, gewinnbringend, von **ophellō**, aufhäufen, Nutzen ansammeln; [2]**pasa graphe**, die Schrift in Vollständigkeit, Zusammenhang; [3]**theopneustos**, gottgeatmete, göttliche Inspiration; [4]**pros paideian ten en dikaiosune**, zum Zwecke einer gründlichen Ausbildung in der Offenbarung der Gerechtigkeit; [5]elegchos, Beweis, Beweismittel; [6]**didaskalia**, Lehre, Unterweisung; [7]epanorthosis, von **epi**, kontinuierlicher Einfluss auf, **ana**, aufwärts und **orthos** von **oros**, ein Berg von **airo**, hochheben, erhöhen und **ornis**, ein Vogel. [Vgl. Jes. 40,3-5, & 31])*

3,17 Eine gründliche Ausbildung im Wort der Gerechtigkeit wird dich dazu befähigen, dich in der strahlenden Neuheit des Lebens vollständig zu erfrischen und dir einen Neuanfang zu ermöglichen, um jede bedeutende und gute Aufgabe mit neuer Inspiration anzugehen.

2. TIMOTHEUS Kapitel 4

4,1 Ich bezeuge dieses Wort als jemand, der Gott und dem Herrn Jesus Christus von Angesicht zu Angesicht gegenüber steht, der für die Verstorbenen und die noch Lebenden gleichermaßen sichtbar sein wird; das letzte Wort hat die Herrschaft des Christuslebens.

4,2 Verbreite das Wort bei jeder Gelegenheit, auch wenn es nicht passend scheint. Bezeuge diese Botschaft; schätze jeden Einzelnen in deinem Publikum sehr; achte die wahre Identität der Menschen leidenschaftlich; lehre unermüdlich!

4,3 Es wird Zeiten geben, in denen die Menschen keinen Bezug mehr zu der ¹Resonanz in ihrem Inneren haben. Es fällt ihnen dann schwer, ²vernünftige Anweisungen zu erkennen! Stattdessen bevorzugen sie die vertraute Sprache der ³gefallenen Denkweise und rennen⁴verzweifelt Titeln und Lehrern hinterher, die vielleicht ⁵unterhaltsam sind, aber nicht ausbilden. Sie werden in ihren Bibliotheken haufenweise Informationen ⁶ansammeln, die keine Offenbarung enthalten! *(Ich habe ¹anechomai, mit unsere innere Resonanz, übersetzt; von **ana**, aufwärts und **echo**, halten, resonieren, was auf ein aufwärts gerichtetes Echo hinweist. Unser Verstand ist befreit, um sich mit der Resonanz unseres inneren Zeugnisses auseinanderzusetzen - wir sitzen zusammen mit Christus an himmlischen Orten - was im Gegensatz zu einer Denkweise steht, die sich mit dem gefallenen Seelenbereich hier unten beschäftigt, von ³**kata** nach unten. [Vgl. Kol. 3,1-2]. „Richte deinen Verstand auf die Dinge, die oben sind, und nicht auf die Dinge unten"! Vgl. auch Röm. 1,18, wo das Wort **katecho** verwendet wird - nach unten zu echoen, zu unterdrücken, es ist das Gegenteil von **anoche**, nach oben zu echoen – [Röm. 2,4 und Röm. 3,26; auch 2. Kor. 4,18]. Wir verteilen keine Punkte für das, was den Sinnen im natürlichen Bereich so offensichtlich erscheint, denn es ist flüchtig und unbedeutend. Das unsichtbare, ewige Reich in uns besitzt unsere volle Aufmerksamkeit und fesselt unseren Blick. Ein erneuerter Geist erobert den Raum, der zuvor von wertlosen Beschäftigungen und Gewohnheiten eingenommen wurde. Das Wort ²**hugiaino** bedeutet solide, gesund, erbaulich; das Wort ⁴**epithumia** bedeutet ständiges Verlangen, keuchend, mit Gier hinter etwas herjagen; ⁶**episōreuō** bedeutet, aufhäufen, sich in Stapeln ansammeln; ⁵**knetho** von **knao** bedeutet, das Ohr kitzeln; es weist auf unterhalten zu werden, anstatt ausgebildet zu werden, hin! Seneca, ein berühmter griechischer Philosoph zu Zeiten des Paulus, verwendet dieses Wort und sagt: „Einige kommen, um zu hören, nicht um zu lernen, so wie wir zum Vergnügen ins Theater gehen, um unsere Ohren am Sprechen, der Stimme oder den Spielen zu erfreuen".)*

4,4 Auf ihrer Suche werden sie die Wahrheit gegen menschliche, erdichtete Fantasien und Fabeln als Bezugsquelle austauschen!

4,5 Aber du sollst in allen Dingen wachsam sein. Erlaube den verheerenden Dinge, die du erleidest nicht, dich innerlich zu beeinflussen! Mache in der vollen Überzeugung weiter, dass dein Dienst

2. TIMOTHEUS Kapitel 4

darin besteht, die Frohe Botschaft zu verkündigen. Es gibt keine poetischere Berufsbeschreibung dafür!

4,6 Hier bin ich also, mein Leben ist wie ein Trankopfer auf dem Altar des Dienstes ausgegossen; ich bin bereit zu gehen! *([Vgl. auch Phil. 2,17-18]. „Ich möchte, dass du meinen Dienst an dir wie Wein siehst, der auf den Altar deines Glaubens ausgegossen wird. Ich freue mich über den Gedanken, dass wir aus der gleichen Quelle trinken und deshalb eine gemeinsame Freude feiern! Was auch immer du erleiden wirst, es endet nur in Freude! - Freude ist eine mutige Kundgebung, angesichts schwerer Gefahren und Leiden. Aber diese Anfechtung bestimmt uns nicht und hat auch nicht das letzte Wort in unserem Leben. Wir wissen, dass unsere Botschaft, ob wir nun leben oder sterben, unaufhaltsam ist und dass sie die Welt erobert.)*

4,7 Wie ein Meisterathlet bin ich mein Rennen gelaufen und habe die Strecke beendet; ich habe mich sorgfältig um den Glauben ¹gekümmert! *(Das Wort ¹tereo bedeutet, vorsichtig zu sein, zu wachen.)*

4,8 Mein Kranz der Gerechtigkeit erwartet mich als Zeugnis für das gerechte Gericht des Herrn. Er wird mich an jenem Tag krönen, an dem ich aus diesem Körper aussteige. Ich werde nicht der Einzige sein, der einen Ehrenkranz erhält; jeder, der den Glanz seines Erscheinens ¹liebt, wird mit den anderen zusammen gekrönt werden! *(Wenn sie ihn sehen, wird jeder sich selbst sehen, während er sich in ihm widerspiegelt. Das Wort ¹agape, von ago, führen, wie ein Hirte seine Schafe führt, und pao, ruhen. An den spiegelnden Wassern erinnert sich meine Seele daran, wer ich bin! [Ps. 23,2-3]. Beachte den ersten Vers von Kapitel 4. [Vgl. auch 1. Kor. 15,49-54]. „Der herabgesetzte Zustand des Einzelnen hinterließ seine irdischen Spuren auf der Menschheit; aber nun bestätigt der erlöste Zustand der Menschheit ihren Ursprung in Gott und hinterlässt seinen Stempel des neuen, himmlischen Lebens auf ihnen.*

So wie wir einst durch das Fleisch [unser irdisches Bild] bestimmt wurden, so werden wir nun durch unseren Geist [unser himmlisches] Bild definiert. Fleisch und Blut haben ein Verfallsdatum; die Körper, in denen ihr jetzt lebt, werden nicht ewig halten. Denkt über dieses Geheimnis nach, ich möchte euch etwas zeigen, was ihr noch nie zuvor gesehen habt: Jeder wird aus dem Schlaf erwachen; wir werden alle genau die gleiche Verwandlung erleben. Dies wird sofort geschehen, in einem Augenblick: Die letzte Posaune wird ertönen, dann werden die Toten auferstehen und wir, die wir noch am Leben sind, werden zugleich in eine andere Art von Körper verwandelt. Denn dieses Vergängliche muss mit dem Unvergänglichen bekleidet werden und dieses Sterbliche muss mit Unsterblichkeit bekleidet werden". [Auch 1. Thess. 4,14-18]. „Wir glauben, dass Jesus gestorben und wieder auferstanden ist und dass er auch diejenigen, die noch nicht zu ihm erwacht sind, voll und ganz verkörpert (vertritt) und mit einbezieht. Gott wird sie dazu bringen, zu erkennen, dass sie in Jesus sind. [Das Wort ¹ago bedeutet führen, wie ein Hirte seine Schafe führt]. Wir geben dem Wort des Herrn eine Stimme, wir sind Gottes Weckruf für die Schlafenden! Wir machen die ¹sofortige, greifbare Ge-

2. TIMOTHEUS Kapitel 4

genwart des Herrn sichtbar und werden die Schlafenden nicht ²ausschließen! [Das Wort ¹parousia bedeutet sofortige Gegenwart. Vgl. die Verwendung des Wortes ²phthanō, verhindern, behindern oder ausschließen. Das wahre Licht, das alle erleuchtet, ist gekommen! Und die Herrlichkeit des Herrn wird offenbar werden und alles Fleisch wird es gemeinsam sehen]! Der Herr wird persönlich aus dem unsichtbaren Bereich des Himmels heraus in unseren unmittelbaren, sichtbaren Horizont hineintreten, mit einem aufrüttelnden Ruf, der seine triumphale Herrschaft mit der trompetenartig klingenden Stimme Gottes, die wie Wasserwogen rauscht, ankündigt; so dass selbst die Toten aus ihrem Schlaf auferstehen werden! Während ihrer Auferstehung werden wir alle in einer großen, dichten Masse von unzähligen Menschen versammelt sein, vereint wie ein einziger, wie die Wasserpartikel in einer Wolke, und wir werden dem Herrn in der Luft, die wir atmen, begegnen und so werden wir für immer unser Ich-Bin-Sein in unserer Vereinigung mit ihm feiern. [In genau diesem Moment verkündigt die Erlösung, wo Gottheit und Menschheit miteinander verheiratet sind. Die Braut und ihr Bräutigam sind vereint]! Die Tatsache, dass wir alle in der gleichen Quelle unseres Seins tief miteinander verbunden sind, führt dazu, dass wir ständig an diesem gemeinsamen Gespräch beteiligt sind".

[Auch Hebr. 12,1]. „Jetzt ist die Bühne frei für uns: alle diese Glaubenshelden feuern uns sozusagen an wie eine große Menge Zuschauer im Amphitheater. Das ist unser Moment. Wie bei einem Athleten, der entschlossen ist zu gewinnen, wäre es albern, Gepäck des alten Gesetzessystems zu tragen, das einen nur belastet. Achtet darauf, dass eure Füße nicht durch das Sündenbewusstsein blockiert werden. Werdet im Glauben uneingeschränkt stromlinienförmig. Lauft das Rennen eures Lebens mit voller Überzeugung, überzeugt vom Erfolg des Kreuzes. [Hebr. 12,2]. Schaut weg von dem Schattenzeitalter des Gesetzes und der Propheten und richtet eure Augen auf Jesus. Er ist die Quelle und der Abschluss des Glaubens. Er sah die Freude (über die Erlösung der Menschheit), als er das Kreuz tapfer ertrug und die daraus resultierende Scham verachtete. Als ausführende Autorität Gottes (die rechte Hand des Thron Gottes) nimmt er nun den höchsten Herrschaftssitz ein, um die Unschuld der Menschheit zu bestätigen"! [Nachdem er die Reinigung der Sünden vollbracht hatte, setzte er sich hin. Hebr. 1,3; Jes. 53,11])

4,9 Ich brauche dich jetzt bei mir und möchte, dass du so schnell wie möglich hierher kommst!

4,10 Demas verließ mich und ist nach Thessalonich gezogen; er hat sich in die gängige Denkweise dieses philosophischen, religiösen Zeitalters verliebt. Krescens ging in die Provinz Galatien, und Titus nach Dalmatien.

4,11 Lukas ist der Einzige, der hier bei mir ist. Nimm Markus mit und bringe ihn zu mir. Er wird eine große Hilfe im Dienst sein.

4,12 Ich schicke Tychicus nach Ephesus.

2. TIMOTHEUS Kapitel 4

4,13 Bringe meinen Wintermantel mit, den ich in Troas mit Karpus zurückgelassen habe, sowie die Bücher und die [1]Pergamente. *(Das Wort [1]membranas bedeutet Haut, Membran oder Pergament. Besonders vorbereitete Häute gehörten zu den ersten Schreib-Materialien und wurden allgemein verwendet, bevor die Kunst, Papier aus Lumpen herzustellen, entdeckt wurde. Diese „Pergamente" scheinen etwas anderes als „Bücher" gewesen zu sein und verweisen wahrscheinlich auf einige seiner eigenen Schriften. Sie können Notizen, Erinnerungen, Tagebücher oder unfertige Briefe enthalten haben.)*

4,14 Alexander, der Kupferschmied, war richtig entnervend! Ist es nicht wunderbar zu wissen, dass das Werk des Herrn am Kreuz sogar ihn mit einschließt? Ihm ist ebenso vergeben. *(Er wird nach seinem [des Herrn] Werk belohnt werden!)*

4,15 Ich mache euch jedoch darauf aufmerksam, dass ihr auf ihn achthabt, denn er hat sich unserer Botschaft stark widersetzt.

4,16 Niemand wagte es, sich mir bei meiner vorläufigen Anhörung anzuschließen, sondern sie gingen alle anderswo hin; ich halte ihnen nichts vor!

4,17 Während meiner Prüfung war ich mir der greifbaren Gegenwart des Herrn so bewusst; er stärkte mich mit dynamischer Kühnheit und versicherte mir, dass mein Leben eine genaue Übertragung der Botschaft sein wird, die in ihrem vollständigsten Zusammenhang formuliert wird, damit alle Nationen sie hören können. Und ich wurde aus dem Rachen des Löwen gerissen!

4,18 Ich bin so überzeugt, dass derselbe Herr, der mich aus dem Rachen des Löwen befreit hat, mich auch davor bewahrt, von den unterschwelligen Versuchen der [1]Gesetzes-Leute in die Enge getrieben zu werden und auch davor, dass sie den mühelosen Rhythmus der Gnade durchbrechen, dem ich ergeben bin! Unsere Erlösung feiert sein himmlisches Königreich. Wir leben unser Leben aus einer Herrschaft heraus, die den Systemen der Welt weit überlegen ist; die Herrlichkeit seines Königreichs verblasst nicht! Seine ewige Absicht erstreckt sich über alle Zeitalter! *(Die Worte, [1]poneros ergon, beziehen sich auf das Gesetz der Werke, Nöte und Ärgernisse.)*

4,19 Gib Priscilla und Aquila eine dicke Umarmung von mir! Auch der Familie des Onesiphorus.

4,20 Erastus blieb in Korinth zurück. Ich musste Trophimus in Milet verlassen, da er krank war.

4,21 Vergewissere dich, dass du vor dem Winter her kommst. Eubulus, Pudens, Linus, Claudia und alle deine Freunde senden ihre Grüße.

4,22 Möge euer Geist ständig seiner Herrschaft und Gnade begegnen.

EINFÜHRUNG ZU TITUS

Paulus erinnert Titus daran, dass die Vereinigung der Menschheit mit Gott der ursprüngliche Gedanke ist, der die Schöpfung inspiriert hat. Meine Mission ist es, die Menschen von ihrem Ursprung in Gott zu überzeugen, indem ich ihnen zu einem vollständigen Verständnis über die Wahrheit verhelfe, als der einzig gültigen Bezugsquelle für bedeutungsvolle Hingabe.

Tit. 2,11 Die Gnade Gottes leuchtet taghell und macht die Erlösung der Menschheit so sichtbar, dass sie nicht zu übersehen ist.

Die folgenden Verse gehören zu den tiefgründigsten in den Schriften des Paulus,

Tit. 3,2 Klatsch gehört sich nicht mehr! Sage nie etwas Schlechtes über jemanden! Sei nicht wie ein Macho, der jede Diskussion gewinnen muss. Vermeide stattdessen Streitigkeiten, sei sachlich und benimm dich jedem gegenüber immer ausgesucht höflich.

Tit. 3,3 Behandle andere nicht grob. Denke daran, dass auch wir von Natur aus dumm waren. Wir waren dickköpfig und den geistlichen Dingen gegenüber gleichgültig. Wegen unserer Abhängigkeit von unseren Sinnen und den sexuellen Trieben drehten wir uns immer nur im Kreis. Wir benahmen uns niederträchtig und wurden von gehässigen Eifersüchteleien zerfressen. Wir waren gelangweilt und einsam und konnten uns selber ganz und gar nicht ausstehen und hassten einander.

Tit. 3,4 Aber dann, welch glücklicher Tag, drang die Großzügigkeit Gottes und seine Liebe zur Menschheit wie ein Lichtstrahl zu uns durch. Unsere Tage der Dunkelheit waren vorbei! Das Licht leuchtete überall, und uns wurde bewusst, dass Gott die menschliche Rasse gerettet hat!

TITUS Kapitel 1

1,1 Paulus, der Leibeigene Gottes, im Auftrag von Jesus Christus. Meine Mission ist es, die Menschen von ihrem Ursprung in Gott zu überzeugen, indem ich ihnen zu einem vollständigen Verständnis über die Wahrheit verhelfe, als der einzig gültigen Bezugsquelle für bedeutungsvolle Hingabe. *(Das Wort, das traditionell als „elect" übersetzt wird, ist ¹eklego; ek und ist eine Vorsilbe, die immer Herkunft oder Quelle bedeutet und lego ist das Wort oder die Logik Gottes, wie es in Joh. 1,1 steht. „Zurück zum Anfang zu gehen bedeutet, dass wir dort das schon bereits vorhandene Wort finden. Die Logik Gottes bestimmt den einzig möglichen Ort, an dem die Menschheit ihre Entstehung nachvollziehen kann." ²eusebeia, wunderbare Anbetung, Verehrung).*

1,2 Dies ist das Leben der Zeitalter, das seit Generationen erwartet wurde; das Leben unserer ursprünglichen Mach-und-Wesensart, das durch den unfehlbaren Entschluss Gottes angekündigt wurde, bevor Zeit oder Raum existierte. *(Die Vereinigung der Menschheit mit Gott ist der ursprüngliche Gedanke, der die Schöpfung inspiriert hat. Das Wort, ¹aionios, spricht von Zeitalter. Paulus spricht von Gottes Entschluss, den er in Bezug auf uns, schon vor den Zeitaltern gefasst hat. Dies ist ein Konzept, bei dem die Ewigkeit in verschiedene Perioden unterteilt ist, wobei die kürzeren in den längeren Perioden enthalten sind. Das Wort ²xronos bedeutet eine gemessene Dauer oder Zeitspanne; kairos ist ein passender oder bestimmter Zeitpunkt. Dies war vor den Zeitaltern, bevor irgendein Zeitmaß oder die Kalenderzeit, existierte, vor der Entstehung der Galaxien und Planetensysteme. Eine größere Dimension der Ewigkeit existiert, als wir innerhalb der Grenzen von Raum und Zeit definieren können! Gottes Glaube wartete den genauen Moment unserer in Ewigkeit andauernden, zurückgekauften Vereinigung mit ihm ab!*

Dieses Leben wurde schon von ewigen Zeiten her sicher gestellt. [BBE 1949, Bibel in einfachem Englisch]

[Hebr. 13,8]. Lass Jesus deine Führung übernehmen. Er ist deine Bezugsquelle für das vollständig wiederhergestellte Leben. In ihm bestätigt das Gestern das Heute und heute spiegelt das Morgen wieder. Was Gott zu uns in Christus gesprochen hat, ist jetzt genauso wichtig wie es in der prophetischen Vergangenheit war und auch in der ewigen Zukunft immer sein wird! Jesus ist derselbe gestern, heute und für immer; Unsere Erlösung erzählt eine Geschichte, die mehr Autorität und Bedeutung beinhaltet als alles, was jemals in unserer Vergangenheit geschah, oder jetzt gerade passiert oder noch in der Zukunft sein wird. Stell dir vor, wie enorm die Ewigkeit in seinem ständig gleichförmigen Verlauf war, bevor die Zeit kam; und wir waren die ganze Zeit in ihm! [Vgl. Röm. 8,34] Welchen weiteren Grund könnte es geben, die Menschheit zu verurteilen? In seinem Tod stand er unserem Urteil gegenüber; in seiner Auferstehung erklärt er unsere Unschuld; die Folgen können nicht rückgängig gemacht werden! Er besetzt nun den höchsten Autoritätssitz als Vollzieher unserer Erlösung im Thronsaal Gottes. [Röm. 8, 1; auch Röm. 4,

TITUS Kapitel 1

25]. Der Himmel verkündet seine Herrlichkeit, Nacht für Nacht bezeugt er durch die mathematisch hundert prozentige Exaktheit der riesigen Sonnensysteme, dass Gott vor der Zeit den genauen Zeitpunkt wusste, an dem er in unsere Geschichte als Mensch eintreten würde, und den genauen Moment, an dem der Messias am Kreuz sterben und wieder von den Toten auferweckt werden würde)!

1,3 Meine Botschaft verkündet die Vollkommenheit der Zeit; der ewige Moment Gottes erkannte die Logik unserer Erlösung. *(Aber dann brach der Tag an; der vollständigste Höhepunkt der Zeit! ([Gal 4,4]. Alles, was vorhergesagt wurde, wurde in Christus abgeschlossen!*

[Joh. 1,14]. Plötzlich nimmt das unsichtbare ewige Wort sichtbare Gestalt an - die Menschwerdung! Zuerst sichtbar in ihm, und jetzt auch bestätigt in uns! Die genaueste, erfahrbare Darstellung von Gottes ewigem Denken findet ihren Ausdruck im menschlichen Leben! Das Wort wurde Mensch; wir sind seine Adresse; er wohnt in uns! Er fesselt unseren Blick!

Hebr. 1,1 Während der gesamten ¹*Zeit des Altertums sprach Gott in vielen Teilstücken und flüchtigen Blicken des prophetischen Denkens zu unseren Vätern. Diese ganze Unterhaltung (darüber, was Gott gesprochen hat) ist* ²*endlich in der Sohnschaft, wie eine Morgendämmerung, angebrochen. (Das, was Gott prophetisch gesagt hat, macht auf einmal Sinn). Plötzlich fällt das, was wie eine alte Sprache aussah, frisch und neu wie der Tau auf das zarte Gras! Er ist die Gesamtsumme jeder Äußerung Gottes im Gespräch mit uns. Er ist es, auf den die Propheten hingewiesen haben, und wir sind sein direktes Publikum! Das Wort* ¹***palai***, *bedeutet von alters her, altertümlich,* **palin,** *bezeichnet die Idee der periodisch, sich immer wiederholenden Schwingung oder Rückübertragung, von neuem, immer wieder aufs Neue. [Vgl. 5. Mo. 32,1]. „Höre, oh Himmel, und ich will reden; und die Erde soll die Worte meines Mundes hören. [5. Mo. 32,2]. Möge meine Lehre herunterfallen wie der Regen, meine Rede niederträufeln wie der Tau, wie der sanfte Regen auf das zarte Gras und wie Regenschauer auf das Kraut... [5. Mo. 32,18] Du hast dich nicht an den Felsen erinnert, der dich gezeugt hat, und du hast den Gott vergessen, der dich geboren hat. Wie es in Jak. 1, 24 steht, haben wir vergessen, was für Menschen wir sind - wir haben das Gesicht unserer Geburt vergessen!*

Das Wort ²***eschatos*** *bedeutet extrem; zuletzt in der Zeit oder im Raum; der äußerste Teil, die endgültige Schlussfolgerung. Die offenbarte und freigesetzte Sohnschaft definiert die Eschatologie. [Die Lehre der letzten Dinge].*

[Hebr. 1,2] In der Sohnschaft erklärt Gott das fleischgewordene [menschgewordene] [menschgewordene] Wort zum Erben aller Dinge. Er ist schließlich der Autor aller Zeiten. Wir haben unseren Anfang und unser Sein in ihm. [Die Sohnschaft bestätigt die Erbengemeinschaft]! [Vgl. Hebr. 6,16-18].

[Hebr. 1,3] Jesus ist das Crescendo – die höchste Lautstärke, von Gottes Gespräch mit der Menschheit; er gibt dem ursprünglichen Gedanken Zusam-

TITUS Kapitel 1

menhang und Inhalt. Alles, was Gott für die Menschheit im Sinn hatte, wird in ihm zum Ausdruck gebracht. Jesus ist die Sprache Gottes. Er ist der strahlende und makellose Ausdruck der Person und [1]Absicht Gottes. Er spiegelt Gottes [2]Charakter wider und zeigt jedes seiner Eigenschaften in menschlicher Form. Er ist die fleischgewordene [menschgewordene] [menschgewordene] Stimme Gottes, indem er unsere Sohnschaft und Unschuld offenbart und freisetzt. Diese Stimme ist die Dynamik, die den gesamten Kosmos erhält. Als die ausführende Autorität Gottes ist er die Kraft des Universums, die alles aufrechterhält, was existiert, und er thront gemäß seiner Majestät im grenzenlosen Überfluss. [„Nachdem er die Reinigung der Sünden vollbracht hatte, setzte er sich hin...." Sein Thron ist der Beweis für die freigesetzte Unschuld der Menschheit!

Vor mehr als zweitausend Jahren wurde die Unterhaltung, die vor der Zeit begonnen hatte, die aufgezeichnet und im Laufe der Jahrhunderte in Gedankenfragmenten weitergeführt, in prophetischer Sprache geflüstert, in Stein gemeißelt und in menschliches Gewissen und Gedächtnis eingeschrieben wurde- (diese Unterhaltung) wurde ein Mensch. Über die Steintafel, die Papyrus-oder-Pergamentrolle hinaus wurde das menschliche Leben zur sehr gut verständlichen Stimme Gottes. Der Name Jesus definiert seine Mission. Als Retter der Welt hat er das Bild und die Ähnlichkeit des unsichtbaren Gottes wirklich freigesetzt und ihn wieder in menschlicher Gestalt, wie in einem Spiegel, sichtbar gemacht].)

1,4 Titus, du bist für mich in unserem gegenseitigen Glauben wirklich wie ein Sohn. Die Gunst des Vaters, sein Mitgefühl und seine Ruhe gehören dir; Jesus Christus, unser Meister, hat, durch seinen große Erlösungstat, uns dies alles wiedergegeben.

1,5 Auf Kreta ist noch einiges zu erledigen. Ich möchte, dass du deine volle Aufmerksamkeit darauf richtest, in jeder Stadt ein Führungsteam einzusetzen, das genau dem entspricht, was ich dir aufgetragen habe.

1,6 Hier sind ein paar praktische Richtlinien: setze nur Menschen mit unanfechtbarer Integrität ein; finde heraus, welche Art von Ehemann und Vater dein möglicher Leiter ist. Er muss natürlich ein Mann sein, der sich ganz seiner Frau verschrieben hat und dessen Kinder standhaft sind und keine Unruhestifter oder Widerspenstige.

1,7 Ein Aufseher muss über jeden Vorwurf erhaben sein; wenn er in der Gemeinschaft einen schlechten Ruf hat, soll er nicht Teil deines Führungsteams sein! Ein Leiter verwaltet die Wirtschaft Gottes und muss daher ein kompetenter Haushalter von Gottes Geschäften sein. Eine Person, die egoistisch ihre eigenen Ziele verfolgt, leicht die Beherrschung verliert, oder dafür bekannt ist, sich übermäßig an Essen oder Wein zu vergnügen, oder der ein Rüpel ist, oder gierig nach Geld, ist sicherlich kein Kandidat.

TITUS Kapitel 1

1,8 Er muss ein Freund der Fremden sein und in der Lage, den Menschen das Gefühl zu geben, sich sofort zu Hause zu fühlen. Dein Leiter muss fürsorglich und fähig sein, sich dem Wohlbefinden anderer ³selbstlos hinzugeben. Jemand, der nüchtern ist, dessen Gedankenleben geregelt *(sortiert)* ist; einer, der in der ⁴Offenbarung des vollendeten Werkes von Christus lebt; ein Mensch der ⁵Barmherzigkeit und der stark im Geist ist. *(Das Wort ¹philoxenos bedeutet, Fremde gerne zu mögen. Das Wort, ²philagathos, wird übersetzt als wohlwollend, gut, freundlich, human, großzügig, tolerant, liebevoll, wohltätig, uneigennützig. Das Wort ³sophron bedeutet eine errettete (erneuerte) Denkweise. Das Wort ⁴dikaion bedeutet Gerechtigkeit, die Offenbarung des vollendeten Werkes von Christus und das Wort shosios wird als Barmherzigkeit übersetzt, wie in Apg. 13,44, das ein Zitat aus Jes. 55,3 aus dem hebräischen Wort ghesed ist, aus Barmherzigkeit.)*

1,9 Der Aufseher ¹spiegelt die Überzeugung des Wortes wider, das ihm beigebracht wurde und ist fähig, mit Sorgfalt zu unterrichten und in diejenigen zu dringen, die sich der Botschaft widersetzen und sie zu überzeugen. *(Das Wort, ¹antechomai, kommt von anti, das gegen bedeutet, gegenüber stehend und Echo; also einer, der das Wort widerspiegelt.)*

1,10 Es gibt viele, die sich zu wertlosen Debatten über ihre jüdischen Ansichten hinreißen lassen und sich Gedankenspielen hingeben, um neue Gläubige in die Falle der Gesetzlichkeit zu locken.

1,11 Indem man mit Weisheit in sie dringt und sie zu überzeugen sucht, wird ihr Einfluss beendet. Der Verfall muss gestoppt werden, da sie durch diese Angelegenheit bereits ganze Familien mit ihren Lehren verwirrt und dabei finanziell beraubt haben.

1,12 Nach Angaben eines ihrer eigenen so genannten „erleuchteten" Leitern sind die Kreter bekannt dafür, dass sie falsch sind, faule Vielfraße und grausame Unmenschen.

1,13 Dies gibt uns umso mehr Grund dafür, dass sie ausgezeichnete Leiter brauchen, die in der Lage sind, ein solches Verhalten scharf zu tadeln und sie in stabilem Glauben zu festigen. *(Wir sind nicht hier, um nur die Verhaltenstrends der Menschen zu kommentieren; wir sind hier, um ihnen zu verkünden, das sie frei sind, das Leben ihrer freigesetzten Mach- und- Wesensart zu führen! (Wie du als Person ursprünglich von Gott erdacht warst.) Der Glaube sieht, dass das alte Leben mit Christus gekreuzigt wurde, und das neue Auferstehungsleben siegreich in Erscheinung tritt. Der Glaube ist keine bequeme Vertuschung der Sünde ... Glaube besiegt die Sünde.)*

1,14 Ermahne sie, nicht auf jüdische Fabeln und ihre von Menschen geschaffenen Regeln und Vorschriften zu achten, die genau das ¹Gegenteil dessen erreichen, was die Wahrheit vorantreibt und propagiert. *(Das Wort, ¹apostrepho, bedeutet umkehren.)*

TITUS Kapitel 1

1,15 Die Wahrheit beweist, dass alles rein ist, aber für diejenigen, die in Gedanken und Gewissen durch Unglauben verseucht sind, scheint alles gleichermaßen durch Unreinheit beschmutzt zu sein. *(Unglaube ist, einer Lüge über sich selbst zu glauben. [4. Mo. 13,33 und 2. Kor. 4,4].)*

1,16 Sie geben vor, Gott zu kennen und reden mit leeren Worten über geistliche Dinge, die nur eine billige Kopie des Echten sind, aber wenn es um das wirkliche Leben geht, verfliegt der äußere Schein und was dann dahinter steckt, ist nur noch widerlicher Gestank. Die Auswirkungen des Unglaubens können nicht verborgen werden.

TITUS Kapitel 2

2,1 Deine Botschaft ist etwas ganz Besonderes; du unterrichtest ausgezeichnet!

2,2 Ermutige die älteren Männer dazu, in ihrem [1]**"Ich-Bin-Sein" gefestigt zu werden;** [2]**nüchtern und kompromisslos in ihrem Glauben zu sein; indem sie sich durch eine** [4]**Denkweise** [3]**auszeichnen, die in den Erlösungsrealitäten verankert ist und** [5]**umfassend in Glauben,** [6]**Liebe und** [7]**Festigkeit gegründet sind.** *(*[1]*"Ich-Bin-Sein" von eimi, das bin ich; oft übersetzt mit „ sein". Das Wort,* [2]*nephalios, bedeutet nüchtern sein, konzentriert sein, in Bezug auf ihren Glauben nicht mit jüdischen Meinungen Kompromisse einzugehen;* [3]*semnos, bedeutet herausragend, ausgezeichnet;* [4]*sophron, bedeutet eine errettete Denkweise zu haben;* [5]*shugiaino te piste wird als unvermischt, umfassend in ihrem Glauben übersetzt,* [6]*agape, bedeutet, in die Ruhe zu führen, die Liebe Gottes führt uns dazu, in uns und in andere hinein zu sehen, was er in uns sieht; seine Ruhe feiert unsere Vollkommenheit, und* [7]*hupomone, bedeutet Stärke, standhaft zu sein, gleich zu bleiben, von hupo, unter dem Einfluss von, unterworfen von + meno, weiterhin gegenwärtig zu sein.)*

2,3 Weise auch die älteren Frauen an, in ihrem ganzen Verhalten einen ehrwürdigen Charakter zu zeigen. Ermutige sie, nicht zu [1]**klatschen, und sich auch nicht mit Wein zu berauschen; ihr Beispiel bewirkt eine** [2]**Schönheit, die unwiderstehlich und attraktiv ist.** *(Das Wort,* [1]*diabolos, bedeutet Teufel, Ankläger, von dia, wegen, und ballo, der Fall; der Teufel und der Fall der Menschheit sind nicht mehr länger unser Bezugspunkt in unseren Gesprächen! Klatsch, [in Bezug auf jemanden wankelmütig sein] ist eine Form der Vergiftung, die wir um jeden Preis vermeiden müssen! Das Wort,* [2]*kalodidaskalos, bedeutet unwiderstehlich schöne Lehre.)*

2,4 Sie sollen Gespräche führen, die von einer Denkweise geprägt sind, die durch die Erlösungsrealitäten radikal verändert wurde. Ihr Anweisungen sollen junge Frauen dazu inspirieren, ihre Männer und Kinder mit zärtlicher Zuneigung zu behandeln. *(Das Wort, philandros und philoteknos, bedeutet liebevolle Zuneigung zu ihren Männern und Kindern. Paulus verwendet diese gleiche Kombination in Kapitel 3,4. Es ist die Zuneigung Gottes zur Menschheit, die unsere Herzen überzeugt hat! [Philanthropie].)*

2,5 Sie sollen eine klaren Kopf haben und unschuldig im Herzen sein, kreative Hausfrauen, sanftmütig und ausschließlich nur ihren Männern hingegeben. *(nicht mit anderen Männern flirten);* **nichts in ihrer Haltung oder ihrem Handeln soll vom Wort Gottes ablenken. Das häusliche Leben zeigt auf schöne Weise die Faszination der Menschwerdung.**

2,6 Ebenso [1]**sporne die jungen Männer dazu an, ihre freigesetzte Identität kennenzulernen.** *(*[1]*Anspornen, wachrufen, an ihrer Seite sein,*

TITUS Kapitel 2

von dem griechischen Wort ¹parakaleo, abgeleitet von para, einer Vorsilbe,, die auf unmittelbare Nähe hinweist, eine Sache, die aus einem Einflussbereich mit einem Hinweis auf die Vereinigung des Wohnortes stammt, von ihrem Autor und Geber abzustammen, der von dem Punkt ausgeht, von dem aus eine Handlung stammt, intime Beziehung und kaleo, sich mit Namen zu identifizieren, beim Nachnamen nennen).

2,7 Da du selber ein junger Mann bist, spiegelt dein alltägliches Leben die typische Form wider, in die deine Botschaft übersetzt wird, ohne einen Hauch der gefallenen Denkweise. Du zeichnest dich durch besondere Würde und Unschuld aus. *(Das Wort, ¹adiaphthoria, bedeutet ohne irgendeinen Hinweis auf die gefallene Denkweise, von etwas, negativ + diaballo, durch den Fall, niedergeschlagen, Teufel, Ankläger, + phtero, verschwinden, sich verzehren. Weder der Teufel noch die Anklage kommen in deinem Gespräch vor)!*

2,8 Dein aufbauendes Gespräch wird den Gegner zum Schweigen bringen.

2,9 Die Mitarbeiter sollen ihren Vorgesetzten höchste Aufmerksamkeit und Zuvorkommenheit entgegenbringen, so dass diese in jeder Hinsicht stolz auf ihre Mitarbeiter sein können. Ich gebe euch den guten Rat, eurem Chef nie eine patzige Antwort zu geben oder zu widersprechen, auch wenn ihr denkt, dass ihr im Recht seid!

2,10 Sie sollen keine verborgenen Absichten haben, sondern in allem, was sie tun, die Botschaft unwiderstehlich attraktiv machen, durch die Art und Weise, wie sie ihren Glauben ausleben.

2,11 Die Gnade Gottes leuchtet taghell und macht die Erlösung der Menschheit unwiderlegbar klar.

2,12 ¹Der Tag und das Zeitalter, in dem wir leben, schafft die optimalen Voraussetzungen dafür, die Anziehungskraft eines ²ehrfruchtgebietenden Lebens zu zeigen; unser ⁶Verstand wird durch die Offenbarung der Gerechtigkeit errettet. Wir sind in der ⁴.Schule der Gnade und darin unterwiesen, die Gleichgültigkeit und ³Gottlosigkeit gründlich umzukehren, die sich in einer ⁵Welle von Lust entlädt und versucht, den Tag zu bestimmen! *(Das Wort, ¹aion, in dem Tag und dem Zeitalter, in dem wir leben; ²eusebos, was gottesfürchtig bedeutet, die Anziehungskraft der Hingabe, Ehrfurcht; ³asebeia, in Gottlosigkeit, Gleichgültigkeit; ⁴paideou, Studenten ausbildend; ⁵arneomai, von a, negativ und rheo, ein Aussage hervor strömen lassen; ⁵kosmikos epithumie, weltliche Begierden; ⁶sophronos, geretteter Verstand; die Offenbarung der Gerechtigkeit zeigt, wie vollständig Gott die Menschheit in Christus erlöst hat und befähigt uns, ein Unschuldsbewusstsein statt eines Sündenbewusstseins zu entwickeln).*

TITUS Kapitel 2

2,13 Jeder muss die fantastisch gesegnete Erwartung mit offenen Armen empfangen! Auf Jesus hat die ganze Welt gewartet! Er strahlt die großartige Absicht Gottes aus, die von seiner Größe erdacht wurde, um die Welt in ihm zu retten. *(Das Wort, [1]prosdechomenoi, bedeutet, sich selbst zu empfangen, mit offenen Armen aufzunehmen).*

2,14 Er gab sich im Austausch für unsere Freiheit als Lösegeld hin. Wir werden von jeder Verpflichtung und Anklage des Gesetzes freigesprochen und für vollkommen unschuldig erklärt. Er definiert, wer wir sind! Unser [2]Markenname ist „Ich bin." Wir gehören ausschließlich ihm. Wir sind ein [3]leidenschaftliches Volk und zeichnen uns dadurch aus, dass alles, was wir tun, schön ist. *(Das Wort, [1]lutroo, bedeutet Lösegeld, Rücknahmepreis, aus der Sklaverei loskaufen; [2]periousios, kommt aus peri, Sphäre, Kreis, Ort, bezüglich und eimi, „Ich bin"; [3]zelotes, wird mit eifrig, leidenschaftlich übersetzt; und [4]kalos, so schön).*

2,15 Führt weiterhin inhaltsreiche Gespräche. [1]Inspiriert und ermahnt intensiv mit Überzeugung und Durchsetzungsvermögen; ihr seid niemandes [2]argwöhnischer Kontrolle ausgeliefert. *(Ermutige jeden, sich mit seiner freigesetzten Identität, [1]parakaleo, vertraut zu machen; und das Wort [2]periphroneo bedeutet, über das Offensichtliche hinaus zu denken, argwöhnische Überprüfung).*

TITUS Kapitel 3

3,1 Erinnere die Christen auf Kreta daran, ihre römischen Amtsträger zu respektieren; sie müssen bereit sein, sich freiwillig für jeden nützlichen Dienst einzusetzen, der von ihnen verlangt wird.

3,2 Klatsch gehört sich nicht mehr! Sage nie etwas Schlechtes über jemanden! Sei nicht wie ein ¹Macho, der jede Diskussion gewinnen muss. Vermeide stattdessen Streitigkeiten, sei sachlich und benimm dich jedem gegenüber immer ausgesucht höflich. *(Das Wort, ¹amachos von a als negativer Partikel und mache, ein Schläger, umstritten zu sein, im Wettstreit stehen. Du musst nicht darauf warten, bis sich die Leute ändern, bevor du nett zu ihnen bist. „Unechte Höflichkeit" unterscheidet sich stark von der vollkommenen Höflichkeit)!*

3,3 Behandle andere nicht grob. Denke daran, dass auch wir von Natur aus dumm waren. Wir waren dickköpfig und den geistlichen Dingen gegenüber gleichgültig. Wegen unserer Abhängigkeit von unseren Sinnen und den sexuellen Trieben drehten wir uns immer nur im Kreis. Wir benahmen uns niederträchtig und wurden von gehässigen Eifersüchteleien zerfressen. Wir waren gelangweilt und einsam und konnten uns oft selber ganz und gar nicht ausstehen und hassten einander.

3,4 Aber dann, welch glücklicher Tag, drang die Großzügigkeit Gottes und seine Liebe zur Menschheit wie ein Lichtstrahl zu uns durch. Unsere Tage der Dunkelheit waren vorbei! Das Licht leuchtete überall, und uns wurde bewusst: Gott hat die menschliche Rasse gerettet! *(Vgl. 2,11)*

3,5 Die Erlösung ist kein Lohn für gutes Verhalten. Es hat absolut nichts mit dem zu tun, was wir getan haben. Gottes Barmherzigkeit errettete uns. Der Heilige Geist bestätigt in uns, was mit uns geschah, als Jesus Christus starb und auferweckt wurde! Als wir die frohe Nachricht der Erlösung hörten, war dies wie ein tiefes warmes Bad! Unsere Denkweise wurde ¹durch und durch gereinigt und nach oben, zum ²himmlischen Leben hin, wieder neu ausgerichtet (neu gebootet)! *(Das Wort, ¹paliggenesia, deutet auf eine vollständige Wiederherstellung des Ursprünglichen hin, in moderner PC Sprache – reboot, Neustart. Das Wort ²anakainosis, von ana, aufwärts, und kainosis, neu, spricht von einer neuen Ausrichtung nach oben; erneute Beschäftigung mit himmlischen Gedanken. [Vgl. Kol. 3,1-3; auch 1. Thess. 1,5] Wir erkannten, dass wir tatsächlich mit einbezogen, mit gekreuzigt und mit erhöht wurden und nun zusammen mit Christus an himmlischen Orten sitzen! [Vgl. 2. Kor. 5,14-21; Hos. 6,2; Eph. 2,5-6; und 1. Petr. 1,3])*

3,6 Der Heilige Geist ist der verschwenderische Verwalter der Erlösung von Jesus Christus und sprudelt in uns wie ein artesischer Brunnen. *(Ein artesischer Brunnen ist ein <u>Brunnen</u> in einer <u>Senke</u> unterhalb des <u>Grundwasserspiegels</u>, in dem <u>Wasser</u> unter Überdruck steht. Dieses*

TITUS Kapitel 3

hydraulische Potenzial ist so hoch, dass das Wasser von selbst ohne Pumpen bis zur Erdoberfläche oder höher aufsteigt.

In Joh. 7,37-39 berichtet Johannes, wie Jesus am achten Tag, dem großen und letzten Tag des Laubhüttenfestes, Zeugnis ablegte, an dem der Hohepriester nach ihrem Brauch Wasser aus dem Teich Siloam mit einem goldenen Glas schöpfte. Er nahm das Wasser, mischte es mit Wein und goss es dann über den Altar, während das Volk mit großer Freude aus Ps. 118,25-26 und auch aus Jes. 12,3 sang; „Deshalb werden wir mit Freude Wasser aus den Brunnen des Heils schöpfen!" Dann rief Jesus, der wusste, dass er die Vollendung jedes prophetischen Bildes und jeder Verheißung ist, mit lauter Stimme aus: „Wenn jemand Durst hat, soll er zu mir kommen und trinken! Wenn ihr glaubt, dass es sich in den die Heiligen Schrift nur um mich handelt, dann werdet ihr entdecken, dass ihr das seid was ich bin und Ströme lebendigen Wassers werden aus eurem innersten Wesen sprudeln!" [Vgl. Röm. 5,5])

3,7 Seine Gnade ¹verteidigt unsere Unschuld. Wir sind auch zu Erben des Lebens ²geworden, nach dem wir uns immer gesehnt haben, das Leben der Zeitalter. *(Gottes Gabe hat unsere Beziehung zu ihm wiederhergestellt und uns unser Leben zurückgegeben. – [Die Message]*

*Beide Verben weisen auf unsere Gerechtigkeit, sowie auf die Tatsache hin, dass wir durch die gleiche Gnade Erben geworden sind, und beide Verben befinden sich auch in der Zeitform Aorist, ¹**dikaiothentes,** die für rechtschaffen erklärt und ²**genethomen,** gezeugt worden sind. Die Aorist Form stellt ein Ereignis zusammenfassend dar, das als Ganzes von außen betrachtet wird, fast wie eine Momentaufnahme der Aktion.*

[Tit. 1,2] Dies ist das Leben der Zeitalter, das seit Generationen erwartet wurde; das Leben unserer ursprünglichen Mach-und-Wesensart, das durch den unfehlbaren Entschluss Gottes angekündigt wurde, bevor es Zeit oder Raum existierte.

Dieses Leben wurde von ewiger Zeit her schon gesichert. (BBE). Die Vereinigung der Menschheit mit Gott ist der ursprüngliche Gedanke, der die Schöpfung inspiriert hat).

3,8 Du kannst dich mit dem ganzen Gewicht deines Seins zuversichtlich auf dieses Wort stützen! Ich möchte, dass du dies mit Nachdruck betonst; ermutige die Gläubigen, sich der Tatsache bewusst zu sein, dass sie die ¹Verwalter dieser Botschaft sind. Mit ihrem alltäglichen Lebensstil machen sie Werbung für seine Anziehungskraft und Schönheit. *(Das Wort, ¹proistemi bedeutet Beschützer, Wächter).*

3,9 Vermeide verwirrende Spekulationen und Diskussionen über Geschlechtsregister und Streitgespräche über das Gesetz; es ist töricht, sich an solchen ¹sinnlosen Gesprächen zu beteiligen. Es ist wie das Kauen von Kaugummi, der längst seinen Geschmack verloren hat! *(Das Wort, ¹mataios wird mit Torheit, ohne Sinn übersetzt,*

TITUS Kapitel 3

von *maten*, was der vierte Fall einer Ableitung von der Grundform von *masso* ist, kauen, nagen, oder essen von Lebensmitteln, die keinen Nährwert besitzen.

[Hebr. 13,9] Lasst euch nicht von verwirrenden Spekulationen ins Wanken bringen. Jedem Einfluss, der dem, was die Gnade vermittelt, fremd ist, auch wenn er sehr unterhaltsam erscheint und das christliche Etikett trägt, sollt ihr euch entziehen. Schwelgt in der Gnade; verwässert eure Ernährung nicht mit Gesetzlichkeit. Es gibt keine Nahrung mehr im Gesetz. Was nützt es, beschäftigt aber nicht gesegnet zu sein? [Gesetzlichkeit beinhaltet jede Form von Selbstaufopferung oder Selbstanstrengung, die Illusion nährt, weitere Gunst von Gott zu erlangen oder euren geistlichen Stand vor Gott verbessern zu müssen].)

3,10 Wenn ein Mensch weiterhin diskutieren will und streitsüchtig ist (*vom Wesen des Evangeliums ablenkend*) **und du ihn mehrmals darauf aufmerksam gemacht hast, dann ist es besser, seine Gesellschaft zu meiden.**

3,11 Ein solcher Mensch tanzt offensichtlich aus der Reihe und verurteilt sich selbst durch [1]seine eigene, selbstherrliche Entscheidung. ([1]*autokatakritos* - aotokratisch.)

3,12 Ich werde Artemas zu dir schicken oder vielleicht auch Tychicus, und dann möchte ich, dass ihr so schnell wie möglich zu mir nach Nikopolis kommt, wo ich beschlossen habe, den Winter zu verbringen.

3,13 Tue alles, was du kannst, um Zenas, den Schreiber, und Apollos bei ihrer Reise zu unterstützen. Sorge dafür, dass es ihnen an nichts mangelt. (*Apg. 18,24; 19,1; 1. Kor. 16,12.*)

3,14 Ermutige unsere Leute, produktiv und großzügig zu sein.

3,15 Wir alle senden euch unsere herzlichen Grüße; grüße unsere Freunde im Glauben. Gnade!

EINLEITUNG HEBRÄERBRIEF

Der Autor

Dass die Botschaft von Paulus die Offenbarung von unserer wiederhergestellten Unschuld ist und auf dem vollbrachten Werk am Kreuz gegründet ist, ist durch dieses großartige Studium hindurch ersichtlich. Dadurch ist das Argument, dass seine Unterschrift als wahrscheinlicher Autor nicht vorhanden ist, nicht mehr so relevant.

Die Sabbat Ruhe

In Christus ist die Sabbat Ruhe nicht länger ein Schatten, der das Reale vorzeichnet, ein Beweis für einen heiligen Tag in der Woche, sondern das Feiern der vollkommenen Erlösung, in der das genaue Abbild und die Ähnlichkeit Gottes offenbart und in der menschlichen Form freigesetzt wird. Die Unschuld der Menschheit ist freigesetzt. „Da er die Reinigung für die Sünden bewirkt hat, setzte er sich nieder …" Die ausführende Autorität seines Thrones besteht auf der Tatsache, dass wir unschuldig sind! Der Sabbat ist nun ein Ort der ungehemmten Freude Gottes an der Menschheit und der ungehemmten Freude der Menschheit an Gott. Dadurch, dass der Vorhang seines Fleisches zerrissen wurde, öffnete er mit Triumph einen neuen und lebendigen Weg für die Menschheit, hinein in das Leben ihrer Ursprung und inneren Selbst (wie du als Person ursprünglich von Gott erdacht warst) in die liebenden Umarmung ihres Schöpfers.

Dieser Brief richtet sich an eine hebräische Leserschaft und wurde geschrieben, um die jüdischen Gläubigen zu ermahnen, solch eine große Errettung weder zu unterschätzen noch mit unnötigen jüdischen Ritualen und Ansichten zu beschweren.

Unter dem Glaubenssystem des Gesetzes der Leistung, gelang es dem historischen Israel nicht, in den erlösenden Sabbat Gottes einzutreten und blieb so in einer minderwertigen Sklaven-Mentalität gebunden. „Wir sind unwichtige Grashüpfer in unseren Augen". 4. Mo. 13,33. Lasst uns deshalb umgehend anfangen darüber nachzudenken und zu verstehen und uns diese Ruhe vollkommen anzueignen, damit wir nicht wieder in die gleiche Falle des Ungehorsams hineingeraten. Die Botschaft, die Gott in Christus ausgesprochen hat, wird zu einem überaus lebendigen und machtvollen Einfluss in uns und schneidet wie das Skalpell eines Chirurgen, das schärfer als das Schwert eines Soldaten ist. Sie dringt bis zum tiefsten, innersten Kern des menschlichen Bewusstseins durch, indem es Seele und Geist trennt und damit die Herrschaft des Bereiches der Sinne und seine neutralisierende Auswirkung auf den menschlichen Geist, beendet. So wird der Geist einer Person dazu freigesetzt, wieder zu einem regierenden Einfluss in ihren Gedanken und in den Absichten ihres Herzens zu werden. Die Prüfkraft dieses Wortes entdeckt jede mögliche Krankheit und unterscheidet die tiefsten Geheimnisse des Körpers, da, wo Gelenke und Knochenmark sich treffen. *(In dem Moment, wenn wir mit unseren*

EINLEITUNG HEBRÄERBRIEF

eigenen Anstrengungen, uns selber rechtfertigen zu wollen, aufhören, in dem wir uns der Vollständigkeit dieser Botschaft hingeben, wird dadurch der Erfolg des Kreuzes verkündet und wird Gottes Wort aktiv). Was Gott zu uns in der Sohnschaft sagt, *(die Fleischwerdung),* strahlt sein Abbild und seine Ähnlichkeit hinein in unsere freigesetzte Unschuld. (Hebr. 1,1-3). Dieses Wort durchdringt und beeinflusst machtvoll unser gesamtes Sein, Körper, Seele und Geist. (Hebr. 4,11-12).

Gerechtigkeit durch den Glauben. Hab. 2:4

Hebräer 10,38 Gerechtigkeit durch Gottes Glauben definiert das Leben. Wenn wir zum Gesetz der Werke zurückkehren, ignorieren wir Gottes Werk der Gnade. *(Anstatt das Kapitel über den Fluch zu lesen, wenn ihn ein Unglück trifft, erkennt Habakuk, dass die Verheißung als Basis für den Freispruch der Menschheit viel durchschlagender ist als die Leistung! 5. Mo. 28 wäre dann nicht länger die Motivation oder das Maß für richtiges oder falsches Verhalten!* „Wenn der Feigenbaum auch nicht blüht und an den Weinstöcken keine Frucht hängt, die Olivenbäume nicht tragen und die Felder keine Nahrung hervorbringen, die Herde von den Hürden getrennt ist und kein Vieh in den Ställen ist, so werde ich mich trotzdem in dem Herrn meinem Gott freuen und in dem Gott meiner Errettung frohlocken. Gott, der Herr ist meine Stärke. Er macht meine Füße wie Hirschfüße, er lässt mich auf den Höhen einhergehen. (Hab. 3,17-19 RSV).

Im Evangelium wird die Gerechtigkeit Gottes offenbart, von Glauben zu Glauben. (Röm. 1,17). Darin liegt das Geheimnis der Kraft des Evangeliums. Sie ist so lange keine gute Nachricht, bis die Gerechtigkeit Gottes offenbar geworden ist. *(Die Gute Nachricht liegt in der Tatsache, dass das Kreuz von Christus ein Erfolg war. Gott hat das Leben unserer Mach-und-Wesensart gerettet. Er hat unsere Unschuld freigekauft. Die Menschheit wird niemals wieder nur durch ihre eigene Fähigkeit, den moralischen Gesetzen zu gehorchen, als gerecht oder ungerecht beurteilt werden. Es geht nicht darum, was eine Person tun oder nicht tun muss, sondern darum, was Jesus getan hat)!* Gott überzeugt nun jedermann, das zu glauben, was er weiß, was über ihn wahr ist. *(Es geht von Glauben zu Glauben).* Die Propheten schrieben schon im Voraus über die Tatsache, dass Gott glaubt, dass die Gerechtigkeit das aufdeckt und offenbart, was Gott schon immer für uns im Sinn hatte. „Der Gerechte soll durch seinen (Gottes) Glauben leben. Gerechtigkeit durch Gottes Glauben definiert das Leben. Hebräer 12,1: Wende dich vom Schatten-Glaubenssystem des Gesetzes und der Propheten ab und richte deine Augen fest auf Jesus. Er ist der Ursprung und das Ende des Glaubens. Er sah die Freude *(die Errettung der Menschheit),* als er das Kreuz tapfer ertrug und die, damit verbundene, Schande verachtete. Als die ausführende Autorität Gottes *(die rechte Hand von Gottes Thron),* nimmt er den höchsten Platz der Herrschaft ein, um die Unschuld der Menschheit

EINLEITUNG HEBRÄERBRIEF

zu bestätigen. Das Evangelium ist die Offenbarung der Gerechtigkeit Gottes. Es erklärt, wie es Gott gelang, seine Beziehung mit der Menschheit wieder in Ordnung zu bringen. Es geht darum, was Gott richtig gemacht hat und nicht darum, was Adam falsch gemacht hat. Das Wort Gerechtigkeit kommt von dem angelsächsischen Wort „rightwiseness", weise sein im dem, was recht ist. Im Griechischen heißt das Wort für Gerechtigkeit *dikaiosune*, von *dike*, ausgesprochen, dikay, was zwei Teile bedeutet, die Ähnlichkeit in einander finden. Das hebräische Wort für Gerechtigket ist צדק *tzedek*, was sich auf den Zeiger auf einer Vergleichsskala bezieht. *(Vgl. den Kommentar zu 2. Kor. 6,14.)*

Kolosser 2,9, In Christus findet Gott einen genauen und vollkommenen Ausdruck von sich selber, in einem menschlichen Körper! Kol. 2,10, Er spiegelt unsere Vollständigkeit wider und er ist die höchste Autorität unserer wahren Identität. Gott wünscht sich, den Erben der Verheißung noch überzeugender den unveränderlichen Charakter seiner Absichten und Ziele zu zeigen. (Heb 6,17 — RSV)

Wenn Gott beides ist, der Anfänger und Vollender unseres Glaubens, dann wäre Selbsteinschätzung gemäß eines anderen Bezugspunktes Dummheit. Das wäre genauso unmöglich, als ob man die Temperatur mit einem Lineal messen wollte.

Christus definiert unseren Ursprung und wahres inneres Selbst und unsere wiederhergestellte Unschuld. Dort finden wir unsere Identität und unser Ursprung. Wir erhielten grenzenlosen Zugang zur intimen und sofortigen Freundschaft Gottes. Er kümmerte sich so gründlich um Sünde, dass kein weiteres Opfer jemals mehr nötig sein würde. Nichts, was wir persönlich vielleicht noch opfern, könnte unserer Unschuld noch irgendeinen Wert hinzufügen.

Ein ganz neuer Weg des Lebens wurde vorgestellt.

Weil sein Fleisch am Kreuz zerrissen wurde, können wir unser eigenes Fleisch nicht länger mehr als Entschuldigung dafür verwenden, dass seine Gunst und Gegenwart uns in unseren Erfahrungen verborgen sind. Wir haben einen Hohepriester im Haus!! Wir sind frei, uns ihm mit vollkommenem Vertrauen zu nahen, weil wir in unseren Herzen völlig davon überzeugt sind, dass nichts mehr uns von ihm trennen kann. Wir sind dazu eingeladen, genau jetzt nahe zu kommen. Wir sind durch und durch gereinigt, innen und außen, ohne jegliche Spuren des Stachels der Sünde in unserm Gewissen und Verhalten. Unsere inneren Gedankenmuster sind gereinigt durch das darauf gesprenkelte Blut. Unser Körper wurde auch im reinen Wasser gebadet. *(Unser Verhalten gibt Zeugnis davon.)*

EINLEITUNG HEBRÄERBRIEF

The Krüger National Park

Lydia und ich lieben den Krüger National Park. Es ist unser bevorzugtes Urlaubsziel. Während einer Pirschfahrt am frühen Morgen war ich so voller Dankbarkeit, dort sein zu dürfen und zu wissen, dass wir ein gültiges Ticket hatten und auch darüber, wie das Evangelium unsere wiederhergestellte Unschuld offenbart. Dies war nur möglich, weil Christus sein Werk erfolgreich durchgeführt hat. Er war das Vehikel, durch das wir Zugang zur Begegnung mit Gott im Allerheiligsten erhielten. Er sicherte uns das Recht auf Zugang zu jedem nur vorstellbaren Segen zu. Jesus zeigt und definiert Gottes ewigen Liebestraum von einer uneingeschränkten Einheit mit ihm und einer Freiheit vom hinderlichen Sündenbewusstsein. Im Hebräer geht es genau um dieses Thema. Wenn du das Wildreservat besuchst, wird dir sofort klar, dass du dich an einem ganz besonderen Ort befindest. Die Hochglanzbilder in der offiziellen Landkarte verheißen Einblicke in die enorme Vielfalt von dokumentierten Wildarten. Die Bühne ist frei, alles ist vorbereitet. Du bringst nichts als deine eigene Anwesenheit in dieses Reservat mit. Alle seine großartigen Pflanzen-, Vogel-, Tier-, Reptilien-, und Insektenarten sind bereits dort und vollständig repräsentiert. Sie tragen auf einzigartige Weise etwas zu diesem Ort bei. Während du fährst oder bei deinem Lager oder an einem abgeschiedenen Wasserloch sitzt, sind die Sehenswürdigkeiten, Geräusche und Gerüche machtvolle Bestätigungen, die Anziehungskraft des Busches ergänzen und bekräftigen. Da! Das Brüllen des Löwen gehört mir, der frische Fußabdruck im Sand, der Ruf eines Fischadlers, wie auch die Weite der Landschaft mit seinen großartigen Bäumen. Jeder Sonnenaufgang und Sonnenuntergang schmückt immer wieder die Malerleinwand meines Horizontes! Die Zugangserlaubnis gibt jedem Besucher den gleichen Zugang zu diesem Reservat. Aber es braucht das eifrige, beobachtende Auge, um den erstaunlichsten Dingen, die es zu sehen gibt, auch wirklich zu begegnen. Wenn du das Reservat einfach nur deshalb besuchst, weil du eine Liste von dem hast, was du alles sehen möchtest und dann eines nach dem andern nur abhakst, dann wirst du dem Genuss und der Freude, von solch strahlender Schönheit umgeben zu sein, ganz gewiss nicht gerecht! Die Tatsache, dass die Tiere nicht in Käfigen sind, macht es nur noch spannender, ihre Spuren zu verfolgen, oder dadurch überrascht zu werden, dass sie plötzlich zu sehen sind. Dies übertrifft die Hochglanzbroschüre und auch die realistischste „Zoo" Erfahrung.

Im traditionellen Gemeinde-Leben haben wir oft versucht, Gottes Geist auf einen engen Rahmen von vorhersagbaren Programmen und Routinen zu begrenzen. In Christus hat Gott einen neuen und begeisternden Weg für uns geöffnet, durch den wir ihm ohne Verzögerung und ohne Einschränkung begegnen können! Er ist in keinem Käfig eines prophetischen Bildes. Er ist im pulsierenden, berührbaren, menschlichen Leben enthüllt und sichtbar!

EINLEITUNG HEBRÄERBRIEF

Der Brief gehört jedem Gläubigen.

Liebe entfacht Glauben und Glaube öffnet den Horizont, um die Geheimnisse der Liebe zu erkunden. Es ist ein Ort, an dem Gedanken einen Eindruck vorsichtig hineinritzen; ein Ort, der für die argwöhnische, akademische, religiöse und leistungsorientierte Herangehensweise nicht zugänglich ist. Es ist ein Dokument von tiefgründiger Schönheit, das die Studenten über unbedeutende, religiöse Rituale und Ansichten hinaus in die erfahrbare, göttliche Intimität führt. In seinem Buch „Mind Aflame" *(Gedanken in Flammen),* schreibt James Arraj über Emile Merch: „Es ist die Aufgabe eines Bergführers, uns auf den Gipfel des Berges zu führen und dann auf die Seite zu gehen damit wir das gewaltige Panorama auf jeder Seite sehen können. Übrigbleibt nur die Dankbarkeit dem Lehrer gegenüber, der uns an solch einen Ort gebracht hat.

Es ist so, als ob er zu jedem von uns sagt: „Schaue in dich hinein. Fürchte dich nicht davor, deinen Verstand für das Höchste zu gebrauchen und auch deine tiefsten Zentren zu suchen. Weit weg von dem Bewusstsein der tiefsten Ebene des menschlichen Geistes, die in dir selber wie eine Mauer hochragt, wird diese Suche in das gesamte Geheimnis des Universums und der menschlichen Rasse einmünden. Diese Suche wird dir deine Einheit mit den Wäldern, Vögeln und entfernten Galaxien zeigen und mit jedem menschlichen Wesen, das jemals existiert hat und existieren wird. Und diese Art der überirdischen Sicht wird dir einen kleinen, flüchtigen Blick in die feurigen Geheimnisse der Existenz gewähren, von der alle Dinge herkommen und durch die sie alle beständig getragen werden und nach deren Rückkehr sie sich alle sehnen" Aber wie fantastisch dieses Geheimnis auch ist, es hat nur einen Zweck, dich in das Geheimnis von Christus hineinzuziehen. Das Wort Gottes wurde Fleisch und genau bei diesem Vorgang, als es seine menschliche Form annahm, transformierte das Wort sich selber (in eine menschliche Form) und veränderte gleichzeitig auch das Universum und die menschliche Rasse. Ihr habt ein neues Sein in Christus, bei dem ihr in ihm genau das gleiche Leben teilt, wie das der Dreieinigkeit".

http://www.innerexplorations.com/catchtheomor/m.htm

HEBRÄER Kapitel 1

1,1 Durch die ganzen, ¹Zeitalter hindurch, sprach Gott durch viele Bruchstücke und flüchtige Hinweise von prophetischen Gedanken zu unseren Vätern. Nun wird ²zuletzt, im gesamten Gespräch *(Gottes)* der vergangenen Zeiten, wie bei der Morgendämmerung, die Sohnschaft sichtbar. Das, was zuerst wie eine antike Sprache aussah, fällt plötzlich neu, wie der Tau, auf das zarte Gras! Er ist die Gesamtsumme all dessen, was Gott jemals gesagt hat. Er ist es, auf den die Propheten hinwiesen und wir sind seine unmittelbare Zuhörerschaft! *(Das Wort ¹palai bedeutet alt oder antik, von palin, was die Idee von periodischer Wiederholung oder Rückübertragungen beinhaltet; wieder neu, wieder frisch. [Vgl. 5. Mo. 32,1]. „Hört her, oh ihr Himmel und ich will sprechen und lasst die Erde die Worte meines Mundes hören. [32,2]. Mögen meine Lehren wie der Regen tropfen und meine Rede wie der Tau, wie der sanfte Regen auf zartes Gras und wie Regenschauer auf das Laub. [5. Mo. 32.18] Ihr habt den Felsen der euch gezeugt hat und Gott vergessen, der euch geboren hat. Jesus errettete erfolgreich das, was du wirklich bist, (das echte du) nicht das pseudo „ich-glaube-dass ich-das-bin" du. Gott hat nie weniger über dich geglaubt, als das, was er in der Sohnschaft mitteilen konnte, das, was Jesus gespiegelt und freigesetzt hat. Das Wort ²eschatos bedeutet extrem; als letztes in der Zeit oder im Raum; der äußerste Teil, die letzte Schlussfolgerung. Das Was Gott über dein Menschsein sagt, definiert in Jesus die Eschatologie. [Lehre über die letzen Dinge])*

1,2 In der Sohnschaft verkündet Gott, dass das mensch- gewordene Wort der Erbe aller Dinge ist. Er ist, in der Tat, der Autor der Zeitalter. Wir haben unseren Anfang und unser Sein in ihm. *(Sohnschaft bestätigt Erbschaft! Vgl. Hebr. 6,16-18)*

1,3 Jesus ist das Crescendo, der Höhepunkt von Gottes Gespräch; er gibt den Zusammenhang und den Inhalt dieses echten und glaubwürdigen Gesprächsgedankens vor. Alles, was Gott für die Menschheit in Gedanken hatte, wird in ihm zu hörbarer Sprache. Jesus ist Gottes Sprache. Er ist der strahlende und makellose Ausdruck der Person und der ¹Absichten Gottes. Er spiegelt Gottes ²Charakter wider und stellt jede seiner Merkmale in menschlicher Form dar. Er ist die Stimme Gottes, der unsere freigesetzte Unschuld ankündigt. Durch sein eigenes Werk vollbrachte er die Reinigung von Sünde und setzte sich nieder und thront in dem grenzenlosen Maß seiner Majestät als die rechte Hand Gottes und ausführende Autorität, als die Kraft des Universums, die alles erhält, was existiert. Seine Stimme ist die Dynamik, die den gesamten Kosmos hält. *([Als er die Reinigung von Sünde vollbrachte hatte, setzte er sich nieder....] Sein Thron ist die wirkliche Autorität und der Beweis der freigesetzten Unschuld der Menschheit! Das Gespräch, das vor mehr als zweitausend Jahren begann, wurde aufgezeichnet - ausgekleidet durch bruchstückhafte Gedanken und wurde, die ganzen Zeitalter hindurch, in prophetischer Sprache geflüstert, in Stein eingraviert und in das menschliche Bewusstsein und sein Gedächtnis*

HEBRÄER Kapitel 1

hineingeschrieben und dieses Gespräch wurde ein Mensch. Jenseits der Steintafeln, der Papyrus-oder Pergamentrollen, wurde das menschliche Leben die gut verständliche Sprache Gottes. Jesus ist das Crescendo, der Höhepunkt von Gottes Gespräch mit der Menschheit. Er gibt den Zusammenhang und den Inhalt dieses echten und glaubwürdigen Gesprächsgedankens vor. Alles, was Gott für die Menschheit in Gedanken hatte, wird in ihm zu hörbarer Sprache. Jesus ist Gottes Sprache. Sein Name verkündigt seine Mission. Als Retter der Welt hat er wirklich das Bild und die Ebenbildlichkeit des unsichtbaren Gottes freigesetzt und hat es wieder in der menschlichen Form, wie in einem Spiegel, sichtbar gemacht. ¹doxa von dokeo, Meinung oder Absicht, definiert die Herrlichkeit Gottes. Das Wort ²charakter von charax – eingravieren – wird im Buch Offenbarung als „Zeichen des Tieres" übersetzt. Entweder wird der Charakter des Vaters oder der Charakter des gefallenen Verstandes unsere Handlungen beeinflussen. [Hand], weil das unsere Gedanken beschäftigt. (Stirn). Wie in Jes. 55,8-11: „Eure Gedanken sind nicht meine Gedanken"; deshalb sind auch eure Wege nicht meine Wege...aber mein Wort wird Fleisch werden und die Erde nähren (Fleisch), so wie der Regen und der Schnee die Entfernung zwischen Himmel und Erde aufheben, so auch mein Wort, das aus meinem Mund hervorgeht. Es wird nicht leer zurückkehren, sondern in meiner Ursprung gedeihen und blühen".)

1,4 Keine Propheten-oder Hirtenbotschafter können sich mit ihm, was Rang oder Namen betrifft, messen. Das ist seine rechtmäßige Position. *(Durch welches Mittel Gott im Altertum auch immer gesprochen hat, z.B. durch Schriften, die durch Propheten oder Engel überliefert wurden, sie alle sind der offenbarten Sohnschaft nicht übergeordnet!)*

1,5 Gott hat zu keinem der prophetischen Botschafter gesprochen, als er sagte: „Du bist mein Sohn, heute habe ich dich geboren! Ich bin alles für dich, was ein Vater für einen Sohn sein kann und du bist für mich alles, was ein Sohn für einen Vater sein kann". *(Vgl. Apg. 13,30-33). Aber Gott weckte ihn von den Toten auf und viele Tage lang erschien er denen, die mit ihm von Galiläa nach Jerusalem hinaufgezogen waren, die jetzt seine Zeugen für die Menschen sind. Und wir bringen euch die Gute Nachricht darüber, was Gott den Vätern verheißen und auch ihren Kindern gegenüber erfüllt hat, indem er Jesus auferweckte; wie es auch im zweiten Psalm geschrieben steht: „Du bist mein Sohn, heute habe ich dich gezeugt." Die Auferstehung on Jesus repräsentiert unsere neue Geburt und unsere freigesetzte Sohnschaft. 1. Petr. 1,3)*

1,6 Und wenn er seinen Sohn, als seinen Erstgeborenen vor der ganzen, bewohnten Welt, in einer Triumpfparade einherführt, sagt er: „Es sollen alle prophetischen Hirten-Botschafter ihn ²anbeten". *(Paulus zitiert hier aus der Septuaginta, weil es diesen Text nicht im Hebräertext gibt. In 5. Mo. 32,43 steht: „Freut euch ihr Himmel, zusammen mit ihm, und lasst all die Engel Gottes ihn anbeten; freut euch, ihr Heiden mit seinem Volk und alle Söhne Gottes sollen sich in ihm stärken! [Hier werden*

HEBRÄER Kapitel 1

die Heiden als gemeinsame Erben in gleichwertiger Sohnschaft verkündet]! Das Wort, das oft mit Engel übersetzt wird, [1]aggelos, besteht aus zwei Wortteilen, ago wie ein Hirte leiten und agele, eine Viehherde oder Gesellschaft. Dieses Wort trägt den Gedanken eines Botschafters, sowohl im hirtlichen, wie auch im prophetischen Zusammenhang. Der Zusammenhang deutet auf ihre prophetische Rolle hin.

Das Wort, das oft mit Anbetung übersetzt wird, [2]proskuneo, from pros, von Angesicht zu Angesicht, und kuneo, von dem ich gerne davon ausgehen würde, dass es eine Ableitung von koinonia ist, verbundene Teilhabe, und nicht von kuon kommt, das Hund bedeutet. Ich weiß, dass einige versucht haben, den Gedanken von einem Hund, der die Hand seines Herrchens leckt mit der Idee des möglichen Küssens zu verbinden. Ich ziehe eine göttliche von Gesicht zu Gesicht Koinonia Begegnung vor, die wahre Anbetung definiert. Ich glaube aber trotzdem, dass Hunde, die man oft mit dem besten Freund des Menschen in Verbindung bringt, wegen ihrer hingebenden Natur ihrem Herrchen gegenüber, im Zusammenhang mit Koinonia, auch einen griechischen Wortstamm haben. Koinonia ist zunächst einmal ein Wort für Freundschaft und man kann deshalb möglicherweise auch eine sprachgeschichtliche Verbindung darin erkennen. [Vgl. der erweiterte Kommentar in Bezug auf das Wort proskuneo am Ende der Mirror Bibel]. Dies erinnert an Epheser 4,8. Die Schrift bestätigt, dass er uns als Trophäen in einer triumphalen Festzug in die Höhe geführt hat; er [1]nahm seine Gabe in der Menschheit [1]wieder in Besitz [Ähnlichkeit]. Zitat aus dem Hebräertext, Ps. 68,18, [1]lakachta mattanoth baadam, du hast in Adam Gaben in menschlicher Form genommen. [Die Gaben, die Jesus Christus uns austeilt, hat er in uns empfangen, in und aufgrund der Inkarnation [Menschwerdung]. Kommentar von Adam Clarke. Wir wurden in seiner Auferstehung aufs Neue geboren. [1. Petr. 1,3; Hos, 6,2]. Die Tatsache, dass er hinaufgestiegen ist, bestätigt seinen siegreichen Abstieg in die tiefsten Gruben der menschlichen Verzweiflung. [Eph. 4,9; Joh. 3,13). [RSV]. „Niemand ist in den Himmel aufgestiegen, außer dem, der vom Himmel [1]herabgestiegen ist, nämlich der Sohn Gottes". Die gesamte Menschheit hat ihren Ursprung von oben her. Wir sind [1]anouthen, von oben her. Er hat nun den höchsten Rang der Autorität inne. Von den tiefsten Regeionen, in die er hinab getaucht ist, um uns daraus zu befreien, zu der höchsten Autorität im Himmel, indem er seine Mission vollständig ausgerichtet hat. Die gefallene Menschheit wurde vollständig zu der Autorität ihres authentischen Lebens gemäß ihrem Ursprung und wahren inneren Selbst, (wie du als Person ursprünglich von Gott erdacht warst) wiederhergestellt. [Eph. 4,10].)

1,7 Über den Engel-Hirten-Botschafter sagt er: „ich inspiriere dich dazu, dass du so schnell wie der Wind bist" und er formt diejenigen, die an seiner Sache arbeiten wie zu einem Blitz".

1,8 Aber wenn er über den Sohn spricht sagt er: „Dein Thron, oh Gott, hat über die Zeitalter hinaus, Bestand. Das Zepter der Ge-

HEBRÄER Kapitel 1

rechtigkeit ist das Zepter deines Königreiches". *(Ps 45,6)*

1,9 „Du liebst Gerechtigkeit und verachtest das Böse. Deshalb, oh Gott, hat dich dein Gott mit Freundenöl gesalbt, damit du meilenweit über deinen Gefährten stehst". *(Ps 45,7)*

1,10 „Die Grundfesten der Erde sind auf dich zurückzuführen, auch die Himmel sind deine Erfindung. Sie sind alle deine Handarbeit". *(Ps 102,25)*

1,11 „Sie werden veralten, du aber bleibst, sie werden wie ein altes Gewandt vergehen.

1,12 „und du wirst sie eines Tages wie einen Mantel zusammenrollen, Sie werden vergehen, du aber bleibst der „Ich Bin" und deine Jahre werden niemals aufhören". *(Ps 102,26)*

1,13 Als er sagte; „Du bist die Verlängerung meiner rechten Hand, meine ausführende Autorität, nimm deine Position ein schaue, wie ich deinen Feinde zu einem Ort machen werde, auf denen du deine Füße ausruhen kannst", da meinte er nicht die prophetischen Botschafter. *(Mt. 22,42-45.)*

1,14 Was für eine Rolle spielen die Hirten-Botschafter in Gottes Strategie? Sie sind alle von Gott im prophetisch-apostolischen Dienst des Geistes angestellt, um das Erbe der Errettung, das der Menschheit gehört, auszuführen.

HEBRÄER Kapitel 2

2,1 Ich habe euch das alles gesagt um euch zu helfen, dass ihr erkennt, wie außerordentlich wichtig die Botschaft ist, die ihr gehört habt. Setzt euch mit ihrer Bedeutung ganz und gar auseinander, damit ihr euch niemals von ihrem Einfluss und ihrer Anziehungskraft hinweg treiben lasst.

2,2 Die Worte, die Gott durch prophetische Botschafter gesprochen hat, dürfen nicht auf die leichte Schulter genommen werden, in Anbetracht der Tatsache, dass Gott auf vielerlei Art und Weise zu unseren Vätern gesprochen hat, *(1:1-3)*, und trotzdem die ursprüngliche Absicht und der [1]Entschluss Gottes nicht gefährdet wurden und auch die prophetischen Ankündigungen von dem [2]endgültigen Ergebnis, das im Wort ausgedrückt wird, nicht abgelenkt haben, die wir im Sohn Gottes [3]erkennen können. Das prophetische Wort [2]steht in jeder Hinsicht tadellos da und die gleiche [3]Quelle wird heute, wenn wir es hören, bestätigt und muss mit der gleichen Integrität (Lauterkeit) [4]beurteilt werden. *(Beachte, die Worte [1]bebaios, standhaft sein, von baino, zu stehen und [2]parabaino, und [3]parakoo, wird hier als para benutzt, größtmögliche Nähe und baino, Fußabdrücke, stehen und dann auch noch das Wort para, verbunden mit akoo, hören, von der ursprünglichen Quelle hören. Das Wort [4]endike, von en, in und dike, gleichermaßen beurteilt werden, zwei Teile, die Ähnlichkeit ineinander finden, eine Waage, die vollkommen in Balance ist. Das Wort [5]lambano bedeutet, empfangen, erkennen, ergreifen, sich mit etwas verbinden.)*

2,3 Niemand kann es sich leisten, diese endgültige Botschaft, diese Errettung von solch großartigem Ausmaß, zu unterschätzen oder ihr gegenüber gleichgültig zu sein! Es gibt keinen anderen [1]Ausweg. Die Errettung, wie sie sich in Christus zeigt, ist die Botschaft, die Gott schon von Anfang an verkündigt hat und es wurde immer und immer wieder von denen bestätigt, die ihn gehört haben. *(Wir wurden von den Lügen [1]errettet, die wir unter dem Gesetz der Werke über uns selber geglaubt haben.)*

2,4 Die Absicht Gottes, die er durch jedes Zeichen, jedes Wunder und durch die Gaben des Heiligen Geistes zeigen wollte, war, diese großartige Botschaft der Errettung zu ergänzen und zu bestätigen. *(nicht abzulenken.)*

2,5 Gott hat niemals beabsichtigt, den Hirten-Botschafter die Verantwortung für diese [1]neue Weltordnung, über die wir sprechen, zu geben. *(das [1]Zeitalter, in der die Errettung der Menschheit verwirklicht und erkannt wird.)*

2,6 Irgendwo in den Schriften steht, „Was ist die menschliche Rasse, dass Gott sie nicht aus seinen Gedanken verbannen kann? Was [1]sieht er im Menschensohn, das seine Blicke so anzieht?" *(das Wort, [1]episkeptomai, von epi, bedeutet beständiger Einfluss und von skopos, sehen oder mit Interesse beobachten.)*

HEBRÄER Kapitel 2

2,7 Er hat die Menschheit zu allem gemacht, außer dass er sie ihm gleichgestellt hat; er krönte sie mit seiner eigenen Herrlichkeit und Würde und berief sie zu einer Position der Autorität über die gesamten Werke seiner Hände". *(Wer von den Hirten-Botschaftern könnte sich mit so etwas brüsten? [Ps 8:4-6])*

2,8 Gottes Absicht war, dass die Menschen den Planeten regieren würden. Alles hat er unter ihre Kontrolle gebracht. Wenn man die menschliche Rasse aber anschaut, könnte man meinen, dass das überhaupt nicht stimmt.

2,9 Was aber offensichtlich ist, ist Jesus, *(aber Gott sprach zu uns durch den Sohn...[Heb 1:1-3])* Lasst uns ihn auf solch eine Weise betrachten, dass wir klar begreifen, was Gott in ihm zur Menschheit sagt. Im Tod litt er und erniedrigte sich, für einen kurzen Augenblick, unter den Rang eines Hirten-Botschafters, um den Tod der gesamten menschlichen Rasse zu schmecken und während er dies tat, die Gnade Gottes zu erfüllen und dann mit Herrlichkeit und höchster Ehre wieder gekrönt zu werden, *(dieses Mal als Mensch, der die gesamte Menschheit repräsentiert).*

2,10 Als herausragende Berühmtheit [1]erhebt er sich weit über alle Dinge hinaus. Er ist sowohl ihr Autor als auch ihr Ende. Er rechnet nun jeden seiner Söhne, durch eine vollkommene Errettung, seine eigenen Herrlichkeit zu. Das Ausmaß seines Leidens bestimmt das Maß der Vollkommenheit der Errettung, über die er herrscht. *(Das Wort [1]prepo, bedeutet sich erheben über, überragen: vgl. auch Hebr. 7,26. Wer braucht ein Geschenk, wenn er eine Belohnung bekommen kann?! Aber das Geschenk Gottes, das in dem, was Christus errungen hat, eingepackt ist, macht jeden Gedanken an eine Belohnung sinnlos.)*

2,11 Weil alle beide vom gleichen Ursprung [1]abstammen, derjenige, der die Rettungsmission ausgeführt hat und diejenigen, die er errettet und zur Unschuld wiederhergestellt hat, stellt er sie stolz als Mitglieder seiner jetzigen Familie vor. *(Das Wort [1]ek, deutet immer auf den Ursprung, die Quelle hin, heraus aus: [vgl. 1. Korinther 1,30])*

2,12 Er sagt: „Ich werde euren Namen meinen Freunden offenbaren, als ob es ihr eigener wäre. Dies wird meinen Lobpreis in der Ekklesia anzünden und dort werde ich Gott in einem Lied feiern". *(Dies erinnert an den emotionalen Moment, als Joseph sich seinen Brüdern offenbart. [1. Mo. 45,1; Ps 22,22]. In Hebräisch: „Ich werde euren Namen im Innersten meiner Verwandtschaft einschreiben. [Das Wort **safar** bedeutet einzeln benennen, im Detail, **tavek**, bis auf die Knochen schneiden, zertrennen, zweiteilen, welches ein mathematischer Begriff ist und die Trennung von gegebenen Kurven, Figuren oder Intervallen in zwei gleiche Teile beschreibt, die dann spiegelbildlich zueinander sind.)*

HEBRÄER Kapitel 2

2,13 Ich werde seine Freundschaft mit Vertrauen widergewinnen. „Er sagt an einer anderen Stelle: „Ich bin von den Kindern umgeben, die mir Gott gegeben hat. Ich bin einer von ihnen." *(Röm. 5,10, „Als wir noch Fremde waren, hat er uns mit sich selber versöhnt".)*

2,14 Wenn man mit den Kindern Gottes eins ist, dann setzt man die Tatsache voraus, dass er in einem Körper, genau wie dem ihren, gelebt hat und gestorben ist. Er war vollkommen ein Mensch, wie wir es auch sind. Er ist dafür qualifiziert, die Herrschaft des Todes aufzuheben, [1]die das Ergebnis von Adams Sündenfall war. *(Hätte er all das in einem übermenschlichen Körper getan, wäre alles bedeutungslos gewesen. Das Wort [1]diabolos, das normalerweise mit Teufel übersetzt wird, ist buchstäblich zusammengesetzt aus* **dia + ballo** *und wird als „durch den Sündenall, oder „als ein Resultat des Sündenfalls" übersetzt.)*

2,15 Als ein Mensch wie wir, definierte er den Tod neu und setzte die Menschen von der lebenslangen Todesbedrohung frei. *(Er machte den Gedanken von Verurteilung, um den es beim System der Werke geht, ein für alle Mal bedeutungslos. Hebr. 9,27-28. Das Böse ist nicht unsterblich, aber die Liebe schon. [Vgl. Joh. 4,18])*

2,16 Deswegen ist es so wichtig zu verstehen, dass Jesus nicht in einer engelhaften Gestalt auf dieser Erde ankam, *(oder in einem Superman-Anzug).* **Er zog den Samen Abrahams an sich.** *(Der Same von Glaubens-Gerechtigkeit und nicht Fleisches-Gerechtigkeit, wurde konserviert. (Vgl. Gal. 3,16 und 4,21-31)*

2,17 Er war dazu verpflichtet, sich an jedes Detail der Menschlichkeit seiner Freunde vollkommen anzupassen – so wie sie zu werden. Nur so konnte er in seiner Position als Hoher- Priester effektiv über die Lügen, die sie über sich selber glauben, die Oberhand gewinnen und sie so mit Gott versöhnen. *(Das griechische Wort [1]hamartia, das oft mit Sünde übersetzt wird, besteht aus dem Wort* **ha***, ohne und* **meros***, zugeteilte Portion und dies ist der Stamm des Wortes* **morphe***, Form, aber eine deformierte Form - die Lüge, die wir über uns glaubten, als Resultat der nutzlosen Wege, die wir, wegen Adams Sündenfall, von unseren Vorvätern erbten. [Vgl. 1. Petr. 1,18])*

2,18 Er erlebte die menschlichen Versuchungen mit der gleichen Intensität und empfand sie genauso als eine Prüfung. Deshalb wurde er dazu qualifiziert, die Menschheit mit sofortiger Wirkung zu repräsentieren. *(Ihnen zu Hilfe zu eilen. [Vgl. Hebr. 4,15-16])*

HEBRÄER Kapitel 3

3,1 Freunde, im Zusammenhang mit unserem Mit-Eingeschlossensein in Christus, sind wir tadellos. Wir [2]haben an seiner himmlischen [1]Identität teil. [4]Werdet euch der Dringlichkeit bewusst, dass ihr sofort und umfassend über Christus, als dem Botschafter und Hohepriester unseres [3]Bekenntnisses, [4]nachdenkt und ihn kennen lernt. Unser Leben klingt in Ihm, im Zusammenhang mit der Logik von Gottes Gespräch, wie ein Mit-Echo. *(Das Wort [1]kaleo, bedeutet mit Namen identifizieren, mit dem Nachnamen benennen. Das Wort [2]metochos kommt von meta, das zusammen mit, bedeutet und Echo, halten, umarmen, wir sind ein Echo seines Gesprächs. Das Wort [3]homologeo kommt von homo, das gleiche und lego, sprechen. Das Wort [4]katanoeio von kata, was in diesem Fall eine Vorsilbe ist, die auf etwas hindeutet und noeo, erkennen, darüber nachdenken und wird als jemanden gut kennen, übersetzt. Die Zeitform Aorist Imperativ (Befehlsform) wird in dem Wort katanoesate, benützt, was die Dringlichkeit betont, dass etwas ein für alle Mal getan wird.)*

3,2 Jesus ist der Beweis von Gottes Meisterwerk. Er offenbart Gottes Überzeugung in Bezug auf uns. Jesus ist das Beispiel für das, was Gott über uns glaubt.Durch die hundertprozentige Detailgenauigkeit beim Aufbau der Stiftshütte im prophetischen Mose-Modell, zeigt sich der vollkommene Glaube an Gottes Vorhaben. *(Vgl. Gebr. 8,5. Das prophetische Modell spiegelt Gottes hundertprozentige Detailgenauigkeit auch in Bezug auf jeden Aspekt eures Lebens. Ihr seid seine Stiftshütte, ihr seid seine Adresse auf dem Planet Erde!)*

3,3 Aber sein Ansehen übersteigt die Herrlichkeit des Mose, weil derjenige, der das Haus entwirft und baut, größere Herrlichkeit erhält. *(Vgl. Hebr. 1,4 und Joh. 1,15)*

3,4 Jedes Haus ist der Ausdruck eines Planes, den jemand entworfen hat. Gott ist der höchste Architekt und Schöpfer aller Dinge. *(Er besitzt die Blaupause - die Kopiervorlage.)*

3,5 Mose war für die Verwaltung der Stiftshütte als ein Diener verantwortlich und als Zeuge der prophetischen Stimme.

3,6 Aber Christus ist für seinem eigenen Haushalt nicht als Diener, sondern als Sohn verantwortlich. Begreift! Wir sind Teil seiner Familie. Das ist nun unser legaler Status. Wir stellen keine Rolle dar oder sind in einer Kostümprobe. Wir reden nicht mehr länger in prophetischen Zeichen oder Analogien. Wir strotzen nur so vor Vertrauen. Was für gute Gründe haben wir doch nun um uns zu freuen! Unsere Erwartungen werden durch die Fundamente, die sie im Prophetischen haben, inspiriert und kommen nun voll zur Geltung.

3,7 In Psalm 95,7-11 sagt der Heilige Geist: „Unterscheide, welches die Stimme des Hirten ist und begreife die Dringlichkeit dessen, was Gott dir heute sagt! *(Sohnschaft ist die Sprache des Vaters. [Hebr. 1,1].)*

HEBRÄER Kapitel 3

3,8 Erlaube deinem Herz nicht, so verhärtet zu sein, wie es beim Volk Israel wa, immer, wenn sie es in der Wüste mit Widrigkeiten oder Versuchungen zu tun hatten, reagierten sie sofort mit Ärger, anstatt von Gottes Glauben überzeugt zu sein.

3,9 Eure Väter hinterfragten mich argwöhnisch und versuchten mich, als ob man meinen Absichten mit ihnen nicht würde trauen können, obwohl sie vierzig Jahre lang Augenzeugen meiner übernatürlichen Wunderwerke gewesen sind.

3,10 Sie waren eine Generation von Menschen, die mich tief bekümmerten. Anstatt meine Wege zu lernen. Wegen ihrer, durch Unglauben vergifteten Herzen, wurde es für sie zur Gewohnheit, meine Wege zu verlassen.

3,11 *(Sogar bis auf den heutigen Tag sind sie immer noch in der Wüste ihres Unglaubens gefangen).* Höre das Echo von Gottes Ruf, das durch die Zeitalter klingt. „Oh, wenn sie doch nur in meine Ruhe eintreten würden."

3,12 Versichert euch, dass niemand von euch das Gift des Unglaubens in seinem Herzen duldet und er dann der Verhärtung erlaubt, ihn vom lebendigen Gott abzulenken und zu distanzieren. *(Unglaube heißt, eine Lüge über euch selber und eure Errettung zu glauben. [4. Mo. 13,33; Jos. 2,11]. Unglaube tauscht den lebendigen Gott gegen einen toten Gott eurer eigenen Vorstellungskraft aus. Ein verhärtetes Herz ist ein Verstand, der durch die Sinne dominiert wird.)*

3,13 [1]**Erinnert einander stattdessen täglich an eure wahre Identität. Messt dem Heute Wichtigkeit bei! Erlaubt der Herzenshärte nicht, irgendjemanden von euch auch nur einen Tag lang zu betrügen, damit ihr eure zugeteilte Portion nicht verliert.** *(„Einander täglich ermutigen", kommt von dem Wort* [1]***parakaleo**, von **para**, einer Vorsilbe, die auf enge Nähe hindeutet, auf etwas, das aus einer Atmosphäre des Einflusses hervorkommt mit einem Hinweis auf einen gemeinsamen Ort oder Wohnung, von seinem Autor und Geber hervorgekommen sein, seinen Ursprung in etwas haben, mit dem Hinweis auf den Punkt, wo die Handlung herkommt, intime Verbindung und **kaleo**, mit dem Namen identifizieren. Jesus stellt den Heiligen Geist mit der gleichen Fähigkeit zu trösten, vor. [Joh, 14,16], im Griechischen **hamartia**, Sünde, ohne Form oder der zugeteilten Portion zu sein. Sünde wäre demnach alles, was uns von unserem Bewusstsein unserer Ähnlichkeit ablenkt.)*

3,14 Wer wir in unserer [1]**Vereinigung mit Christus sind, muss zu Ende geführt werden. Neutralisiere nicht deinen hoffnungsvollen Start durch ein schlechtes Ende.** *(Im Glauben anzufangen und dann wieder zum Gesetz der Werke zurückzukehren. Dann wieder das Wort* [1]***metochos**, das von **meta**, zusammen mit und **echo**, halten und umarmen zusammengesetzt ist; wir umarmen Christus, (sind ein Mit-Echo mit Christus) in unserer Einheit mit ihm.)*

HEBRÄER Kapitel 3

3,15 Jeder Tag ist eine Ausweitung von Gottes Heute. Höre seine Stimme und verhärte dein Herz nicht. Die dickköpfige Rebellion Israels brachte sie nirgendwohin.

3,16 Die gleichen Menschen, die Gottes mächtige Taten der Befreiung aus Ägypten unter der Leiterschaft Moses erfahren hatten, waren auch diejenigen, die rebellierten.

3,17 Sie betrübten ihn vierzig Jahre lang in der Wüste und starben dort.

3,18 Gottes Einladung schließt niemanden davon aus, das Verheißene Land seiner ¹Ruhe zu besitzen, aber ihr Unglaube tut genau das. Überzeugungskraft kann durch Unglauben nicht beeinträchtigt werden. *(Auch wenn wir eine Lüge über uns selbst glauben, kann dies das Wissen Gottes darüber, was die Wahrheit über uns ist, nicht gefährden. Das vergebliche Streben danach, etwas zu werden, kann nicht mit der Glückseligkeit mithalten, wenn wir entdecken und feiern, wer wir gemäß seinem Plan und seiner Erlösung bereits sind. ¹Seine Ruhe verkündet sein vollkommenes Abbild, das in menschlicher Gestalt offenbart und freigesetzt wurde. [Vgl.2. Mo. 1,26, 31; 2,1-2].)*

3,19 Der Punkt ist folgender: Obwohl sie vierzig Jahre lang auf übernatürliche Weise in der Wüste überlebt haben, konnten sie nicht begreifen, was Gott für sie im Sinn hatte. Ihr eigener Unglaube disqualifizierte sie. *(Sie starben nicht deswegen, weil die Befreiung aus Ägypten minderwertig gewesen wäre, denn Pharao wurde aus der Gleichung herausgenommen. Sie starben wegen ihres Unglaubens. Sie glaubten eine Lüge über sich selbst! Gib weder dem Pharao noch dem Teufel die Schuld für deinen eigenen Unglauben! Du kannst Gottes übernatürliche Versorgung und Schutz erfahren und dennoch außerhalb seiner Ruhe bleiben. Der letztendliche Beweis des Glaubens ist nicht die Erfahrung des Übernatürlichen, sondern das Eintreten in seine Ruhe. Seine Ruhe feiert sein vollkommenes Werk; sie findet Definition und Bezug in 1. Mose 1,31; 1. Könige 6,7 und Kolosser 2,9, 10. Er sehnt sich danach, dass ihr eure eigene Vollständigkeit und Vollkommenheit aus seiner Sicht heraus entdeckt. Seine Ruhe in euch wird nachhaltig durch das, was er über euch sieht, weiß und sagt, in Bezug auf das vollbrachte Werk von Christus. Jesus ist das, was Gott über euch glaubt.)*

HEBRÄER Kapitel 4

4,1 Was für eine Dummheit wäre es, wenn wir jetzt in ähnlicher Weise nicht in seine Ruhe eintreten würden, in der wir die gesamten Auswirkungen unserer Erlösung feiern können. *(Warum eine weitere Runde in der gleichen Wüste des Unglaubens verschwenden!)*

4,2 Was Gott jetzt in Jesus zu uns gesprochen hat, bestätigt, dass wir auch in die prophetische Botschaft mit aufgenommen wurden, die unseren Vorfahren verkündet wurde. Ihr Unglaube hielt sie davon ab, die Verheißung zu besitzen. Sie konnten die lebenswichtige Verbindung mit der Verheißung nicht herstellen, solange sie ihrer zwerghaften Meinung über sich selbst verfallen blieben. Weil sich das Wort nicht mit dem Glauben vermischte, gab es keinen Katalysator, der seine Wirkung in ihren Herzen entzündet hätte, und so nutzte ihnen die Verheißung überhaupt nichts. *(Sie wurden von der typischen Frucht der „Ich-Bin-Nicht-Baum-Mentalität" vereinnahmt und waren deshalb mehr von ihrer minderwertigen Identität überzeugt, als von der Größe ihrer Erlösung aus der Sklaverei, die sie in die Freiheit eines authentischen Lebens gemäß ihrem Ursprung und wahrem Inneren Selbst hineinführte. [4. Mo. 13,33].)*

4,3 Der Glaube *(nicht die Willenskraft)* erkennt unseren unmittelbaren Zugang zur Ruhe Gottes. Hört das Echo von Gottes ¹Ruf, der durch die Jahrhunderte hindurch tönt: „Oh, wenn sie nur in meine Ruhe eintreten würden." Seine Ruhe feiert die Vollkommenheit. Sein Werk ist vollendet; der ²Sündenfall der Menschheit hat diese Vollkommenheit nicht beeinträchtigt. *(Leider wird hier meistens übersetzt: „Ich habe in meinem Zorn geschworen, dass sie nie in meine Ruhe kommen werden!" Das Wort Zorn leitet sich von orge ab, was leidenschaftliches Verlangen und jede Art von starkem Gefühlsausbruch bedeutet. Der Text sagt nicht: „Sie werden nie in meine Ruhe kommen!" Sowohl die Septuaginta als auch der hier zitierte hebräische Text aus Ps. 94,11 in der Septuaginta, das ist Ps. 95,11 in Hebräisch, lautete: „Oh, dass sie in meine Ruhe eintreten würden". Griechisch ei und Hebräisch, אם im, vgl. Hebr. 4,6. Es ist klar, dass es immer noch eine Möglichkeit gibt, in jene Ruhe einzutreten, in die Israeliten wegen ihres Unglaubens nicht eingetreten sind, obwohl sie die ersten waren, die Gute Nachricht von der Absicht Gottes hörten, den gleichen Sabbat, den Adam und Israel verloren hatten, für die Menschheit wiederherzustellen. (Sowohl Adam als auch Israel glaubten an eine Lüge über sich selbst. [4. Mo. 13,33, Jos. 2,11; Hebräer 4:7].So weist er jetzt, viele Jahre später, wieder ausdrücklich auf eine erweiterte Gelegenheit hin, wenn er in Davids Prophezeiung verkündet: „Heute, wenn ihr meine Stimme hört, tut dies nicht mit einem harten Herzen". [Hebr. 4:8]. Hätte Josua, der die neue Generation der Israeliten aus der Wüste des Unglaubens ihrer Eltern geführt hat, es geschafft, sie in die Ruhe zu führen, die Gott beabsichtigt hatte, hätte David nicht so viele Jahre später auf einen weiteren Tag hingewiesen!*

Zuerst gelang es Adam nicht, in das vollendete Werk Gottes einzutreten, und dann gelang es Israel nicht, in die Auswirkungen ihrer vollständigen Befreiung

HEBRÄER Kapitel 4

*aus der Sklaverei einzutreten; und als Ergebnis ihres Unglaubens starben sie in der Wüste. Lasst uns nun nicht auf die gleiche Weise versäumen, das vollendete Werk des Kreuzes zu sehen. Gott möchte, dass wir die gleiche Vollkommenheit sehen; die er gesehen hat, als er die Menschheit zuerst nach seinem Bild erschaffen hat und auch die gleiche Vollkommenheit sehen, die er in dem vollkommenen Gehorsam [wörtlich hören] seines Sohnes gesehen hat. Gott ist nicht „in seiner Ruhe", weil er erschöpft ist, sondern weil er mit dem, was er über uns sieht und weiß, zufrieden ist! Er lädt uns ein und versucht, uns mit großer Dringlichkeit davon zu überzeugen, in das einzutreten, was er sieht. Seine Ruhe war niemals gefährdet. „Seine Werke wurden seit der Gründung der Welt schon vollendet." Das Wort, **apo**, wird als weg von übersetzt und ²**kataballo** mit niedergeschlagen, der Sturz der Menschheit, manchmal übersetzt mit Fundament [siehe Anmerkungen zu Eph. 1,4]. „Diese Zuordnung geht auf die Zeit vor dem Sündenfall der Welt zurück. Seine Liebe wusste, dass er uns wieder von Angesicht zu Angesicht vor ihm in untadeliger Unschuld präsentieren würde". Die Auswirkungen des Sündenfalls sind vollständig aufgehoben. Der gesamte „Sündenfall" war ein „Wegfallen" in unseren Gedanken von unserer wahren Identität als Bild- und Ähnlichkeitsträger Elohims. Genau wie Eva, wurden wir alle getäuscht, eine Lüge über uns selbst zu glauben, die Frucht des „Ich-Bin-Nicht-Baumes" ist. Wir alle, wie Schafe, sind auf Abwege geraten. [Jes. 53,6).)*

4,4 Die Schrift bezeichnet den siebten Tag als die prophetische Feier des vollkommenen Werkes Gottes. Was Gott sah, hielt seiner genauen Prüfung stand. *(Erinnert ihr euch, was am 7. Tag passierte. Ich feiere euch! Das tue ich immer noch! Siehe, es ist sehr gut, und Gott hat sich von all seinem Werk ausgeruht. [2. Mo. 1,31, 2,2] Gott sah mehr als sein vollkommenes Bild in Adam, er sah auch das Lamm und sein vollkommenes Werk der Erlösung! „Das Lamm wurde von Anfang an, schon vor der Gründung der Welt, geschlachtet." „Das, was bereits gewesen ist, ist jetzt und das, was sein soll, ist schon gewesen." [Prediger 3,15 und 2. Tim. 1,9])*

4,5 In Psalm 95 wird die Metapher des gleichen siebten Tages wiederholt: „Oh, dass sie in meine Ruhe eintreten würden!"

4,6 Es ist klar, dass es immer noch eine Möglichkeit gibt, in jene Ruhe einzutreten, in die Israeliten wegen ihres Unglaubens nicht hineingelangen konnte, obwohl sie die ersten waren, die Gute Nachricht von der Absicht Gottes hörten, den gleichen Sabbat, den Adam und Israel verloren hatten, für die Menschheit wiederherzustellen. Sowohl Adam als auch Israel glaubten an eine Lüge über sich selbst. *(4. Mo. 13,33; Jos. 2,11.)*

4,7 So weist er jetzt, viele Jahre später, noch einmal ausdrücklich auf eine verlängerte Gelegenheit hin, wenn er in Davids Prophezeiung verkündet: „Wenn ihr heute meine Stimme hört, tut dies nicht mit einem harten Herzen. Seid sensibel im Glauben."

HEBRÄER Kapitel 4

4,8 Hätte Josua, der die neue Generation Israels aus der Wüste geführt hatte *(in der ihre Eltern durch Unglauben ums Leben kamen)*, es geschafft, sie in die von Gott beabsichtigte Ruhe zu führen, dann hätte David nicht so viele Jahre später auf einen weiteren Tag hingewiesen. *(Dieser Moment bleibt immer noch eine offene Einladung an die Menschheit, in ihre Ruhe einzukehren: indem sie in der lebendigen Blaupause [Fotokopierlage] gemäß ihrem Ursprung und wahrem inneren Selbst (wie du als Person ursprünglich von Gott erdacht warst). Dies bestätigt, dass die Geschichte Israels ein bloßer Schatten und prophetischer Typus dieser Verheißung war, die noch nicht erfüllt worden ist.)*

4,9 Die Schlussfolgerung ist klar: Die ursprüngliche Ruhe ist für das Volk Gottes noch immer verfügbar. *(Die Menschen dieses Planeten sind Eigentum Gottes. [Ps 24,1].)*

4,10 Die Ruhe Gottes feiert sein vollendetes Werk; wer auch immer in die Ruhe Gottes eintritt, gibt sofort seine eigenen Bemühungen auf, das zu verbessern, was Gott bereits vollendet hat. *(Die Sprache des Gesetzes ist „tun", die Sprache der Gnade ist „getan".)*

4,11 Lasst uns daher [1]schnell darin sein, diese Ruhe zu verstehen und sie voll und ganz anzunehmen, damit wir nicht wieder in die gleiche Falle tappen, die Israel, durch ihren [2]Unglauben, zu Fall gebracht hat. *(Das Wort, [1]spoudatzo, von spoude, habe ich mit sofort übersetzt und nicht mit hart arbeiten; dieses Wort erinnert auch an das englische Wort, Geschwindigkeit; sofort! Das Wort, [2]apeitheia [A-pathie] von a als negative Vorsilbe, nicht; und peitho, überzeugen. Es wird oft falsch mit Ungehorsam übersetzt).*

4,12 Die Botschaft, die Gott in Christus ausgesprochen hat, ist der überaus lebendige und machtvolle Einfluss in uns und schneidet wie das Skalpell eines Chirurgen, das schärfer als das Schwert eines Soldaten ist. Sie dringt bis zum tiefsten, innersten Kern des menschlichen Bewusstseins durch, indem sie Seele und Geist trennt und damit die Herrschaft der Sinne und seine neutralisierende Wirkung auf den menschlichen Geist, beendet. So wird der Geist eines Menschen dazu befreit, wieder zu einem herrschenden Einfluss in den Gedanken und Absichten seines Herzens zu werden. Die Prüfkraft dieses Wortes entdeckt jede mögliche Krankheit und unterscheidet die tiefsten Geheimnisse des Körpers, da, wo Gelenke und Knochenmark sich treffen. *(In dem Moment, in dem wir mit unseren eigenen Anstrengungen aufhören, uns selber rechtfertigen zu wollen und uns der Integrität dieser Botschaft hingeben, wird der Erfolg des Kreuzes verkündet und Gottes Wort wird aktiv).* **Was Gott zu uns in der Sohnschaft sagt,** *(die Fleischwerdung),* **strahlt sein Abbild und seine Ebenbildichkeit hinein in unsere freigesetzte Unschuld.** *(Hebr. 1,1-3).* **Dieses Wort durchdringt und beeinflusst kraftvoll unser gesamtes Wesen, mit Körper, Seele und Geist.**

HEBRÄER Kapitel 4

4,13 Der ganze Mensch ist seinem prüfenden Blick völlig ausgesetzt. *(Psalm 139,2: Du kennst die tiefsten Regungen meiner Gedanken.)*

4,14 Durch die Botschaft über die Menschwerdung vertritt Jesus, der Sohn Gottes, die Menschheit an der höchsten Stelle der geistlichen Autorität Das, was Gott in ihm zu uns gesprochen hat, ist sein letztes Wort. Dies spiegelt sich jetzt wie ein Echo in unseren Gesprächen wider.

4,15 Als Hohepriester identifiziert er sich voll und ganz mit unserem schwachen menschlichen Leben. Nachdem er es einer genauen Prüfung unterzogen hatte, bewies er, dass der Mensch, innerhalb seines gesteckten Rahmens, Meister über die Sünde war. Seine Sympathie für uns darf nicht als Entschuldigung für Schwächen gesehen werden, die das Ergebnis eines fehlerhaften Designs wären, sondern seine Sympathie gilt uns, die wir die Trophäe für die Menschheit sind. *(Er ist kein Vorbild für uns, sondern von uns.)*

4,16 Aus diesem Grund können wir uns unerschrocken dem herrschaftlichen Thron der Gnade nähern. Wir sind dort in seiner Umarmung willkommen und werden in schwierigen Zeiten mit sofortiger Wirkung gestärkt und befestigt. *(Das Wort [1]boetheia bedeutet, verstärkt zu werden, so wie man ein Gefäß im Sturm mit einem Seil oder einer Kette befestigt oder festzurrt.)*

In seinem, zum Mensch gewordenen, Körper repräsentiert uns Jesus auf der tiefst möglichen Ebene, in jedem Detail unseres Lebens, unseres Geistes, unserer Seele und unseres Körpers. Er stellte sich siegreich jedem Angriff und jeder Prüfung, die uns jemals begegnen würde!

HEBRÄER Kapitel 5

5,1 Der Tradition gemäß wird jemand aus Seinesgleichen heraus ernannt, um das Amt des Hohepriesters auszuüben, indem er im Namen des Volkes und für seine eigenen Sünden Geschenke und Opfer vor Gott darbringt. *(Das Hohepriestertum Christi steht in scharfem Gegensatz zu dem System des Priestertums, das den Juden vertraut war.)*

5,2 Jeder Jude fühlte sich beruhigt, weil die Hohepriester selbst unter der gleichen Sündhaftigkeit gefangen waren, wie das Volk, das sie vertraten. Aufgrund ihrer eigenen Einschränkungen und Unzulänglichkeiten konnten sie mit der Unwissenheit und dem Eigensinn der Menschen, unter denen sie lebten, sympathisieren.

5,3 Es war üblich, dass sie Opfer für ihre eigenen und die Sünden des Volkes darbrachten

5,4 Dieses ehrenvolle Amt wurde nicht durch Selbsternennung verliehen, sondern, wie bei Aaron, wurde der Priester von Gott zu dieser Arbeit berufen.

5,5 Auch Christus hat das Amt des Hohepriesters nicht durch seine eigene Anmaßung übernommen, sondern gemäß der Erfüllung des prophetischen Wortes *(in Psalm 2)* über den Messias, in dem Gott durch David sagte: „Du bist mein Sohn, heute habe ich dich gezeugt".

5,6 So wie er in anderen Schriften über diese neue Priesterordnung gesprochen hat: „Du bist ein Priester für immer, nach der Ordnung Melchisedeks." *(Durch Übersetzung, „der König der Gerechtigkeit", [1. Mo. 4,18] wird in diesen Schriften eine neue und ewige Ordnung des Priestertums eingeführt. Jesus wusste, dass sein Priestertum in der Schrift prophezeit wurde, ein Priestertum, das weder durch natürliche Geburt weitergegeben wurde noch mit dem natürlichen Tod endet.)*

5,7 Als er sich dem Horror seines bevorstehenden Todes stellte, brachte er sein Gebet, von qualvollen Emotionen und Tränen begleitet, vor Gott. Er betete eindringlich darum, vom Tod erlöst zu werden, weil er wusste, dass Gott in der Lage war, ihn zu retten. Und weil er sich so stark am prophetischen Wort festhielt, wurde er erhört. *(Nicht, weil er sich gefürchtet hatte, wie es einige Übersetzungen formulieren, sondern weil er vollkommen begriff, dass er die Erfüllung der Schrift war. Er wusste, dass er am dritten Tag auferweckt werden würde; [Hos. 6,2] eu + lambano.)*

5,8 Da er mit der Sohnschaft vertraut war, war er es gewohnt, von oben her zu ¹hören; und was er hörte, half ihm, die Auswirkungen dessen, was er erlitten hat, mit ²Abstand zu betrachten. *(Das Wort, das oft mit Gehorsam übersetzt wird, ist das Wort, ¹upoakuo, unter dem Einfluss von Hören sein, oder Hören von oben. „Durch die Dinge, die er erlitten hat, ¹apo, weg von ihnen, distanziert. „Dann sagte ich: Ich habe in*

HEBRÄER Kapitel 5

deinem Buch gelesen, was du über mich geschrieben hast; so bin ich hier, ich bin gekommen, um deinen Willen zu erfüllen." [Hebräer 10,7])

5,9 Durch sein vollkommenes Hören befreite er die Menschheit dazu, für immer das hören zu können, was er gehört hatte. *(Er ermöglicht es uns nun, so zu hören, dass wir wieder an der vollständigen Freisetzung unserer ursprünglichen Identität teilnehmen können, das Logos, das in der Inkarnation [Menschwerdung] in uns eine Stimme findet.)*

5,10 Die Autorität dieser hohepriesterlichen Ordnung von Melchisedek [1]stammt direkt von Gott. *(„Berufen" von Gott kommt von dem Wort, [1]prosagereo, von pros, eine Präposition der Richtung, hin, von Angesicht zu Angesicht + vor langer Zeit, um zu führen, wie ein Hirte seine Schafe führt, und + reo (Nummer in Strongs 4482) zu fließen, oder wie Wasser zu laufen. Sein Amt als Hohepriester hat seinen Ursprung in Gott.)*

5,11 Zu diesem Thema gibt es noch so viel zu sagen; aber wie schwierig ist es doch, jemandem, der mit einer gleichgültigen Einstellung zuhört, etwas zu erklären.

5,12 Mittlerweile hättet ihr *(Juden)* **Professoren sein sollen, die in der Lage sind, den Rest der Welt zu lehren, aber ihr kämpft immer noch mit dem ABC der Sprache Gottes in Christus.** *(Hebr.1,1-3).* **Der Unterschied zwischen dem prophetischen Schattenbild und dem Realen ist so wie Milch und Fleisch in deiner Ernährung. Du kannst nicht für den Rest deines Lebens von Babynahrung leben!**

5,13 Die Offenbarung der Gerechtigkeit ist die Speise aus dem Wort Gottes. Babys leben von der Milch *(das prophetische Schattenbild des Wahren, das kommen sollte);* **so ergeht es jedem, dessen Herzensohren, durch die Offenbarung Christi [1]durchbohrt sind.** *(Das Wort, [1]apeiros, kommt von a, negativ, und peira, durchbohrt, nicht einfach nur durchbohrt, sondern getestet durchbohrt. Gottes Akt der Gerechtigkeit in Christus hat die Menschheit wieder zu tadelloser Unschuld wiedehergestellt [Römer 1,17].)*

5,14 Das ist die Nahrung der Reifen. Sie haben ihre Wahrnehmungsfähigkeit durch Training in der Genauigkeit geschult, so dass sie das Wichtige vom Unwichtigen unterscheiden können. *(Die Reifen kennen den Unterschied zwischen den Schattenbildern und dem Wesen der echten Dinge; zwischen der Sinnlosigkeit des Gesetzes der Werke und der Willenskraft, die versuchen, Gerechtigkeit zu bewirken, und der Gerechtigkeit, die durch den Glauben Gottes an das vollendete Werk Christi offenbart wird.)*

HEBRÄER Kapitel 6

6,1 So schwierig es auch erscheinen mag, ihr solltet euch von eurer gefühlsbetonten Verbundenheit mit der „Vorschattungs-Lehre" des Messias trennen, die uns, wie ein Schiff, über den Ozean des prophetischen Zeitalters in die Vollständigkeit der erfüllten Verheißung tragen sollte. Es ist grundlegend, dass ein Bewusstseinswandel darin stattfindet, dass wir Gott nicht mehr durch unser Verhalten beeindrucken müssen, sondern erkennen dürfen, dass Gott treu ist. Es gibt kein Leben im alten System mehr. Es ist tot und verschwunden: Ihr müsst weitergehen. *(Römer 3,27)*

6,2 Alle jüdischen Lehren über zeremonielle Waschungen *(Taufen),* **das Handauflegen** *(um sich mit dem getöteten Tier als Opfer zu identifizieren)* **und alle Lehren über Sündenbewusstsein, einschließlich der endgültigen Auferstehung der Toten, um dem Gericht zu begegnen, haben keine Bedeutung mehr.** *(Alle diese Typen und Schattenbilder wurden in Christus, ihrer lebendigen Substanz, zu einem Abschluss gebracht und erfüllt. Seine Auferstehung bezeugt, dass er sich, zugunsten der Menschheit, dem Urteil gestellt hat und sie bezeugt auch die Freiheit von einem hinderlichen Sündenbewusstsein, das er jetzt verkündet. [Römer 4,25; Apostelgeschichte 17,31; Joh. 12,31-33]. Jesus sagte: „Und wenn ich am Kreuz erhoben werde, werde ich alles Gericht auf mich ziehen!" [Hebräer 9:28].)*

6,3 Nur deshalb, weil Gott unser Antrieb ist, gehen wir vorwärts. *(Von den prophetischen Typen und Schattenbilder der Schrift zu dem wahren Wesen dessen, was Gott jetzt in der Sohnschaft zu uns gesprochen hat. Hebräer 1,1-3)*

6,4 Nun kann es sein, dass jemand das Licht *(des prophetischen Wortes)* **klar sieht und Anteil am Heiligen Geist hat, indem er bereits die himmlische Gabe geschmeckt hat,** *(„Die Propheten, die von der Gnade prophezeit haben, die euch gehört, suchten und forschten nach dieser Erlösung und wollten wissen, welche Person oder Zeit der Geist von Christus in ihnen angedeutet hat, wenn es um die Voraussage der Leiden von Christus und der nachfolgenden Herrlichkeit ging. [1.Petr. 1,10-11].)*

6,5 und vielleicht sogar anfängt, sich an der Schönheit des Wortes zu ergötzen und die Kraft des Zeitalters der Verheißung bereits zu erleben, auf die alle gewartet haben.

6,6 Wenn ein solcher Mensch darauf bestehen würde, in die alte Denkweise der Gesetzlichkeit, des Sündenbewusstseins und der Verurteilung zurückzukehren, wäre für ihn das Prinzip der wiederholten ¹Buße unmöglich. Das Prinzip der immer wiederkehrenden ¹Buße, wie es unter dem Gesetz praktiziert wird, macht im Zusammenhang mit dem neuen Zeitalter keinen Sinn, denn es würde absurderweise bedeuten, dass Christus immer wieder neu gekreuzigt und öffentlich beschämt werden würde. Man darf diese neue Ordnung nicht mit der alten verwechseln! Gnade ist keine

HEBRÄER Kapitel 6

billige Ausrede für Sünde! Kommt schon, erwacht ein für allemal zum Glaubensbewusstsein. Ihr seid frei von den alten Regeln und der Knechtschaft des pflichtgetriebenen Gesetzes der Willenskraft. Das alte System kann unmöglich mit dem neuen übereinstimmen! *([Vgl. Römer 3,27] Im Schattensystem des Gesetzes wurden immer wieder Opfer gebracht, weil keine dauerhafte Reinigung möglich war. Das Wort, das oft mit Buße übersetzt wird, ist das Wort, [1]metanoia, das überhaupt nicht Buße bedeutet; geschweige denn wieder-Buße! Es deutet auf einen radikalen und totalen Sinneswandel hin!)*

6,7 Denn wenn der bearbeitete Boden durch häufige Schauer durchtränkt wird und die vom Landwirt erwartete nützliche, lebensspendende Frucht produziert, macht die Ernte viel Freude.

6,8 Was für eine totale Enttäuschung aber, wenn derselbe Boden nur Dornen und Disteln hervorbringt. Solch ein wertloser Ertrag ist nur zum Verbrennen geeignet - wie ein Traum, der in Rauch aufgegangen ist.

6,9 Nach all dem, meine lieben Freunde, bin ich trotzdem von der Liebe Gottes zu euch überzeugt; was Gott für euch in der Erlösung vollbracht hat, ist mit nichts, was euch vorher bekannt war, vergleichbar. Die Erlösungsrealitäten spiegeln wider, was das Gesetz nur vorschatten konnte.

6,10 Gott ist nicht ungerecht. Er hat auch nicht vergessen, wie ihr auf liebevolle Art und Weise seinen Namen geehrt habt und den Fleiß, den ihr in eurem unermüdlichen Gottesdienst bewiesen habt, indem ihr alle heiligen Rituale und Zeremonien bis heute bewahrt habt.

6,11 Ich fordere euch auf, dieselbe aufrichtige Hingabe darin zu zeigen, dass ihr versteht, dass jetzt all das, was das alte System gefordert hat, erfüllt ist.

6,12 Wir wollen nicht, dass ihr euch wie [1]uneheliche Kinder benehmt, die sich nicht sicher sind, welchen Anteil am Erbe ihr habt. Ahmt den Glauben derer nach, die durch ihre Geduld die Verheißung ihres zugewiesenen Anteils in Besitz genommen haben. *(Das Wort, [1]nothros kommt von nothos, jemand, der außerhalb der Ehe, von einer Konkubine oder Sklavin, geborenen wurde. Das Kind des Gesetzes und nicht der Verheißung. [Gal. 3,29; Gal. 4,22-31])*

6,13 Da Gott niemanden hatte, bei dem er schwören konnte, schwor er bei sich selbst. Er konnte Abraham keine größere Garantie geben, als die Integrität seines eigenen Seins. Das macht die Verheißung genauso sicher wie Gott selber es ist.

6,14 Und sagte: „Ich werde weiterhin gut über dich sprechen. Ich werde meine Absicht bestätigen, dich immer nur zu segnen und

HEBRÄER Kapitel 6

über die Maßen zu vermehren." *(Im Segen werde ich dich segnen, und im Vermehren werde ich dich vermehren.)*

6,15 So blieb Abraham weiterhin geduldig und machte die Verheißung fest.

6,16 Es ist üblich, in menschlichen Angelegenheiten, durch den Eid einer höheren Autorität, einer Vereinbarung zwischen den Parteien Gewicht zu verleihen, um so jede Möglichkeit des Widersprechens ¹auszuschließen. *(Das Wort ¹peras, bedeutet das Ende aller Streitigkeiten; der Punkt, über den man nicht hinausgehen kann.)*

6,17 Im gleichen Zusammenhang werden wir mit dem Wunsch Gottes konfrontiert, in seinem Umgang mit uns, als den Erben seiner Verheißung, bis zum äußersten Extrem zu gehen, um dadurch alle möglichen Gründe für Zweifel oder Streitigkeiten auszuräumen. Um uns von der Unveränderlichkeit und Endgültigkeit seines Entschlusses zu überzeugen, begrenzte er sich mit einem Eid. Die Verheißung, die uns bereits durch das Erbe gehört, wird nun auch unter Eid bestätigt. *(Das Wort ¹mesiteo wird für eingefügt oder vermittelt verwendet. Vergleiche mesiten, Mediator, von mesos, inmitten. In der Inkarnation [Menschwerdung] hat Gott inmitten seiner Schöpfung seinen Platz eingenommen. [Vgl. Galater 3,20]. Bei Abraham gab es keinen Vermittler. Da war nur Gott! Das mosaische Gesetz sprach die Sprache des „gefallenen Geistes" und brauchte Vermittler - das levitische Priestertum -, denn die Vereinbarung war, dass die Menschheit einen Teil und Gott einen Teil dazu beitrug. Der Teil der Menschheit war es, die Gebote zu befolgen, und der Teil Gottes war es, zu segnen. Der Bund Gottes mit Abraham war ein Gnadenbund, der auf den Menschen Jesus Christus verwies, in dem Gott selbst den Teil der Menschheit erfüllen würde und deshalb keinen Vermittler außer sich selbst brauchte.*

In der Inkarnation [Menschwerdung] erfüllt Jesus sowohl das Angebot als auch das „Ich mache"! [M. Perez].

Das Wort ist die Verheißung; der fleischgewordene, gekreuzigte und auferstandene Christus ist der Beweis. Er möchte den Erben der Verheißung noch überzeugender den unverbrüchlichen Charakter seiner Ursprung vermitteln. RSV.

Die Menschheit wurde nicht vom Teufel erlöst, denn ein Dieb wird nie zum Besitzer. Auch tat Jesus das, was er tat, nicht, um die Meinung seines Vaters über uns zu ändern! Es war unser Verstand, der überzeugt werden musste! Gott musste nicht mit seiner Schöpfung versöhnt werden; Gott war in Christus, als er die Welt mit sich selbst versöhnte! 2. Korinther 5,18-20])

6,18 So haben wir es jetzt mit zwei unumkehrbaren Tatsachen zu tun, die es jedem unmöglich machen, Gott zu beweisen, dass er falsch liegt. Unsere Überzeugung in Bezug auf unsere freigesetz-

HEBRÄER Kapitel 6

te Identität wird so machtvoll gestärkt. Wir sind bereits in diese Ursprung hinein entflohen. Unsere Erwartung kann sofort erfüllt werden! *(Die Verheißung der Erlösung, die durch die ganze Schrift hindurch aufrechterhalten wird, und die Erfüllung dieser Verheißung in Jesus. [Vgl. Johannes 8,13-18 Johannes 8:17]. Das sollte euch genügen, denn in eurem Gesetz steht geschrieben, dass das Zeugnis von zweien wahr ist! [Dieses gemeinsame Zeugnis von zweien ist nicht wahr, nur weil sie sich einig sind, es sei denn, es ist tatsächlich, auch getrennt voneinander, wahr. Aber wenn jeder von ihnen eine andere Meinung hat, dann ist die Aussage bedeutungslos. [5. Mo. 17:6; und Deut 19:15. - Robertson. Vgl. auch Offb. 10,6 . Vgl. Anmerkungen zum Eid am Ende von Offb. 10 und auch die Anmerkungen zum Zeugnis Jesu am Ende von Offb. 20].)*

6,19 Unsere Herzen und unser Verstand sind sicher; sie sind fest in den innersten Höfen der unmittelbaren Gegenwart Gottes verankert; jenseits des *(prophetischen)* **Vorhangs.**

6,20 Indem Jesus um unseretwillen dorthin ging, leistete er für uns Pionierarbeit und beseitigte jede Art von Hindernissen, die uns möglicherweise von der Verheißung hätte trennen können. In ihm sind wir für alle Zeiten vertreten; er wurde nach der Ordnung Melchisedeks unser Hohepriester. Wir genießen jetzt den gleichen bevorzugten Zugang wie er. *(Er sagte: „Ich gehe, um einen Ort für euch vorzubereiten, damit ihr dort sein könnt, wo ich bin. An diesem Tag werdet ihr nicht mehr daran zweifeln, dass ich und der Vater eins sind; ihr werdet erkennen, dass ich im Vater bin und ihr in mir und ich in euch"[Johannes 10,30, 14:3, 20])*

HEBRÄER Kapitel 7

7,1 Das ist derselbe Melchisedek, König von Salem, Priester des höchsten Gottes, der Abraham traf, nachdem er die vier Könige besiegt und ihn gesegnet hatte.

7,2 Abraham gab ihm den zehnten Teil aller Beute. Um die Bedeutsamkeit von Melchisedek richtig zu würdigen, müssen wir zuerst die Bedeutung seines Namens verstehen: König der ¹Gerechtigkeit und König des ²Friedens. Er ist derjenige, der Gottes Verheißung verwaltet und garantiert, dass er fähig ist, uns zu tadelloser Unschuld und Vollständigkeit wiederherzustellen! *(Das Wort, ¹dikaiosune, bedeutet Gerechtigkeit, vom deich, zwei Parteien, die ineinander Ähnlichkeit finden; ²eirene, bedeutet Frieden, von eiro, sich zusammenschließen, wieder aufeinandergesetzt werden, in der Zimmerei wird es als das Schwalbenschwanzgelenk bezeichnet, das das stärkste Gelenk ist, es bedeutet auch ruhen. Im Hebräischen bedeutet das Wort ²shalom, Vollständigkeit, Ganzheitlichkeit und Freundschaft. Das hebräische Wort für Rechtschaffenheit ist ¹tzedek und bezieht sich auf den Holzbalken einer Waage. [Vgl. Kommentar zu 2. Korinther 6,14]. Das Evangelium ist die Offenbarung der Gerechtigkeit Gottes; es erklärt, wie gut Gott seine Sache gemacht hat, als er die Beziehung der Menschheit zu ihm in Ordnung gebracht hat. Das englische Wort Rechtschaffenheit kommt aus dem angelsächsischen Wort, ¹rightwiseness, weise in dem, was richtig ist.)*

7,3 Es gibt keine Aufzeichnungen, die Melchisedek mit einem leiblichen Vater oder einer leiblichen Mutter in Verbindung bringen könnten; es gibt keine Geburtsurkunde, weder einen Bericht über seinen Tod noch eine Aufzeichnung über sein Alter. Er ist dem Sohn Gottes sehr ähnlich: Sein Priestertum bleibt ohne Anfang und Ende. *(Dies war zu einer Zeit, in der detaillierte Aufzeichnungen über jede Genealogie geführt wurden.)*

7,4 Lasst uns das sorgfältig nachdenken, dass Abraham, der große Patriarch, ihm einen zehnten Teil der Beute gegeben hat, zeigt nur, was für ein angesehener Mann Melchisedek nach Abrahams Einschätzung gewesen sein muss und welchen Eindruck er auf ihn gemacht hat! *(Nach hebräischem Verständnis stand Abraham, als die wichtigste Person, für ihre Identität und Tradition.)*

7,5 Die Söhne Levis, die von ihrer natürlichen Abstammung her Priester waren, waren gesetzlich dazu berechtigt, den Zehnten von ihren Brüdern zu erhalten, obwohl sie gleichberechtigt waren und in Abraham einen gemeinsamen Vater hatten.

7,6 Melchisedek erhält hier jedoch den Zehnten von allen, die mit Abraham in Verbindung stehen, obwohl er keine natürliche Verbindung zu ihrer Abstammungslinie hat. In dem Segen, den er über Abraham aussprach, anerkannte er Abraham als den Inhaber der Verheißungen Gottes. *(Er bestätigte die Frohe Botschaft von der Verheißung der Gerechtigkeit, die durch Abrahams Glauben repräsentiert wird.)*

HEBRÄER Kapitel 7

7,7 Grundsätzlich erhält der Jüngere immer den Segen von der älteren Person.

7,8 Im Falle der Leviten ist die Dauer ihres Priestertums gleichbedeutend mit ihrer Lebensdauer; die Schrift erklärt jedoch, dass das Leben Melchisedeks kein Ende hat.

7,9 Ich denke, dass sogar Levi, der später den Zehnten erhalten würde, den Zehnten bereits in Abraham an Melchisedek bezahlt hatte.

7,10 Als Melchisedek und Abraham sich trafen, war Levi bereits in den Lenden seines Vaters anwesend. *(Als Levi geboren wurde, war Melchisedek noch am Leben; da er weder Anfang noch Ende der Zeit hat, treffen sich in ihm Zeit und Ewigkeit.)*

7,11 Ich möchte Folgendes anmerken: Wenn das levitische Priestertum, das mit dem Gesetz des Mose verbunden ist, ein makelloses System wäre *(indem es die Menschheit in tadelloser Unschuld vor Gott hätte präsentieren* können*)*, gäbe es sicherlich keine weitere Erwähnung einer anderen Priestertumsordnung, die von Melchisedek und nicht von Aaron angeführt wird. *(Ps 110,4)*

7,12 Wenn es eine neue Ordnung des Priestertums gibt, muss es natürlich auch ein neues Gesetz geben. *(Melchisedek offenbart eine neue Grundlage für die Gerechtigkeit, die sich nicht auf das Bemühen eines Menschen bezieht, der versucht, das Gesetz aus eigener Willenskraft einzuhalten, sondern auf das vollkommene Werk von Christus. Dieses neue Gesetz wird das Gesetz des Glaubens [Römer 3,27], das Gesetz der vollkommenen Freiheit [Jakobus 1,25] und das Gesetz des Geistes des Lebens in Christus Jesus [Römer 8,2] genannt.)*

7,13 Derjenige, der prophetisch als Leiter Teil dieses neuen Priestertums ist, gehört einem ganz anderen Stamm an. Dies bedeutet ein völliger Bruch mit der Tradition, denn niemand aus einem anderen Stamm, als dem der Leviten, hat jemals den Altar berührt.

7,14 Aus der Geschichte geht klar hervor, dass die Linie des Herrn aus Juda stammt, von dem Mose kein Wort über ein Priesteramt verlor.

7,15 Von weitaus größerer Bedeutung und noch offensichtlicher ist die Tatsache, dass Jesus sich in Melchisedek spiegelt, durch den das neue Priesteramt entsteht.

7:16 Dieses neue Amt ist nicht auf dem Gesetz der Gebote gegründet, das durch die Schwäche des Fleisches eingeschränkt ist, sondern auf der Autorität eines unzerstörbaren Lebens, *(wie seine Auferstehung zeigt.)*

7,17 So bestätigt die Schrift sein ewiges Priestertum genau nach dem Vorbild von Melchisedek.

HEBRÄER Kapitel 7

7,18 Diese neue Ordnung beendete sofort das frühere, minderwertige und nutzlose Systems von Gesetzen und Geboten.

7,19 Das Gesetz hat es nicht ein einziges Mal geschafft, die Menschheit wieder mit Gott zu vereinen, deshalb wurde es durch die Einführung einer weitaus höheren Hoffnung ersetzt, einer neuen Ordnung, in der wir vor Gott vollkommen vertreten sind.

7,20 Das frühere Priestertum wurde auf eine reine Tradition begrenzt und durch die natürliche Abstammung vom Vater zum Sohn weitergegeben. Gott hatte in dieser Angelegenheit nichts zu sagen.

7,21 Um dem neuen messianischen Priestertum unumstößliche Integrität zu verleihen, stand geschrieben: „Der Herr hat geschworen und wird seine Meinung nicht ändern: „Du bist ein Priester in Ewigkeit nach der Ordnung Melchisedeks". *(Psalm 110,4)*

7,22 Melchisedek spiegelt Christus im höchsten Amt des Priestertums als Mittler zwischen Gott und der Menschheit wider. Jesus ist heute der lebendige Beweis für Gottes Bündnisversprechen, dass er der Menschheit in viel besserer Weise dienen wird als in jeder früheren Vereinbarung.

7,23 Die Tatsache, dass es so viele Priester gab, zeigt, wie häufig sie starben und ersetzt werden mussten.

7,24 Es wird aber keinen Nachfolger für das Priestertum Jesu geben, denn er bleibt für immer.

7,25 Durch ihn ist der Zugang der Menschheit zu Gott für immer gesichert; er vermittelt weiterhin, dass ihre Erlösung vollkommen ist.

7,26 Als unser Hohepriester überragt er meilenweit jedes andere priesterliche System durch seine unübertreffliche Berühmtheit und seinen heiligen Charakter. Sein unschuldiges, makelloses Leben auf Erden wurde nie durch die Sünde gefährdet und er selbst wurde über die Himmel erhöht, wo er den höchsten Rang der Autorität im ewigen Bereich einnimmt.

7,27 Er brauchte nicht für sich selbst zu opfern, im Gegensatz zu den früheren Hohepriestern, deren System der täglichen Opfer eine ständige Erinnerung an ihr eigenes Versagen war. Er selbst war das Opfer, das er für alle darbrachte, ein Opfer, das sich nie mehr wiederholen sollte.

7,28 Unter dem Gesetz wurden die Männer zu Hohepriestern ernannt, unabhängig von ihren Schwächen. Das Wort des Eides, das nach dem Gesetz kam, ernannte den Sohn, der für immer vollkommen war.

HEBRÄER Kapitel 8

8,1 Die Schlussfolgerung all dessen, was gesagt wurde, weist uns auf einen außergewöhnlichen Menschen hin, der sich weit über die anderen im höchsten Amt himmlischer Größe erhebt. Er ist die ausführende Autorität der Majestät Gottes. *(Die rechte Hand Gottes.)*

8,2 Das Amt, das er jetzt innehat, ähnelt prophetisch dem Mose-Modell. Er dient an dem heiligsten Ort in Gottes wahrer Stiftshütte der Anbetung. Nichts von der alten, von Menschen gemachten Struktur kann es mit seiner Vollkommenheit aufnehmen.

8,3 Die Aufgabe, Gaben und Opfer darzubringen, war die Pflicht eines jeden Hohepriesters; bei Jesus gab es keine Ausnahme. *(Er würde das perfekte Opfer bringen.)*

8,4 Da er hier auf Erden kein weiteres Opfer mehr darbringen konnte, *(im Hinblick auf das jüdische Priestertum),* war er als Priester unter den Juden nicht qualifiziert, die noch immer über ein eigenes Priestertum verfügen, um die verschiedenen Gaben zu opfern, die nach den Vorschriften ihres Gesetzes dargebracht werden. *(Zum Zeitpunkt dieses Schreibens wurden noch Tieropfer praktiziert, dies dauerte bis 70 n. Chr., als der Tempel von den Römern zerstört wurde.)*

8,5 Sie halten einen Schattendienst für Gott aufrecht, der ursprünglich als prophetisches Bild des Realen gedacht war, so wie Mose den Anweisungen folgte, ein Zelt nach dem genauen Muster zu errichten, das Gott ihm auf dem Berg gezeigt hatte. *(Das prophetische Modell spiegelt die sorgfältige Detailgenauigkeit Gottes, in Bezug auf jeden Aspekt deines Lebens, wider! Ihr seid seine Stiftshütte; ihr seid seine Adresse auf dem Planeten Erde!)*

8,6 Jesus ist jetzt die Erfüllung all jener Verheißungen, auf die alten Praktiken nur hinwiesen. Er trifft, wie ein Pfeil, ins Schwarze. Das Zeitalter, das er jetzt verwaltet, ist dem alten weit überlegen. Er ist der Vermittler eines viel wirksameren Bundes, der dadurch sanktioniert wird, dass er einen weitaus größeren Gewinn für die Menschheit verkündet.

8,7 Wenn es im ersten Zeithalter keine Mängel gegeben hätte, warum hätte man sich dann die Mühe machen sollen, es durch ein zweites zu ersetzen?

8,8 Er hatte bereits das erste System bemängelt, als er durch Jeremia sagte: „Seht, die Tage werden kommen, in denen ich einen völlig neuen Bund mit dem Haus Israel und dem Haus Juda schließen werde".

8,9 Wir werden eine neue Vereinbarung treffen, ganz im Gegensatz zu der vorherigen, die auf einem äußerlichen Ritual basierte. Ich musste buchstäblich deine Hand nehmen und dich aus der Sklaverei Ägyptens herausführen; dennoch hast du es abgelehnt, mir spontan

HEBRÄER Kapitel 8

zu folgen oder mir zu vertrauen; ich konnte deine Gleichgültigkeit nie ertragen. *(Gott prophezeit einen Bund, der nicht die gleichen Mangel haben würde wie der vorherige. Dieser Bund würde auch nicht wie derjenige sein, der ganz auf Israel abgestimmt war, dessen Verpflichtungen sie jedoch nicht erfüllt haben. Gott musste sie an die Hand nehmen, um sie aus Ägypten herauszuführen. Diesmal, versprach er, werde ich ihnen meine Gesetze in ihr Innerstes geben und in ihr Herz schreiben...)*

8,10 Anstatt meine Gesetze auf Stein zu dokumentieren, werde ich sie in euren Geist meißeln und in euer innerstes Bewusstsein einprägen; es wird keine einseitige Angelegenheit mehr sein. Ich werde euer Gott sein und ihr werdet mein Volk sein, nicht durch Zwang, sondern durch gegenseitiges Verlangen.

8,11 Mich zu kennen, wird keine Sonntagsschulstunde mehr sein, oder etwas, das durch überzeugende Worte der Lehre beigebracht wird, noch werden sie mich wegen der Familientradition oder der Evangelisation von Haus zu Haus kennen lernen *(indem jeder es seinem Nächsten erzählt).* **Jeder, von den unscheinbarsten bis zu den berühmtesten Menschen der Gesellschaft, wird mich innerlich kennen.**

8,12 Diese Erkenntnis über mich wird nie wieder auf einem Sündenbewusstsein beruhen. Mein Akt der Barmherzigkeit, der in Christus zu einem neuen Bund ausgeweitet wurde, entfernte jede mögliche Definition von Sünde aus dem Gedächtnis! *(Gottes Erinnerung an unsere Sünden war nicht das Problem, das in der Freisetzung unserer Unschuld angesprochen werden musste. Gott hatte kein Problem mit unserem Sündenbewusstsein! Er versteckte sich nicht vor Adam und Eva im Garten, sondern sie versteckten sich vor ihm! Was angegangen werden musste, war unsere Wahrnehmung von einem richtenden Gott, die unvermeidliche Frucht des „Ich-Bin-nicht-Baum-Systems" und seiner Mentalität war.*

Rache, Verurteilung, Schuld, Verdammnis, Minderwertigkeit, Scham, Bedauern, Verdächtigungen usw. konnten nicht leicht behandelt werden; sie sind die Feinde einer Liebesaffäre! Wenn Regeln es bewirken könnten, dann wäre das Gesetz unsere Chance, uns selbst zu retten, indem wir einfach die richtigen Entscheidungen treffen! Wenn die Willenskraft uns retten könnte, dann wäre Mose unser Retter! Aber, leider! „Das Gute, das ich tun will, tue ich nicht!" [Vgl. Röm. 7]

Das Sündenbocksystem würde eingeführt, um die Folgen der Sünde irgendwie anzugehen und zu bewältigen. Das typische Szenario „Auge für Auge, Zahn für Zahn" wird durch die Idee eines Sündenbocks ersetzt. Und so hatte jedes Opfersystem eine gewisse Berechtigung, aber nur solange, wie es auf seine Schwächen im Umgang mit der Ursache des Problems und auf die Notwendigkeit einer besseren Lösung hinwies! Wir brauchten mehr als nur die

HEBRÄER Kapitel 8

Vergebung unserer Sünden. Wir brauchten einen Retter, der uns vor unserer Sündhaftigkeit retten konnte! Dies war nicht nur ein Mittel, um die Spinnweben loszuwerden; die Spinne musste getötet werden! Das "bezahle-jetzt, [bringe ein Opfer] –und-sündige-später-weiter-System" hatte ein sehr reales Verfallsdatum!

[Vgl. Hebr. 10,2-3] Wäre es möglich gewesen, das vollkommene Opfer darzubringen, das die Kraft hatte, jede Spur eines Sündenbewusstseins erfolgreich zu beseitigen, dann wäre das Opfersystem sicherlich nicht mehr relevant gewesen. Aber gerade in der Wiederholung dieser rituellen Opfer wird das Schuldbewusstsein verstärkt und nicht beseitigt.

Gott verlangt kein Opfer, er gibt das Opfer! Das ultimative Opfer für Sünden kann nie etwas sein, das wir getan oder zu Gott gebracht haben, um bei ihm gut da zustehen. Der schockierende Skandal des Kreuzes besteht stattdessen in der Tatsache, dass die Menschheit mit den verschwenderischen, beschämenden Proportionen der Liebe ihres Schöpfers ihr gegenüber, konfrontiert wird. Er würde bis zum lächerlichsten Extrem gehen, um uns endlich von seinem Herzen, das für uns schlägt, zu überzeugen! Um uns klar zu machen, wie wertvoll wir für ihn sind, spricht er die ausdrucksstärkste Sündenbocksprache: „Siehe, das Lamm Gottes, das die Sünden der Welt wegnimmt!" Das entwaffnet die Religion völlig! Plötzlich können wir nichts mehr tun, um Gott von unseren aufrichtigen Absichten zu überzeugen; Gott selber überzeugt uns von seinem ewigen Liebestraum!

Gott bekleidete Adam nicht mit dem Fell eines Tieres, weil er ein göttliches Bedürfnis nach Besänftigung hatte, sondern wegen seiner bedingungslosen Liebe zu Adam. Er sprach die Gerichtssprache, die Adam sprach: Adam, nicht Gott, schämte sich für seine Nacktheit. Die Kleidung sollte Gott nicht dazu bringen, Adam anders anzusehen, sondern Adam dazu bringen, sich besser zu fühlen! Und letztendlich ging es auch darum, Adam auf die Enthüllung des Geheimnisses der Erlösung der Menschheit in der Menschwerdung vorzubereiten. Hier würde sich die Gottheit mit der menschlichen Hülle in einem Sohn kleiden, und der Löwe von Juda würde das Lamm Gottes werden, um unseren Geist zu befreien, sein Bild und seine Ebenbildlichkeit in unserer Hülle wieder zu entdecken! Die Menschheit ist maßgeschneidert für Gott!)

Vgl. auch 1. Petrus 1,19, aber du wurdest mit dem unbezahlbaren Blut Christi erlöst; er ist das ultimative Opfer; makellos und ohne Fehler. Er vervollständigt das prophetische Bild! (In ihm spricht Gott die radikalste Sündenbock-Sprache des Gesetzes des Gerichts und beendet ein totes und überflüssiges System! In Psalm 40,6-7 wird klar gesagt, dass Gott keine Opfer verlangt! Jesus ist das Lamm Gottes! Er kommt dem sinnlosen Opfersystem siegreich in die Quere, bei dem den launischen Pseudo-, und Monstergöttern unserer Phantasie ständig Opfergaben dargebracht werden! Das ist der Skandal um das Kreuz! Gott verlangt kein Opfer, das die Art und Weise, wie er über die Menschheit denkt, verändern würde. Er bringt sich selbst, als Opfer in Christus, dar, um das Sündenbewusstsein für immer

HEBRÄER Kapitel 8

aus unserem Geist zu tilgen und um die Art und Weise, wie wir über unseren Schöpfer, den anderen und uns selbst denken, radikal zu verändern! [Das Sündenbewusstsein ist ein auf Taten gegründetes Bewusstsein, das die Währung der Religion ist].)

8,13 Er kündigt das neue Zeitalter an, um zu bestätigen, dass das alte Schattensystem überflüssig geworden ist.

HEBRÄER Kapitel 9

9,1 Das erste System folgte einem bestimmten Anbetungsmuster, das an einem dafür bestimmten und heiligen Ort der Anbetung durchgeführt wurde. *(Die genauen Details darüber, wie dieser Ort aussehen sollte, deuteten wie Schatten auf das Neue hin.)*

9,2 Der erste Ort in der Stiftshütte hieß Heiligtum. Das einzige Licht kam hier vom Leuchter, der den Tisch beleuchtete, auf den das ¹Schaubrot hingelegt wurde. *(Der Leuchter war ein wunderschön gearbeiteter goldener Kronleuchter, der Knospen und blühende Mandelzweige darstellte. Erinnere dich daran, dass Jeremia das auch in Jeremia 1,12 gesehen hat, als Gott sagte: „Ich wache über mein Wort, um es zu erfüllen." Das gleiche hebräische Wort wird hier verwendet,* שקד *shaqad; die Mandel wurde als „wacher Baum" bezeichnet, weil sie zuerst blühte, während die anderen Bäume noch im Winterschlaf waren. Das hebräische Wort* לחם הפנים *lechem haPānīm, Gesichtsbrot, oder Brot der Gegenwart. Was uns in Christus geschah, entspricht dem ewigen Ziel Gottes [¹prothesis]. Dieses ewige Ziel zeigte er uns, indem er durch das Prophetische darauf hindeutete und es als Schatten darstellte. In der hebräischen Tradition deuteten die Schaubrote auf das wahre Brot vom Himmel hin, das authentische Wort, das aus dem Mund Gottes kam - Jesus, das fleischgewordene [menschgewordene] Wort -, das das Leben gemäß unserem Ursprung und wahren inneren Selbst [Design] aufrecht erhält. Die Schaubrote deuteten auf die tägliche Aufrechterhaltung des Lebens im Fleisch, als die letztendliche Stiftshütte Gottes, hin und werden durch den Bericht darüber, wie Jesus mit den zwei Emmaus-Jüngern mitging, verwirklicht. Ihre Herzen brannten und schwangen im Glauben mit, während er ihnen die Schriften öffnete. Und dann, während sie zusammen am Tisch saßen, wurden ihre Augen geöffnet und sie erkannten ihn als die Erfüllung der Schrift, als ihre wahre Mahlzeit, die Mensch geworden war. [Luk. 24,27-31]. Die Menschheit wird nicht nur vom Brot allein leben, sondern vom authentischen Gedanken Gottes, dem Wort, das aus seinem Mund kommt, von der ursprünglichen Absicht, von seinem Bild und seiner Ähnlichkeit, die im menschlichen Leben zu Fleisch geworden ist und offenbart und erlöst wurde. Vgl. den Hinweis zu 1. Kor. 11,34.)*

9,3 Der zweite Vorhang führte in das Innenzelt, das als Heiligtum bekannt ist.

9,4 Darin befanden sich der goldene Räucheraltar und die Lade des Bundes. Die ¹Holzkiste war innen und außen komplett mit Gold verkleidet. Darin befanden sich das goldenes Gefäß mit einer Probe des ²Wunder-Mannas aus der Wüste, sowie der knospende Aaronstab und auch die beiden Steintafeln, auf denen die zehn Gebote des Bundes eingraviert waren. *(Eine „Feuerpfanne" diente dazu, das Feuer zu tragen, um einmal im Jahr, am Versöhnungstag, an dem höchsten Ort der Anbetung, Weihrauch zu verbrennen. Das Wort ¹kibotos, die Holzkiste, ist das gleiche Wort wie für Noahs Arche, der Behälter für die Erlösung der Menschheit. [Gen 6:14]. Das ²manna stellte prophetisch das wahre Brot*

HEBRÄER Kapitel 9

vom Himmel dar, nicht das Brot, das durch die Arbeit der Menschheit produziert wurde. [Johannes 4:35, 38].)

9,5 Oberhalb und direkt über der Bundeslade schwebten die beiden Cherubim, Bilder der Herrlichkeit, die auf den Gnadenstuhl ausgerichtet waren, der die Lade bedeckte, auf die einmal im Jahr vom Hohepriester das Blut gesprenkelt wurde, um die Sünden des Volkes zu bedecken. Jedes Detail ist von Bedeutung, kann aber in diesem Schreiben nicht ausführlich behandelt werden. *(Das hebräische Wort, ¹kopher, bedeutet Bedeckung (speziell mit Bitumen), bildlich gesprochen Bedeckung durch legalen und gleichberechtigten Austausch, um ein zuvor gestörtes Gleichgewicht wiederherzustellen. Die Regel war ein Auge für ein Auge, ein Zahn für einen Zahn, ein Leben für ein Leben, etc.*

Die Bundeslade stellte einen Ort der Barmherzigkeit dar, an dem die Sühne vollzogen werden sollte. Die Unschuld musste zu einem Preis wiederhergestellt werden, der dem Wiederbeschaffungswert des angestrebten Friedens zwischen den verschiedenen Parteien entspricht. Vgl. auch 1. Mose 6,14, wo das gleiche Wort, die ¹Bedeckung, von Noahs Arche mit Tonhöhe bezeichnet wurde. Das Kreuz kann nicht aus der Gleichung der Versöhnung herausgenommen werden. Das erste Tieropfer war, als Gott das Fell eines Tieres benutzte, um die Nacktheit von Adam und Eva zu bedecken. Gott bekleidete Adam nicht mit dem Fell eines Tieres, weil er ein göttliches Bedürfnis nach Beruhigung hatte, sondern wegen seiner bedingungslosen Liebe zu Adam. Er sprach die eigene Gerichtssprache Adams: Adam, nicht Gott, schämte sich für seine Nacktheit. Die Kleidung sollte Gott nicht dazu bringen, Adam anders anzusehen, sondern Adam dazu bringen, sich besser zu fühlen! Und schließlich galt es, Adam prophetisch auf die Enthüllung des Geheimnisses der Erlösung der Menschheit in der Menschwerdung vorzubereiten. Hier würde sich die Gottheit in die menschliche Haut, in einen Sohn kleiden; und der Löwe Juda würde das Lamm Gottes werden, um unseren Verstand zu befreien, sein Bild und seine Ähnlichkeit in unserer Haut wieder zu entdecken! [Vgl. 1. Petrus 1,2].)

9,6 Im Rahmen dieser Vereinbarung erfülltem die Priester ihre täglichen Aufgaben morgens und abends. *(Zu den täglichen Aufgaben gehörten ihre Kleidung und die Vorbereitungen, Taufen, Opfergaben, Beleuchtung und Beschnitt, das Entfernen der alten Schaubrote und das Ersetzen durch frisches Brot, sowie das Besprenkeln des Blutes der Sündopfer vor dem Vorhang des Heiligtums.)*

9,7 Die Routine wurde nur einmal im Jahr unterbrochen, als der Hohepriester allein das zweite Zelt betrat, das Allerheiligste der Anbetung, mit dem Blutopfer für die angesammelten Fehler des Volkes und seiner selbst.

9,8 Bereits in dieser Anordnung wies der Heilige Geist darauf hin, dass es einen noch heiligeren Weg gab, jenseits des ersten Zeltes,

HEBRÄER Kapitel 9

der noch zu öffnen war. Solange das erste Muster noch aufrechterhalten wurde, konnte seine Erfüllung in der Wahrheit noch nicht beginnen.

9,9 Das damalige Stiftshüttenmuster entsprach dem bisherigen, unvollkommenen System, in dem die dargebotenen Gaben und Opfer das Gewissen des Anbeters nicht vollständig reinigen konnten.

9,10 Alle diese äußeren Rituale in Bezug auf Essen und Trinken und die verschiedenen zeremoniellen Taufen und Regeln für das leibliche Wohl, wurden ihnen bis zum voraussichtlichen Zeitpunkt der Wiederherstellung auferlegt; bis zu dem vorhergesagten Moment, wenn alles, was krumm war, wiederhergestellt und in seinen natürlichen und ursprünglichen Zustand zurückgebracht werden würde. *(Das Wort ¹diothosis wird nur an dieser einen Stelle im Neuen Testament verwendet. Was krumm war, wird voll und ganz begradigt und zu seinem natürlichen und normalen Zustand wiederhergestellt, all das, was in irgendeiner Weise hervorsteht oder aus der Reihe tanzt und gebrochene oder deformierte Gliedmaßen hat.)*

9,11 Jetzt aber ist Christus als Hohepriester eines vollkommenen Zeltalters in der Öffentlichkeit erschienen. Die guten Dinge, die vorhergesagt wurden, sind angekommen. Diese neue Stiftshütte leitet sich nicht von seinem Schattentyp ab, von dem vorherigen, die von Menschenhand geschaffen worden war. Sie ist die Realität. *(Die Wiederherstellung der ursprünglichen Wohnstätte Gottes im menschlichen Leben wird wieder offenbart!)*

9,12 Als Hohepriester wurde seine Erlaubnis, den Heiligen Ort zu betreten, nicht durch das Blut von Tieren erworben. Durch sein eigenes Blut erhielt er Zugang im Interesse der menschlichen Rasse. Nur eine einzige Handlung war nötig, damit er das Allerheiligste der Gnade betreten und dort ein Lösegeld, das ewige Konsequenzen hatte, einführen konnte. *(Die Vollständigkeit der Erlösung, die er erworben hat, erfordert kein weiteres Opfer. Es gibt keine noch ausstehenden Schulden und nichts, was wir tun müssen, um dem, was er ein für allemal erreicht hat, Gewicht zu verleihen. Die einzig mögliche Aktivität im Priestertum, die wir jetzt noch ausüben können, besteht darin, ständig ein Opfer der Frucht unserer Lippen zu bringen und seinem Namen zu danken. Kein Blut, nur Frucht, sogar die Taten von Selbstopfer, indem wir unsere Zeit, und unser Geld usw. geben, sind nur Früchte unserer beständigen Dankbarkeit!)*

9,13 Das Blut der Tiere und die Asche des Brandopfers eines Kalbes, konnten nur dann eine sehr zeitliche und oberflächliche Reinigung erreichen, wenn sie auf die Schuldigen gesprengt wurden. *(Das Wort für Kalb ist **damalis**, vom **damatzo**, zähmen; dies war das wertvollste und teuerste Opfer. Sie war ein starkes, unberührtes, makelloses weibliches Kalb, und wurde als Familientier aufgezogen; „Eine kleine Prinzessin"! Das*

HEBRÄER Kapitel 9

war das Beste, was das Rechtssystem vorweisen konnte und trotzdem war keine innere Gewissensreinigung, sondern nur vorübergehende Erleichterung; möglich; und das auch nur mit dem Wissen, dass der gesamte Prozess immer wieder wiederholt werden musste! In dieser Anordnung sprach Gott das Dilemma unseres Sündenbewusstseins an. Der tief sitzende Stachel, den es hinterlassen hatte, musste gründlich freigelegt und dann endgültig herausgezogen werden. Das Schattensystem mit seinen Unvollkommenheiten als mögliches Mittel zur Erlangung eines dauerhaften und bedeutungsvollen Bewusstseins der Unschuld musste zuerst aufgebraucht sein. Letztendlich musste bewiesen werden, dass kein noch so teures Opfer, das jemand brachte, dem Opfer Gottes jemals entsprechen könnte, der sich der Menschheit als Sündenbock hingab, um uns davon zu überzeugen, dass seine Liebe zu uns ins skandalöse Extrem gehen würde, wo wir schließlich mit der Tatsache konfrontiert werden, dass wir Gottes Gunst uns gegenüber nicht durch ein Opfer bewirken können. Im Gegenteil! Durch das schockierende Opfer seiner selbst, beeinflusst er für immer, in der radikalsten Sprache, unsere Ideen und Gedanken über die Wertschätzung des Vaters, des Sohnes und des Geistes uns gegenüber. Für sie ist im Universum nichts klarer, als das Wissen um unsere erlöste Unschuld und unseren individuellen Wert! [Vgl. Kol. 2:14-15 in der Mirror-Bibel].)

9,14 Wie viel wirksamer war das Blut von Christus, als er sein eigenes, makelloses Leben durch den ewigen Geist vor Gott präsentierte, um euer Gewissen von seiner Frustration über die [1]Sackgassen-Rituale des Gesetzes zu befreien. Man kann ein, von Schuld und Pflicht getriebenes, totes religiöses System nicht mit der Leuchtkraft eines Lebens vergleichen, das frei vom Sündenbewusstsein geführt wird! Darum geht es beim neutestamentlichen Priestertum! (Tote Werke, [1]nekros ergon. Ein totes, religiöses Routinesystem kann niemals mit dem auferstandenen Christus konkurrieren, der jetzt in dir verwirklicht wird.....)

9,15 Da er die Menschheit vollkommen repräsentierte, beendete der Tod von Jesus das Alte Testament und führte das Neue ein. So erlöste er uns von den Übertretungen des Ersten Bundes und identifizierte uns als Erben und befähigte uns dazu, an der vollen Erbschaft und an all dem teilzunehmen, was er zu unseren Gunsten erreicht hat. (Das Konzept eines [1] Mediators, **mesites**, entspricht nicht unserem Verständnis von jemandem, der dazwischen geht, als ob Jesus die Meinung des Vaters über uns ändern (vermitteln) müsste. Es war unser Verstand, der überzeugt (vermittelt) werden musste! Jesus hat uns nicht vor Gott gerettet; er ist ganz Gott und ganz Mensch, und in ihm ist die Menschheit am vollständigsten vertreten. [Vgl. Gal. 3,20 und auch Hebr. 6,16-20].)

9,16 Damit der letzte Wille zum Tragen kommt, muss die Person, die ihn aufgesetzt hat, tot sein.

9,17 Bevor der Erblasser nicht gestorben ist, ist der letzte Wille nur eine Zukunftsverheißung ohne unmittelbaren Nutzen für irgendjemanden.

HEBRÄER Kapitel 9

9,18 Sogar der erste Bund verlangte für seine Verwirklichung einen Tod. Das Blut des Tieropfers stellte diesen Tod dar.

9,19 Nachdem Mose die genauen Vorschriften des Gesetzes vor den Ohren des ganzen Volkes mitgeteilt hatte, musste er das Blut von Kälbern und Ziegen nehmen, es mit Wasser vermischen und ein Bündel von Ysop und scharlachroter Wolle in die Blutbecken tauchen und damit das Blut auf das Buch und das Volk sprenkeln.

9,20 Bei der Durchführung dieses Reinigungsrituals verkündete Mose feierlich: „Dies ist das Blut des Bundes, den Gott für euch verbindlich gemacht hat".

9,21 Das gleiche Blut wurde dann auch auf die Stiftshütte und auf alles Inventar und alle Dienstutensilien gesprenkelt.

9,22 So wurde nach dem Gesetz jede Reinigung mit Blut durchgeführt. [1]Vergebung war besonders mit dem Vergießen von Blut verbunden. *(Ein spezieller Gerichtsfall konnte überhaupt erst dann abgeschlossen werden, wenn der Gedanke, dass ein unschuldiges Tier geopfert werden musste, kommuniziert wurde. Das Blut symbolisiert diese Währung. [Vgl. 1. Petr. 1,18-19]. Das Wort, das mit Vergebung, oder Erlass übersetzt wird, ist das Wort [1]aphiemi, von apo, weg von mir, und hieimi eine intensive Form von Eimi, ich bin. So ist Vergebung im Wesentlichen eine Wiederherstellung des wahren „Ich-Bin-Seins". Verletzung, Beleidigung, Scham, Feindseligkeit oder Schuld können die Person dann nicht mehr definieren.)*

9,23 Wenn die Methoden des Gesetzes nur ein Schatten waren, der die himmlische Realität vorhersagt, erfordert die Erfüllung dieser Beispiele sicherlich ein stärkeres und wirksameres Opfer.

9,24 In Christus haben wir so viel mehr als nur einen Typ, der sich in der Stiftshütte und seinen heiligen Stätten widerspiegelt, die von Menschenhand errichtet wurden. Er trat in die himmlische Sphäre ein, wo er persönlich die Menschheit von Angesicht zu Angesicht mit Gott vertritt.

9,25 Auch war es nicht mehr notwendig, dass er sein Opfer jemals wiederholen musste. Die Hohepriester unter dem alten Schattensystem kamen stellvertretend mit Ersatztieropfern, die jedes Jahr dargebracht werden mussten.

9,26 Aber Jesus musste seit dem [1]Sündenfall der Welt nicht mehr immer wieder leiden. Das einmalige Opfer seiner selbst, als die Zeit in der Geschichte erfüllt war, offenbart nun, wie er die Sünde zunichte gemacht hat. *(Das Wort [1]kataballo, das „wegfallen, an einen niedrigeren Ort stellen", bedeutet, wurde stattdessen mit themelios,, übersetzt, das „Fundament" bedeutet [vgl. Eph. 2,20]; Der gesamte „Sündenfall" war ein Absturz in unserem Kopf von unserer wahren Identität als Träger der Ebenbildlichkeit Elohims. Genau wie Eva, wurden wir alle getäuscht, eine*

HEBRÄER Kapitel 9

Lüge über uns selbst zu glauben, die Frucht des „Ich-Bin-Nicht-Baumes" ist. Wir alle sind wie Schafe, die auf Abwege geraten sind. (Jes. 53,6)) ²Gottes Lamm hat die Sünden der Welt weggenommen!)

9,27 Das Gleiche gilt für alle: Ein Mensch stirbt nur einmal und steht dann vor dem Gericht.

9,28 Christus ist einmal gestorben und hat sich dem Gericht der gesamten menschlichen Rasse gestellt! Seine zweite Erscheinung *(in seiner Auferstehung),* **hat nichts mit Sünde zu tun, sondern offenbart die Erlösung für alle, die ihn vollkommen annehmen.** *(¹apek-dechomai, von* **apo***, weg von [dem, was mich vorher definiert hat] und ek, aus der Quelle; und* **dechomai***, um in die Hände zu nehmen, um von ganzem Herzen anzunehmen, um vollständig zu umfassen. In seiner Auferstehung erschien er als Retter der Welt! Die Sünde steht nicht mehr auf der Tagesordnung, denn das Lamm Gottes hat die Sünden der Welt weggenommen! Jesus Christus hat die Ursprung der Menschheit mit dem Tod erfüllt! [1. Kor. 15,3-5; Röm. 4,25; Apg. 17,30-31].)*

Anmerkung: Jesus kam nicht, um die Welt zu verurteilen. Der Vater richtet niemanden, denn er hat alles Gericht dem Sohn übergeben, der die Welt in Gerechtigkeit richtete, als er ihr Gericht auf seinem eigenen Leib nahm. Jetzt, in seinem Erscheinen in uns, seinem Leib, ist es seine Mission, die Auswirkung der Erlösung durch den Heiligen Geist zu enthüllen.

Viele Schriften wurden nur im Hinblick auf die Zukunft übersetzt und gedeutet und erhielten so ihren Wert und als Folge davon wurden viele, z.B. auch die Juden, neutralisiert, so dass sie fleißig darauf warten, dass der Messias immer noch kommen würde. Der Messias ist aber ein für allemal als Messias gekommen. Jesus erschien nach seiner Auferstehung wieder und jetzt ist sein Auferstehungsleben in uns als seinem Körper, die Verlängerung seiner zweiten Erscheinung. Gott ruft eine bereits versöhnte Welt auf, „seid versöhnt"! [Apg. 3,26, 2. Kor 5,19-20]. Die Gemeinde hat die Realität, die Gott in Christus eingeführt hat, auf später verschoben. Wir sind jetzt schon voll in seiner Schuldlosigkeit vertreten! Das zweite Kommen als Lehre steht überhaupt nicht im Zusammenhang mit diesen Kapiteln! Das aramäische Wort **maranatha** *bedeutet, dass unser Herr gekommen ist!*

[Vgl. auch 1. Thess. 2:19]. Wir erwarten im Zusammenhang mit dem Evangelium nichts weniger, als dass ihr eine persönliche Begegnung in der ¹unmittelbaren Gegenwart unseres Herrn Jesus Christus genießt! Das ist unsere Freude und unser Ehrenkranz! (Das Wort **¹parousia** *spricht von der unmittelbaren Gegenwart des Herrn! Von* **para***, einer Präposition, die auf unmittelbare Nähe hinweist, einer Sache, die aus einem Einflussbereich stammt und auf einen geneinsamen Wohnort hindeutet und von ihrem Autor und Geber als Ursprung herkommt, eine Handlung, die von einem Punkt ausgeht und von einer intimen Verbindung; und* **eimi***, Ich bin! Es lässt sich nicht einmal einen Hauch von Gericht oder Bestrafung in diesem Wort erkennen!*

HEBRÄER Kapitel 9

Bitte glaubt nicht alles, was ihr in Strongs liest! „G3952 Parusia aus dem Partizip Gegenwart von G3918; ein Wesen in der Nähe, d.h. Advent; oft auch Rückkehr; besonders von Christus, um Jerusalem oder schließlich die Bösen zu bestrafen."!!???.))

HEBRÄER Kapitel 10

10,1 Denn das Gesetz übermittelte uns nur einen schwachen, undeutlichen Schatten in Bezug auf die Verheißung der Segnungen, die mit dem Kommen von Christus erwartet werden können und bezüglich der Beschreibung seiner zukünftigen Bedeutung. Die bloße Skizze durfte jedoch nie mit dem eigentlichen Objekt verwechselt werden, das es darstellte. Die jährlichen Opferrituale als Schatten des späteren Objekts, waren für den Anbeter immer nur sehr ungenau und bewirkten in ihm ein Gefühl von Unzulänglichkeit und erinnerten die Menschheit zusätzlich Jahr für Jahr an ihre Sündhaftigkeit. *(Barnes bemerkt zu Hebräer 10,1, „Denn das Gesetz ist undeutlich und wie ein Schatten: Das heißt, das gesamte mosaische System war ein Schatten; deshalb wird das Wort „Gesetz" oft verwendet. Das Wort „Schatten" bezieht sich hier auf einen groben Umriss von irgendetwas, oder eine bloße Skizze, die ein Zimmermann mit einem Stück Kreide zeichnet, oder ein Künstler, der vorher beschreibt, wie das Bild aussehen wird, das er gerade dabei ist zu malen.*

Er skizziert einen Umriss des Objekts, das er zeichnen möchte, das „etwas" Ähnlichkeit mit ihm hat, aber nicht das „eigentliche Bild" ist, denn es ist noch nicht vollständig. Die Worte, die als das „eigentliche Bild" wiedergegeben werden, beziehen sich auf ein fertiges Gemälde oder einen Zustand, bei dem jedes Teil eine genaue Darstellung des Originals ist. Die „guten Dinge, die kommen werden", beziehen sich hier auf die zukünftigen Segnungen, die der Menschheit durch das Evangelium gewährt werden. Die Idee ist, dass es unter den alten Opfern eine unvollkommene Darstellung gab; eine schematische Darstellung der Segnungen, die das Evangelium den Menschen vermitteln würde. Sie waren eine typische Darstellung; sie waren nicht so, dass man so tun könnte, als würden sie den Zweck der Dinge, die sie repräsentieren sollten, selbst erfüllen und diejenigen, die sie anboten, vervollkommnen.

Solch ein grober Umriss; so eine bloße Skizze oder unvollkommene Beschreibung könnte den Zweck der Rettung der Seele genauso wenig erklären wie die grobe Skizze, die ein Architekt macht, den Zweck eines Hauses erklären könnte, oder wie der erste Umriss, den ein Maler zeichnet, den Zweck eines perfekten und fertigen Porträts darstellen könnte. Alles, was durch die beiden Beispiele bewirkt werden könnte, wäre, eine schwache und undeutliche Vorstellung davon zu vermitteln, was das Haus oder das Bild sein könnte, und das war alles, was das Gesetz des Mose getan hat."

Das Evangelium ist keine Zukunftsprognose mehr, es ist eine aktuelle und wichtige Offenbarung. Wir sprechen von guten Nachrichten und nicht nur von guten Vorhersagen! Die Neuigkeiten sind schon geschehen Jede Definition von Distanz oder Verzögerung wird in Christus aufgehoben).

10,2 Wäre es möglich gewesen, das vollkommene Opfer darzubringen, das die Kraft hatte, jede Spur eines Sündenbewusstseins erfolgreich zu beseitigen, dann wäre das Opfersystem sicherlich nicht mehr wichtig gewesen.

HEBRÄER Kapitel 10

10,3 Aber gerade bei der Wiederholung dieser rituellen Opfer wird das Schuldbewusstsein gestärkt und nicht beseitigt.

10,4 Die Schlussfolgerung ist klar: Tieropfer haben es nicht geschafft, die Sündhaftigkeit oder das Sündenbewusstsein von jemandem zu beseitigen.

10,5 Als Jesus, der Messias, als Erfüllung aller Arten und Schatten ankommt, zitiert er Psalm 40,6-8 und sagt: „An Gaben und Opfern hat Gott keinen Gefallen; aber du hast meine Menschwerdung bestimmt". *(Adam Clark schreibt den folgenden Kommentar: Einen Körper hast du mir vorbereitet - Das Zitat dieses und der beiden folgenden Verse des Apostels stammen aus der Septuaginta, und es gibt dazu kaum eine andere Lesart: sie liegen im verbalen Ausdruck des Hebräischen sehr weit auseinander. Im hebräischen Text sind Davids Worte,* **oznayim caritha li***, die übersetzt werden mit: „meine Ohren hast du geöffnet". Aber der Verfasser dieses Briefes zitiert,* **soma [body] de katertiso moi***. Wie ist es möglich, dass die Septuaginta und der Apostel so völlig von der hebräischen Bedeutung abweichen? Dr. Kennicott hat hier eine sehr geniale Vermutung: Er geht davon aus, dass die Septuaginta und der Apostel die Bedeutung der Worte so ausdrücken, wie sie in der Kopie standen, die griechische Übersetzung [Septuaginta] als Grundlage nimmt und dass der vorliegende hebräische Text durch das Wort* **aznayim***, Ohren, verfälscht wurde, das durch Nachlässigkeit als* **az gevah** *geschrieben wurde, denn ein Körper..... Die erste Silbe,* **az***, denn, ist in beiden gleich; und die letztere,* **nyim***, die mit az verbunden ist, wird so zu* **oznayim***: Es könnte leicht mit* **gevah***, Körper, verwechselt worden sein. Der Buchstabe* **nun** *ähnelt dem Buchstaben* **gimel; yod** *dem* **vau;** *und* **he** *dem letzten Buchstaben* **mem;** *besonders, wenn die Zeile, auf der die Briefe in dem Skript geschrieben wurden. zufällig schwärzer als gewöhnlich war, was oft eine Fehlerursache war. Dann hätte man es leicht für den Unterstrich des* **mems** *halten können und dies hätte so zu einer fehlerhaften Lesung geführt. Dazu kommt, dass die Wurzel von* **kara** *auch bedeutet, sich vorzubereiten, zu öffnen, zu bohren usw. Mit dieser Annahme muss die alte Kopie, die von der Septuaginta und dem Apostel übersetzt wurde, den Text so gelesen haben:* **az gevah charitha li; soma de katertitsoo moi** *- Σωμα δε κατηρτισω κατηρτισω μοι. Denn du hast mir einen Leib vorbereitet: Auf diese Weise würde der ältere hebräische Text, die Version der Septuaginta und des Apostels in dem, was bekanntlich eine unbestreitbare Tatsache im Christentum ist, übereinstimmen, nämlich dass Christus für die Sünde der Welt Mensch geworden ist.*

Die äthiopische Übersetzung liest sich fast genauso. Das Arabische hat beides: „Einen Leib hast du mir bereitet und meine Ohren hast du geöffnet." Aber die syrische und chaldäische Übersetzung und die Vulgata stimmen mit dem vorliegenden hebräischen Text überein und keine der von Kennicott und De Rossi zusammengestellten Skripte hat im Bereich der umstrittenen Worte eine davon abweichende Lesart.

HEBRÄER Kapitel 10

Es ist bemerkenswert, dass alle Opfer, die nach dem Gesetz als sühnend oder reinigend angesehen wurden, hier vom Psalmisten und vom Apostel aufgezählt werden, um zu zeigen, dass weder sie noch irgendein anderes von ihnen die Sünde wegnehmen konnten; und dass nur das große Opfer von Christus als einziges, dazu fähig war.

Vier Arten werden hier, sowohl vom Psalmisten als auch vom Apostel genannt: Opfer, zebach, θυσια; Gaben minchah, προσφορα; Brandopfer, Olah, ὁλοκαυτωμα; Sündopfer, chataah, περι ἁμαρτιας. Es war unmöglich, dass das Blut von Stieren und Ziegen usw. die Sünde wegnehmen konnte.)

10,6 Keines der vorgeschriebenen Gaben und Opfer, einschließlich Brandopfer und Sündopfer, hast du gefordert. *(Für die Verwendung des Wortes „Forderung" hier und „Freude" in Vers 6 vgl. die hebräischen Worte in Psalm 40,6, **chapetz** - Vergnügen, Freude und **shawal**, Forderung.)*

10,7 „Dann sagte ich: Ich habe in deinem Buch gelesen, was du über mich geschrieben hast; so bin ich hier, ich bin gekommen, um meine Ursprung zu erfüllen." *(Ps. 40,7; Luk. 4,17; Luk. 24,27, 44)*

10,8 Nachdem er in dem obigen Zitat gesagt hatte, dass er die vorgeschriebenen Gaben und Opfer weder wollte noch seine Freude daran hatte, verurteilte er das gesamte Opfersystem, das vom Gesetz aufrechterhalten wurde: *(Sie dienten nur dazu, ein Sündenbewusstsein zu bestärken und konnten niemanden erlösen.)*

10,9 Indem er zudem noch sagt: „Ich bin beauftragt, deinen Willen zu erfüllen", kündigt er den endgültigen Abschluss des ersten an, um den zweiten einzuführen. *(Gnade ersetzt das Gesetz; Unschuld ersetzt das Sündenbewusstsein.)*

10,10 Durch diesen erfüllten Willen erklärt er, gemäß Gottes Meinung und gemäß seiner Entschlossenheit, dass die Menschheit sofort durch ein einziges Opfer geheiligt wird: durch die Darbringung des Leibes von Jesus Christus.

10,11 Jeder Priester wiederholt ständig dieselben täglichen Rituale und Opfer und weiß, dass sie sich immer als unfähig erwiesen haben, Sünden zu beseitigen.

10,12 Aber jetzt haben wir eine Besonderheit. Im völligen Gegensatz zum vorherigen Priestertum, bot dieser Priester ein einziges Opfer für die Sünden, das für immer wirksam isr. Um die Vollkommenheit dessen zu feiern, was durch sein einziges Opfer erreicht wurde, setzte er sich als ausführende Autorität Gottes hin. *(Gottes rechte Hand [Hebr. 1,3]. Er nimmt den höchsten Platz der Herrschaft ein, um die Unschuld der Menschheit zu bestätigen! „Nachdem er die Reinigung der Sünden abgeschlossen hatte, setzte er sich hin".)*

HEBRÄER Kapitel 10

10,13 Sein Autoritätssitz besteht auf der sicheren Erwartung, dass alle seine Feinde unterworfen werden. Er wird im Triumph dastehen, mit seinen Füßen auf dem Hals seines Feindes.

10,14 Durch dieses eine vollkommene Opfer hat er [1]vollkommen und für immer die sündige Menschheit [2]geheiligt. *(Das Wort, [2]hagiazomenous, bedeutet heiligen, das Partizip Gegenwart beschreibt eine Handlung, die gleichzeitig mit der Handlung des Hauptverbes „perfekt" ausgeführt wird; [1]teteleioken, in der Zeitform Perfekt, bezeichnet eine Handlung, die in der Vergangenheit vollendet wurde, deren Wirkungen jedoch bis in der Gegenwart hinein andauern.. [Vgl. Heb 2,11]. Denn beide, der, der heiligt und die, die geheiligt werden, stammen vom gleichen Ursprung ab.)*

10,15 Genau das, was er bereits in der Schrift vorhergesagt hat, bestätigt der Heilige Geist jetzt in uns. *[Jer. 31,33-34]*

10,16 Das ist mein Bund, den ich in diesen Tagen mit euch schließen werde, spricht der Herr: Ich werde euch große Vorteile bringen, indem ich meine Gesetze in eure Herzen hineinlege und sie in eure innersten Gedanken eingrabe. *(Das Wort, [1]didomi, bedeutet, jemandem etwas zu seinem Vorteil zu geben.)*

10,17 Das ist endgültig: Ich habe keine Aufzeichnungen über deine Sünden und Missetaten. Ich kann mich nicht mehr an sie erinnern. *(In Bezug auf die Menschheit erinnert Gott nichts mehr an die Sünde. [vgl. Hebr. 8,12])*

10,18 Die Sünden wurden so gründlich behandelt, dass die Idee, in Zukunft weitere Opfergaben hinzufügen zu müssen, nie wieder in Betracht gezogen werden wird. Nichts, was wir persönlich opfern können, könnte unserer Unschuld weitere Tugenden hinzufügen.

10,19 Also, liebe Mit-Familie, das Blut von Jesus besiegelt unseren sofortigen Zugang zu diesem höchsten Ort der heiligen Begegnung, zu dem wir vertrauensvoll und ohne Scham herzutreten dürfen

10,20 Dies ist die offizielle Einweihung einer völlig neuen Lebensweise. Das zerrissene Fleisch von Jesus öffnete den Vorhang für uns. Unser eigenes Fleisch kann keine gültige Entschuldigung mehr dafür sein, um den Ausdruck des Lebens gemäß unserem Ursprung und wahrem innerem Selbst, der aus unserem innersten Heiligtum herausfließt, zu unterbrechen.

10,21 Wir haben einen Hohepriester im Haus!

10,22 Wir sind frei, uns ihm mit vollkommener Zuversicht zu nähern und sind in unserem Herzen völlig davon überzeugt, dass uns nichts mehr von ihm trennen kann. Wir sind eingeladen, ihm jetzt nahe zu kommen und sind, innen und außen, gründlich gereinigt, ohne Spuren von Sündenflecken auf unserem Gewissen oder in unserem Verhalten. Das gesprenkelte Blut reinigt unsere inneren Denkmus-

HEBRÄER Kapitel 10

ter; auch unser Körper wird in sauberem Wasser gebadet. *([1. Kor. 6,19] Erkennt ihr nicht, dass euer Körper das innerste Heiligtum von Gottes Geist ist, der in euch widerhallt? Euer Leben gehört nicht euch! [1. Kor 6,20] Ihr wurdet gekauft und bezahlt. Ihr gehört alle ihm. Führt euer Leben in dem Bewusstsein, wie unersetzlich und unbezahlbar ihr seid. Ihr beherbergt Gott in eurer menschlichen Hülle.)*

10,23 Unsere Unterhaltung ist ein Echo seiner Überzeugungskraft. Wegen seiner Treue sind seine Versprechen verlässlich. *(Seine Integrität inspiriert unser Bekenntnis. "Lasst uns an dem Bekenntnis unserer Hoffnung festhalten, ohne zu wanken, denn der, der es versprochen hat, ist treu.)*

10,24 Lasst uns auch kreative Möglichkeiten überlegen, wie wir uns gegenseitig dazu beeinflussen und inspirieren können, Dinge zu tun, die anderen nützen. Gute Handlungen geben der Liebe Gottes Stimme und Volumen.

10,25 Im Lichte unseres freien Zugangs zum Vater wollen wir diese Umarmung aneinander weitergeben. Unsere Versammlungen sind nicht mehr länger eine Wiederholung von traditionellen Handlungen, sondern eine notwendige Gemeinschaft, in der wir uns gegenseitig an unsere wahre Identität erinnern. Lasst uns dies mit größerer Dringlichkeit tun, jetzt, da nach unserem Verständnis der Tag angebrochen ist. *(Der prophetische Schatten wurde durch das Licht des Tages ersetzt.)*

10,26 Wer die Wahrheit jetzt erkennt und dennoch absichtlich in der Sünde verharrt, der wirft öffentlich die Versorgung Gottes in Christus weg. Aber im Gegensatz zum alten Opfersystem kann im Neuen kein weiteres Opfer angeboten werden.

10,27 Das Gesetz der Werke bringt unweigerlich ein selbst verschuldetes Urteil über diejenigen, die seine Gabe verachten und ablehnen. Dieses zerstörerische Urteil verschlingt das Leben wie Stoppeln im Feuer. *(Es ist absurd, das Urteil selber tragen zu wollen, wenn ihr doch wisst, dass Jesus das Urteil schon auf sich genommen hat.)*

10,28 Nach dem Gesetz Moses gab es keine Gnade; zwei oder drei Zeugen konnten einen Verdächtigen zum Tode verurteilen. *([Vgl. auch Hebr. 6,6-17; Jak. 2,13] Das Gericht zeigt denen keine Gnade, die nicht in der Gnade gehen, aber [das Gesetz der Freiheit] die Gnade fürchtet kein Gericht. [Gal 5,22,23] Es gibt kein Gesetz gegen die Liebe. [Vgl. auch 1. Joh. 4,18])*

10,29 Was glaubt ihr wohl, mit wie viel mehr Genauigkeit man jemanden prüfen wird, der den Sohn Gottes mit Füßen getreten und das Blut des Bundes verachtet hat, indem er öffentlich den Geist der

HEBRÄER Kapitel 10

Gnade beleidigt hat. *(Wenn ihr das Gesetz der Offenbarung der Gnade vorzieht, werdet ihr wieder unter das Urteil des Gesetzes gestellt, ohne die Möglichkeit weiterer Opfer. Es gibt keine anderweitige Barmherzigkeit außerhalb der Gnadengabe Gottes in Christus.)*

10,30 Wir als Juden kennen die Schrift, die besagt, dass Gott der Offenbarer der Gerechtigkeit ist und eifersüchtig darauf bedacht, die Ordnung des Friedens wiederherzustellen. Er ist der Schiedsrichter seines Volkes. *(5. Mo. 32, 36)*

10,31 Was für eine Dummheit wäre es, sich bewusst den Händen zu entziehen, die wegen eurer Erlösung geblutet haben.

10,32 Denkt daran, wie stark ihr in den frühen Tagen, als ihr zuerst das Licht erblickt habt, den schmerzhaften Widrigkeiten widerstanden habt.

10,33 Wie auf einer Theaterbühne wurdet ihr öffentlich verspottet und um eures Glaubens willen geplagt, sowohl persönlich als auch in eurer Zusammenarbeit mit anderen, die ähnlich missbraucht wurden.

10,34 Ich erinnere euch an das aufrichtige Mitgefühl, das ihr damals, während meiner Gefangenschaft, für mich empfunden habt; wie ihr auch den Raub eures persönlichen Eigentums fröhlich angenommen habt. Ihr ward überzeugt, dass der Schatz, den ihr in euch tragt, von weitaus größerem und dauerhafterem Wert ist und genauso sicher wie im himmlischen Bereich.

10,35 Ich fordere euch auf, euer vertrauensvolles Gespräch nicht aufzugeben. Wenn wir von dem, was Gott durch Christus vollbracht hat, [1]überzeugt sind, wird der Belohnungsgedanke neu definiert und das bestätigen, was die Gnade offenbart.

10,36 Wendet Geduld an, während ihr weiterhin die [1]Poesie des Wunsches Gottes widerspiegelt, dass ihr die Verheißung besitzt. *(Das Wort, [1]poeima bedeutet, Poesie aus der Verheißung zu machen. Eure Aufgabe ist es, die Verheißung und den Wunsch Gottes zu wiederholen! Die Verheißung ist ein Geschenk des Glaubens und keine Belohnung für das Verhalten!)*

10,37 Sobald die Verheißung verwirklicht wird ist es unbedeutend, wie lange es gedauert hat. Erinnert euch daran, wie die Verheißung seines bevorstehenden Erscheinens in der Schrift festgehalten wurde. *(Die Ankunft von Jesus ist die Erfüllung der Verheißung und die Verwirklichung der Gerechtigkeit durch den Glauben, wie Habakkuk prophezeite. [Hab. 2,2-4] Er ist die Fülle der Zeit. [Gal 4,4])*

10,38 Die Gerechtigkeit durch den Glauben Gottes bestimmt das Leben; die Rückkehr zum Gesetz der Werke beschmutzt das Gnad-

HEBRÄER Kapitel 10

enwerk Gottes. *(Anstatt den Text über den Fluch zu lesen, wenn ihn ein Unglück trifft, erkennt Habakuk, dass die Verheißung als Grundlage für den Freispruch der Menschheit viel durchschlagender ist als die Leistung! 5. Mo. 28 wäre dann nicht länger die Motivation oder das Maß für richtiges oder falsches Verhalten! „Wenn der Feigenbaum auch nicht blüht und an den Weinstöcken keine Frucht hängt, die Olivenbäume nicht tragen und die Felder keine Nahrung hervorbringen, die Herde von den Hürden getrennt ist und kein Vieh in den Ställen, so werde ich mich trotzdem in dem Herrn meinem Gott freuen und in dem Gott meiner Errettung frohlocken. Gott, der Herr ist meine Stärke. Er macht meine Füße wie Hirschfüße, er lässt mich auf den Höhen einhergehen. [Hab. 3,17-19 RSV])*

10,39 Aber wir gehören nicht zu denjenigen die aufgeben. Wir besitzen eine Überzeugung der Seele, die trotz aller Widerstände glaubt.

HEBRÄER Kapitel 11

11,1 Der Glaube - die innere Überzeugung - bestätigt die zuversichtliche Erwartung und beweist, dass die unsichtbare Welt realer ist als die sichtbare. Glaube feiert etwas als sicher, was Hoffnung noch in der Zukunft sieht. *(Der Schatten ersetzt die Substanz -das echte Wesen der Dinge - nicht mehr. Jesus ist der Inhalt – das echte Wesen der Dinge, die wir erhoffen und er ist der Beweis für alles, was die Propheten vorausgesagt haben. Die Enthüllung von Christus im menschlichen Leben erfüllt die Erwartungen der Menschheit in jeder Hinsicht. [Kol. 1,27])*

11,2 Die Menschen früherer Generationen erhielten das Zeugnis ihrer Hoffnung im Glauben. Es war der Glaube, der ihre Hoffnung greifbar machte. *(Nur der Messias kann der messianischen Hoffnung Substanz verleihen. Kein anderer Ersatz, wäre ausreichend!)*

11,3 Allein der Glaube erklärt, was für das natürliche Auge nicht sichtbar ist - wie die Zeitalter durch das Wort Gottes perfekt gestaltet wurden. Nun verstehen wir, dass alles Sichtbare seinen Ursprung im Unsichtbaren hat.

11,4 Der Glaube machte den Unterschied zwischen dem Opfer von Abel und dem von Kain und bestätigte die Gerechtigkeit Abels. Gott bezeugte die Gerechtigkeit als Geschenk und nicht als Belohnung! Obwohl Abel ermordet wurde, war sein Glaube weiterhin eine sehr wichtige prophetische Stimme. *(Siehe Hebr. 12,24.)*

11,5 Henoch genoss die Gunst Gottes durch den Glauben, trotz dem Sündenfall Adams. Er bewies, dass der Glaube den Tod besiegt. *(Sein fehlender Leib prophezeite die Auferstehung Christi - der Glaube stirbt nicht!)*

11,6 Es gibt keine Ersatz -[1]Belohnung für den Glauben. Das, was wir für den Glauben erhalten, übersteigt jedes andere Erfolgserlebnis. Der Glaube weiß, dass Gott ist. Diejenigen, die auf seine Einladung, ihm näher zu kommen, antworten wollen, erkennen durch den Glauben, dass er das vollkommenste Geschenk des Lebens ist. *(Wenn er der ist, nach dem wir uns sehnen, dann reicht kein Ersatz aus. Jesus Christus definiert den Glauben Gottes; er ist Emmanuel. Er ist die Substanz und der Nachweis für alles, was Gott glaubt. Jesus ist das, was Gott glaubt. Das Wort, das mit „Belohnung" übersetzt wird, ist das Wort [1]misthapodotes. Dieses Wort wird nur einmal in der Bibel verwendet und ist eine interessante Kombination aus zwei Worten, **misthoo**, Lohn und **apodidomi**, zum Verschenken; Gerechtigkeit wird uns durch Glauben geschenkt und ist keine Belohnung für die Einhaltung des Gesetzes. Der Glaube gefällt Gott, nicht gutes oder schlechtes Verhalten.)*

11,7 Noah erhielt die göttliche Anweisung, seinen Haushalt vor dem Gericht zu retten. Der Glaube veranlasste ihn, die Arche sofort zu bauen, lange bevor der Regen sichtbar wurde. Sein Glaube zeigte den Unterschied zwischen Gericht und Rechtfertigung.

HEBRÄER Kapitel 11

11,8 Durch den Glauben erkannte Abraham den [1]Ruf Gottes an, der ihm seine Identität und seine Ursprung verlieh, als Beweis für sein Erbe auf seinem Weg ins Unbekannte. *(Das Wort, [1]kaleo, bedeutet rufen, mit Namen identifizieren, beim Nachnamen nennen.)*

11,9 Während Abraham, wie ein Fremder, im Land der Verheißung in Zelten kampierte, schien nichts, als nur sein Glauben von Dauer zu sein. Seine Söhne Isaak und Jakob schlossen sich ihm als Mitreisende an. Sie waren ebenso überzeugt, dass sie Erben der gleichen Verheißung waren.

11,10 Sein Glaube sah eine Stadt mit dauerhaften Fundamenten, die von Gott entworfen und gebaut wurde.

11,11 Ebenso erstaunlich ist das Glaubenszeugnis von Sarah: Sie empfing und gebar ein Kind, als es menschlich gesehen unmöglich war. Sie glaubte, dass Gott seiner Verheißung treu sein würde, und [1]gab diesem Glauben Vollmacht über ihr Leben. *(Das Wort [1]hegeomai ist eine verstärkte Form von ago, offiziell zu einer Position der Autorität ernennen.)*

11,12 Der Glaube brachte einen Nachkommen in die Realität, mit dem niemand rechnete. Es gab keinen Grund, von einer Person, deren Leib kein Kinder mehr bekommen konnte, zu erwarten, dass von ihr mehr Kinder geboren werden würde, als die Sterne am Himmel und so unzählbar viele, wie der Sand am Meer. *(Die äußersten Teile der Erde, die vom Meeresufer begrenzt sind, werden den Segen der Gerechtigkeit durch den Glauben erfahren, der der Segen Abrahams ist, der für die ganze Welt bestimmt ist. [1. Petr. 1,3].)*

11,13 Diese Helden des Glaubens starben alle im Glauben. Obwohl sie die Verheißung in ihrem Leben nicht gesehen haben, sahen sie seine Erfüllung in der Zukunft und nahmen das Versprechen durch ihre Überzeugung an. Von seiner Realität überzeugt, erklärten sie durch ihre Lebensweise, dass sie bloße Reisende und Pilger in einem Schattenland seien, dessen Geographie ihr wahres Erbe weder einschränken noch definieren konnte.

11,14 Sie erklärten durch den Glauben deutlich, dass da ein Hinterland, jenseits ihres unmittelbaren Horizonts, existierte. *(Ein Ort der Verheißung, an dem Gott und die Menschheit wieder eins sein würden.)*

11,15 Sie bereuten nicht, das Land zurückgelassen zu haben Ihr Glaube führte sie über den Punkt hinaus, an dem es kein Zurück mehr gab. *(Erlaube nicht, dass die Widersprüche in deiner Vergangenheit oder Gegenwart wieder zu deiner Bezugsquelle werden. Jakobus sagt, dass die Person, die zu einer alten Denkweise zurückkehrt, sofort vergisst, was für eine Art von Person sie ist. [Jakobus 1,24, 25]. Die alten Dinge sind vergangen. Siehe, alles ist neu geworden! In seiner Auferstehung wurden wir neu geboren. [2. Kor. 5,14-17; 1. Petr. 1,3.])*

HEBRÄER Kapitel 11

11,16 Ihr Glaube sah im geistlichen Bereich eine größere Realität als die, die sie in ihrer jetzigen Situation erlebten; sie streckten sich, nach ihrer, von Gott entworfenen, wahren Heimatstadt, aus, in der er selbst stolz darauf ist, ihre ständige Wohnsitz zu sein. *(Die Erfüllung der Verheißung ist Christus. Er ist sowohl unser Heimatland als auch unsere ewige Stadt.)*

11,17 Der Glaube wurde zu einem greifbareren Beweis für die Verheißung, als es selbst Isaak je für Abraham hätte sein können. Isaak erfüllte noch ersetzte die Verheißung. Inspiriert von dem, was der Glaube sah, war Abraham bereit, das Lächerliche zu tun, indem er seinen einzigen Sohn in der Überzeugung opferte, dass nicht einmal der Tod Isaaks die Verheißung, die Gott ihm gegeben hatte, aufheben konnte. *(Wenn Isaak nicht der Inhalt von Abrahams Glauben war, wer dann? Abraham sah über Isaak hinaus. Jesus sagte: „Abraham hat meinen Tag gesehen!" [Joh. 8,56-58] „Bevor Abraham war, bin ich".)*

11,18 Abraham wusste schon, dass Gott gesagt hatte, seine Glaubenserblinie würde sich durch Isaak fortsetzen!

11,19 Er stellte eine prophetische [1]Berechnung, auf der Basis des Glaubens auf, die nur zu einem logischen Ergebnis führen konnte, das auf dem Wort beruhte, das er empfangen hatte: dass Gott die gegebene Verheißung von den Toten auferwecken würde. *(Im Zusammenhang von Abrahams Vision war dies eine Analogie, die auf das Gleichnis von Tod und Auferstehung von Christus hinweist. Eine Kalkulation, eine logische Schlussfolgerung, aus dem Wort [1]logitzomai, aus Logos; Gottes Glaube ist die Logik Gottes.)*

11,20 Durch den gleichen Glauben setzte Isaak die Zukunft der Verheißung durch den Segen fort, den er über seine Söhne Esau und Jakob ausgesprochen hatte.

11,21 In seiner Todesstunde schloss Jakob, die in Ägypten geborenen Söhne Josefs in die Verheißung mit ein, während er den Gott Abrahams, den Vater der Völker, anbetete. *([1]Indem er die beiden Enkel in den Rang und das Recht der Freunde Josephs erhob, schenkte er ihnen und nicht Ruben, den doppelten Teil des Erstgeborenen. Auch hier übersteigt der Glaube das Natürliche. Obwohl sie eine ägyptische Mutter hatten, hatten sie doch ein gleiches Interesse an allen geistlichen und zeitlichen Segnungen des Bundes der Verheißung.)*

11,22 Am Ende seines Lebens erinnerte Josef seine Söhne prophetisch an den Auszug. Er hatte einen so festen Glauben daran, dass sie das Land der Verheißung besitzen würden, dass er von ihnen einen Eid verlangte: Sie sollten seine Gebeine nicht in Ägypten lassen.

HEBRÄER Kapitel 11

11,23 Durch Glauben fürchteten sich die Eltern des Mose nicht vor dem Erlass des Königs, sondern verbargen ihn drei Monate lang vor dem Pharao, weil sie in dem Kind eine Zukunft sahen.

11,24 Durch Glauben erkannte Mose, dass er nicht der Sohn der Tochter des Pharaos war.

11,25 Durch Glauben zog er es vor, mit dem Leiden des Volkes Gottes in Verbindung gebracht zu werden, anstatt mit den vergänglichen Privilegien des Hauses von Pharao, das nicht den echten [1] Anteil seines Erbes darstellte. *(Das Wort,* [1] *hamartia, von ha, das negativ bedeutet und meros, das Form oder Portion bedeutet, ohne Ihren Anteil, seinen Anteil nicht erreichen; oft übersetzt als Sünde.)*

11,26 Es war ihm nicht peinlich, mit der messianischen Verheißung, , in Verbindung gebracht zu werden und dabei die Schätze Ägyptens zu verlieren. Er blickte bewusst von ihnen weg auf die größeren Reichtümer, die in seinem Lohn in Christus lagen. *(Kein Lohn des Fleisches kann mit dem Reichtum des Glaubens verglichen werden.)*

11,27 Er fürchtete sich nicht vor der Wut des Königs, als er Ägypten verließ; der Glaube, der dem Unsichtbaren Substanz gab, machte ihn mutig.

11,28 Sein Glaube sah das Osterlamm und das vergossene Blut an den Türpfosten als die Rettung des Volkes.

11,29 Im Glauben überquerten sie das Rote Meer auf trockenem Boden, aber die Ägypter ertranken, als sie ihnen folgten.

11,30 Durch den Glauben fielen die Mauern der Stadt Jericho, als Israel sieben Tage lang um die Stadt zog. *(Sie eroberten sie nicht durch die Stärke ihrer Armee.)*

11,31 Die Prostituierte Rahab wurde durch ihren Glauben gerettet, obwohl ihr Haus in die Mauer hinein gebaut worden war! Während alle anderen Häuser um sie herum einstürzten, blieb ihr eigenes stehen. Sie begrüßte die Spione und anerkannte den Gott an, der sie aus Ägypten gerettet hatte. *(Jos. 2,11.)* Auch ihrer Familie wurde die gleiche Chance gegeben, durch ihren Glauben gerettet zu werden. *(Stellt euch vor, wie überrascht ihre Familie war, da diese ja um Rahabs Leben und ihren schlechten Ruf, wusste.)*

11,32 So geht die Liste der Glaubenshelden weiter. Es bleibt nicht genug Zeit, um die Geschichten von Gideon und Barak und Sampson und Jephtah, von David, Samuel und den Propheten zu erzählen.

11,33 Das sind diejenigen, die Königreiche durch Glauben eroberten. Sie vollbrachten die Gerechtigkeit durch diesen gleichen Glauben und befestigten so die Verheißung *[durch Glauben und nicht durch Leistung]*. Durch den Glauben verschlossen sie das Maul der Löwen.

HEBRÄER Kapitel 11

(Gideon konnte, genau wie Rahab, keine Anerkennung für seine Leistung beanspruchen; der Glaube nimmt der Prahlerei die Grundlage. [vgl. Röm. 3,27; Jud. 6,11-16]. Debora sagte Barak, dem Sohn Abinoams, dass er, obwohl er Israel erlösen würde, die Ehre dafür nicht bekommen würde, da eine Frau die Aufgabe für ihn erledigen würde. [Vgl. Jud. 4:21]. Nach dem Prinzip der Gerechtigkeit durch den Glauben wird das Fleisch keine Herrlichkeit annehmen. **Barak,** *bedeutet in Verehrung anbeten und* **Abinoam** *bedeutet „die Freude meines Vaters" oder „Gnade". Die mächtigen Taten Simsons wurden sofort dem Geist des Herrn, der sich über ihn kam, zugeschrieben. Wieder gab es keine Gelegenheit dem Fleisch die Ehre zu geben.)*

11,34 Ihr Glaube löschte mächtige Feuer. Sie entkamen aus heftigen Kämpfen. Sie wurden trotz ihrer Schwäche befähigt. Sie wurden zu Helden im Kampf und bewirkten, dass feindliche Armeen vor ihnen flohen. *(Jephtah, dessen eigene Freunde ihn enterbt hatten, weil seine Mutter eine Prostituierte war, wurde zum Hauptmann der Armee Israels.)*

11,35 Durch den Glauben erhielten Frauen ihre Kinder aus dem Tod wieder zurück. *(1. Kön. 17,18-24, 2. Kön. 4,32-34).* **Andere wurden wegen ihres Glaubens schwer gefoltert und weigerten sich, die Freilassung anzunehmen, die ihnen angeboten wurde, wenn sie ihre Meinung änderten. Die Befreiung anzunehmen, hätte wohl ihr Leben retten können, aber ihr Glaube sah eine ehrenhaftere und herrlichere Auferstehung.**

11,36 Wieder andere wurden wegen ihres Glaubens verspottet und der Lächerlichkeit preisgegeben. Sie wurden verprügelt, gefesselt und eingesperrt.

11,37 Während einige gesteinigt wurden, wurden andere *(wie der Prophet Jesaja),* **mit einer Holzsäge zersägt. Es gab jedoch auch andere, die durch das Versprechen einer möglichen Befreiung von der Folter versucht wurden und dann brutal mit dem Schwert abgeschlachtet wurden. Viele wurden zu herumziehenden Flüchtlingen, die nichts anderes als Kleidung besaßen, als Schafs-und-Ziegenfelle. Sie verloren alles, wurden schikaniert und gequält.**

11,38 Die Welt erkannte ihren Wert nicht. Diese Glaubenshelden wurden oft aus ihren Häusern vertrieben und gezwungen, in den Wüsten und Bergen zu leben. Sie schliefen wie Tiere in Höhlen und Löcher im Boden.

11,39 Ihr Leben war eine Trophäe für ihren Glauben, der zum Inhalt hatte, was sie durch ihre Hoffnung sehen konnten und was der Beweis für die Dinge war, die ihre natürlichen Augen nie gesehen haben.

11,40 Gott sah in uns das vollkommene Bild; wir vollenden nun die Geschichte ihres Lebens. *(Alles, was die Schatten prophezeit haben, hat nun durch Christus in uns seinen Inhalt gefunden.)*

HEBRÄER Kapitel 12

12,1 Jetzt ist die Bühne frei für uns: Alle diese Glaubenshelden feuern uns sozusagen an, so wie bei einer großen Menge Zuschauer im Amphitheater. Das ist unser Moment. Wie bei einem Athleten, der entschlossen ist zu gewinnen, wäre es albern, Gepäck des alten Gesetzessystems zu tragen, das einen nur niederdrückt. Achtet darauf, dass eure Füße nicht durch das Sündenbewusstsein blockiert werden. Werdet im Glauben uneingeschränkt stromlinienförmig. Lauft das Rennen eures Lebens mit voller Überzeugung. *(Überzeugt vom Erfolg des Kreuzes.)*

12,2 Schaut weg von dem Schattenzeitalter des Gesetzes und der Propheten und richtet eure Augen auf Jesus. Er ist die Quelle und der Abschluss des Glaubens. Er sah die Freude (über die Erlösung der Menschheit), als er das Kreuz tapfer ertrug und die daraus resultierende Scham verachtete. Als ausführende Autorität Gottes *(die rechte Hand des Throns Gottes)* nimmt er nun den höchsten Herrschaftssitz ein, um die Unschuld der Menschheit zu bestätigen! *(Nachdem er die Reinigung der Sünden vollbracht hatte, setzte er sich hin. [Hebr. 1,3; Jes. 53,11.])*

12,3 [1]Denkt darüber nach, wie er alle gegen ihn gerichteten Schwierigkeiten, die sich angehäuft hatten, überwunden hat; dies wird eure Seelenenergie beleben, wenn ihr euch erschöpft fühlt. *([1]analogitsomai, Berechnung nach oben gerichtet.)*

12,4 Wärst du bereit, für deinen Glauben zu sterben? *(Bist du von deinem Glauben an die Substanz Christi genauso überzeugt wie deine Vorgänger, die nur an einen bloßen Schatten glaubten?)*

12,5 Das Wort in der Schrift, das eure Entstehung in Gott bestätigt, wendet sich an euch als Söhne: „Mein Sohn unterschätze nicht die [1]liebende Weisung des Herrn und werde nicht mutlos, wenn du zurechtgewiesen wirst". *(Vgl. Anmerkung in Vers 7 zu [1]lliebende Anweisung. Das Wort [1]parakletos in der King James Version wird als Ermahnung übersetzt, aber hier wird es eher als liebevolle Belehrung, „Trost" übersetzt, wie in Johannes in Bezug auf den Heiligen Geist, den Tröster. Das Wort besteht aus zwei Komponenten, **para**, einer Präposition, die unmittelbare Nähe anzeigt, einer Sache, die aus einem Einflussbereich stammt, mit einem Vorschlag zur Vereinigung des Wohnortes, die von ihrem Autor und Geber stammt und den Punkt bezeichnet, von dem aus eine Handlung stammt, einer intimen Verbindung und **kaleo**, um sich mit dem Namen, Nachnamen zu identifizieren.)*

12,6 Denn jede Zurechtweisung ist von seiner Liebe inspiriert, so wie ein Vater seine Söhne mit Zuneigung bestraft, auch wenn es zu diesem Zeitpunkt hart erscheinen mag.

12,7 Nehmt Korrektur an. Seine Zurechtweisung bestätigt deine wahre Sohnschaft, so wie ein Vater die natürliche Verantwortung

HEBRÄER Kapitel 12

für die Erziehung seiner Kinder übernimmt. *(Das Wort **paideo** kommt von **pais**, für einen Jungen oder ein Mädchen und **deo**, beziehungsmäßig an sich binden, durch Erziehung und durch Zurechtweisung und Schulbildung eines Kindes zu korrigieren. Das Wort, Erziehung auf Englisch, kommt aus dem Lateinischen, educare, was soviel bedeutet wie herausziehen!)*

12,8 Seht euch selbst als Söhne an, nicht als uneheliche Kinder *(Kinder des Glaubens, nicht der Sklavin)*, und bejaht eure geistliche Erziehung zusammen mit dem Rest der Glaubensfamilie.

12,9 Wie sehr sollten wir die Zurechtweisung des Vaters unserer geistlichen Herkunft schätzen, der das Leben gemäß unserm Ursprung und wahren inneren Selbst aufrechterhält, da wir ja schon unsere natürlichen Väter im Verlauf unserer Erziehung respektiert haben.

12,10 Ihrer Meinung nach gaben sie uns in der kurzen Zeit, in der wir unter ihrem Dach waren, die bestmögliche Erziehung; Aber Gott hat unser höchstes Wohlergehen im Sinn.

12,11 Wir schätzen den Prozess der Erziehung nicht sofort. Im Moment scheint es mehr Schmerz als Freude zu sein, aber er bringt ganz sicherlich dem Glaubensathleten die Ernte der Gerechtigkeit.

12,12 Schüttelt eure Müdigkeit ab, lockert eure Gliedmaßen, holt Luft! *(Begebt euch zurück in den Glaubensmodus und verlasst den Fleischmodus.)*

12,13 Werdet alle Hindernisse los, die euch zum Stolpern bringen könnten, so dass ihr euch den Knöchel verstaucht! Lasst es nicht zu, dass ihr wegen einer momentanen Verletzung aus dem Rennen ausscheidet. [1]Werdet gesund und rennt dann weiter. Erlaubt alten gesetzlichen Denkweisen nicht, euch zu verwirren. *(Jes. 40,28-31, das [1]kawa - Prinzip, die [1]Verflechtung mit Gottes Gedanken in Bezug auf euch, bewirkt, dass ihr sofort der Müdigkeit der alten MES-Zeiten entkommt und mit Flügeln eines Adlers aufsteigt, dass ihr lauft und nicht müde werdet, geht und nicht schwach werdet! Hebräischer **kawa**, sich verflechten.)*

12,14 Strebt nach Frieden mit allen Menschen. Wahre Freundschaft kann nur in einer Umgebung völliger Vergebung und Unschuld genossen werden. Das macht Gott in euremLeben sichtbar.

12,15 Ihr müsst verstehen, dass dies ein Gnaden- und kein Gesetzesrennen ist. Während wir uns im Wettbewerbs- und Vergleichsmodus befinden, schaffen wir die Möglichkeit, dass Missgunst gedeiht und viele dabei vergiftet werden. *(Wir sind alle gleichermaßen in den gleichen Sieg in Christus eingebunden!)*

12,16 Eine leistungsorientierte Denkweise aktiviert das Gesetzessystem und verzerrt das Bild: plötzlich scheint der kurze Moment

HEBRÄER Kapitel 12

des Vergnügens attraktiver zu sein als euer wahrer Anteil Genau das geschah auch mit Esau, als er sein Geburtsrecht gegen ein Stück Fleisch eintauschte *(Sünde ist ein verzerrtes Bild; das Wort ¹hamartia,, oft als Sünde übersetzt, besteht aus zwei Worten, ha, Bedeutung ohne und meros, Bedeutung Form oder zugeteilter Teil.)*

12,17 Esau's Reue konnte die Meinung Isaaks nicht ändern. Gott hat sich in Bezug auf unsere Erlösung entschieden. *(Wir werden durch den Glauben an sein vollendetes Werk gerettet und nicht durch unsere eigenen Werke; sein Glaubenssystem kann nicht in Frage gestellt oder durch ein anderes Rechtssystem ersetzt werden. Aufrichtigkeit beeinflusst Gott nicht; Glaube schon.)*

12,18 Wir sprechen hier nicht von einem sichtbaren und berührbaren Berg, der in einer Umgebung von dunkler Schwärze und stürmischen Winden eindrucksvoll in Flammen steht. *(Erkennt den lebhaften Kontrast zwischen der Gabe des Gesetzes und der Entfaltung der Gnade; die Ausschließlichkeit (Exklusivität) des einen und die allumfassenden (all inklusive) Annahme des anderen. Die dramatische Begegnung von Mose auf dem Berg wird bei weitem durch die Gipfelerfahrung übertroffen, zu der wir jetzt durch Christus eingeladen und erhöht werden! Die Menschheit ist jetzt vollständig vertreten und sitzt zusammen mit Christus an himmlischen Orten! [Eph. 2,5-6, Hos. 6,2.])*

12,19 Ohrenzerreißender Posaunenschall und eine donnernde Stimme, die in menschlicher Sprache spricht. Dies erfüllte die Menschen mit solchem Horror, dass sie um Stille bettelten!

12,20 Tier und Mensch gleichermaßen, fühlten sich bedroht und von diesem schrecklichen Berg ausgeschlossen.

12,21 Sogar Mose, der Vertreter des Volkes, war überaus entsetzt. Er zitterte und bebte. Wer könnte sich Gott nähern und leben? Wie unmöglich schien es, bei einem so „schrecklichen" Gott Gnade zu finden!

12,22 Im Gegensatz dazu wurden wir auf einem unsichtbaren Berg Zion willkommen geheißen: die Stadt des Friedens (Jerusalem), die Residenz des lebendigen Gottes, die festliche Versammlung einer unzähligen Engelsarmee!

12,23 Wir nehmen an einer gemeinsamen Massenfeier von himmlischen und irdischen Wesen teil: der ¹Ekklesia-Kirche des erstgeborenen, eingravierten Spiegels im himmlischen Bereich. *(Unsere ursprüngliche Identität, ¹Ekklesia, von ek, eine Vorsilbe, die immer auf eine Herkunft hinweist und kaleo, was bedeutet, dass man sich mit Namen und Nachnamen identifizieren kann], wird von Jesus bestätigt, und wird ihn ihm als Modell sichtbar, dem Erstgeborenen aus den Toten.)*

12,24 Jesus ist der Sprecher und Schiedsrichter der neutestamentlichen Ordnung. Seine Blutunterschrift bestätigt die Unschuld der

HEBRÄER Kapitel 12

Menschheit. Dies ist eine völlig neue Sprache, die bessere Dinge vermittelt, denn sie ist die Substanz dessen, was in der schattenhaften Botschaft des Blutopfers, das Abel gebracht hat, ausgedrückt wurde. *(Abels Glaube war eine prophetische Einführung in das Opfer-Schattensystem des Alten Bundes. Jesus ist die Substanz der erhofften Dinge! [Hebr.11,4]. Glaube machte den Unterschied zwischen dem Opfer Abels und Kains und bestätigte Abels Gerechtigkeit. Gott bezeugte die Gerechtigkeit als Geschenk und nicht als Belohnung! Obwohl er ermordet wurde, hat sein Glaube immer noch eine sehr wichtige prophetische Stimme.)*

12,25 Wenn Jesus das Crescendo (die lauteste Ausdrucksweise und der Höhepunkt) der letzten Botschaft Gottes an die Menschheit ist, könnt ihr es euch nicht leisten, euch höflich von diesem Gespräch zu zurückzuziehen. Denkt an den herausragenden Platz, den Mose in der Geschichte Israels einnimmt: Wenn ihr denkt, dass Mose oder einer der Propheten, die mit Autorität auf Erden gesprochen haben, Ehre verdienen, wie viel mehr sollte dieses Wort, das Gott vom Himmel aus über unsere Sohnschaft und unsere freigesetzte Unschuld erklärt hat und die im Messias selbst offenbart wurde, unsere ungeteilte Aufmerksamkeit verdienen!

12,26 Als er den prophetischen Schatten des Kommenden einführte *(das Gesetzessystem),* **erschütterte seine Stimme sichtbar die Erde.** *(2. Mo. 19,18.)* **Aber jetzt ist der Messias gekommen** *(er ist die Sehnsucht der Nationen; er ist es, worauf Himmel und Erde gewartet haben. [Hag 2,6,7])* **Die Stimme Gottes** *(die sich in Geburt, Leben, Dienst, Tod und Auferstehung von Christus, ausdrückt),* **hat nicht nur die Systeme auf der Erde, sondern auch jedes unsichtbare Fürstentum an den himmlischen Orten bis in ihre Grundfesten erschüttert!**

12,27 Wie die Propheten gesagt haben: „Doch noch einmal werde ich jedes instabile System der menschlichen Anstrengung, sich selber zu regieren, erschüttern". Gott zeigt deutlich seinen Plan, das Alte zu entfernen und durch das Neue zu ersetzen. Das zweite Erschüttern macht jede Bedeutung der ersten Erschütterung überflüssig". Damals war es ein physisches Beben der Erde; jetzt wurden die Grundfesten eines jeden, von Menschen gemachten Systems, bis ins Mark erschüttert. Auch im Himmel zeigte die Ankündigung seiner beständigen Herrschaft auf Erden Auswirkung und diese himmlischen Auswirkungen sind ein Spiegel für das, was auf Erden geschieht.

12,28 Wir sind voll und ganz mit diesem unerschütterlichen Königreich verbunden; eine Autorität, die nicht angefochten oder widerlegt werden kann. Unsere Teilnahme spiegelt die Gnade *[und nicht den vom Gesetz inspirierten Gehorsam]* wider, wenn wir uns, zur Freude Gottes in Ehrfurcht seiner festen Umarmung hingeben. *(Das Wort, ¹euaresto, bedeutet wohlgefällig, um sich zur Freude Gottes einzuquartieren.)*

12,29 **Sein Eifer für uns brennt wie Feuer.** *(5. Mo. 4,24)*

HEBRÄER Kapitel 13

Nachfolgend einige Hinweise auf das praktische Leben im Königreich, einschließlich Familie, Freunde, Gemeinschaft, Ehe, Geld und Dienst:

13,1 Schätzt Familienbande und Freundschaft. Die familiäre Zuneigung bleibt das Wesen dieses Königreichs. *(Die Beziehung ist im wahrsten Sinne des Wortes langfristig.)*

13,2 Behandelt Fremde mit gleicher Zuneigung; sie könnten ein Botschafter Gottes in Verkleidung sein!

13,3 Identifiziert euch mit denen, die im Gefängnis sitzen oder wegen ihres Glaubens missbraucht werden, als ob ihr selber die Betroffenen wärt.

13,4 Ehrt die Heiligkeit der Ehe als den ausschließlichen Ort der Intimität. Gott billigt keinen Gelegenheitssex oder illegalen Sex.

13,5 Gebt dem Geld keinen wichtigen Platz in euren Gedanken. Erkennt, dass das, was ihr bereits habt, unbezahlbar ist! Er hat gesagt, dass euch nie aufgeben oder im Stich lassen wird! Das ist Grund genug fürvollkommene und fortwährende Zufriedenheit! *(Jos. 1,5)*

13,6 Was er über uns gesagt hat, gibt unserem Bekenntnis Durchschlagskraft. Wir wiederholen mutig das, was die Schrift sagt: „Der Herr ist für mich, was immer Menschen mir auch antun sollten, um mir zu schaden, ich brauche keine Angst davor zu haben „. *(Ps 118,6)*

13,7 Denkt an diejenigen, die euch in der Offenbarung des Wortes Gottes führen; folgt ihrem Glauben, denkt an das Ende ihres Lebens. *(Folgt nicht einer Fälschung! Das wäre jemand, der den Glauben fälscht, indem er in Wirklichkeit das Gesetz lebt.)*

13,8 Überlasst euch der Führung von Jesus. Er ist euer Vorbild für das vollständigste Leben. In ihm wird das Gestern im Heute bestätigt und das Heute spiegelt das Morgen. Was Gott in Christus zu uns gesprochen hat, ist jetzt genauso wichtig wie in der prophetischen Vergangenheit und wird es auch in der ewigen Zukunft immer sein! *(Jesus ist derselbe gestern, heute und für immer. Unsere Erlösungsgeschichte trägt mehr Autorität und Bedeutung als alles, was jemals in unserer Vergangenheit geschah, oder was in der Zeit gegenwärtig ist oder noch in der Zukunft passieren wird. Stellt euch vor, wie enorm die Ewigkeit in seiner Gleichförmigkeit war, bevor die Zeit kam; und wir waren die ganze vorzeitliche Ewigkeit über schon in ihm! [Vgl Röm. 8,34]. Welchen weiteren Grund sollte es geben, die Menschheit zu verurteilen? In seinem Tod stellte er sich unserem Urteil, in seiner Auferstehung erklärt er unsere Unschuld; die Folgen können nicht rückgängig gemacht werden! Er besetzt nun den höchsten Autoritätssitz als Vollzieher unserer Erlösung im Thronsaal Gottes. [Vgl. Röm. 8,1, auch Römer 4,25]. Die Himmel verkünden seine Herrlichkeit. Nacht für Nacht stellt er das riesige „Solarzeugnis" aus, [Mond und*

HEBRÄER Kapitel 13

Sterne] das mathematisch präzise ist und enthüllt, dass Gott, noch bevor die Zeit existierte, den genauen Zeitpunkt wusste, an dem er in unsere Geschichte als Mensch eintreten und der Messias am Kreuz sterben und wieder von den Toten auferweckt werden würde!)

13,9 Lasst euch nicht von ablenkenden Mutmaßungen beeinflussen. Jeder Einfluss, der dem, was die Gnade vermittelt, fremd ist, auch wenn er sehr unterhaltsam erscheint und das christliche Etikett trägt, ist zu vermeiden. Genieße die Gnade; verwässere deine Ernährung nicht mit Gesetzlichkeit. Im Gesetz ist nichts Nahrhaftes mehr vorhanden. Was nützt es, beschäftigt, aber nicht gesegnet zu sein? *(Gesetzlichkeit beinhaltet jede Form von Selbstaufopferung oder eigene Leistung mit dem illusorischen Ziel, weitere Gunst von Gott zu erlangen oder euren geistlichen Stand vor Gott zu verbessern.)*

13,10 Für uns gibt es nur einen Altar und ein Opfer. Wir können ihn nie wieder mit den Ritualen des alten, überholten Systems verwechseln. Es scheint, dass einige das Fleisch ihrer eigenen Opfer essen und gleichzeitig den Nutzen der Gnade genießen möchten. Das ist nicht möglich. *(Das ist so, als wollte man gleichzeitig in zwei entgegengesetzte Richtungen gehen.)*

13,11 Was das Sündopfer betrifft, so wurden die Kadaver der geschlachteten Tiere außerhalb des Lagers verbrannt. *(Niemand durfte von ihnen essen.)*

13,12 Nach dem prophetischen Muster wurde Jesus, als das endgültige Sündopfer, außerhalb der Stadtmauern geschlachtet.

13,13 Es gibt zwei gegensätzliche Systeme. Ihr könnt euch nicht mit Christus verbinden und in eurer Komfortzone bleiben, indem ihr euch gleichzeitig noch an euren jüdischen Ansichten festhaltet. Wenn ihr für Jesus eintretet, dann geht den ganzen Weg. Löst eure Verbindungen zum alten Schattensystem. Geht aus dem *(wohlbehüteten)* Stadtsystem heraus. Seid bereit, seine Schande zu teilen, auch wenn eure Mit-Juden eure Hingabe an Jesus verspotten.

13,14 Wir finden unsere Identität oder Sicherheit nicht in der von Mauern umgebenen Stadt der populären, gesetzlichen Glaubensmeinung. Unser Interesse gilt einer anderen Art von Stadt, die uns viel näher ist als die sichtbare.

13,15 Lobpreis ersetzt das Opfer; die Ernte, die wir bringen, ist die Frucht unserer Lippen, indem wir seinen Namen anerkennen. *(Sein Name steht für die Autorität unserer Identität und befreite Unschuld.)*

13,16 Gott erfreut sich an guten Taten. Diese Taten sind wie schöne Poesie, die eurer Gemeinschaft eine Stimme gibt. *(Sie sind von eurer Unschuld inspiriert und werden nicht als schuldgetriebene Opfer dargebracht.)*

HEBRÄER Kapitel 13

13,17 Vertraut euren Leitern *(in dieser Gnadenoffenbarung)* und unterordnet euch ihrer Anweisung. *(Auch wenn es vom Gesetzessystem abweicht, mit dem ihr früher vertraut wart).* **Sie wachen über eurem Wohlergehen** *(Genauso, wie Hirten sich um ihre Schafe kümmern, so seid ihr ihre größte Sorge).* **Sie haben die offizielle Verantwortung für euch übernommen.** *(Sie repräsentieren euch gegenüber allem, was die Gnade offenbart, und nicht, was das Gesetz verlangt).* **Es ist zu eurem Vorteil, wenn ihr ihre Fürsorge mit Freude annehmt. Das macht ihre Arbeit zu einem Vergnügen und nicht zu einer Last.**

13,18 Betet hingebungsvoll mit uns im Gebet an. Wir glauben, dass unser gemeinsames Sehen uns zu einem wunderbaren Leben anspornt.

13,19 Betet auch, dass ich schnell wieder zu euch stoßen möge; ich kann es kaum erwarten!

13,20 Das ist mein Gebet für euch: dass der Gott, der durch das Blut des ewigen Testamentes Frieden mit der menschlichen Rasse geschlossen hat, der Jesus als den höchsten Hirte der Schafe, aus den Toten auferweckt hat,

13,21 dass dieser Gott euch auf die bestmöglichmögliche Weise gründlich ausstattet, um eurem Ursprung und wahren inneren Selbst Ausdruck zu verleihen, gemäß seiner Freude, die er in Christus verwirklicht hat. Er ist die Blaupause *(das Muster)* der Zeitalter. Jesus ist der genaue Ausdruck der Herrlichkeit Gottes. Unser Leben bestätigt und echot das Amen dazu!

13,22 Meine Freunde, ich habe euch kurz geschrieben und euch an eure ursprüngliche Identität [1]erinnert, um das Volumen ihrer Resonanz in euren Herzen zu [2]erhöhen. *(Das Wort, [2]anechomai,, bedeutet, sich gegenüber von etwas aufrechtzuhalten, von **ana**, durch Wiederholung die Intensität erhöhen, und echo, zu halten, zu umarmen oder Resonanz klingen und schwingen zu lassen. Das Wort, [1]parakaleo, von **para**, etwas stammt aus einem Einflussbereich ab, und **kaleo**, beim Namen nennen, beim Nachnamen nennen, [vgl. Anmerkungen zu Ekklesia, Hebr. 12,23.])*

13,23 Bruder Timotheus ist bereits aus dem Gefängnis entlassen worden. Sobald er ankommt, werden wir euch gemeinsam besuchen.

13,24 Grüßt alle eure Leiter und Heiligen; die italienischen Gläubigen grüßen euch!

13,25 Gnade ist unsere Umarmung! JA!

Biographie

Lydia und Francois trafen sich am 25. August 1974, als er mit Jugend für Christus arbeitete. Sie war sechzehn und er neunzehn! Im folgenden Jahr begann er ein dreijähriges Studium in Griechisch und Hebräisch an der Universität von Pretoria, während Lydia ihre Krankenpflegeausbildung abschloss. 1978 verbrachte Francois auch ein Jahr bei Jugend mit einer Mission. Sie heirateten im Januar 1979 und sind gesegnet mit vier erstaunlichen Kindern, Renaldo, Tehilla, Christo und Stefan; außerdem mit zwei liebenswerten Enkeln Nicola und Christiaan.

Vierzehn Jahre lang arbeiteten sie in einer Vollzeitmission und leiteten gleichzeitig eine Gemeinde und fünf Jahre lang auch noch eine Ausbildungseinrichtung mit mehr als 700 Schülern. Sie verließen dann den geistlichen Dienst und waren zehn Jahre lang hauptsächlich in der Tourismusbranche tätig. Sie bauten und verwalteten eine Safari-Lodge im Sabi Sand Game Reserve und zogen schließlich nach Hermanus, wo sie mit der Beobachtung von Walen auf dem Boot Southern Right Charters begannen.

Im Dezember 2000 begann Francois, das Buch "Gott glaubt an dich" zu schreiben, was dazu führte, dass er eingeladen wurde, in verschiedenen christlichen Camps und Kirchen zu sprechen. Seit Februar 2004 reisen sie regelmäßig ins Ausland und nach Afrika sowie nach Südafrika.

Francois hat mehrere Bücher auf Englisch und Afrikaans geschrieben, darunter God Believes in You, Divine Embrace, The Logic of His Love und The Eagle Story; diese sind auch auf Kindle erhältlich und auch Kant En Klaar. [Getan!]

Um sich auf das Schreiben und Übersetzen konzentrieren zu können, zogen sie 2015 von Hermanus auf eine abgelegene Farm in den Swartberg Mountains. Sie stellten auch die meisten ihrer Reisen ein. Lydia hat bereits 5 erstaunliche Kindergeschichten geschrieben, von denen eine, Stella's Secret, bereits im Druck ist und auf Kindle veröffentlicht wurde.

Francois engagiert sich weiterhin leidenschaftlich für seine Übersetzung der Mirror Bibel, die schließlich das gesamte NT sowie ausgewählte Teile des Alten umfassen wird. Die 1.200-seitige Ausgabe wurde 2012 veröffentlicht. Die jüngste 8. Ausgabe der Mirror Bible

Biographie

ist jetzt fast 800 Seiten voller Glückseligkeit! Diese wird auch in einer speziellen Hardcover-Ausgabe erhältlich sein. Bis zur Vollendung des Neuen Testaments werden zukünftige Ausgaben nur noch als separate Bücher sowie als 3-bändige Mirror-Bibel hinzugefügt. Die aktuelle 8. Ausgabe wird weiterhin als einbändiges Buch erhältlich sein.

Einige seiner Arbeiten werden in mehrere afrikanische Sprachen sowie in Chinesisch, Russisch, Ungarisch, Deutsch, Französisch, Polnisch, Portugiesisch, Niederländisch und Slowakisch übersetzt.

Die Mirrorbibel ist bereits auf Spanisch, Shona und Xhosa auf dem neuesten Stand!

Und große Teile auf Deutsch!!!

Tausende von Menschen abonnieren ihre täglichen Beiträge auf Social Media; Lydia hat ihre eigene fb-Seite und Francois hat 5 englische Seiten auf Facebook.

Mehr Details dazu findest du auf www.mirrorword.net

Die Mirror Bibel gibt es auch auf Kindle und als eine App, app.mirrorword.net.

www.mirrorword.net

Mirror Bibel German FaceBook Group

https://www.facebook.com/groups/668082189877871/

Literaturverzeichnis

Erwähnt durch den Namen des Autors oder durch eine Abkürzung des Titels.

Adam Clarke (1762–1832 A British Methodist theologian)
Ackerman *[Christian Element in Plato]*
Bruce Metzger *(Textual Commentary on the Greek NT)*

Barnes Notes (Notes on the Bible, by Albert Barnes, [1834], at sacred-texts.com)
BBE (1949, Bible in Basic English)
Doddrich (Philip Doddridge 1702-1751 www.ccel.org/d/doddridge)
Dr. Robinson (Greek Lexicon by Edward Robinson1851)
E-Sword by Rick Meyers (www.e-sword.net)
J.H. Thayer (Greek-English Lexicon of the New Teatament By Joseph Henry Thayer, DD - Edinburgh - T&T CLARK - Fourth Edition 1901)
J.B. Phillips Translation (Geoffrey Bles London 1960)
KJV (King James Version - In 1604, King James I of England authorized that a new translation of the Bible into English. It was finished in 1611)
Knox Translation (Translated from the Vulgate Latin by Ronald Knox Published in London by Burns Oates and Washbourne Ltd. 1945)
Marvin R. Vincent (1834-1922) Word Studies.
NEB (New English Bible New Testament - Oxford & Cambridge University Press 1961)
Robert Charles *R. H. (Robert Henry), 1855-1931*
RSV (The Revised Standard Version is an authorized revision of the American Standard Version, published in 1901, which was a revision of the King James Version, published in 1611.)
Strongs (James Strong - Dictionary of the Bible)
The Message (Eugene H. Peterson Nav Press Publishing Group)
Walter Bauer (Greek English Lexicon - a translation of Walter Bauer's Griechisch-Deutches Worterbuch by Arndt and Gingrich 1958)
Wesley J. Perschbacher (The New Analytical Greek Lexicon Copyright 1990 by Hendrickson Publishers, Inc)
Westcott and Hort *The New Testament in the Original Greek 1881*
Weymouth New Testament *(M.A., D.Lit. 1822-1902)*
Zodhiates Complete Word Study Lexicon Mantis Bible Study for Apple

www.ingramcontent.com/pod-product-compliance
Lightning Source LLC
Chambersburg PA
CBHW071000160426
43193CB00012B/1850